近世人の事典

深谷克己・須田　努 編

東京堂出版

序論

歴史事典の変化

『近世人の事典』というタイトルで新しい歴史事典を刊行するに当たって、二、三のことを述べておきたい。

「事典」と同じ意味の語に、辞典・字典・辞書などがある。「典」は書物・書籍の意味で、辞書と辞典は同一の語である。類語は、このほかにもいくつもある。辞林・字引などである。これまでさまざまな事典・辞典が刊行されているが、この二つを強いて区別すれば、辞典は言葉・文言を類別してそれぞれに解説を付けたもの、事典は事項を類別してそれぞれに解説を付けたものとなろうか。今回私たちが編んだ事典は、歴史の事項を類別して説明することを目的としているので、事典の語を撰んだ。ただし事典と辞典の境界はあいまいで、使い分けに決まりがあるわけではない。

『近世人の事典』とは、どういう事項の類別なのか。もし「近世人事典」と表記されていれば、だれもが「江戸時代歴史人物事典」を連想するであろう。しかし、この事典は、個人史あるいは人物の伝記・評伝を細目にして解説したものではなく、「近世史事典」の一種である。それをあえて「近世人」と表現したのは、歴史事典の歴史、歴史認識（歴史学）の変化の流れを汲みとろうとしたからである。

およそ事典・辞典は、それまでの学問が積み上げた知識の集積を専門家を超えて社会が共有し、社会が必要に応じて活用することができるように、綱目を立てて解説したものとされている。一般的にはその説明でよいが、十分とは言えない。それは、知識は不変のものではなく改められるものであり、有用な知識は時代の状況を背景にして取捨されるものであり、また増減もあるということである。常識のように思われてきた歴史上の事柄も、研究の深まりによってそれについての認識が大きく改められることがあるのは、社会が再々経験してきたことである。

言葉を扱う辞典も、使用言語の実際や社会の必要によって変化する。『広辞苑』はよく知られた国語辞典だが、「タナトロジー」という綱目が立てられたのは第五版からであり、それほど昔のことではない。それは「死生の学」とでも訳することができる言葉で、それが「日本語辞典」に立項されるのは、高齢化社会の到来によって「死生」論の深化が求められている時代の状況と切り離せない。これは、社会の変化につれて、新たに必要な項目と判断されて事典・辞典の見出しと解説が増えたということである。

歴史事典も同じで、社会の変化や学問の深化や研究の勢いなどの事情で内容の改編が行われる。高齢化とか災害とか、介護とか情報化とか、社会の変動にしたがって立項が変わることもある。こうした社会の要請だけでなく、史実が遺物や古文書などによる再検証で改められたり、新しい史実が明らかになったりすると、解説の内容や項目自体が変わってくる。また学界の中心的なテーマの影響で関連分野の研究が活性化されると、歴史認識に変化が起きて、その結果が歴史事典に反映されるようになる。

事典・辞典は、学問の成果、社会の要請で内容が決まってくるが、便利で生活に身近なツールでもある。ツールであれば、なるべく使い勝手がよいように、探しやすいレイアウトのほかに、重さやめくりやすさや柔軟な包装など、利用者の使い勝手がよいように作りかえていくのがのぞましい。そういう点からも、事典・辞典は「最新版」がつねに求められる著作物の一つである。これは、実態や必要に応じて作り替えられ続ける地図と似ている。

この歴史事典は、右のような意図から、日本近世史の最新の知識を、学習のツールとして使いやすい形で提供しようとするものである。

近世人の身分と属性

歴史事典が、最新の知識を反映する便利な知的ツールとして作り替えられていく理由について述べたが、その事情の中には、歴史学の研究の勢いを反映させるということがある。学界や専門書出版界の大きな波の向かうところをとらえて、編集方針に生かしていくのも歴史事典刊行の使命である。

私たちは、近年の日本近世史に関する研究動向の中で、「身分」にかかわる議論が活発に行われてきたことに注目した。そこで、その勢いと流れを事典のなかに取り込んで生かすことを編集の主旨にした。その流れの中で、どのような考え方や論点が提起され、またどのような事象が論証されてきたかについては、次節でくわしく研究史を紹介することにし、ここでは『近世人の事典』という書題にしたおおよその考え方を述べておきたい。

近世は、古代・中世よりも近代・現代よりも、世襲身分制が社会を厚く覆った抑圧的な時代として位置づけられてきた。近年では近世のイメージは大きく変わり、江戸時代への好感を示す言説・芸能が多く、現在の息苦しさと対比させて、むしろ人間的な時代だったと述べる江戸時代論さえある。それでも江戸時代には身分制―身分別に法制が決められ身分別の支配筋を持つ方式―を基礎に政治が行われ、幼い頃から身になじませた上下優劣の身分意識で人びとが社会生活を営んでいたことを否定する江戸時代論はない。

どの考え方をとるにせよ、それぞれの見方を支える身分の史実については、誠意ある研究成果に支えられた詳しさが必要である。現在の日本では、さまざまなメディアを通した歴史関係の情報が溢れるほど多くなり、二次的三次的に加工、肥大化されて、歴史学の研究成果や歴史教育の通史認識をこえて、独り歩きしている状況が生まれている。私たちが、現在の研究段階で可能なかぎり正確性を期して、身分を中心においた近世史事典を提供することをこころざした理由の一つがここにある。

「近世人」とするのは、近世の人びとの身分制・身分慣習に規定されることの強い状態を、現代から理解する有効な回路を見出したいからである。身分論は、かつては基本的な身分をとりあげて、その優劣差別を指摘することが多かったが、近年は、これまで目を向けなかった様々な生業者とその集団、彼等が暮らす地域社会に目を向けて、その関係の中にはたらく身分関係・身分意識を明らかにすることに努力を向けている。

私たちは、そういう成果を生かして、現代人の我々がおかれた状況から近世の身分状況を理解するためには、人間の「序列化」（社会的格差）という観点が有効だと考える。現代人も、家格と結び付いて生涯ついてまわる身分関係からは自由であるものの、育った家庭の貧富や親の社会・地域での地位と連動するかたちで子供の学歴や職歴が序列化されることを見聞しているし、自立して一己の実力で生きぬいたとしても、その時々の立場が社会の序列の中にあることはよく知っている。こうした序列・格差の中にある自分を知っていることは、近世の人びとを理解することができる回路を用意していることでもある。

私たちは編集に際して、近世を理解する回路をもっと広いものにするためには、「人」に視点を据え、身分がぬきさしならない生存条件だったと見つつも、身分という条件を過不足なく相対化することも大事だと考えた。

近世に生きる「人」の「ライフコース」を考えると、偶然、運不運もふくめて、多方面につながって重なりあう、いくつもの関係を持ち、時間で変化する過程を経験している。それらを「人」の側からとらえなおして「属性」と表現すると、けっして一つだけの属性を帯びて生きるのではない。子ども・若者・壮者・年寄と時系列的に変化していく属性、倅・当主・隠居というように社会性を帯びつつ時系列的に変化していく属性、家族・親族・村町の中の成員・住民として負わされる属性などさまざまである。中百姓の農家に生まれたのも大事な属性だが、ひ弱に生まれついたとすれば、それも当人にとってぬきさしならない属性である。家格は同じでも、家族の中での男女・親子・兄弟・姉妹などの関係のひとつひとつが「人」の視点から見れば、それぞれ個性的な属性である。信仰(神・救済観念)や遊芸(奉納・技芸)の対象・交わり・腕前なども「人」の属性である。

「近世人」は、農工商のような大枠の中には入っていても、実際にはきわめて細分化された仕事について稼いで生活を営んでいる。地位の種類も上下というだけでは説明しきれないほど多種多様である。こうした年齢によっても変わっていく属性の総体が「人格」として立ち現れる。このように「人」という観点でとらえれば、現代と近世との距離感も縮まり、現代人と近世人の違いに気づきながら、類縁性にも気付くことが可能だと私たちは考えた。

一般的に言えば、「人」を取り巻く諸属性の中で、いわば「身分属性」の比重がきわめて大きかったのが「近世人」ということになろう。しかし、それ以外の属性は身分と無関係かと言えば、そうではない。「百姓」は厳密には当主一人だけの身分だが、百姓「倅」であっても、百姓「妻」であっても、所属の家格と切り離せない「身分コード」が付けられる。近世では、大小の属性のすべてに「身分コード」が付けられる。人間だけでなく、色彩や山や神仏にも「身分コード」を付けた。どうしてそういうコード化が必要だったのか、それはこれからも続く近世史研究の課題の一つだが、この事典を入り口にして、読者がそういう問題も考えるきっかけにしていただければさいわいである。またそこから考えを反転させて、われわれが生きる現代の社会で「人」の序列化がなぜ起こるのか考えるきっかけにもしてほしいと思う。

この近世史事典は、以上のような考え方に立って綱目を立て、記述した。ぜひ皆さんの学習や研究の最新のツールとして使っていただけるよう願っている。

深谷　克己

凡　例

一、本書は『近世人の事典』として、近世の「人」に目を向け、その身分、生業、信心、文化などを、「近世人の歴史的属性」と見る視角から、まとめた一冊である。

一、本書では、「第1部　属性のなかの人びと」「第2部　属性をこえる人びと」の二部に分けた。

一、各部では、それぞれ「朝廷」「武家」「村」「町」「宗教」「琉球・蝦夷地」の六つの章に分けて項目を配列した。

一、項目の配列にあたっては、一つのカテゴリーに収まらないものもあるが、事典という性格上、適宜配列した。

一、本書の中には、現代的な用語としては不適切な表現もあるが、歴史的事実として記述したものであり、差別を助長するものではない。

近世人の事典　目次

◎近世人の事典　目次

第1部　属性の中の人びと

1　朝廷に生きる人びと

2　武家を構成する主な人びと

第2部　属性を越える人びと

5　多様な宗教に生きる人びと

6　琉球・蝦夷地に往来する人びと

近世人の事典

近世、身分・身分制の研究史整理

須田　努

「士農工商」「穢多・非人」という枠組

マルクス主義歴史学の影響が強い一九七〇年代、日本近世における身分・身分制の研究は、幕藩制国家論という枠組のなかで進められた。幕藩制国家論とは、兵農分離・石高制・鎖国といった要素の相互関連から、国家の支配原理・支配システムの特質を解明しようという研究動向であった。ゆえに、身分・身分制度への関心が高まることは必然であり、それは、「士農工商、穢多・非人」という枠組を意識して進められた。

一九七六年、高木昭作が、幕藩制国家は兵営国家――この概念は政治学の丸山眞男が先駆的に語ったものである――であり、これに包摂される諸身分は、それぞれの役（労働）負担によって編成されているとして、夫役を果たす者が百姓身分であり、国役を課せられた者が町人身分であるとの見解を示した。[2] これに対して、峯岸賢太郎は、百姓身分とは検地帳に登録されることによって決定される、と述べた。[3]

高木・峯岸が提起した役論の論理では、身分とは、幕藩領主によって他律的に決定されるという理解であった。これに対して、朝尾直弘は村や町が近世以前から形成されていたことを重視し、共同体（村・町）が百姓身分や町人身分を自律的に決定していた、と論じた。[4]

このように、百姓・町人身分に関する理解は、上＝国家から編成されるのか（高木・峯岸）、共同体内部から発生するのか（朝尾）、という二元論として進められたが、この議論で欠落していた職人という存在も視野にいれた横田冬彦は、役による身分編成は役を請ける組織の存在が前提となると論じ、高木・峯岸論と朝尾論とを架橋した。[5]

一九八〇年代後半、塚田孝が「身分とは前近代社会における人間の存在様式」であり「身分が身分たりうるためには、個人と国家・社会全体が即自的に関係づけられていなければならないが、それを媒介するのが〝集団〟である」として、社会的集団論を提起し、「穢多・非人」集団を編成する単位としての「職場」に着目した。[6]

塚田の議論を契機に、近世の身分・身分制度に関する研究は「士農工商、穢多・非人」を基軸にしつつも、国家や、所属する共同体・集団＝村落・町・職場と人びととの関係を解明する動きへと進んでいった。

この『近世人の事典』の編者の一人である深谷克己は、一九八八年、まさに『士農工商の世』（小学館）という歴史書を出版し、治者と被治者＝「士」と「農工商」との間に大きな線引きが成されていた点を強調した。

「身分的周縁」への視座

一九九四年、塚田孝は、近世には国家と密着した、政治的性格が強い「狭義の身分制社会」に収斂しきれない領域が存在するとして、これを「周縁社会」としてとらえた。[7] 塚田が述べた国家と密着した「狭義の身分」とは「士・農・工・商、穢多・非人」にほかならない。

このような論点は、すでに塚田の論文以前から問題になっていた。一九九〇年、脇田修・吉田伸之・塚田孝の呼びかけで「身分的周縁」研究会が発足していた。この「身分的周縁」研究会は、二〇一一年まで、三次にわたり組織され、それぞれ研究成果を出版している。

第一次研究会の成果は、塚田孝・吉田伸之・脇田修編『身分的周縁』（部落問題研究所、一九九四年）として公刊され、猿飼・茶筅のような賤視された者、公家家職と結びついた修験・神職などや、都市下層社会を構成する鳶・髪結など、が対象とされた。

この研究成果に対して、深谷克己は七点にもおよぶ質問を挙げていた(8)。このうち、以下五点を紹介したい。①家族の論理をどのように組み込むのか、身分に関わる生業とは、家・家業として持続しているのではないか。②郷士身分といったような「境界的身分」をどう扱うか。③個人の一生に見られる経過的な状態をどう扱うのか。④徒党・悪党といった反秩序的な存在を身分的周縁論ではどう扱えるのか。⑤アジア社会の共通分母や独自分子を探る必要がある。この五点は、のち深谷の身分・身分制＝近世人研究に結実していくことになる（後述）。

第二次研究会の成果は、久留島浩・高埜利彦・塚田孝・横田冬彦・吉田伸之編による『シリーズ近世の身分的周縁』（吉川弘文館、二〇〇〇年）として刊行された。集団・関係・場をキーワードとして、分析対象を武士・百姓・商人といった、中核的身分までも拡大していた。

五巻『支配をささえる人びと』の編者である久留島浩は、「士農工商、穢多・非人」という呼称を社会的分業もしくは、職業のあり方に基づいた区分のコードと規定して、一九世紀の人びとは、この区分に違和感を抱いていなかったとし「この程度の分け方ですむくらいにしか「身分」というものの差を感じなくなっていたのだとも考えられる」と論じ、この区分ではとらえきれない「さまざまな身分集団の叢生や身分間の移動といった現象」があるとして、これこそが「身分的中間層」の形成に繋がるとした。この巻では「中核的・基幹的な武士身分ではないものから逆に、近世社会における武士身分を照射」するという視座が貫かれていた。久留島のこの見解は、先の深谷の指摘を意識してのものであった、と考えられる。久留島は、八王子千人同心や代官手代などの「周縁的存在」を「身分的中間層」

という概念に織り込んでいた。

第三次研究会の成果は、二〇〇六年から二〇〇八年にかけて刊行された『身分的周縁と近世社会』(吉川弘文館)に明らかにされている。(9) 編者「刊行にあたって」では、「モノや場を分析の対象とする」として、「あるモノの生産や流通をめぐって、あるいは特定の場において、それぞれが結び合う関係を総体として明らかにする」ということが示された。

第九巻『身分的周縁を考える』は書評と筆者応答、さらに「身分的周縁を考える」といった討論から成り立っている。この中で、高埜利彦は日本の近世社会を、次のように三つの時期に分け、身分との関係から社会の特質を論じている。第一期は、豊臣政権から徳川三代までの時期として、軍役体制の形成がすすみ「兵・農・商・職人の分業を進めていった時期」、第二期は東アジアの明清交代が収まり、日本では儀礼が整備され、支配統治が安定し、百姓などの「基幹の身分の周縁に存在した者たちを身分集団化する」時期、第三期は近世解体期であり、第一期、第二期の身分の周縁にさらなる身分が生まれて行った時期、としている。このシェーマは従来の「身分的周縁」研究に時間軸が入ったものであり、重要な視座を提供したといえる。また、横山百合子は身分的周縁論にジェンダーの視座を入れる必要を述べている。

近世人と属性への注目

「身分的周縁」研究会による研究成果によって、日本近世の身分・身分制への視点は大きく変わり、さまざまな人びとの存在と、〝彼ら〟が依拠する共同体・集団との関係性が明らかにされた。しかし、〝彼女ら〟へのまなざしは稀薄であった。また、研究の進展にともない、問題関心は「周縁社会」に生きる人よりも彼らが依拠する場や集団へと移行していった。そして、中核的身分と、周縁的身分との二元論に陥り、両者の溝を大きくし、さらには両者を固定的なものと認識してしまう、という矛盾を内包していた。

これに対して、深谷克己は、近世人という枠組を提起し、[10]「身上がり」という視点を打ち出した。[11]深谷の研究は構造よりも主体へという意識をもっていたが、しかし、分析対象は中核的身分に限定され、賤民や女性、マイノリティーへの視座は稀薄であった。

「身分的周縁」研究の成果を受けとめつつ、それへの批判と深谷の視点を含め、さらに女性史・辺境史・東アジアといった拡がりを導入した成果が『〈江戸〉の人と身分』全六巻[12]（吉川弘文館）である。編者による「刊行にあたって」には以下の企画方針が明記されている。①職業・居住地のみならず、性別・年齢・世代・貴賤・都鄙といった「人の属性」に注目して「人とは誰か」ということを解明する。②ライフ・コース――歴史の文脈に位置づけた個人の人生――における身分変更や身分意識という課題を提起する。③近世の身分制を東アジアの身分制的展開を踏まえて捉え直す。この企画では、人の属性に注目しつつ、人は身分を越えて活動する、という視点が提起されたのである。これは、先述したように、かつて深谷が、第一次「身分的周縁」研究会の成果である塚田孝他編『身分的周縁』に対してあげた質問と重なっているのである。

このシリーズのうち、従来の身分・身分制度論、つまり「身分的周縁」研究や、深谷の近世人論に見られない、もしくは弱かった視点が、柳谷慶子・藪田貫編『4　身分のなかの女性』と深谷克己・大橋幸泰編『6　身分論をひろげる』に凝集されている。

藪田は、近世の身分に関する研究は男ばかりであったとして、女性をひとつの身分として捉えると発言し、家という属性と女性との関係――たとえば結婚など――をライフ・コースのなかから描くことを企図した、と述べている。[13]

また柳谷は、女性というジェンダーが担わされている分業慣行をひとつの身分的地位・状態として浮かびあがらせることを試みる、として、女性は刑事法制上「女の身分」として位置づけられる身分存在であったと規定している。[14]

大橋[15]は従来の身分イメージにとらわれることなく、可能なかぎり近世に生きた人びとに関わるあらゆるものを視野に入れ、「身分というコードをつけて議論してみ」ると述べている。たしかに、この巻は異端的宗教活動の問題、近世的「悪党」といったものや、朝鮮や中国における「士」と「民」の社会的存在も俎上に載せている。また深谷は「身分が複数のものさしで成り立っている」として、同一の対象が複数の身分を重層的にあわせもっていることを指摘している。

このシリーズによって、近世に生きた人すべてを近世人として、彼・彼女らの属性に注目しつつ、その存在を理解し、近世人は国家や共同体・集団との関係性によって規定されていた身分をも超える可能性をもっていた、という論点が生まれた。

次ぎに、東アジアに視野を広げるという意味で、『6　身分論をひろげる』の執筆者である山田賢（中国史）と趙景達（朝鮮史）の意見を紹介する。山田は「士農工商」という表現は「東アジア漢字文化圏において、遍《あまね》く共有されていた」としつつも、その内実は各地域（国）によって大きく相違するとして、中国では「士農工商」とは、安定した生計を営み、望ましい秩序の担い手となることを予定されている者である、と述べた。趙景達は朝鮮王朝時代にも身分制度は存在したが、それはルーズなものであり、「士」という存在は、読書人として実学に努め「民本の立場から天下国家のために尽力すべき存在」であるとした。日本の近世と同時期の朝鮮においては、儒教的教養を身につければ、被治者に生まれた民でも「士」となれたのである。いうまでもなく、中国・朝鮮には科挙制度があり、日本にはなかったという点が大きな差違といえる。

このように同時代の中国・朝鮮と比較すると、日本近世社会においては、治者＝「士」と被治者＝「農工商」との間には大きな壁が存在し、一八世紀後半以降、金銭による御家人株などの売買がおこなわれていたとしても、その壁は中国・朝鮮に比べはるかに強固であったことは間違いない、と言える。これが前提となるが「農工商」と、周縁的身分に属す人びととの区分けは、ゆるやかであったわけである。さらに、近世人は個人として生きることはまず不可能であり、いずれかの身分・属性に依拠していたことも事実である。たとえば文化七年（一八一〇）、上州佐位郡国定村の名主家の長男に生まれた忠次郎は、境町（在郷町）に出て博徒となり、縄張りをもつ武闘派の博徒渡世の頭取＝親分となった。この国定忠治のようなライフ・コースをもった人物をどう理解するか、という場合、属性という概念が有効となる。忠治の場合には、名主家↓博徒↓親分などが属性となる。このような属性を考える際に、時代と地域とが重要なファクターとなる。国定忠治のような存在は一九世紀の関東においてこそ出現したのであり、一八世紀の畿内には存在しえないのである。

元禄一六年（一七〇三）、大坂で初演の近松門左衛門『曾根崎心中』に登場する遊女お初以外の人物たちは、「士農工商」の枠組で完結している。しかし、文政八年（一八二五）、江戸で初演された鶴屋南北『東海道四谷怪談』の登場人物の多くは、浪人、地獄宿遊女、鰻掻き、といった者達で「士農工商」の枠組では、とうていおさまらない「周縁」の存在である。彼・彼女らは、武士↓浪人、武士の下僕↓鰻掻き、武士の娘↓非合法の遊女、というライフ・コースをたどったのである。

近世という時代に、蝦夷地・琉球をふくめた日本列島に生きた人びと＝近世人は流動するという発想の下、時間軸と地域性とを加味して、彼・彼女らの存在形態と、彼・彼女らの具体的な生き方を属性という概念で見ていく可能性を探ってみたものが、この『近世人の事典』である。

【注】

（1）丸山眞男『日本政治思想史研究』東京大学出版会、一九五二年。

（2）高木昭作「幕藩制初期の身分と国役」『一九七六年度歴史学研究会大会報告別冊』一九七六年。のち、高木昭作『日本近世国家史の研究』岩波書店、一九九〇年。

（3）峯岸賢太郎「近世身分論」『日本史研究の新視点』吉川弘文館、一九八六年。

（4）朝尾直弘「近世の身分制と賤民」『部落問題研究』六八、一九八一年。のち『朝尾直弘著作集　第七巻』岩波書店、二〇〇四年。

（5）横田冬彦「幕藩制前期における職人編成と身分」『日本史研究』二三五、一九八二年。

（6）塚田孝「近世の身分制支配と身分」『近世日本身分制の研究』兵庫部落問題研究所、一九八七年。

（7）塚田孝「身分制の構造」『岩波講座　日本通史』第12巻、岩波書店、一九九四年。

（8）深谷克己「『身分的周縁』を読んで考える」『部落問題研究』一三二　一九九五年。

（9）編者は以下である。後藤雅知・斎藤善之・高埜利彦・塚田孝・原直史・森下徹・横田冬彦・吉田伸之。

（10）深谷克己『近世人の研究』名著刊行会、二〇〇三年。

（11）深谷克己『江戸時代の身分願望』吉川弘文館、二〇〇六年）。

（12）編者は以下である。宇佐美英機・菊池勇夫・白川部達夫・堀新・柳谷慶子・山本英二・若尾政希・藪田貫・深谷克己・大橋幸泰・真栄平房昭。

（13）藪田貫「女性と身分」柳谷慶子・藪田貫編『4　身分のなかの女性』吉川弘文館、二〇一〇年。

（14）柳谷慶子「身分のなかの女性」柳谷慶子・藪田貫編『4　身分のなかの女性』吉川弘文館、二〇一〇年。

（15）大橋幸泰「身分論をひろげる」深谷克己・大橋幸泰編『6　身分論をひろげる』吉川弘文館、二〇一一年。

第一部　第一章

朝廷に生きる人びと

御即位行幸図屏風　（部分、宮内庁蔵　写真提供：宮内庁侍従職）

紫宸殿《ししんでん》の中央に置かれた高御座《たかみくら》に新帝が出御したようだ。女官は翳《さしば》を差し掛けて至尊性を演出、文臣たちは衣冠束帯に身を包んで持ち場に着座し、武官は庭上で胡籙《やなぐい》を負い弓と鉾を持って威儀を正す。平安絵巻かと思いきや、さにあらず。寛永七年（一六三〇）、明正天皇の即位式の様子である。武家が天下を牛耳った近世にあっても、朝廷は国家権力の中で一定の役割を果たして存在していた。

従来、近世の朝廷に対する研究は低調であったが、二〇〇〇年前後から大きく進展した。近年の近世史研究の中で、最も目覚ましい成果を上げている分野と言ってよいだろう。本章では、それらの最新の研究成果を踏まえながら、天皇をはじめとする「朝廷に生きる人びと」を紹介する。

天皇

天皇とは　古代より国家統治者、公武結合の王権者、国家元首、国民結合の象徴と変わりながら、現在も特別の地位を保っている家系の当主。天皇号は、東アジア華夷世界の中華王朝・周辺王朝を意識した、日本王朝の、対抗的な自尊の国王号として成立したと考えられる。大宝律令（大宝元年、七〇一）で法制化されたが、天武朝か持統朝で使われ始めたとされる。天皇号と同じ頃に日本国号も成立した。

律令制の規定と通常の呼称　律令制下、天皇の呼び方や書き方が規定された。天平宝字元年（七五七）の養老律令では、祭祀では「天子」、詔書では「天皇」、対外的には「皇帝」、臣下の上表は「陛下」、譲位後は「太上天皇」と決められた。通常の場では、みかど（御門）、きんり（禁裏）、だいり（内裏）、きんちゅう（禁中）、えいりょ（叡慮）、しゅじょう（主上）などと呼ばれた。

天皇家と神道・仏教・儒教　『古事記』『日本書紀』では、イザナギ・イザナミから七代目が神武天皇（紀元前六六〇年即位）で、六代前の天皇家始祖が天照大御神とされるため、伊勢神宮や賢所《かしこどころ》（けんしょ）・皇霊殿《こうれいでん》・神殿《しんでん》の宮中三殿を天皇家は尊崇してきた。天皇は、司祭者の性格を受け継ぎ、武家政権時代も神明的な性格を保ち、近代の国家神道の体系化、天皇神格化の淵源となった。しかし東アジアの法文明圏の王朝として存続するためには、この世界の政治文化を吸収する必要があり、儒教の政道思想や仏教の鎮護国家思想を法制や寺院・仏像で具体化した。

天皇家の神仏分離　百済から仏教が伝えられて以後、推古朝の皇太子が仏教・儒教両要素の「憲法十七条」（六〇四年）を作ったという。その後の天皇・上皇も国家鎮護の仏教を尊重し、上皇が出家して法皇になることも多かった。江戸時代の宮中の法事は仏式であり、仏壇と歴代天皇の尊牌（位牌）が安置されていた。しかし、明治政府の神仏分離策によって仏式行事は停止された。

中国史書の倭王　小国が並び立つ時代に、中国の諸王朝のどれかを中華王朝として日本の王が冊封を受け朝貢する関係が始まった。中国で王朝が淘汰され、日本で小国の淘汰が進んでも、華夷関係自体は変わらなかった。五世紀中国の南北朝時代の『宋書』に記された倭の五王を、仁徳から雄略までの天皇に比定する見方もある。五王は、「倭国王」に冊封され、安東大将軍に任じられたりして、朝鮮半島の諸国に関与する立場を認められた。

倭王の上表文　『宋書』の倭王武の上表文は、わが国は冊封されて外臣の藩屏となり、国々を平定し中国の威が遠くに及んだ。百済を経て朝貢したいが、高句麗が百済征服を図り船を進めることができない。皇帝の援助でわが国が高句麗を挫いたならば、官位と諸将の称号を賜り、忠誠を励みたいとある。上表通りになったのではないが、倭国と大陸が密接な関係にあったことを物語る。

天皇王権の制度化と律令制による安定化　天皇の出自は一系でなく、複雑な権力移動が推測されて王統が確立したのは、六世紀中頃とされる。大陸の制度の摂取を急ぎ、七世紀初頭に冠位制度を導入するなど天皇中心の王権形成が進み、隋の煬帝に対し「天子」を自称したという。大化改新以降、唐の法体系「律令」が導入され、天皇中核の国家建設が加速し、天武朝にはさらに強化された。天武天皇は軍事力で皇位を奪取したため、強い権力を振るうことができ、柿本人麻呂は「大君は神にしませば」と詠んだ。内外に向けて、天皇の支配を確立していく時期に、推古天皇から称徳天皇に至る八代もの女帝が集中的に現れ、はるか後の江戸時代に明正・後桜町の二天皇が即位するまで七〇〇年以上も女帝は現れない。律令制は、天皇裁可を求める組織であったため、天皇の重要性を制度が保障した。しかし、天皇の実質的統治の期間は短く、貴族や武家が代わって統治するようになる。

摂関政治と院政　九世紀中頃から藤原家が天皇の行為を代行する摂政・関白に就任するようになった。幼帝は、天皇が実権を失う要因になった。一一世紀初頭の白河天皇は、退位後も政治権力を掌握して院政を行った。院政の上皇は、親権と主権を合わせ、治天の君（事実上の君主）として君臨した。治天の君は北面武士を軍事力とし、平氏・源氏の武士も重用した。しかし、武力による政治紛争解決に道を開き、平氏政権の誕生、源氏による鎌倉幕府の登場に結果した。承久の乱（承久三年、一二二一）以降、朝廷は軍事力を失い、天皇の任免まで武家側に握られるようになった。残った政治権力も室町時代の足利義満に接収され、朝廷は政権機能を失った。

天皇家の分裂　承久の乱以降、天皇の権能はさらに弱まり、国難的な蒙古襲来に当たっても、外交・貿易の処理は鎌倉幕府の主導で進められた。天皇家も公家も動揺を続け、天皇家は大覚寺統と持明院統に分裂した。大覚寺統の後醍醐天皇による建武の新政が試みられたが、足利尊氏の離反で終わった（南北朝時代）。両朝は、足利方北朝が南朝を吸収して統合された。明治時代の南北朝正閏論争では、神器保有を基準に南朝を正統と決した。

王権からの政権の分離、別所化　武家政権の時代には、武家棟梁の一族が世襲で征夷大将軍に就任するのが本来の姿で、将軍とその幕閣が、内政・外交に最強の権力を行使した。しかし、天皇の地位が、武家政権によって廃されたことはなく、征夷大将軍への就任は天皇宣下によって明証され、天皇の権威を活かして権力を安定させた。政敵に対しては、朝敵の烙印を押して自己の正統性を主張した。外見は公武二元で、時期によって優劣の力関係が変動した。日本の王権の誕生と成長は、東アジア法文明圏に日本王朝が組みこまれていくことであったが、その後の日本では個性的な展開を見せ、王権から政権が離脱し、政権が王宮とは別所に設けられる政治形態になった。確執事件は少なくなかったが、巨視的には王権と政権の一体性が保たれ、王権の王の地位が保障されたまま、政権の長が内政・外交の権限を掌握するという公武結合王権として、数百年を経ることになった。

公武結合王権の中の武家政権　天皇は国家祭祀権を保持する点で東アジアの他王朝の王と似ていた。また元号勅定の慣行が生かされ、武家官位の叙爵者だったから、政治実権がなくても、天皇の王的機能とその地位は失われなかった。最高位の治者であるためには、公武相補の関係が天皇にも将軍にも必要であった。武家政権も、対外的な有事に直面して反対意見が大きくなると、朝廷に報告したり相談したりして、方策の正当化をはかり、統治の主導権を守ろうとした。そのことが、近代化の時代にかえって武家政権の正統性を低める要因にもなった。

近世朝廷制度の意義　慶長二〇年（一六一五）の「禁中并公家中諸法度」で、天皇は細かな制限を受けた。これは、天皇と公家を、時代に適合的なものに作り変える圧力だったが、同じ頃の武家諸法度や諸宗寺院法度も、武家や寺社家を時代に適合的なものに作り変える圧力となった。それらは、日本の近世国家の形を、東アジア諸王朝とヨーロッパ諸国家に対して宣揚する役割を担った。

イベリア・インパクトと中華皇帝化欲求　徳川政権に先行する豊臣政権は、スペイン・ポルトガルとローマ教会が手を結んだキリスト教国化圧力に危機感を強め、国家安穏願望を中華皇帝化欲求に変えて、朝鮮半島への侵略戦争を開始した（壬辰戦争）。その中で、天皇と公家を北京に移して中華皇帝に引き上げる構想を立て、天皇行幸の作法の下調べを諸公家に命じた。この企図が失敗し、日本は明朝・清朝の中国に「非入貢」、朝鮮に日本使節を派遣できない「非敵礼」という、正常でない国際関係を受け入れざるをえなくなり、琉球や蝦夷地に対して支配的な位置に立って安全を守る日本的な華夷秩序を築いた。イベリア両国の世界分割戦略（デマルカシオン）に対して、キリスト教排除を徹底させる形で、イベリア・インパクトを幕藩体制の中に残留させ（禁教・宗門改制度）、朝廷も排耶活動などでは禁教策につながった。

政道学習を義務とする天皇　江戸時代の天皇は、政治の実際には関与できなかったが、民を統治する政道を学ぶことを「第一御学問」規定で義務づけられ、治者の心構えの習得に励んだ。徳川政権は、伝奏役の仕組みを作ったり、二条城・伝奏屋敷など相互の出張所を設けたりして、公武結合王権を安定させようとした。初期には紫衣事件から後水尾天皇退位に至る確執も表面化したが、将軍家からの和子《まさこ》入内によって天皇家と将軍家は親戚となり、公武和融が進んだ。御三家や上層外様大名家も、公家の子女と婚姻関係を結び、公武の接近が進んだ。

大政委任論による武家政権の延命努力　一八世紀末以降、公武結合王権の枠組みでは公儀権力を維持できなくなり、大政委任論を祖法として掲げ、将軍権力を守ろうとした。一九世紀の内憂外患は、一方で天皇の政治実権待望の主張を表面化させ、他方で武家政権の長の王化願望を強めさせ、二王化状況が政治的混乱を深めた。主権国家論に立つ列強諸国は、責任政府の所在を迫った。尊王攘夷運動も、委任を超えた責任政府の樹立の要求という点で、ウエスタン・インパクトと同じ方向の圧力となった。大政奉還から勅命討幕の内戦を経て、公武結合王権は解体され、天皇制国家へ転換した。

（深谷克己）

【参考文献】水林彪『天皇制史論』岩波書店、二〇〇六年。
堀新『織豊期王権論』校倉書房、二〇一一年。

上皇

上皇とは　皇位を退いた天皇の略称で太上天皇とも称した。上皇は出家が可能であり、出家すると太上法皇と称し、法皇と略した。上皇と法皇は同格で院とも称され、院政が可能であった。

仙洞御所　上皇は内裏を退去し仙洞御所《せんとうごしょ》へ移ったが、それには京の里内裏《さとだいり》が活用された。里内裏は、火事などで天皇が避難する所だったが、上皇の居所になった。仙洞は、中国で仙人の住み処を意味した。深山に隠遁することから、退位した天皇の居所の美称に使われた。

上皇・法皇になった天皇と特例　歴代天皇一二三人のうちほぼ半数の五九人が上皇になった。法皇は、霊元法皇が最後である。天皇は、その公的な権能の超絶的存在というだけでなく、天皇家や上層公家の家維持と上昇の願望という私的な欲求が組み合わさった存在であるため、特例の発生を防ぐことがむずかしかった。上皇や院政自体が、王権の一系性から言えば、その揺らぎの現れだが、皇位に就かず生前に尊号を贈られた者、皇位に就かず死後に尊号を贈られた者、皇位に就かず上皇に準じた待遇を与えられた者などの事例は、私的な圧力が尊号制度に掛かった結果と言える。朝廷に影響力の強かった足利義満は准三宮（上皇に似た待遇）を受け、死後に太上天皇の尊号を追贈されたが、子の義持が辞退した。

尊号一件と最後の追贈上皇　典仁《すけひと》親王の子であった第一一九代光格天皇は、摂関家よりも親王の序列が下であることを不満とし、太上天皇の尊号を贈ろうとした。天明八年（一七八八）にこのことを幕府に通達したが、老中松平定信は先例にないと反対、朝廷も古例を持ち出して対立が深まった。天皇は公卿多数を味方に尊号宣下を強行しようとしたが、親王の実弟鷹司輔平《たかつかさすけひら》が憂慮し、尊号断念の引替に処遇改善を求めた。定信は関係公家を処罰し親王に千石を加増、天皇も周囲の説得に応じ撤回した。明治一七年（一八八四）、玄孫の明治天皇が太上天皇の尊号と慶光天皇の諡号を追贈した。　　（深谷克己）

【参考文献】宮内庁書陵部編纂『皇室制度史料』吉川弘文館。渋沢栄一『楽翁公伝』岩波書店、一九三七年。

中宮・皇太后・女院

中宮とは　令制における中宮は、皇后・皇太后・太皇太后の在所のことで、また三后を指す用語でもあった。しかしその後、中宮の語義は変化していき、皇后と同じく天皇の嫡妻を表すものとなり、江戸時代においては、通常、皇后のことを中宮と称している。

南北朝期、さまざまな要因から天皇に嫡妻が存在しなくなり、その復活は豊臣秀吉の時代を迎えてからであった。関白太政大臣となった秀吉が近衛前久《このえさきひさ》の娘前子《さきこ》を養女として、後陽成天皇に配したのである。しかし、前子は女御として入内したのち、中宮（皇后）に立てられる機会には恵まれなかった。

寛永元年（一六二四）一一月二八日、後水尾天皇の女御和子《まさこ》が中宮に立てられた。和子は二代将軍徳川秀忠の娘で、和子の立后は、幕府はもちろん、朝儀の復興を図る天皇にとっても望むべきことであり、実現に至った。ただ、和子の特異な立場により、中宮に附属する中宮職の大夫・権大夫を武家伝奏が兼任し、少進には中宮付の武士が就任するという異例の人事をともなった。とはいえこれを先例に、霊元天皇の女御房子《ふさこ》、東山天皇の女御幸子《ゆきこ》が続いて中宮となる。しかし、その後数代中宮は立てられず、寛政六年（一七九四）三月七日、後桃園天皇の遺児欣子《よしこ》内親王が光格天皇の中宮になったのが近世最後で、中宮はこの四人しかいない（追贈の一例を除く）。

皇太后とは　皇太后は本来、天皇の母で后位に登った者の称号であるが、平安時代には早くも時の天皇の母ではない皇太后が現れた。南北朝期に入ると皇太后になる者すらいなくなり、江戸時代を迎える（追贈は除く）。

皇太后の復活　江戸時代の皇太后は、天皇の「母」である。復活のきっかけは、桜町天皇の実母で中御門天皇の女御尚子《ひさこ》だった。尚子は、享保五年（一七二〇）桜町天皇出産後に没し、朝廷は、桜町天皇の立太子後、尚子に皇太后を追贈したのである。所生の天皇の即位前という異例さはあるが、天皇の嫡妻が次期天皇となる皇子を儲けたのは久方ぶりで、朝廷は、天皇の嫡妻の称号である中宮より、母の称号である皇太后を選択した。以後、天皇の嫡妻は次期天皇と明確に母子関係を結び、その関係が重視されることになる。すなわち、桃園天皇の「実母」舎子《いえこ》、後桃園天皇の実母富子《とみこ》、光格天皇の養母維子《これこ》、仁孝天皇の「実母」欣子内親王、孝明天皇の養母祺子《やすこ》、明治天皇の「実母」夙子《あさこ》と、いずれも「子」の天皇が践祚もしくは即位をすると皇太后に冊立された。このなかで欣子内親王だけは、その出自からただ一人、中宮（皇后）から皇太后に進んでいる。

なお、中宮・皇太后の経済基盤は、幕府から進献される御料であるが、江戸後期に三〇〇〇石と定められた。

女院とは　女院の制度は、平安時代中期に母后を尊崇する趣旨から始まった。しかし、時代とともに対象が拡大し、本来の趣旨からはずれる例も多く見られるようになる。一方で、天皇の嫡妻ではない生母を遇する手だてともなり、幕末までほぼ途絶することなく存続した。

近世の女院　江戸時代では、天皇の母は、閑院宮《かんいんのみや》から皇位を継いだ光格天皇の生母大江磐代《おおえのいわしろ》を除いて、みな女院号を得ている。ただ、身位が嫡妻なのか女官（女房）なのかによって、待遇には格差がある。

まず、女院という呼称は、後陽成天皇の生母晴子《はれこ》（新《しん》上東門院《じょうとうもんいん》）は別として、嫡妻の女院にしか用いられない。また、夫である天皇が譲位すると、それにともない幕府が造営した御所に移り、夫の譲位や死などを機に院号宣下が行われることが多い。御料は三〇〇〇石（当初は二〇〇〇石）である。これに対して、天皇を儲けた女官は、本人の病（死）や所生の天皇の死を契機に院号宣下が行われることが多く、待遇も定まっていなかった。そうしたなか、のちの指針となったのが東山天皇の生母宗子《むねこ》（敬法門院《けいほうもんいん》）の例である。東山天皇は父霊元天皇の中宮房子と母子関係を結んでおらず、宗子は天皇の母として厚遇された。元禄二年（一六八九）准三宮となって御殿が用意され、米一〇〇〇俵が進上されるようになり、正徳元年（一七一一）の院号宣下後も続いた。朝廷は、その後、桃園天皇生母定子《さだこ》（開明門院）と孝明天皇生母雅子《なおこ》（新待賢門院《しんたいけんもんいん》）にも、これを適用しようと幕府に掛け合い、最終的に承諾を取り付けている。

ちなみに、近世には天皇の母ではない女院が一人存在する。後光明天皇の遺児孝子《たかこ》内親王である。（久保貴子）

【参考文献】久保貴子「近世の女院に関する基礎的考察」（『学術研究』四二）早稲田大学教育学部、一九九三年。

東宮・皇子・皇女

東宮とは　東宮は皇太子の住む宮殿のことで、皇太子自身を指す用語としても用いられる。皇位継承者＝東宮（皇太子）ではなく、東宮になるためには立太子礼を経なければならない。南北朝期に途絶し、江戸時代まで東宮は存在しない。

東宮の復活　天和三年（一六八三）二月九日、霊元天皇の第四皇子朝仁《あさひと》親王（九歳、東山天皇）が立太子して復活した。霊元天皇の強い希望によるもので、幕府がこれを承認したのである。東宮傅には右大臣鷹司兼熙《たかつかさかねひろ》、東宮大夫には大納言近衛家熙《このえいえひろ》、東宮権大夫には中納言醍《だい》醐冬基《ごふゆもと》が兼任した。皇位継承者は、嫡庶の別や長幼の順、さらには天皇の思惑などによって決められる（幕府の承認を要する）。朝仁親王の場合、天皇の意思により第一皇子が廃されて、天和二年三月儲君《ちょくん》に定められ、同年一二月親王宣下が行われた。儲君治定が皇位継承者決定の表明となるが、江戸時代、東山天皇以前で儲君に定められた天皇は、後光明天皇と霊元天皇の二人に過ぎない。東山天皇以後は、儲君治定、親王宣下、立太子を経て皇位につくのが通例となったが、女帝の後桜町天皇は儲君・立太子を経ていない。また、光格天皇と明治天皇は、先帝の死去にともなう皇位継承で、立太子を経る余裕がなかったため、東宮と称された時期はない。

皇子とは　皇子は天皇の子（男子）を表すが、天皇の兄弟も皇子とする。このため、正親町天皇の皇孫後陽成天皇が皇位につくと、皇弟たちは皇子となった。

さて、皇子に限らず皇親は誕生すると、若宮《わかのみや》・一宮《いちのみや》・秀宮《ひでのみや》のように称される。皇子の場合、若宮の称は嫡長子に、一宮の称は庶長子に用いられる傾向が見られる。

皇子は、親王宣下によって名（諱）が与えられ、近世では夭折しないかぎり基本的にみな親王になる。皇位継承者以外の皇子は、ほとんど門跡寺院に入寺することになるが、得度に先立ち親王宣下が行われて俗諱を得、得度して法諱を定めるのが通例となった（二例を除く）。

門跡以外では、世襲親王家（宮家）の当主となる道も開かれた。後陽成《ごようぜい》天皇の皇弟智仁《としひと》親王を初代とする八条宮（桂宮）、同天皇の皇子好仁《よしひと》親王を初代とする高松宮《たかまつのみや》（有栖川宮）、東山天皇の皇子直仁《なおひと》親王を初代とする閑《かん》院宮《いんのみや》が創設され、伏見宮《ふしみのみや》を含むこれら親王家に後継者がいない場合、その家を相続する。近世を通して一二例見られる。例外は、後陽成天皇の皇子二宮と九宮で、それぞれ近衛家、一条家を継いだ。近衛信尋《このえのぶひろ》と一条昭良《いちじょうあきよし》がこれで、むろん親王にはなっていない。

また、門跡や親王家当主となった皇子は叙品されるのが一般的だが、一七世紀前半には皇位継承予定者も叙品された。すなわち、後陽成天皇・後水尾天皇・同天皇皇子高仁《すけひと》親王・霊元天皇は、いずれも親王宣下と同時に二品に叙せられている。親王の座次は、江戸時代においても論議され、「禁中并公家中諸法度」で、親王は、太政大臣三公の下、前官大臣の上とされた（儲君は別）。

皇女とは　皇女は天皇の子（女子）を表すが、天皇の姉妹も皇女とする。皇子と同様、誕生すると女一宮・緋宮などと称されるが、必ずしも内親王にならない点が皇子とは異なる。近世を通して一〇歳以上まで生存した皇女は五四人、うち内親王は二三人である。一般に比丘尼御所に入室する皇女は内親王にならない。例外は光格天皇の皇女欽宮《はやのみや》で、宝鏡寺《ほうきょうじ》に入室したが、没する天保一三年（一八四二）慌ただしく親王宣下が行われた。

内親王のうち一二人は婚姻した皇女である。皇女の降嫁は古代・中世にも見られるが、近世が圧倒的に多い。後水尾天皇の皇女梅宮《うめのみや》（鷹司教平《たかつかさのりひら》と婚姻、のち離別）と女二宮（近衛尚嗣と婚姻）が内親王になっていないように、婚姻と親王宣下に当初因果関係はなかったが、やがて、婚姻前に内親王となるのが通例となった。なお、皇女は降嫁しても皇族の列を離れず、身分は保持された。

その他の内親王はほぼ未婚で天皇家に留まった皇女である。一七世紀は皇女が多く、婚姻先や入室先の不足に起因するが、後光明天皇の遺児孝子内親王はその立場が重んじられたゆえである。一八世紀中葉からは、皇女に叙品（二品、まれに一品）がなされるなど、待遇や格の整備が進められた。桜町天皇の皇女盛子内親王や孝明天皇の皇女順子《よりこ》内親王のように嫡妻所生の第一子を重視し、親王宣下が行われた例も見られる。

（久保貴子）

【参考文献】久保貴子『近世の朝廷運営』岩田書院、一九九八年。久保貴子「武家社会のはざまに生きた皇女」（服藤早苗編『歴史のなかの皇女たち』）小学館、二〇〇二年。

門跡

門跡とは　祖師の法脈を原義とし、その継承者である門徒、継承の拠点となる寺院空間の院家とその院主へと意味が発展した。さらに世俗権力者子弟の寺院社会への進出と、寺院側の積極的な貴種の受容により、南北朝時代には法脈を継承した貴種で多数の門下勢力を支配下に置いた僧侶、及びその居住寺院空間へと語義が拡張され、今日的な門跡の語義が定まった。近世の門跡も同様の語義を持つ存在であったが、中世との大きな違いは、勢力を有した門下勢力が、織豊政権や徳川政権の宗教政策により力を削がれ、門跡との関係性が希薄化したことである。古代中世以来、天台宗・真言宗・法相宗に門跡が見られたが、近世武家政権は、国家安泰・玉体安穏・政権の武運長久の祈祷を行うことを門跡に求め、それに対して千石を平均とする門跡領が安堵され、江戸後期には名目金貸付が許されるなど、それらを経済基盤として近世を通じて門跡は存続した。このような近世の門跡において、常修院宮《じょうしゅういんのみや》慈胤法親王《じいんほっしんのう》のように、茶の湯などを媒介として多様な人々が門主を求心力として門跡に集い、江戸時代の公家文化に大きな影響を与えたことは重要であり、近世を通じて門跡は、文化面における社会と朝廷側との窓口であった。

宮門跡　近世の門跡寺院の住持（門主）は、天皇の皇子、世襲親王家の王子、五摂家の子弟を出自とし、初期には足利将軍家の子弟、清華《せいが》家の子弟も見られた。宮家の設立は制限され、儲君《ちょくん》か、親王家の後継者以外は出家得度して門主となったことから、古代中世と同様に、門跡は天皇・親王家・五摂家子弟の受け皿であった。門跡寺院の格式は、門主の身分と連動し、門主が親王である際には宮門跡、摂家子弟の折には摂家門跡とされた。門主は、幼少期に入寺先が定められ、附弟として教育を受け、法脈を継承して門跡となった。江戸後期には親王の絶対数が不足し、無住の門跡も現れた。この際には、法脈継承の維持を念頭に置いた後継門主の確保交渉が幕府・朝廷・門跡間で行われた。

輪王寺門跡・知恩院門跡　輪王寺《りんのうじ》門跡は、親王を門主

とする天台宗寺院として関東に設けられた。輪王寺門跡の役割は、幕府の正当性の根源である東照宮を修法により護持し将軍家の武運長久を祈祷するとともに、比叡山も含めた天台宗全体を管掌することであった。従って輪王寺門跡は諸門跡に優先され、後継門主が欠けた際には宗旨を越えて親王を確保し、江戸時代を通じて間断なく門主が存在した。千石平均とされた門跡領も他の門跡領を凌ぐ一万石とされ、他の山門派門跡を退けて天台座主に補され、准三宮に叙されるなど幕府権力を背景に圧倒的な力を有した。徳川将軍家の宗旨である浄土宗知恩院門跡の開創は、幕府による門跡統制の一環であり、従来天台宗の青蓮院《しょうれんいん》門跡に住持の任命権があった総本山知《ち》恩院《おんいん》に宮門跡を置くことで、他宗派における門跡の地位を相対的に低下させることに意図があった。知恩院門跡には必ず宮門跡が迎えられ、親王宣下に先だって当時の徳川将軍の猶子とされた。知恩院門跡は京都に在住したが、江戸芝増上寺に学問所が設けられ江戸に下向して浄土宗の教学を学んだ。輪王寺門跡との相違点は、浄土宗制を管掌する立場はあくまで知恩院大僧正や増上寺大僧正であり、知恩院門跡の立場は象徴的な存在であった。

摂家門跡・准門跡　一般的に宮門跡が住持として望まれた中で、摂家の子弟を門主とした寺院が摂家門跡である。奈良興福寺《こうふくじ》における一乗院《いちじょういん》門跡が近衛家系統、大乗院門跡が九条家系統から代々門主を迎えてきたように中世以来の寺元《てらもと》関係から考える必要がある。門跡領の石高では宮門跡の後塵を拝する摂家門跡であるが、幕府の意向の下、朝廷統制の要とされた摂家の力が、伝存する壮麗な伽藍から窺える。また、親王家や摂家と猶子関係を築き、多数の門徒を擁した真宗の准門跡も存在した。

尼門跡　京都・奈良・近江に存在し、皇女や王女、五摂家の息女らが住職を務めた寺院は比丘尼御所と呼ばれ、住持の出自により御宮室と、御禅室とに格式が分けられた。大聖寺《だいしょうじ》の御寺御所《おてらごしょ》のように、御所号を称するには勅許を要した。尼門跡とは明治二一年（一八八八）以降の称である。宗旨は臨済宗が多く、天台・真言・浄土・日蓮の各宗や兼学もみられた。石高は曇華院《どんげいん》の六八四石を筆頭に概ね三〇〇石が平均である。（田中潤）

【参考文献】　高埜利彦『近世日本の国家権力と宗教』東京大学出版会、一九八九年。杣田善雄『幕藩権力と寺院・門跡』思文閣出版、二〇〇三年。服藤早苗『歴史の中の皇女たち』小学館、二〇〇二年。

宮家

宮家とは　鎌倉時代以降、殿邸や所領の伝領とともに家号としての宮号が生じ、やがて、代々親王宣下を受けて宮家を世襲する親王家が成立した。しかし、鎌倉時代後期に興った宮家は室町時代後期までに消滅し、室町時代に創設された伏見宮《ふしみのみや》と、近世に創設された桂宮《かつらのみや》・有栖川宮《ありすがわのみや》・閑院宮《かんいんのみや》の四家が四親王家と称される。宮家の継承者は、天皇や上皇の猶子となって親王宣下を受けた。

伏見宮　伏見宮は、南北朝期の崇光《すこう》天皇の第一皇子栄仁《よしひと》親王に始まる。三代貞成《さだふさ》親王が居所にちなんで伏見宮を号し、四代貞常親王のとき永世伏見殿（伏見宮）と称することが、兄の後花園天皇によって定められた。以来、実系の王子が代々継承して江戸時代を迎える。こうして崇光天皇の嫡流で、かつ皇統が伏見宮出自の後花園天皇の系統となったため、その系脈に強い自負をもつ。

宝暦九年（一七五九）五月、邦忠《くにただ》親王が嗣子のないまま没した。伏見宮は実系相続（弟宮の還俗相続）を朝廷に願い出たが先例がなく、一方、朝廷は先例に従い皇子の継嗣を望んだと見られるが、このとき第一皇子しかおらず、第二皇子の誕生を待たなければならなかった。結局、幕府も巻き込んで第二皇子誕生を待つことに決し、翌年第二皇子が誕生して相続したが、明和九年（一七七二）に没し、再び相続問題が起こる。今度は伏見宮が実系相続を譲らず、還俗相続が実現する。これが邦頼《くにより》親王である。以降、幕末まで実系相続が続いた。江戸時代の家領は一〇二二石。なお、幕末に相次いで創設される宮家はいずれも伏見宮の王子たちである。

桂宮　桂宮は、後陽成《ごようぜい》天皇の皇弟智仁《としひと》親王に始まる。親王は豊臣秀吉の猶子となったが、秀吉に実子鶴松《つるまつ》が誕生したのを機に、天正一七年（一五八九）処遇が協議され、宮家が創設されて八条宮と号した。二代智忠《としただ》親王は子女がなく、後水尾上皇の皇子を養子に迎えた。しかしその後も後嗣に恵まれず七代当主まで皇子が続いて入った。この間、六代のとき常磐井宮に、七代文仁《あやひと》親王のとき京極宮に改称した。この頃には、宮家は皇統の備えという認識が強くなり、朝廷は断絶の回避を図った。その後二代は父子相続だったが、明和七年（一七七〇）九代公仁《きんひと》親王が没して存続の危機を迎えた。継嗣となりうる皇子もおらず、当面公仁親王の嫡妻寿子が家主となり、皇子誕生を待った。文化七年（一八一〇）光格天皇に皇子が誕生して相続し桂宮に改称したが、翌年没し、天保六年（一八三五）仁孝天皇の皇子が相続するも翌年没した。そしてついに、文久二年（一八六二）仁孝天皇の皇女淑子《すみこ》内親王が相続（宮家唯一の女性当主誕生）して明治を迎え、内親王の死により断絶した。家領は三〇〇〇石。なお、六代作宮は代数に入れない場合もある。宮号の改称は天皇もしくは上皇の意向によるものであった。

有栖川宮　有栖川宮は、後陽成天皇の皇子好仁《よしひと》親王に始まる。好仁親王は、祖母新上東門院に養われ聖護院に入ったが、病気を理由に戻り、寛永二年（一六二五）高松宮を創設した。宮号は居所となった新上東門院の旧跡高松殿に由来する。王子なく没し、空主となった同家を後水尾上皇の皇子良仁《ながひと》親王が継いで花町宮と称したが、皇位についた（後西天皇）ため再び空主となった。寛文七年（一六六七）後西上皇の皇子が相続し、有栖川宮と改称した。五代は霊元法皇の皇子職仁《よりひと》親王で、以降代々父子相続である。八代幟仁《たかひと》親王の後嗣熾仁《たるひと》親王は、慶応三年（一八六七）王政復古と同時に総裁に就任し、翌年東征大総督に任命されて東下した。家領は一〇〇〇石。

閑院宮　閑院宮は、東山天皇の皇子直仁親王に始まる。皇統の備えという明確な理由に基づく創設で、それまでの宮家の創設事情とは異なる。宝永六年（一七〇九）江戸では六代将軍徳川家宣に新井白石が献策し、京では近衛基熙が東山上皇からその遺志を伝えられた。翌年江戸に下向した基熙は娘婿の家宣にこれを伝え、幕府が朝廷に宮家創設を申し出た。享保三年（一七一八）霊元法皇により宮号が閑院宮に定まる。直仁親王は天皇家にもっとも近い皇族として重きをなした。以後五代愛仁《なるひと》親王まで父子相続が続いたが、天保一三年（一八四二）同親王が王子なく没し、親王の母で先代孝仁《たつひと》親王の嫡妻吉子を家主同格として皇子誕生を待つことになった。なお、直仁親王の孫祐宮《さちのみや》が光格天皇で、同家は皇統の備えの役目を果たした。家領は一〇〇〇石。　（久保貴子）

【参考文献】武部敏夫「世襲親王家の継続について」（『書陵部紀要』一二）一九六〇年。久保貴子「宝永・正徳期の朝廷と幕府」（『日本歴史』五三八）吉川弘文館、一九九三年。

堂上公家

堂上とはなにか　堂上《とうしょう》とは、禁裏《きんり》御所の清涼殿《せいりょうでん》にある殿上間《てんじょうのま》にのぼること（昇殿《しょうでん》）を許された、五位以上の朝廷官人をさす言葉である。堂上という言葉は、平安時代中期（一〇世紀末）の貴族の日記に登場するが（『小右記《しょうゆうき》』）、中世にはそれが家柄・家格として固定するようになり、昇殿を許されない地下《じげ》の家筋と区別して、「堂上家」「堂上衆」など、上級の公家をさす言葉となった。江戸時代には、幕末期で一三七の家が堂上に属し（『諸家知譜拙記《しょかちふせつき》』）、原則的に代々参議以上の官職、あるいは従三位《じゅさんみ》以上の位階に叙任されて公卿《くぎょう》に列し、朝廷・公家社会の上層部を構成した。

堂上公家の階層　堂上諸家の内部では、到達できる官職と昇進ルートにより、摂関家《せっかんけ》（摂家《せっけ》）—清華家《せいがけ》—大臣《だいじん》家《け》—名家《めいけ》・羽林家《うりんけ》—半家《はんけ》というように、重層的で固定的な家格が形成されていた。

摂関家は摂政・関白に就任する家柄で、近衛《このえ》・九《く》条《じょう》・鷹司《たかつかさ》・二条《にじょう》・一条《いちじょう》の五家を指した（五摂家《ごせっけ》）。清華家は、江戸時代以前に太政大臣《だじょうだいじん》にまで昇った三《さん》条《じょう》・今出川《いまでがわ》（菊亭《きくてい》）・大炊御門《おおいみかど》・花山院《かざのいん》・徳大寺《とくだいじ》・西園《さいおん》寺《じ》・久我《こが》の諸家に、一七世紀後期に成立した醍醐《だいご》（一条家庶流）・広幡《ひろはた》（八条宮《はちじょうのみや》家庶流）を加えた九家のこと。大臣家は三条西《さんじょうにし》・正親町三条《おおぎまちさんじょう》・中院《なかのいん》の三家で、内大臣（まれに右大臣）に任官し得る家柄であった。名家（二七家）と羽林家（六六家）はともに大納言にまで昇進できるが、前者は弁官《べんかん》という文官系の官職を、後者は武官である近衛府《このえふ》の官職を経ることを例とした。そして、それ以外の諸家が半家である（二七家）。大・中納言に昇任する家もあるが、大方は従三位以上に叙されても参議などの官職に任じられることがなかった。名家・羽林家・半家の諸家は、「平堂上《ひらとうしょう》」とも称された。

こうした家格のほか、近世の堂上公家には旧家《きゅうけ》と新《しん》家《け》という区別も存在した。文禄・慶長頃（一五九二〜一六一五）を境とし、それ以前から存在する家を旧家、それ以降に成立した家を新家と称する。新家は一七世紀に入ると徐々に増加し、一八世紀の初頭にはほぼすべての家が成立している。これは、一七世紀の朝廷では天皇のほか、上皇あるいは法皇などの天皇経験者が同時に複数生存したため（最も多い時には天皇のほか上皇二人と法皇一人、合わせて四人が併存）、堂上公家を増員してそれぞれの御所に出仕させることが必要となり、旧家の二・三男などが新規に取り立てられたためである。

摂家の権勢　江戸時代の朝廷・公家社会では、摂家の権勢がとりわけ強かった。これは、幕府が彼等を利用して天皇の行動に掣肘《せいちゅう》を加えようとしたためである。慶長一五年（一六一〇）、前年に宮中で起きた官女密通事件（猪熊《いのくま》事件）に対する幕府の処分に強い不満を抱いた後陽成天皇は、譲位の意志を表明した。これに対して徳川家康は、天皇に異見をするよう摂家に申し付け、譲位の意向を覆すことに成功した。この一件を契機とし、幕府は天皇の意志決定に干渉しうる存在として、摂家の存在を重視してゆくことになる。

こうした摂家を中心とする朝廷統制の方針は、幕府が定めた法度《はっと》に明示された。慶長一八年（一六一三）六月の「公家衆法度《くげしゅうはっと》」では、法度の条目に背く者がいれば、摂家と武家伝奏《ぶけてんそう》（幕府との交渉を担当する朝廷の役職）からの届けを受け、幕府が処罰をすると定めた。更に、同二〇年（一六一五）七月の「禁中 并 公家中諸法度《きんちゅうならびにくげちゅうしょはっと》」では、摂家・武家伝奏の指図《さしず》に従わない者は流罪に処すると明記され、宮中での席次も、大臣の職にある摂家は天皇の一族である親王よりも上座と定められた。

また、摂家以外の者はたとえ大臣であっても、勅問《ちょくもん》に預かり朝廷の評議に加わることができなかった。

家礼の編成　摂家はまた、他の堂上公家を家礼《けらい》（門流《もんりゅう》）とし、その統制下に置いた。家礼とは、公家社会に存在する一種の主従制慣行である。一般の公家はいずれかの摂家に分属し、その参内に扈従《こしょう》したり芸能の会に列席するなど各種の奉仕をする。それに対して摂家は、官位叙任の便宜をはかったり、秘蔵の書籍を見せ有職故実《ゆうそくこじつ》を指南したりするなど、家礼に対して様々な恩典を与えた。江戸時代には、戦国時代に衰微・断絶した朝廷の儀式が復興・整備された。そのため、儀式に出仕する堂上公家たちは先例を研究・習熟しておくことが必要となり、摂家が所蔵する豊富で貴重な記録類を見せてもらうため、その家礼となったのである。摂家はまた、不行跡を犯した家礼に教戒説諭を行い、彼等に対してその圧倒的な権威を示した。

堂上公家の経済　江戸時代、堂上公家の経済的基盤となったのは、徳川将軍から山城国《やましろのくに》（京都府南部）などで宛行《あてが》われた家領《けりょう》（知行地《ちぎょうち》）であった。しかし、その石高は少なく、たとえば一七世紀中期の状況を見ると、平均して三〇〇石余に過ぎなかった（『寛文印知集《かんぶんいんちしゅう》』）。最も多いのは九条家の二〇〇〇石余（幕末には三〇〇〇石）であるが、せいぜい中級の旗本クラスの石高であった。しかも、家領の多くは複数の村に分散して与えられる傾向にあり、更には一つの村の中に複数の公家領や旗本領・寺社領が設定されるなど、はなはだ錯綜的でもあった。そのため、堂上公家の領主権は非常に脆弱なものであった。

また、新家の中には家領を与えられず、僅か三十石三人扶持《ぶち》という、御家人並の蔵米《くらまい》を支給されるだけの家もあった。江戸時代の初めは新家にも家領が与えられていたが、寛文《かんぶん》・延宝《えんぽう》期（一六六一～一六八一）以降は蔵米給与に変更されるようになり、幕末には一三七の堂上公家中、三〇家が蔵米取りであった（『諸家知譜拙記』）。

そのため、堂上公家の中には早くから困窮する家が多かった。家領が最も多い摂家の九条家ですら、一七世紀中期には早くも家計が窮迫し、一〇人の町人に勝手向きを管理されるようになった。累代の什宝も質物となってしまい、一八世紀中期には、家領を返上する代わりに二万両を拝借したいと幕府に願い出る為体《ていたらく》であった。

公家家業　家領や蔵米だけでは生活が立ちゆかないので、堂上公家の中には、代々伝わる学問や芸能（家業《かぎょう》）を収入源の一つとする家もあらわれる。たとえば、冷泉《れいぜい》家の和歌、飛鳥井《あすかい》家・難波《なんば》家の蹴鞠《けまり》、吉田家・白川家の神道、土御門《つちみかど》家の陰陽道《おんみょうどう》、高倉家の衣紋道《えもんどう》などである。こうした公家たちは、家業を介して武家や町人・豪農などを門弟とし、彼等から高額の入門料や教授料、免状発給の礼金などを得て、生計の足しとした。

武家との婚姻　また、大名と縁組をし、彼等から経済的援助を受ける堂上公家も多かった。たとえば、摂家の一条家は幕末に、紀州藩・水戸藩・熊本藩・岡山藩などの縁家《えんけ》から、家領（二〇〇〇石余）の倍に匹敵する四〇〇〇石近くの「お手伝《てづた》い」を年々受けていた（『幕末の宮廷』）。また、名家の烏丸家（家領九五四石余）が江戸時代の初めに豊前小倉《ぶぜんこくら》藩主（後に熊本藩主）の細川家から嫁取りをした際には、新婦は二〇〇〇石の化粧料と五〇〇〇両もの持参金を婚家に持ち込んでいる。

堂上公家の務め　将軍から家領や蔵米を与えられた公家たちは、大名・旗本などの武家と同様、役儀（務《つと》め）を負うこととなる。先に紹介した「公家衆法度」では、家業への専念と禁裏《きんり》小番《こばん》の精勤が命じられており、この二つが江戸時代における堂上公家の務めとなった。

一つ目の家業については、先に堂上公家の収入源の一つとして紹介したが、本来的には、彼等が天皇に仕え朝廷での儀式などを遂行する上で必要な知識であり、その修練は将軍から命じられた務めだったのである。江戸時代の天皇・朝廷は、徳川将軍による全国支配を正当化する役割を果たすことが期待されていた。そのため、堂上公家が天皇・朝廷のため家業に励むことは、とりもなおさず将軍への奉公にもなったのである。

禁裏小番　二つ目の禁裏小番とは、堂上公家が天皇や上皇などの御所にローテーションを組んで詰め、昼夜交替で勤番をする役務のことである。摂家や現職の大臣・武家伝奏・議奏《ぎそう》（天皇に近侍する奥向きの役職）はこれを免除されたが、その他の堂上公家には勤務が義務づけられた。彼等は家格とは関係なく天皇との親疎によって内々番と外様番に編成され、不寝番や雑役に従事したり、天皇の学問の相手を務めるなどした。内々と外様の別は、江戸時代初期には入れ替わりもあったが、次第に固定化する。また、寛文三年（一六六三）正月には、人物を見極めて選抜した近習番《きんじゅうばん》が新設され、後には天皇の側近を形成するようになった。小番の勤務状態は「小《こ》番勘定《ばんかんじょう》」という出勤表で管理され、精勤者へは度々褒美が下された。他方、懈怠《けたい》の著しい者の中には、幕府により遠流《おんる》に処された例もある。

（松澤克行）

【参考文献】　井ケ田良治「江戸時代における公家領の支配構造」（『同志社法学』三〇―一）一九七八年。本田慧子「近世の禁裏小番について」（『書陵部紀要』四一）一九八九年。松澤克行「近世の家礼について」（『日本史研究』三八七）一九九四年。高埜利彦『江戸幕府と朝廷』山川出版社、二〇〇一年。松澤克行「公武の交流と上昇願望」（深谷克己・堀新編『権威と上昇願望』）吉川弘文館、二〇一〇年。山口和夫「近世の公家身分」（深谷克己・堀新編『権威と上昇願望』）吉川弘文館、二〇一〇年。

地下官人

地下官人とは　朝廷に出仕した官人のうち、内裏の清涼殿へ上がることを許されない者を指す。対になる語は殿上人《てんじょうびと》・堂上《とうしょう》である。古代にあっては五位の位階を基準のひとつとして五位以上を殿上人、六位以下を地下としていたが、律令体制が崩れ、特定の官司を特定の氏族が請け負うようになると地下官人としての家が固定化していった。多くは戦国時代に衰微していくが、文禄慶長期に朝廷運営を担った堂上公家や地下官人自身の努力によって近世的な組織化が進められていった。地下官人は天皇・朝廷が関与する儀式に従事する集団であるが、摂家などもこの集団に該当する。一八世紀前半には誰が地下官人であるかを明示する「地下次第」が毎年作成され、天皇の手元に置かれた。天保一五年（一八四四）には「地下家伝」という系譜資料が編纂され、当時家名が残っていた地下官人が掲載された。

地下官人の組織　律令体制の衰退、戦国動乱の時代といった要因によって国家運営を担う機能を喪失した天皇・朝廷は豊臣政権や江戸幕府によって秩序化が目指され、改元や官位制による序列化、祈禱権など国家機能の一部を担うこととなった。そのような体制に即応するため朝廷儀式を実際に勤める地下官人組織の整備がはじまり、三催体制が作り上げられた。これは押小路《おしこうじ》・壬生《みぶ》・平田《ひらた》の三家が「地下官人之棟梁」としてそれぞれ管轄する地下官人（外記方・官方・蔵人方）を統制し、朝廷儀式を行なう体制である。幕末期において、外記方地下官人は九四名、官方地下官人は一二三名（その他、四府駕輿丁）、蔵人方八六名が確認できる（「地下次第」元治二年〔一八六五〕。途中補任者除く）。その他、堂上公家四辻家が統轄する楽人、武家伝奏が統轄する内膳司・御厨子所預など多くの地下官人がおり、それぞれ朝廷儀式に従事した。地下官人全体の人数は延享五年（一七四八）に四二九名、文化一二年（一八一五）に七七四名、元治元年（一八六四）に一〇九〇名であり、増加の一途を辿った。

地下官人の階層　地下官人の階層は三種類に分けられる。第一に地下官人を統轄する三家の催官人《もよおしかんじん》。第二に催官人などの下に位置付いて朝廷儀式を進める並官人。中世まで遡れる家柄は少なく、近世以降に再興・成立した家が多い。また、役の負担、排他的な「血」と知の継承をしている点から催官人・並官人は公家身分と規定することができる。困窮によって家が没落した場合でも並官人は家名を存続している。第三に並官人の移動や儀式の所作に追従する下官人。下官人は京都周辺の百姓・町人の家柄の者が多く「地下官人株」の名称で売買された。並官人と違い家名を相続することはない。下官人に任じられれば幕府権力による捜査が限定されるため問題のある人物の隠れ蓑にも利用されている。

一部の催官人・並官人は将軍より知行地を与えられているが、朝廷儀式に参仕して与えられる下行米を合わせても十分ではなく、堂上公家雑掌を勤めるなど他の生業を持っている。

一八世紀後半以降の増加　一八世紀以降、徐々に朝廷儀式の再興が進んでいく。地下官人も再興過程で自家の役割を有職故実の中から見出し、文化的力量を獲得していく。その中で朝廷における自家の矜持に目覚め、儀式における復古的な所作や荘厳化を目指していく。そのひとつに儀式参仕の際の追従と雑用のため、自家の粉飾装置として史生などの下官人を大量に創設させている（律令体制下にも史生は存在していたが、近世では役割が全く異なる）。ひとつの並官人が下官人創設を願い出て認められると、他の並官人も対抗して下官人創設を願い出てたり、新たな役得（下行米など）を求めるため、朝廷運営側は地下官人の動向を問題視していった。

明治維新と地下官人　安政の条約問題では堂上公家同様に反対行動を取っており、政治的な活動をする者も現れた。戊辰戦争においては官軍として各地を転戦する地下官人が多くいたものの、明治二年（一八六九）の「百官廃止」によって地下官人は近代天皇制から切り離されてしまう。三代以上地下官人を勤めた者は官家士族として扱われ、華族制度成立後、両局（押小路家・壬生家）のみ男爵となった。

（西村慎太郎）

【参考文献】　西村慎太郎『近世朝廷社会と地下官人』吉川弘文館、二〇〇八年、小林丈広『明治維新と京都』臨川書店、一九九八年、梅田康夫「地下官人考」（『古記録の研究』）続群書類従完成会、一九八四年。

女官

女官とは　近世の禁裏女官は上位より尚侍《ないしのかみ》・典侍《ないしのすけ》・掌侍《ないしのじょう》・命婦《みょうぶ》・女蔵人《にょくろうど》・御差《おさし》・御末《おすえ》・女嬬《にょじゅ》・御服所《ごふくところ》などと呼ばれ、天皇の側近くで勤務し顔を合わせる機会がある御差以上を「女房」と総称し、「女中」である御末以下と区別し、さらに「女房」を堂上公家出身者である「御局《おつぼね》」と地下・社家出身者である「御下《おしも》」とに区別していた。禁裏では毎年「雲井《くもい》」などと呼ばれる女官の名簿を作成しているが、これに記載されるのは「女房」と呼ばれる女官のみである。内侍所《ないしどころ》に勤務する刀自《とじ》を除き、女官はすべて禁裏の奥と呼ばれる空間に居住・勤務し、禁裏の奥は女官部屋に寝起きし雑用を務める児《ちご》と呼ばれる少年以外は、すべて女性の勤務する空間であった。

近世中期以降、尚侍に採用される女官はいなくなり、典侍が事実上の女官の長となった。典侍以下の女官は天皇の身支度、食事の炊事・調膳から裁縫・物品に至るまでの仕事が身分に応じて分担され、とくに掌侍の長である勾当《こうとう》内侍（長橋局）は奥向の費用や献上物を管理し、女房奉書を作成し、口向《くちむき》役人の人事の決裁を行うなどその役割は多彩で、伊予（命婦の長）および大典侍《だいてんじ》（典侍の長）と共にこの三名は三頭《みかしら》と呼ばれ、天皇代替わりでも仙洞御所に移ったり薙髪《ちはつ》などせず、禁裏に残留する重要な役職であった。これに対し大御乳人《おおちのひと》（命婦の次位）の職務は、主に公家・門跡などからの相談や願い出を勾当内侍に取り次ぐことであったが、その一人松室慎子の場合、明和～安永期（一七六四～八〇）における取り扱い件数は八〇回以上に及び、中でも後桃園天皇が疱瘡の病にかかった際は、その治療費を江戸幕府から得るべく、武家伝奏を通じて京都所司代との交渉を行っていた。このような重責では、天皇一代限りの奉公としてしかるべきであろう。石高も、典侍が一人一二〇石、掌侍が一人一〇〇石に対し、勾当内侍のみが二〇〇石を知行していた。御局は天皇の身の回りの世話し、時には子を身ごもることもあるため、天皇と会話をすることが出来たが、御下以下はこれを許されず、唯一御差のみがその職務柄天皇からの問いかけに返答が可能であった。

なお、仙洞御所・大宮御所・女院御所などの女官は、上位から順に「上臈」・「小上臈」・「中臈」・「下臈」などと言い、人数は禁裏に匹敵していた。

女官の採用と人事　典侍（定員四名）と掌侍（同）について見てみると、いずれも一〇代で採用されるケースが多く、ほぼ年齢順に序列され、定年制がないためメンバーが固定化し、高齢化してしまうが、欠員が生じた際は若い新人の採用により、平均年齢が下がることが共通していた。だが、典侍は、掌侍に比べ皇子・皇女を出産する機会が多いなどの理由により、常に定員を超える補充が重ねられ、したがって各天皇の在位の最末期になるほど、その人数は定員より多くなる傾向にあった。位階は、典侍・掌侍とも、遅くとも三〇代までには従五位に叙され、大典侍は従三位まで、勾当内侍は正五位上まで昇った。家格は、典侍が旧家・内々の出身者に多いのに対し、掌侍が新家・外様に多く、典侍の採用時の実家の当主に武家伝奏や議奏の要職に就いている者がいるのに対し、掌侍はいなかった。典侍と掌侍は天皇代替わりでは、禁裏残留が義務づけられている大典侍・勾当内侍を除き、譲位では旧主に従って仙洞御所に移り、崩御では禁裏を退去し薙髪した。

女官と朝廷運営　女官の活動は順風満帆でない時もあった。後桃園天皇の即位から三年後の安永二年（一七七三）、同年急死した芝山治子《しばやまはるこ》の後を受け、甘露寺冬子《かんろじふゆこ》が弱冠二二歳で勾当内侍に就任すると、奥は受難の期間を迎えた。甘露寺冬子は若すぎるであろうがゆえに、武家伝奏や禁裏附から軽く見られ、例えば人事の件で先に知らされるべきことを後回しにされるなどの目に遭った。しかし理不尽な事柄に対しては、女官全体で情報を共有し、勾当内侍が自ら苦情を述べるなど、この期間は、女官の結束力が発揮された期間でもあった。女官の活動は禁裏の中で完結するものではなかった。例えば大御乳人は着任当初、実務の経験不足を補うために、仙洞御所に移った前任者の助言を必要とし、また神事などで禁裏に人手が足りなくなった際に、仙洞女官は臨時で禁裏女官を兼務した。このように、禁裏と仙洞の女官は連携することで、朝廷の運営がなされていたのである。（高橋博）

【参考文献】高橋博『近世の朝廷と女官制度』吉川弘文館、二〇〇九年。

公家の家臣

公家の家臣編成　堂上《とうしょう》の公家諸家には武家と同様、主人に仕えて家政を支える家臣が召し抱えられていた。もっとも、摂関家《せっかんけ》・清華家《せいがけ》・大臣家など上層の堂上家と、それ以外の平堂上家《ひらとうしょうけ》とでは、家臣の編成スタイルに違いがあった。前者の場合、諸大夫《しょだいぶ》、そして侍と称する上級の家臣たちを召し置くことができたが、後者にはそれが許されず、代わりに雑掌《ざっしょう》と称する家臣を筆頭に据え、家政を取り仕切らせていた（例外的に、平堂上でも中山家だけは、准大臣に三代就任したことから諸大夫を置くことが許された）。彼等のうち、諸大夫と侍は官位に叙任されたが、雑掌は無位無官であった。主家の家格により、家臣の礼遇にも格差が存在したのである。諸大夫が叙される位階は通常四位《しい》までであるが、稀《まれ》に従三位《じゅさんみ》に昇り、堂上公家と並び公卿に列することもあった。

そして、この諸大夫・侍や雑掌の下、更に重層的に家臣編成がなされていた。幕末に摂家の一条家に侍として仕えた下橋敬長《しもはしゆきおさ》は、摂家などでは諸大夫・侍の下に、用人《ようにん》、近習《きんじゅう》、中小姓《ちゅうごしょう》、勘定方《かんじょうがた》、青侍《あおざむらい》（青士《せいし》）、茶道《さどう》、小頭《こがしら》、中番《なかばん》、下僕《しもべ》という職階があり、茶道以上が士分《しぶん》であったこと、また平堂上家では雑掌の下に近習が置かれていたことを述懐しているが（『幕末の宮廷』）、職制や呼称は統一的なものではなく、家により様々であった。

また、こうした男性家臣のほか、公家の屋敷には奥向きで勤める女性家臣もいた。彼女たちの中には、当主の手がついてその子を産む者もいた。

家臣の数　では、堂上諸家には、こうした家臣たちが何人くらいいたのであろうか。幕末の事例であるが、摂家の二条家（家領一七〇〇石余）では、嘉永期に諸大夫以下の男性家臣一一〇名余と女性家臣二〇名余、都合一三〇名ほど家臣のいたことが報告されている。また、摂家に次ぐ家格である清華の西園寺《さいおんじ》家（家領五九七石）では、安政期に男性一七人と女性五人の家臣がいた。

平堂上についての事例報告は乏《とぼ》しいが、やはり幕末（文久期）の堤《つつみ》家（名家、蔵米三十石三人扶持）では、男女合わせて一五人ほど家臣のいたであろうことが紹介されている。蔵米に加え一六〇石相当の分賜米《ぶんしまい》を給されることとなった時期であるためか、結構な人数の家臣がいたようである。

近世後期・幕末期の旗本家臣が、三〇〇〇石で六〇人ほど（安政期、男性のみ）、二七〇〇石で三一人(寛政期、男一六、女一五)、一四〇〇石で四三人（安永期、男三六、女七)、九〇〇石で二六人（安政期、男一八、女八）であったという事例と比べると、石高が少ない割に、堂上公家には案外多くの家臣がいたことになる。

家臣の生態　もっとも、一口に公家の家臣と言っても、その存在形態は多様であった。幕末の二条家を見てみると、家臣はまず大きく、主家から給禄を受けている者（「出勤」家臣）と受けていない者（「未勤」家臣）とに二分される。

二条家の家政を支えていたのは前者の「出勤」家臣であるが、その中核は、年二七両余の給禄を支給されていた北小路氏を筆頭とする、諸大夫や侍など世襲の家臣たちである。しかし、家臣の中には一代限りで召し抱えられた者も少なからず存在した。また日割り計算で給禄を与えられている者もいることから、常勤ではない家臣もいたことがわかる。彼等のほとんどは京都市中に住居し、二条家の屋敷に通勤をしている。諸大夫や侍以外の家臣の中には、実は町人で日常は本業である商売に勤《いそ》しみ、主家に関わる役務に従事する時だけ二条家家臣の名前を名乗って奉仕する、という者もいた。

他方、「未勤」家臣とは、「出勤」家臣の推挙を得て二条家に礼金を納め、家臣の列に加えられた者たちである。彼等は帯刀が許されたほか、二条家の紋付き提灯や「二条家御用」の掛札などが与えられ、武家の警察権不入などの特権を獲得した。こうした、いわば公家家臣の身分を買った者たちは、京都市中に限らず全国に分布をみせ存在した。

（松澤克行）

【参考文献】　上野秀治「幕末の堂上公家の家計に関する一史料」（『皇學館大学史料編纂所報』七二）一九八四年。箱石大「近世堂上家臣団の編成形態について―清華・広幡家の家臣を事例として―」（『徳川林政史研究所研究紀要』二七）一九九三年。藤實久美子「近世後期西園寺家の家臣―諸大夫を中心に―」（『学習院大学史料館紀要』一〇）一九九九年。中村佳史「摂家の家司たち」（高埜利彦編『朝廷をとりまく人びと』）吉川弘文館、二〇〇七年。

院家・坊官

院家とは　堂上《とうしょう》公家の子弟が住持を務める門跡に附属する寺院で、一部の院家は幕府から寺領を寄せられた。院家は門主に随侍して教導・補佐に当たり、坊官以下の家来を統轄した。また門主と同じ法脈を継承・護持して祈祷を行い、天皇の護持僧も務め得る存在であった。但し、門主と院家の間には明確な一線が画されていった。経済基盤に乏しい院家は、特定の堂上公家と寺元関係を構築し、院主は寺元である公家の実子や猶子を迎えた。また地方の大寺院が、経済的支出と引き換えに、名義上院家の格式を取得して地位の向上を図る院家兼帯もみられた。

坊官とは　得度剃髪するが、妻帯し世襲で門跡に仕える家来である。門跡間で家数に多寡があり、概ね門跡から三〇石前後が給された。法体であるが帯刀するように、僧侶として法要に関与することは無く、門跡の運営を担う寺務方の元締めを務めた。古代以来の系譜を有する家系もみられたが、近世中期以降には一代取立として世襲家以外の下位の世襲家来家からも任じられるなど門跡組織構成員にも身分移動がみられた。彼らは門跡の他の家来と同様に、武家伝奏により移動・住居などが把握されていた。

門跡寺院運営組織　院家・坊官等で構成される門跡寺院の運営組織は、法体・俗体の別、門主執奏による官位の有無により大別される。僧位僧官では院家が法印大僧正、出家は法印権大僧都まで叙任された。僧位のみでは、坊官が法印、侍法師《さむらいほうし》が法眼、承仕《じょうじ》が法橋《ほっきょう》まで叙された。官位に叙任されたのは諸大夫と侍である。この下に、近習、青侍《あおざむらい》、茶道などが存在し、番編成をされて門跡に仕えた。また門主の身近に仕える、堂上公家出身の稚児や小姓がいた。常勤で仕える彼らの他に、門跡には家来分・出入輩《でいりのともがら》・立入輩《たちいりのともがら》など多様な人々が組織の周縁に存在していた。

（田中潤）

【参考文献】　田中潤「門跡に出入りの人びと」（高埜利彦編『朝廷をとりまく人びと』）吉川弘文館、二〇〇七年。松田敬之『次男坊たちの江戸時代』吉川弘文館、二〇〇八年。

紫衣事件

事件の概要　寛永四年（一六二七）七月、徳川秀忠は「上方《かみがた》諸《しょう》宗《しゅう》御法度《ごはっと》共《とも》」のなかで、天皇勅許による住職就任について、家康が元和元年（一六一五）七月に定めた「禁中并公家中諸法度」、および各宗派本山に宛てた寺院法度の規定に背いているとし、それ以後の勅許を全て無効とした。それはすなわち紫衣着用勅許の無効をも意味した。この措置に激しく反発した大徳寺《だいとくじ》と妙心寺《みょうしんじ》の僧侶が奥羽に流罪となった事件が紫衣事件である。

寺院側の反応と幕府の対応　この「上方諸宗御法度共」には、「諸宗」とあるように大徳寺と妙心寺だけに限定したものではなかったし、具体的に名指しされたのは浄土宗の知恩院《ちおんいん》であった。しかし大徳寺と妙心寺では寺中を二分する騒ぎとなった。大徳寺では南派が恭順の意を示す一方、沢庵宗彭《たくあんそうほう》を中心とする北派は強硬姿勢を維持し、沢庵と玉室宗珀《ぎょくしつそうはく》・江月宗玩《こうげつそうがん》は、寛永五年の春、抗弁書を京都所司代板倉重宗《いたくらしげむね》を通じて幕府に提出した。

家康《いえやす》・秀忠《ひでただ》に仕えた、南禅寺金地院《こんちいん》の五山派禅僧、「黒衣《こくえ》の宰相」である以心崇伝《いしんすうでん》は、幕府での会合で法度に背いたことを重視して彼らの厳罰を主張したが、南光《なんこう》坊天海《ぼうてんかい》は、沢庵らの行為は伝統ある大徳寺を存続させるため、わが身を顧みない奇特な存在だとして穏便な処罰を主張した。結局幕府は妥協案を示したが、それでも抵抗を続ける大徳寺の沢庵と玉室、妙心寺の東源慧等《とうげんえとう》と単《たん》伝子印《でんしいん》は、寛永六年七月、奥羽へ流罪となった。

近年の評価　この事件が注目される理由は、勅許を無効にされ、面目を失った後水尾天皇が幕府に無断で譲位し、朝幕関係に深刻な影響を与えたからだとされてきた。しかし、むしろ幕府の意図は紫衣勅許の厳重な管理による天皇権威の強化であり、天皇も面目を失っていたのではないとする意見が近年出されている。（伊藤真昭）

【参考文献】斎藤夏来「江戸幕府成立期の政教関係と紫衣事件」（『歴史学研究』七一五）一九九八年。船岡誠「紫衣勅許事件」（圭室文雄編『天海・崇伝』）吉川弘文館、二〇〇四年。

公家の次男坊

系図調査の難しさ　近世堂上《とうしょう》家の家庭環境は、東京大学史料編纂所や宮内庁書陵部に所蔵されている諸家の系図類を見ることにより知ることはできるが、系図によっては幕末の大火により家伝資料が焼失し、直系筋しか記せなかったような家もあれば、反対に詳細に記されている家もあり、千差万別である。くわえて、直接相続を目的としない猶子《ゆうし》や、隠し子・落胤の意である密子《みっし》をも含めると、堂上諸家の「子」が実際何人いたのかを正確に把握するのはほとんど不可能に近い。

また、詳細な系図であっても、本当は養子でありながらも実子として記載するという所謂「系図操作」がされている場合も多く、丹念に当時の公家衆が残した日記資料を解読しなければ、本当は誰が誰の子であったのかさえも判らないというのもこの研究の困難な一面である。加えて、家を相続する嗣子とは異なり、次男以下末子の動向に至っては、系図類でも記述が極めて省略されていることが余りに多く、次男たちの書き綴ったかもしれない日記自体もその存在が確認されておらず、断片的に資料を拾い集め、繋ぎ合わせなければその事蹟を把握できないのも現状である。

養子先と他身分への移動など　近世中期頃までは次男以下も新家創設の機会に恵まれていたが、その後は抑制に転じていく傾向が見られ、彼らの身の振り方は養子が中心とならざるをえない状態になっていく。その場合、長兄が亡くなり、必然的に嗣子に繰り上がって生家を相続する場合はもちろん、他の堂上家だけでなく、家格の低い地下《じげ》家（地下《じげ》官人《かんじん》や摂家などの諸大夫《しょだいぶ》）、さらには畿内周辺や地方社家、武家の養子となる場合も多い。武家も大名や旗本に限らず、諸藩の藩士の家であったりと多様である。次男以下でも従五位下に叙爵する者も数多く見られ、同一身分への養子の場合を除いて、地下や他身分に出る場合には原則位記《いき》を返上させられているのも特徴の一つである。また、養子だけでなく、女縁によって絶家再興・名跡相続や、分家の上、堂上として一家創立が認められる例もあり、必ずしも次男以下の多くが得度して寺院の僧侶となるわけではなく、また一生涯不遇であったともいえない。

高齢の部屋住・厄介　その一方、高齢で卒するまで、その生涯を部屋住・厄介の身で終えた人物もおり、山本実豪《さねたけ》（公尹《きんまさ》末子・七五歳）・坊城俊徳《ぼうじょうとしよし》（俊将《としまさ》末子・六〇歳）・堀河康彰《やすあきら》（康実《やすざね》次男・五八歳）らがあげられる。それぞれ系図類には生没年や位階・雅号程度の簡単な記述しか見られないが、実豪については、二一五九首もの詠歌をおさめた私家集である『佚名家集《いつめいかしゅう》』（宮内庁書陵部所蔵）の作者であり、ある年齢からは生家を出て別宅に居住していたこと、一八歳の頃には部屋住の境遇を嘆き、将来を不安視している心境を吐露した歌が詠まれていることが近年の研究で明らかにされている。同家の墓所である清浄華院《しょうじょうけいん》に残る同人の墓石に刻まれた事蹟からだけでなく、「歌」からも次男以下が歩んだ道程、そしてその心情を読み解くことができるのである。

今後の研究課題と展望　近年は後継者が絶えてしまったり、その他の様々な事情により、菩提寺の墓石整理がされ、一人一基で建てられていた墓石も、一家一基に集め纏められたりしており、旧堂上公家の家庭においてもこの傾向は見られる。文字資料からだけでは知り得ない情報も墓碑には刻まれており、公家の次男たちが辿った事蹟も今後は潰えていく可能性が高く、このような風潮の中、金石文史料の更なる調査・蒐集も望まれる。

公家社会は決して当主や嫡男だけではなく、次男以下の部屋住・厄介、そして娘ら女性たち、更には公家の縁を求めて猶子契約を結び擬制家族としてその周縁に連なった者たちによって構成されている。彼ら彼女らの人生を明らかにし、その家庭像を浮き彫りにすることにより、公家社会の研究もさらに進むのではないだろうか。

（松田敬之）

【参考文献】松田敬之『次男坊たちの江戸時代』吉川弘文館、二〇〇八年。松澤克行「公武の交流と上昇願望」（堀新・深谷克己編『権威と上昇願望』吉川弘文館、二〇一〇年。関口祐未「伏見宮家旧蔵『佚名家集』の紹介　付『佚名家集』詠歌事情年譜」・同「伏見宮家旧蔵『佚名家集』の作者と歌人像」（『目録学の構築と古典学の再生』東京大学史料編纂所研究成果報告二〇〇八―一、二〇〇九―四、二〇〇九・二〇一一年。

官位

官位とは　官位とは、官職と位階の総称で、一般に文武の職事官に授けられたものを指す。日本では、古代に制定された律令において国家運営に必要な官職と員数が定められ、それぞれの官職の上下関係を示すために相当する位階が決められた。官職は神祇官・太政官の二官と太政官被官の八省以下の諸官庁、および京職や国府などの地方官庁に設定され、官職に任じられた官人は当該官衙で役務に従事した。一般に一官司には長官・次官・判官・主典の四等官が置かれ、それぞれ「かみ」「すけ」「じょう」「さかん」と訓じたが、官司の種類によって漢字表記は異なった。一方、位階は一位から初位《そい》（九位）までの九階があり、それぞれが正・従（初位は大・少）の二段階に、四位以下はさらに上・下の区別によって細分化され、都合三〇の位階があった。律令官人には、雑任官と呼ばれる、相当位階を有さない下級の官職も存在した。律令制の弛緩とともに設置される令外官も、官職である。また、正官のほかに同一官職が置かれる場合は、「権」の字をして正官の外たることを知らしめた。女官には官位相当が設定されなかったが、しかるべき位階が準用された。官位を授ける権限は基本的に天皇に属した。ただ、位階によって勅授・奏授・判授の別があり、初位を叙する判授は太政官の判断で行われた。

外位・品位・勲位　律令にはこれとは別に、郡司など地方豪族らが叙される外位、武功に対して授与される勲位、親王らを対象とした品位が定められていた。外位は外正五位上から外少初位下までの二〇階、勲位は勲一等から勲十二等までの一二階、品位は一品から四品の四階があった。勲位と品位には、正従、上下の別はない。外位や勲位は、近世に引き継がれるずに廃ったが、品位は幕末まで維持され、明治に至って廃された。勲位は、明治になって勲等として再編され現在に継承されている。

僧位僧官　僧尼に対しては、独自の官位が設定されていた。律令で規定された僧尼の統制機関である僧綱は、僧正・僧都（大・少の別あり）・律師の三種の僧官によって構成され、貞観六年（八六四）に法印大和尚位《ほういんだいかしょう》（法印)・法眼和上《ほうげんかしょう》位(法眼)・法橋上人《ほっきょうしょうにん》位(法橋)の三階の僧位が設けられて、僧正は法印位、僧都は法眼位、律師は法橋位に相当することとなった。各僧官は、さらに細分化し権官や大僧正が生じた。叙任は、「永宣旨《えいせんじ》」によって権限を認められた寺院が担う場合があった。

官位叙任とその意味　平安時代以降、概ね三位以上は公卿《くぎょう》、五位以上は堂上《とうしょう》(殿上人《てんじょうびと》)、六位以下は地下《ちげ》と呼ばれ、待遇に差があった。官位は、国政や国家的役割を担う職務に携わるための資格であり、このような意識は近世にも引き継がれた。律令制が解体し、官衙が廃滅した後も、律令官制は形式的に幕末まで存続し続け、官位は本来のあり方を大いに変容させながらも社会的地位の高卑を示す標章として機能し続けた。

近世の官位　独自の序列基準を持たなかった徳川政権も、官位を利用した武家の序列を行った。ただ、慶長二〇年(一六一五)武家官位は公家の官位とは別系統に位置づけられ、その決定権は幕府に掌握されていた。しかし、形式上は天皇から官位叙任されることによって、武家が廷臣《ていしん》としての意識を強く持つことを恐れた荻生徂《おぎゅうそ》徠《らい》は、勲位を復活させて武家独自の序列の基準を構築することの必要性を説いたが、実現しなかった。また、江戸時代には公家の窮乏と、都市民らの成長という要因から、職人や宗教者らに対する官位の濫授にも歯止めがかからなかった。このような状況を改善するべく、元文から寛延(一七三六—五〇)頃に桜町天皇や一条兼香《いちじょうかねか》・道香《みちか》らによる官位制度改革が試みられたが、事態は大きく変化しなかった。

東アジアにおける個性　日本の官位制度は、律令導入時に手本とした唐制と異なる点も多く、同様に中国の影響下で制度を構築した東アジア諸国の中でも個性的である。中国・朝鮮・ベトナムは官職の体系に六部制を採用・準用し、階位は正・従各九階であるが「位」ではなく「品」の字が使われ、基本的に上下の別はない。琉球の官職体系は六部制でも二官八省制でもないが、一八世紀初期に「品」の字を用いた正・従九階の位階を採用した。

(井上智勝)

【参考文献】高埜利彦『近世日本の国家権力と宗教』東京大学出版会、一九八九年。深谷克己『近世の国家・社会と天皇』校倉書房、一九九一年。橋本政宣『近世公家社会の研究』吉川弘文館、二〇〇二年。

武家伝奏・議奏

武家伝奏とは　江戸の幕府と朝廷の間で交渉を掌ったのが武家伝奏《ぶけてんそう》である。すでに室町期に幕府と朝廷の意思疎通を図るために置かれた公家の役職だが、江戸期に初代の武家伝奏となった二名の公家、広橋兼勝《ひろはしかねかつ》と勧修寺《かじゅうじ》光豊《みつとよ》の活動が確認されるのは、慶長七年（一六〇二）七月以降で（『言経卿記《ときつねきょうき》』）、広橋兼勝が正式に任命されたのを確認できるのが翌年三月二四日である（『御湯殿《おゆどの》上日記《うえのにっき》』）。この日付は、徳川家康の将軍宣下御礼の参内の前日にあたることから、武家伝奏の正式な任命は、家康の将軍就任と深く関係していたことがわかる。以来、将軍の認可をうけた公家二名が武家伝奏として勤務し、新たに武家伝奏に就任した者は、任命と同時に京都所司代宅に赴き、「公武之御為《こうぶのおんため》就任」という文言の入った血判誓紙《けつぱんせいし》を、所司代へ提出した（『兼胤記《かねたねき》』）。

武家伝奏の役割　慶長一八年（一六一三）の「公家《くげ》衆法度《しゅうはっと》」や慶長二〇年の「禁中《きんちゅう》并《ならびに》公家《くげ》中《ちゅう》諸法度《しょはっと》」には、摂家とともに武家伝奏が公家支配を行うことが規定されており、官位補任や人事など、朝廷の様々な情報が集まるように位置づけられ、朝廷と幕府間の意志疎通を図った。また毎年、年頭賀をはじめ勅使として江戸に下向することが慣例となり、江戸城辰の口には伝奏屋敷という宿所が設けられた。幕府から武家伝奏に支給された役料は、正徳年間の場合で、年五百俵が支給されたが（『京都御役所向大概覚書《おやくしょむきたいがいおぼえがき》』）、その他進物などの経済的収入も大きかった。

議奏（御側衆）とは　議奏は、朝儀・公事に関する諮問をはじめ、朝廷内の人事・法制などの政務にかかわり、天皇の出御に陪侍《ばいじ》し、奏上・宣下の任に当たった。そもそも武家伝奏は、江戸初期まで御所に詰める禁裏小《きんりこ》番《ばん》を勤めていたが、後に職務多忙により免除された。そして寛文年間には、公武の窓口を武家伝奏に一本化するよう幕府からの法令が出され、その役職の重要性が高まると（『葉室頼業記《はむろよりなりき》』）、天皇の御前の動静を掌握する担い手が必要とされた。寛文三年（一六六三）正月、後水尾法皇は霊元天皇の即位に当たって四名の公卿を議奏《ぎそう》

（貞享三年までは御側衆《おそばしゅう》・年寄衆《としよりしゅう》・老輩役《ろうはいやく》・四人衆などとも称した）に任じ、天皇としての行跡や心持、学問などを指導するよう養育係を命じた。これにより、議奏は毎日天皇に近侍し、禁裏小番を免除された（「葉室頼業記」）。

議奏と幕府　寛文一一年、霊元天皇が近習衆と泥酔事件を起こしたことを機に、後水尾法皇は近習衆《きんじゅうしゅう》の統制を議奏に課し、禁中の奥向《おくむき》の掌握を命じた。そして議奏は武家伝奏を補佐し、禁中の事を把握するように命じられ、就任時には血判誓紙を武家伝奏に提出した。当初、議奏は朝廷より一人当たり役料百俵が支給され（「中院《なかのいん》通茂《みちもち》日記」）、さらに延宝七年（一六七九）からは役料百俵が幕府より支給され（「庭田重条《しげただ》日記」）、幕府の役人として位置づけられた。寛文一二年からは、武家伝奏が京都不在の時には議奏が代役を務めた。貞享三年（一六八六）一二月七日、霊元天皇が「院政」への布石として、従来、御側衆などと呼ばれていた名称を正式に議奏と改称した（「基量《もとかず》卿《きょう》記《き》」）。霊元上皇は、議奏を院と禁中を結びつける連絡役に位置づけようとしたが、所司代は幕府権力を背景に禁中の役儀を果たすことを指示し、さらには武家伝奏と議奏の人事について、事前に幕府へ内慮伺いを行い幕府の承認を得ることを指示した（「自筆之書状下書」）。

武家伝奏と議奏　武家伝奏と議奏は、「両役《りょうやく》」と呼ばれ、その後関白とともに重職となって江戸時代を通じて機能したが、文久二年（一八六二）九月、議奏中山忠能《なかやまただよし》が武家伝奏に転役となった時には誓紙の提出を拒み、この慣例は廃止されるとともに、人事権についても朝廷が握った（『孝明天皇紀』）。江戸後期には議奏加勢四、五人も設置され、議奏を補佐し、文久期には議奏格もつくられた。議奏は幕末の国事審議機関の中心メンバーとなり、三条実美も就任した。慶応三年（一八六七）一二月九日、武家伝奏・議奏は王政復古の大号令によって、ともに廃止された。

（田中暁龍）

【参考文献】平井誠二「武家伝奏の補任について」（『日本歴史』二四四号）一九八三年。平井誠二「確立期の議奏」（『中央大学文学部紀要　史学科』三三号）一九八八年。藤井譲治「江戸幕府の成立と天皇」（『講座前近代の天皇　第2巻』）青木書店、一九九三年。田中暁龍『近世前期朝幕関係の研究』吉川弘文館、二〇一一年。

寺社伝奏

寺社伝奏とは　寺社伝奏は、諸寺社に関わる訴訟などの奏聞事項を天皇・上皇に取り次ぐ公家の職務で、鎌倉時代中頃に確立を見た。伊勢神宮・山門・南都・石清水八幡宮・賀茂社など近畿の主要寺社に設置され、補任は朝廷が行ったが、室町政権の力が強くなると、武家政権と担当寺社の媒介も担うようになった。近世の寺社伝奏は、一部を除いて中世のように補任を受けた正規の職務ではなかったとみられ、多くの公家が関係を有する寺社に勤仕する僧侶や神職の官位申請の取り次ぎ（執奏）を行うことを実態としていた。

近世の実態　近世には、門主がその役割を果たした天台・真言・法相の各宗、ならびに修験道には伝奏は設定されず、浄土宗・臨済宗五山派など幕府の影響力を強く受ける宗派は武家伝奏がこれを兼ねた。松尾・稲荷・大原野社については神祇伯を家職とする白川家、石清水八幡宮については広橋《ひろはし》家、平野社については西洞院《にしのとういん》家など伝奏を務める家が固定している場合もあったが、神宮・賀茂・南都の伝奏は定まった家がなく、公家が交代で任じられ職務を遂行した。また、近世には、経済的に潤沢な都市の著名寺社や各地の有力寺社は、自身の社会的地位の向上のため、官位の獲得や公家との関係を取り付けようと努めるようになっていた。そこには当然、礼金の授受が伴うため、経済的に困窮していた公家は、多くの寺社の伝奏を務めることで家計の好転を図った。そのため、時代の推移に伴って伝奏に附属する寺社は増加を続けた。江戸時代の寺社伝奏は、朝廷と各地の有力寺社をつなぐ役割を果たし、武家が執政する社会において朝廷の権威を在地に招来させた点において、近代天皇制国家形成の下準備を行った存在として評価できよう。

（井上智勝）

【参考文献】伊藤喜良『日本中世の王権と権威』思文閣出版、一九九三年。高埜利彦『近世日本の国家権力と宗教』東京大学出版会、一九八九年。井上智勝『近世の神社と朝廷権威』吉川弘文館、二〇〇七年。

公家の家職

家職とは　日本の歴史を学んだ人なら、必ず耳にしたことのある「摂関政治」。藤原北家が天皇を補佐して政務を執る役職の摂政・関白を独占し、天皇を傀儡《かいらい》化して執政したことを指す用語である。この場合、藤原北家は、摂政・関白という役職を家の職としていたことになる。このように、ある特定の家によって独占される官職や役割・技芸が「家職」である。摂政・関白は、武家政治開始以降も、藤原北家の嫡系である五家―近衛《このえ》・九条《くじょう》・二条《にじょう》・一条《いちじょう》・鷹司《たかつかさ》―に独占され、これらの家は執柄家あるいは五摂家と呼ばれた。かかる官職の独占は、摂政・関白のような最高級官職に限ったことではない。太政官弁官局《べんかんきょく》の書記官の上首である五位の左大史《さだいし》(大夫史)は一二世紀以降小槻《おづき》氏が独占的に世襲し、同官の人事管理事務を担う外記《げき》局でも、大外記の上首は清《きよ》原《はら》・中原《なかはら》の両氏によって寡占された。神祇官でも、長官(神祇伯)は平安時代の末以降、顕広王《あきひろおう》の子孫である白《しら》川《かわ》家が幕末まで世襲して「伯家」と呼ばれた。なお、公家ではないが、足利家や徳川家による征夷大将軍の世襲も、これらの家による当該官職の「家職」化と評価できよう。

官司請負制と家職　小槻氏は、弁官局を実質的に主宰する「官務」家と呼ばれ、同局の他の官職にも一族の者を就任させ、一つの公的組織を一族で独占的に請け負う形での運営を行っている。また同氏は、鎌倉時代初期以降には、宮内省被官で、蔵人所の支配に属していた主殿《とのも》寮《りょう》の長官(主殿頭)も世襲し、次官以下の役職を有名無実化して独占的な運営を行っている。このような、本来律令に則った官僚制度によってなされるべき公的組織の運営が、特定氏族によって独占的・世襲的に担われるあり方は、官司請負制と呼ばれる。当該組織のしかるべき官職の「家職」化は官司請負制成立の前提であった。

近世の公家家職　特定官職の「家職」化は、律令制が弛緩して、律令国家が王朝国家に移行する時期に特徴的に現れてきたが、それは律令官衙が実態を失った近世にも基本的に継承されていた。神祇伯は相変わらず白川《しらかわ》家であり、主殿頭はなおも小槻《おづき》氏（壬生《みぶ》家）であった。陰陽寮の長官（陰陽頭）は、同寮で天文道を管掌した安倍《あべ》氏と、暦道を司った賀茂《かも》氏によって寡占されていたが、天和二年（一六八二）以降安倍氏（土御門《つちみかど》家）が独占するに至った。また、四辻《よつつじ》家は、楽所の別当を「家職」としていたために、楽人を統括する権限を認められていた。さらに地下官人ではあるが、真継《まつぎ》家が鋳物師支配の正当性を主張したのも、燈炉供御人として鋳物師を統括してきた蔵人所小舎人の地位を世襲的に継承したからであった。かかるあり方は、中世の座と本所の関係を想起させるが、その繋がりは律令官職などの公的職位に根拠を置く。この点、久我《こが》家の当道座支配は理解しにくいが、源氏長者の地位に根拠を置くとする説がある。

家職と家元　ある官職や公的職位の職務遂行が、専門知を必要としたり、反対にそれを身に蓄積させてゆく場合には、当該官職・職位を独占・世襲する家が、その道の家元と目される場合があった。これらの専門知を「家職」とする家の多くは、その知を門弟に分与して謝礼を得る家元としての活動を行った。江戸時代、陰陽頭土御門家が陰陽道の、神祇官高官の白川・吉田両家が神道の宗家となったり、南北朝期より内蔵頭を世襲して天皇の装束調進を担当した山科《やましな》家が装束を司る衣紋道を「家職」としているのはその例である。官職・公的職位の世襲とは無関係に、ある芸道に卓越した人物を祖先に持つことで、当該芸道を「家職」とした家も少なくなかった。藤原俊成・定家を先祖に持つ冷泉《れいぜい》家が、和歌を「家職」としたのはその顕著な例であり、蹴鞠道を「家職」とした飛鳥井《あすかい》・難波《なんば》両家は「本朝蹴鞠一道之長」と称された平安末期の名足の子孫であった。「家職」としての芸道は、江戸時代に窮乏した公家の家計を助ける役割を果たす一方、江戸幕府の身分統制に利用される場合もあった。諸社禰宜神主法度による吉田家を軸とした神職統制や、土御門家による陰陽師支配の承認等の例がある。吉田家や土御門家は配下から「本所」と呼ばれた。

（井上智勝）

【参考文献】佐藤進一『日本の中世国家』一九八三年　岩波書店。高埜利彦『元禄・享保の時代』、集英社　一九九二年。山口和夫「近世の家職」（『岩波講座日本通史　第14巻　近世4』）岩波書店、一九九五年。岡野友彦『源氏と日本国王』講談社現代新書、二〇〇三年。

楽人

楽人とは　近世の天皇・朝廷が果たすべき役割の一つに国家儀礼や祭儀があり、その執行に必要な音楽や歌舞を担ったのが楽人である。律令制下では治部省被官の雅楽寮に属する技能者がその任にあったが、平安時代の中頃には令外官である楽所や大歌所にその機能が移る。大歌所は日本古来の歌舞を、楽所は外来の歌舞音曲を担当したが、大歌所が中世に廃絶するとその一部は楽所に継承された。一般に、楽人とはこの楽所に属して活動した演奏・歌舞技能者を指す。彼らは地下官人であるが、必ずしも雅楽寮の官人とは限らず、近衛府の判官・主典等であることが多かった。楽人を統率する楽所別当は、楽所を管下に置く蔵人所の頭が勤める例であったが、中世以降、堂上公家の四辻家が世襲した。

三方楽所　宮廷に設けられた楽所（大内楽所）とは別に、奈良の興福寺を拠点とする楽所（南都楽所）と摂津の四天王寺を拠点とする楽所（天王寺楽所）があり、近世には三方楽所と総称された。大内楽所では右舞を務めた多《おお》氏が中心的役割を果たし、他に豊原《とよはら》氏・安倍氏・大神《おおが》氏（山井家）があった。南都楽所は、狛《こま》氏（辻家・上家・窪家・奥家ほか）・藤原氏（芝家）・大神氏（中家・喜多家・井上家ほか）が、天王寺楽所は秦《はた》氏（東儀家・薗家・岡家・林家）・安倍氏（東儀家）が担った。江戸幕府は、三方楽所の楽人に大和国平群郡内で二〇〇〇石の領有を許す朱印状を与えている。江戸時代の楽人は、町人たちにも技芸の伝授を行った。

紅葉山楽所　寛永一九年（一六四二）江戸幕府は江戸城内の東照宮の祭祀のため九人の楽人を三方楽所から江戸へ呼び寄せた。彼らは、東照宮が所在する紅葉山に在勤したことから紅葉山楽人と称され、その詰所は紅葉山楽所と呼ばれて幕末まで存在した。

（井上智勝）

【参考文献】林屋辰三郎『中世芸能史の研究』岩波書店、一九六〇年。小川朝子「近世の幕府儀礼と三方楽所」（今谷明・高埜利彦編『中近世の宗教と国家』）岩田書院、一九九八年。

第一部　第二章

武家を構成する人びと

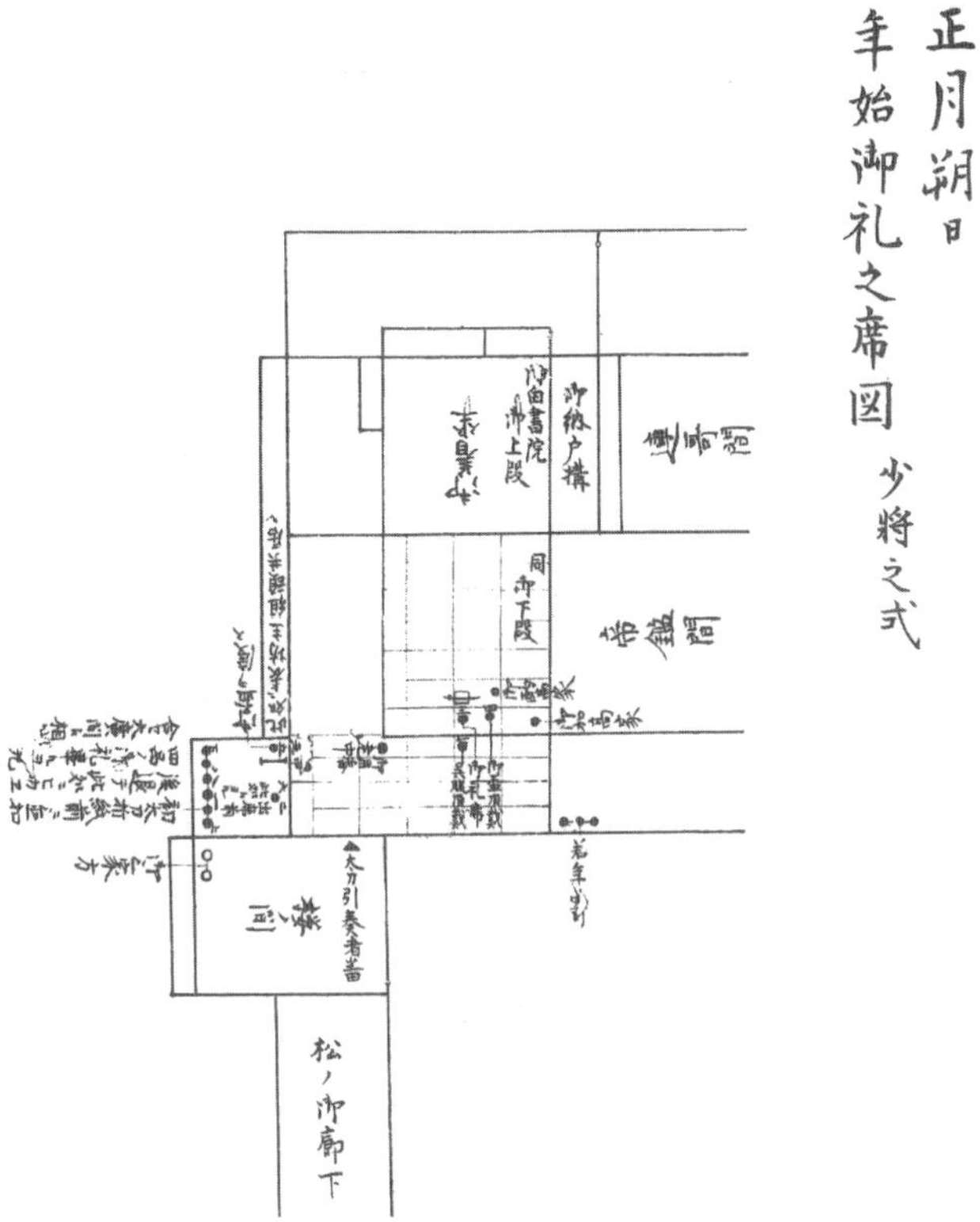

「正月朔日年始御礼之席図」（「井伊家文書」深井雅海編『江戸時代武家行事儀礼図譜』第 5 巻、東洋書林、2004 年）

近世の武家は、将軍と将軍直属軍たる旗本・御家人、将軍の家族とみなされた御三卿や、一般に家門（親藩）・譜代・外様と言われる諸大名から構成されていた。それぞれには家臣が存在し、正室を中心とする奥向きでは奥女中たちが働いていた。本章では、これら「武家を構成する人びと」を紹介する。近世大名の序列は江戸城の表空間における殿席や、江戸城で行われた儀礼の所作に表現された。図は井伊家文書に残った年始御礼の席図で、少将の場合の式次第である。ひかえる位置、太刀目録を置く場所、盃を受ける場所は官位によって異なった。江戸時代の大名は、複雑な序列意識の中で生活していたのである。

将軍

将軍とは　徳川家康は、慶長五年（一六〇〇）関ヶ原の戦いに勝利して、「天下人」の地位を確立した。この「天下人」とは、実質的な軍事・政治両面の最高権力者を示し、すべての大名領主を動員することのできる軍事指揮権と、それらの大名領主に対する領知宛行《あてがい》権を掌握している者、とされる。ついで家康は、同八年征夷大将軍の宣下を受けて、江戸に幕府を開いた。征夷大将軍職は、律令制官職の流れをひいているものの、もともとは臨時の職であったが、源頼朝以来、政事執権職になったものである。ところが、同一〇年には将軍職を息子の秀忠に譲り、以後、将軍職は徳川家に世襲されることになった。そして家康は、駿府城に引退したが、大御所（前将軍の尊称）として、没年まで外交・国政のみならず、軍事指揮権と領知宛行権も掌握していた。こうした関係は、大御所秀忠と三代将軍家光との間でも同様であった。したがって、「天下人」の権能が将軍に吸収されるのは、秀忠没年の寛永九年（一六三二）以降のことになる。三代将軍家光が諸大名に領知朱印状を発給したのが、二年後の同一一年八月であることは、正にそのことを物語っている。

かくして、以後の将軍は、代替わりごとに、将軍宣下ののち、領知宛行状を発行して主従関係を確認するようになった。

将軍宣下の式　将軍宣下、つまり将軍の就任式は、初代家康・二代秀忠・三代家光までは伏見城で行われたが、四代家綱以降、朝廷より勅使が江戸に下向して宣命を伝えることを例とした。この式は、江戸城本丸御殿大広間で行われた。新将軍に渡される宣旨は、征夷大将軍、淳和奨学《じゅんなしょうがく》両院別当、源氏長者、牛車《ぎっしゃ》、内大臣、右近衛大将、右馬寮《うまりょうの》御監《ごげん》、源氏長者（二通目）、右近衛大将は元のごとく、随身《ずいじん》・兵仗《へいじょう》、牛車（二通目）の一一通。このうち、征夷大将軍の他に重要な宣旨は、内大臣である。これは、幕府が武家官位により大名たちを序列化していたことに起因する。すなわち、大名に与えられる最高の官職は大納言であり、将軍はそれよりワンランク上の官職＝内大臣に就任する必要があったのである。

「武家諸法度」に見る政治の転換　武家諸法度は、領国支配者である大名を統制する法として成立し、代々の将軍は、自分の施政の基本法として、就任後にこれを諸大名に公示することを慣例とした。最初の法度は、慶長二〇＝元和元年（一六一五）七月、伏見城に諸大名を集め、将軍秀忠の名で申し渡された。この法度は、家康の命により金地院崇伝《こんちいんすうでん》が起草し、一三か条からなっていた。ついで三代家光の法度は、領知朱印状発給の翌年、寛永一二年（一六三五）六月に江戸城大広間で発布された。つまり、諸大名との間で主従関係を確認した後に法度を公示したことになる。この寛永令は一九か条からなり、最初の法度のうち三か条が削除され、新たに九か条が追加された。条文がそのまま残されたのは、「文武弓馬の道、専らあい嗜《たしな》むべき事」に始まる第一条のみである。とくに大きな変化は、参勤交代制度を規定したこと、大名身分を一万石以上と確定し、それ未満との間に明確な差を設けたこと、老中制度の成立にともなう権限が明確化されたこと、などである。さらに最後の第一九条で、「万事江戸の法度のごとく、国々所々においてこれを遵《じゅん》行《ぎょう》すべき事」と、大名に対し、全面的に幕府の法度に従うように命じたことは、「公儀」権力の確立を示すものとされる。

四代家綱の法度は、家光の法度に新たに二か条を追加したほか、いくつかの条項に若干の修正を施した。大きく変わったのは、五代綱吉の法度である。綱吉は、家綱時代の法度をほとんど全条項にわたって改訂したが、なかでも、秀忠以来の第一条を、「文武忠孝を励し、礼義を正すべき事」に改訂したことは注目される。つまり、武士に要求されることが、武道から「忠孝」や「礼義」に変わり、主君に対する忠義や父祖につかえる孝、さらに礼儀が平和な時代にふさわしい支配論理になった。とくに、諸大名を従わせる論理が武力から儀礼に変わり、「儀礼による統治」に転換した意味は大きい。また、旗本・御家人に対しては、これまで「諸士法度」が適用されてきたが、綱吉のときから武家諸法度に統合され、ここで同法度は、大名と徳川幕臣団のすべてを対象とすることになった。そしてこの法度は、八代吉宗以降の将軍にも踏襲されたのである。

このように、儀礼が重視されるようになったのは、将軍の「貴人化」＝超越的な存在と表裏一体の関係にあり、このことは江戸城内での将軍政務のあり方や行動をも規定した。

江戸城「奥」での生活と政務　江戸城本丸御殿は、用途により「表」「奥」「大奥」の三つの空間に分かれていた。このうち、「奥」が将軍の執務・生活空間である。ここでは、幕末期の将軍の日常生活をみてみよう。将軍は、大奥で就寝するときを除き、朝六ツ時（午前六時頃）に寝所の「御休息之間」の上段之間で起床する。起床後は、小性・小納戸の介添によってうがい・洗顔を終え、大奥の仏間に行って代々の位牌を拝んだのち、奥の「御小座敷」（または「御休息之間」）にもどり、ここで朝食をとりながら御髪《おぐし》番《ばん》の小性に髪を結わせ、髭《ひげ》および月代《さかやき》を剃らせた。それがすむと、六～一〇人の奥医師が診察した。内科は毎日、外科・眼科・鍼科などは三日に一度診察したという（なお、髭・月代を剃り、奥医師の診察が終わったのち、髪を結わせながら朝食をとったともいう）。

これが終わるとほぼ五ツ半時（午前九時頃）、将軍は神棚を拝みにふたたび大奥に出むくが、奥にもどってくると普段着に着替え、ここから昼までが将軍の自由時間となる。武芸掛の小納戸を相手に弓槍剣術の稽古をしたり、「御休息之間」で奥儒者の講釈を聞いたり、五三間多門側の馬場で馬に乗ったりした。また、「御座之間」で林大学頭の講釈を聞いたり、柳生但馬守から剣術の稽古を受けたりしたこともあった。

昼食は大奥ですませ、午後から「御休息之間」の下段之間で政務を執った。このとき、小性・小納戸は皆「お人払い」となり、御側御用取次二～三人と見習一～二人がその政務を補佐した。三代家光の頃までは老中も将軍の側近であり、一緒に政治を行っていたが、五代綱吉のとき、老中の執務室を「表」近くに遠ざけたため、以後将軍は、側用人や御側御用取次などの新しい政務補佐役に頼ることになった。すなわち、行政機構＝「表」の長官・副長官である老中・若年寄は、将軍の決裁をえる案件を書付にして上申するようになり、その書付を側用人や御側御用取次が将軍の御前に持参し、その場で将軍が決裁した。したがって、将軍の決定に影響を与えられるのは上記の側近役、とくに八代吉宗期に常置の職として新設された御側御用取次であった。幕末の勤務状況を記した『大奥秘記』にも、「自分の論も考えも申し上げることが出来て、実に補佐の臣」とある。

夕方には、小性を供に浴室に入った。上り場では小性が衣類をぬがせ、風呂場では湯殿掛の小納戸が糠袋《ぬかぶくろ》で体を洗ったという。夕食は、朝食などのときと同じく、御膳所で用意したものをまず膳奉行が毒味をしたあと、御膳番の小納戸が、「囲炉裏之間《いろり》」まで運び、温めたのち将軍の御前へ出した。就寝は、四ツ時（午後一〇時頃）であったという。

「表出御《しゅつぎょ》」と将軍権威の維持　右にみたごとく、将軍は江戸城本丸御殿の奥深くで生活していたため、「表」（政治・儀礼空間）へ出るのは、年始・八朔《はっさく》・五節句・嘉祥《かじょう》・玄猪《げんちょ》・月次《つきなみ》などの年中行事が行われるときなどに限られていた。そしてこのとき、それぞれの格式に従い、将軍への御目見え＝謁見が行われたのである。毎月、一・一五・二八日の三日間（ただし、二八日は月による）に行われる月次御礼の状況をみよう。

この日、将軍はまず黒書院、ついで白書院へ出御し、大名・幕臣から謁見をうけた。ここでは、紙幅の関係から大名の謁見をみよう。大名には、本丸御殿へ登城したときの控えの間＝殿席が七つあり、将軍への謁見も、殿席ごとにその仕方が異なっていた。大廊下席は黒書院下段での「独礼」（一人での謁見）、溜之間詰は下段下《した》の入側（縁頬《えんがわ》）での集団の謁見、雁《がん》之間詰はその入側に立御《りつぎょ》した将軍への集団での謁見、大広間席は白書院下段もしくはその下の入側での「独礼」、帝鑑《ていがん》之間席は下段に立御した将軍への集団での謁見、柳之間席は下段下の入側に五人ずつ座っての謁見、菊之間縁頬詰は将軍が「奥」へ入るとき雁之間での通りがかり（「通御《つうぎょ》」）の謁見、である。

江戸時代は、身分の秩序を基礎に成り立っていた社会であるが、格の高い大名身分にもさまざまな格差を設けていた。とくに、将軍への謁見に、それぞれの身分・地位の格式が凝縮されていた。つまり、幕府は将軍への謁見を通して大名・幕臣を統制し、将軍の権威と武家社会の秩序を維持していたともいえよう。

（深井雅海）

【参考文献】朝尾直弘『将軍権力の創出』岩波書店、一九九四年。深谷克己『深谷克己近世史論集　第三巻　公儀と権威』校倉書房、二〇〇九年。藤井譲治『日本近世の歴史1　天下人の時代』吉川弘文館、二〇一一年。

御三卿

御三卿とは　御三卿とは、八代将軍吉宗の次男宗武《むねたけ》を祖とする田安家、吉宗の四男宗尹《むねただ》を祖とする一橋家、九代将軍家重の次男重好《しげよし》を祖とする清水家の三家を指す。宗武が享保一四年（一七二九）、宗尹が享保二〇年に賄料として三万俵を、宗武が享保一六年に田安屋形、宗尹が元文五年（一七四〇）に一橋屋形を賜ったことで、その原形が形作られ、延享三年（一七四七）に両家ともに一〇万石を賜り、田安家・一橋家が成立する。清水家は、宝暦三年（一七五三）に賄料三万俵、同九年に清水屋形を賜り、同一二年に一〇万石を給されて、三家ともに一〇万石格の家となる。

姓は「徳川」で、三家とも従三位以上に陞り、名目的には三家は対等の格式とされた。ただし、御三卿は設立当初より独立した藩屏とは見なされなかった。一〇万石の封地は賄料扱いであり、支配拠点の城地を持たず、当主は江戸城内の各屋形を居住地としていた。江戸城への登城も平川門からで、詰所も中奥に設けられており、将軍親族として扱われた。

また、家臣には御付人・御付切・御抱入の区別があり、御付人は数年で幕職へ異動する幕府の役人で、俸禄は幕府から支給されていた。御付切も幕府役人であるが、御付人と異なり致仕まで異動が無く、御抱入は各家雇用の者である。家老以下の上中級職は、幕府の職制に組み込まれており、主に御付人がこの職を勤めていたので、職制の上でも独立した存在ではなかった。

明屋形と吉宗の意向　当主不在の明屋形となる現象もしばしば起こり、田安家の場合、二代治察《はるあき》が歿して斉匡《なりまさ》が三代となるまでの一三年間、一橋家の場合、九代慶喜《よしのぶ》が隠居慎みとなって宥免までの三年間、清水家の場合は、初代重好が歿して二代敦之助《あつのすけ》が二代となるまでの三年間と、その敦之助が清水家継承直後に歿して斉順《なりゆき》が三代となるまでの六年間、五代の斉彊《なりかつ》が紀伊家の養子となってから、昭武《あきたけ》が六代となるまでの二〇年間の計三度も明屋形となっている。

特に清水家は領地や家臣も不安定で、初代重好が歿して明屋形となった際、清水家の名目は残るものの一〇万石は収公され、家臣は幕府に召し返されて清水勤番支配が置かれた。斉明が三代となって清水家が再興されるが、再び一〇万石が給されるのは、四代斉明が当主となって八年目のことである。五代斉彊が紀伊家へ転出した後の明屋形時に、家臣団は順次整理されて転役先が検討されており、幕末まで不安定な立場に置かれた。田安家の場合は、二代治察歿後の明屋形時に領地の収公はなかったが、この間の家老は幕府勘定奉行が兼務した。

こういった通常の大名家とは異なる御三卿家の性質は、八代将軍吉宗の意向に強く起因している。もともと吉宗には宗武・宗尹を独立した大名にする意図はなく、適当な養子縁組先が決まるまでの臨時の家とする考えであった。幕領に余裕が無かったことと、独立した一門になればさらなる分家の創出で、領地を増やす必要があるため、将軍家の二男以下を仮に置くだけの家とし、当主不在となればいつでも収公出来る体制を目論んでいた。そのため、田安家四代斉荘《なりたか》が尾張家へ、清水家三代斉順と同家五代斉彊が紀伊家へ養子に出されるという、当主自身の養子転出も行なわれた。

御三卿家の家意識　ただし、各家に付属する人々の意識は、「家」としての継続を願っていたようで、田安家が明屋形となった際、初代宗武の御簾中宝蓮院《ほうれんいん》は、久松松平家の養子に内定していた宗武七男の賢丸《まさまる》（定信）による継承を嘆願しているが叶わなかった。

また、一橋家二代治済の長男家斉が、一〇代将軍家治の継嗣となり、一一代将軍となったことで、一橋家は将軍出身の家として特別視されるようになる。特に二代治済は、将軍実父として権勢を誇り、官位は将軍と同格の従一位、尾張・紀伊の大納言を上回る准大臣に叙任する異例の昇進を遂げた。

慶応四年（一八六八）五月には当主不在だった清水家を除き、田安・一橋両家は田安藩・一橋藩として独立した藩屏に列するものの、翌明治二年十二月の版籍奉還までの短い立藩で終わった。しかし、明治三年に再興された清水家を含めて後に華族に列せられ、近代以降は独立した家として存続した。

（原史彦）

【参考文献】北原章男「御三卿の成立事情」（『日本歴史』一八七号）一九六三年。辻達也『江戸幕府政治史研究』続群書類従完成会　一九九六年。

大奥―将軍の正室・側室

将軍家の大奥とは　江戸城において将軍の家族である女性・子どもと奥女中が居住する場所であり、本丸・西丸・二丸に存在した。特に、将軍の正室・生母・子ども・側室・奥女中が暮らしていたのが本丸大奥である。本丸大奥は将軍家において世継ぎを出産・養育する場であり、諸大名との贈答儀礼・交際を担う場でもあった。このような大奥の主が将軍の正室である。一方、世継ぎを設けるために不可欠の存在だったのが側室である。

将軍の正室　将軍の正室は御台所《みだいどころ》、将軍の世継ぎの正室は御簾中《ごれんじゅう》、隠居した将軍の正室は大御台所《おおみだいどころ》と称され、大名家の正室とは別格の立場にあった。三代家光の正室孝子のように将軍と不仲で本丸を出た者もいるが、基本的には本丸大奥の御殿向に居室を構えた。

将軍の正室は三代家光以降、摂関家・宮家から迎えるのが通例であった。一一代家斉の正室寔子《ただこ》は薩摩藩島津家、一三代家定の正室敬子《すみこ》は薩摩藩島津家の一門出身であるが、いずれも近衛家（摂関家の一つ）の養女として将軍家へ入輿している。ただし、七代家継・一四代家茂の場合には天皇の皇女が選ばれた（家継と霊元天皇の皇女八十宮吉子《やそのみやよしこ》との縁組は、婚約後に家継が夭逝したため実現しなかった）。

また、正室は将軍家の一員としてふさわしい教養を身につける必要があり、一三代家定の正室敬子は将軍家へ入るにあたり茶道の奥義を一通り会得している。

将軍正室の役割　将軍の正室は将軍の妻であると同時に将軍の子の母でもあり、世継ぎを養育・後見する責務を負っていた。正室は側室の子にとって法的には嫡母である。養子縁組を結ぶと養母であり、実の母同様の存在となった。六代家宣の正室熙子《ひろこ》（近衛基熙《このえもとひろ》女）は、側室の子である七代家継を嫡母として後見し、八代吉宗を擁立して表向きの政治にも影響を与えた。また、一〇代家治・一一代家斉・一二代家慶の頃には、正室は世継ぎも含めた側室の子の養母となっており、正室は実質的な母としての役割が強く期待される存在となった。一方、将軍家の儀礼や諸家との贈答儀礼・交際をおこなうことも正室の重要な役割である。将軍の正室は親族大名など特別な家とは奥向同士で使者を交わしており、近親者の婚姻を周旋したり、表向だけでは成し難い政治的な交渉をおこなった。戊辰戦争に際しては、一三代家定の正室敬子と一四代家茂の正室和宮親子《かずのみやちかこ》（仁孝天皇皇女）が官軍や朝廷へ女使を派遣して徳川宗家の家名存続を図り、家中を取り鎮める役割も果たしている。

将軍の側室　歴代の将軍のうち三代家光以外はすべて側室の子とされる。側室は妾であり、妻としての法的地位にはない。しかし、嫡男を産んだ場合、名前に「御方」が付けられるなど、妾のなかでも嫡男の生母として特別な待遇を受けた。また、産んだ子が将軍職につけば家族の一員となり、将軍家から多くの奥女中が付けられ、公的儀礼の場でも礼遇される存在となった。

将軍側室の待遇　将軍家では、側室の待遇が十八世紀前半頃を境に変化している。それまでは出自の低い者が側室として厚遇される場合があり、将軍の生母となって高い地位を得ることもあった。五代綱吉の側室で徳松《とくまつ》・鶴姫《つるひめ》を産んだお伝《でん》の方は黒鍬者《くろくわもの》の娘といわれるが、本丸大奥の中でも奥に近接した一画に部屋を与えられ、「五丸様」などと呼ばれた。また、家光の側室で綱吉の生母桂昌院《けいしょういん》は京都の八百屋の生まれとされるが、後年は綱吉の正室よりも席順が上位に位置づけられ、生前に従一位に叙せられている。これに対し、九代家重以降の側室は公家か旗本の出で、特に十一代家斉の時は側室が旗本を出自とする御中臈から選ばれている。子を産んだ御中臈は給与面で優遇されることが多かったが、職制上は御中臈のままであり、長局向に住んだ。嫡男を産むと「御内証之御方」や「御部屋様」と呼ばれ、子が将軍職に就く前に死去した場合でも普請・鳴物停止の達しが出されるなど生母として尊重された。側室は将軍の死後は二丸や桜田御用屋敷などに隠居する場合が多い。一二代家慶の側室おみつの方は旗本の娘で、御次から御中臈になって嫡男家定を産み、後に「御内証之御方」と称された。家慶の死後は本寿院《ほんじゅいん》の院号を賜って摘髪し、将軍の生母として御殿向や二丸で暮らした。

（木下はるか）

【参考文献】　畑尚子『徳川政権下の大奥と奥女中』岩波書店、二〇〇九年。柳谷慶子「武家権力と女性」（『身分のなかの女性』）吉川弘文館、二〇一〇年。松尾美惠子「将軍御台所近衛熙子（天英院）の立場と行動」（『歴史評論』七四七号）二〇一二年。

旗本

「備《そなえ》」の軍隊　戦国末から近世の大名の軍隊は、「備」を単位として編成されていた。その基本的な構造は、前方から①鉄砲隊②弓隊③長柄《ながえ》（槍）隊がならび、その後ろに大名（または大身の家老）と彼を護衛する④親衛隊、ついで⑤寄合《よりあい》、⑥小荷駄《こにだ》隊《たい》とつづいた。①②③は特定の武器を携行した足軽部隊で、その隊長を物頭《ものがしら》といった。④は馬上の武士団で三〇名前後を一組として番頭《ばんがしら》や組頭が統率し数組で編成された。⑤は④に編成されない比較的大身（三〇〇〇石以上）の武士が文字通り寄り合った部隊である。最後尾の⑥は百姓を動員した兵粮や武器・弾薬その他を運ぶ輸送部隊で、小荷駄奉行が指揮した。そして大名の備を中心にして、その前方に位置したものを前備《まえぞなえ》、側面を脇備《わきぞなえ》、後方を殿《しんがり》などと称した。

旗本とは　旗本とは一般には将軍直臣のなかでも知行高が一万石未満で、かつ将軍に拝謁《はいえつ》がかなう御目見《おめみえ》以上の武士と定義されることが多い。もちろん間違いではない。しかしこれは戦争が終わり江戸幕府の制度化・儀礼化が進展するなかでつくられた概念であり、武士がもともと戦闘者であったことからすれば、右に述べたような戦陣における軍団の構造の中から説明されるべきである。とすれば、旗本とは本質的には将軍の備（旗本備《はたもとぞなえ》）を構成した人々のうち、徒歩で従軍する足軽や百姓などを除いた、馬上の武士たちをさすもので、とくに将軍の親衛隊に編成された面々こそが旗本といえるのである。

江戸幕府の役職を軍事職たる番方《ばんかた》と裁判や行財政を担当する役方《やくかた》に分け、それらが江戸時代初期から自明に存在したかのような見方があるが、これは本質をついたものではない。役方の諸役職は、戦争が終焉し幕府の行財政機能が肥大化した結果、必要に応じて軍事を専門とする旗本が就任したものだからである。役方の典型ともいうべき町奉行や勘定奉行も、戦争があれば家臣を率いて戦闘に参加する存在であることを忘れてはならない。

寛文四年の旗本　ここで寛文四年（一六六四）の旗本の概要について見てみよう。まず総数は三二七三人で、このうち二八〇三人が何らかの役職に就いており、在職率は実に八五・六％であった。旗本が就いた役職のうち在職者数の多い順に五つほどあげてみると、大番《おおばん》が六〇六人、書院番《しょいんばん》が四四四人、小姓組番《こしょうぐみばん》が四一六人、小十《こじゅう》人組《にんぐみ》が一八八人、新番《しんばん》が八六人となる。これら五つの役職は一般に「五番方《ごばんかた》」と呼ばれており、これだけで合計一七四〇人となる。これは在職者全体の六二・一％にあたり、もちろん他職に転ずる者も多かったが、五番方こそが旗本本来の役割を体現した役職だったのである。

旗本の知行　旗本の知行《ちぎょう》形態は、大別すると村々を宛行《あてが》われる地方《じかた》知行と、幕府の蔵から知行高の三五％を俵《たわら》で支給される蔵米《くらまい》知行があるが、このほか現米を支給される現米取《げんまいどり》、一日米五合の割合で支給される扶持米《ふちまい》取《どり》などがあった。その知行地は「知行所《ちぎょうしょ》」と呼ばれ、武蔵・相模・下総など関東を中心に東海、畿内などに分布していた。寛文四年では、わずかな現米取と不明な者を除いた二六五二人のうち地方知行が一三七五人（五一・八％）、蔵米知行が八三九人（三一・六％）、地方と蔵米の両方を受けた者が二四七人（九・三％）、蔵米と扶持米の両方を支給された者が一九一人（七・二％）であり、知行高の合計は二二二万九八五〇石であった。

旗本と軍役《ぐんやく》　旗本には将軍への奉公として、自身の知行高に応じて軍役が課された。その基準となったのが軍役令である。寛永一〇年（一六三三）二月、家光によって二〇〇石から一〇万石までを対象とする軍役令が発布された。これは直接には翌年の上洛《じょうらく》の供奉《ぐぶ》を想定していたが、その後、江戸時代を通じて諸大名・旗本が果たす軍役の基準となった。例えば六〇〇石取の旗本は、自身のほかに侍《さむらい》（若党《わかとう》）五人、甲持《かぶともち》一人、槍持《やりもち》二人、鋏箱持《はさみばこもち》一人、小荷駄二人、沓取《くつとり》一人、馬口取《うまのくちとり》二人と鉄炮一丁（一人）の合計一五人の動員が義務づけられていた（ただし戦闘員は侍のみ）。いっぽう三〇〇〇石以上では人数の規定がなくなり、槍、弓、鉄炮といった武器と馬上（主人である旗本の家臣）の数のみとなる。こうして旗本はこの軍役令を目安にして、従者の数や武器をそろえ、将軍の上洛や日光社参の供奉など、（擬似的な）戦争行為に動員されたのである。

（小池進）

【参考文献】高木昭作『日本近世国家史の研究』岩波書店、一九九〇年。藤井譲治『江戸時代の官僚制』青木書店、一九九九年。小池進『江戸幕府直轄軍団の形成』吉川弘文館、二〇〇一年。

御家人

御家人とは　御家人とは、一般に将軍直臣《じきしん》のうち一万石未満の者で、将軍への拝謁《はいえつ》ができない御目見《おめみえ》以下の武士をいうが、本来は弓・鑓・鉄砲隊を構成する足軽《あしがる》身分の者や、大番《おおばん》や書院番《しょいんばん》などが大坂城・駿府《すんぷ》城《じょう》といった幕府の直轄城に在番《ざいばん》するさい、軍事力の不足を補填《ほてん》するために与力《よりき》・同心《どうしん》として付けられた下級武士をさす。

格式と職　御家人には御目見以下と譜代《ふだい》場《ば》、二半場《にはんば》、抱入《かかえいれ》といった格式があった。譜代場とは家康から家綱までの四代の間に留守居《るすい》配下の与力・同心を勤めた家柄で、二半場も譜代場同様、家綱までの間に西丸《にしのまる》留守居与力・同心を勤めた者の子孫で、これらは離職すると旗本と同じように小普請《こぶしん》入《いり》したが、家禄を支給され相続も許されていた。抱入はやはり四代までに大番・書院番・町奉行の与力・同心として召し抱えられた者と、綱吉以後召し抱えられた者であるが、これは一代限りで相続は許されなかった。『吏徴《りちょう》』によれば、御目見以下には鳥《とり》見《み》、天守番《てんしゅばん》、支配勘定《かんじょう》など、譜代場には台所番、留守居与力・同心、小人目付《こびとめつけ》など、二半場には賄《まかない》勘定役《かんじょうやく》、寄《よせ》場元締役《ばもとじめやく》など、抱入には大番や書院番の与力・同心など、各々の格式に役職が対応していた。御家人本来の職である与力・同心が一代限りの抱入に対応していたのは、戦争が終わり軍事的需要が後退するなかで、肥大化する幕府財政への負担軽減という意図があったからである。

御家人の数と身分上昇　正徳二年（一七一二）時点で御家人の総数は約一万七三〇〇人で、その知行形態は知《ち》行取《ぎょうどり》、切米取《きりまいどり》、現米取《げんまいどり》、扶持取《ふちとり》、給金などがあった。また幕末では約二万六〇〇〇人の御家人がいたとされる。従来、御家人身分は固定的・閉鎖的なものとされていたが、藤井譲治氏によれば『寛政重修諸家譜』が載せる諸大名・旗本全六三五四家のうち、御家人から御目見以上の旗本に上昇した家は一一五七家（一八・二%）とされ、こうした見方は変更をせまられている。（小池進）

【参考文献】鈴木寿『近世知行制の研究』日本学術振興会、一九七一年。藤井譲治『江戸時代の官僚制』青木書店、一九九九年。

御三家

御三家とは　将軍に次ぐ高い官位を有し、別格の扱いを受けたのが、家康の九男義直《よしなお》を祖とする尾張家、一〇男頼宣《よりのぶ》を祖とする紀伊家、一一男頼房《よりふさ》を祖とする水戸家の御三家である。官位は尾張・紀伊両家が従二位権大納言、水戸が従三位権中納言を極位極官とし、石高では尾張家が名古屋六一万九千五百石、紀伊家が和歌山五五万五千石、水戸家が水戸三五万石と有数の規模を誇る。

御三家の成立　義直が慶長八年（一六〇三）に四歳で甲斐二〇万石、頼宣が同年に二歳で水戸二〇万石、頼房が同十年に三歳で下妻一〇万石に封じられており、三家の祖は幼少時より大名として扱われた。義直は慶長一二年に清須、同十六年に名古屋へ、頼宣と頼房は同一四年頃にそれぞれ駿府・水戸へ封じられたことで、後の御三家体制の基礎が作られたと見なされるが、各家が独立した藩屏としての体裁を整えるのは元和年間以降である。

なお、尾張・紀伊・水戸をもって「御三家」とする概念は、当初より存在したわけではない。尾張と紀伊に対して、水戸は半分という家康の意向があり、設立当初より「御三家」は対等の関係にはなかった。尾張家や紀伊家には、江戸初期の時点で「将軍家・尾張家・紀伊家」をもって「御三家」とする考えがあった。また、二代将軍秀忠の三男忠長《ただなが》は、駿河五五万石を領し、従二位権大納言に叙されているため、駿河家は水戸家の領地高や官位官職を凌いでいる。三代将軍家光の次男綱重《つなしげ》を祖とする甲府家、家光の三男綱吉を祖とする館林家も正三位に陞る家として高い地位を有した。

中でも甲府家は、二代綱豊《つなとよ》（後の六代将軍家宣）が延宝六年（一六七八）に三五万石に加増、元禄三年（一六九〇）には正三位権中納言となり、この時点で二八万石・従三位の水戸家を凌いでいる。そのため、水戸家が完全に一門上位三家の内に定着するのは、甲府家が廃絶となった宝永元年（一七〇四）以降であり、いわゆる「御三家」とは一八世紀に至って確定したのである。

御三家付家老　御三家の特質の一つとして、家康から各家に附属させられた付家老の存在がある。尾張家の成《なる》瀬《せ》家・竹腰《たけのこし》家、紀伊家の安藤《あんどう》家・水野《みずの》家、水戸家の中《なか》山《やま》家の五家で、いずれも城主級の家臣であると同時に、発足当初は幼少の藩祖を補佐・育成を家康から直に依頼された将軍家譜代の家臣であった。

江戸時代を通じて藩政に絶大な影響力を持つと同時に、独自の支配領域を持ち、直接幕府との関係を保つ独立した大名並の存在だったが、家格が整備される中で、次第に陪臣身分に位置づけられていった。これに不満を持った五家は、江戸中期以降、譜代大名並の待遇を求めて本藩からの独立を志向し、江戸城単独登城などを実現させたものの、御三家を操縦する役割を幕府に期待されたための独立は認められず、慶応四年（一八六八）正月になって、ようやく新政府よって藩塀に列せられた。

御三家内部の軋轢　尾張家は九代宗睦《むねちか》で、紀伊家は一〇代治宝《はるとみ》で藩祖の血筋が絶え、以後は一一代将軍家斉の血縁を養子に迎えている。尾張家は一〇代斉朝《なりとも》（家斉の甥）、一一代斉温《なりはる》（家斉一九男）、一二代斉荘《なりたか》（家斉一一男）、一三代慶臧《よしつぐ》（家斉の甥）と、家斉の血縁者を四代続けて養子とした他、同様に紀伊家では一一代斉順《なりゆき》（家斉七男）・一二代斉彊《なりかつ》（家斉二三男）の二代を迎えている。尾張家の場合、特に一二代斉荘の襲封にあたり、分家の高須松平家に男子がいるにも関わらず付家老らの意向で養子縁組が強行されたため、藩内対立の禍根を残した。水戸家の場合も八代斉脩《なりのぶ》の後に斉脩弟の斉昭ではなく、家斉二一男の恒之丞（斉彊）を据えようとして藩内対立を招き、恒之丞の養子縁組は阻止できたが、幕閣に対する遺恨と、維新時まで引きずる軋轢を生じさせた。

この強引な養子縁組の背景には、将軍の子として相応しい格の家へ養子として送り込みたい幕閣の意向と、独立志向を強める付家老や、劣悪な藩財政への経済援助を願う藩執政らの思惑が絡み、単なる「押し付け養子」とは片付けられない合意が背景に存在していた。いずれにせよ、徳川一門として高い格を有していたことによって生じた軋轢は、幕末まで解消されることなく、三家三様に対立を孕みながら維新を迎えることになる。（原史彦）

【参考文献】林董一「御三家の格式とその成立」（『史学雑誌』第六九編第一号）一九六〇年。徳川義宣「御三家の成立と駿府御分物」（『徳川御三家展』）香川県歴史博物館、二〇〇〇年。小山譽城『徳川御三家付家老の研究』清文堂出版、二〇〇六年。

家門

家門とは　現在、一般に大名家の分類は、将軍家との親疎に基づき親藩・譜代・外様に大別されているが、幕府は将軍家との親疎や官位・石高・役職などを基にした殿席で諸大名を類別しており、幕末以降に認識されたこの三類型で、諸大名を把握・統制していたわけではなかった。

なお、親藩は幕末から使用された語であり、しかも主に御三家を指す際に使用されたため、徳川一門を表す名称とするには不適切である。徳川一門を表すと思われる名称には「御家門」「御一門」があるものの、具体的にどの家までを範疇とするかは明らかではない。

幕府の区分でいえば、殿席制度が明確である。ただし、各家の家格上昇・功績・将軍家との縁組み等によって異動が見られる他、家格の序列を規定する区分では無いため、殿席だけで「御家門」「御一門」を分類出来ない。幕政面においては殿席以上の区分を必要としなかったため、制度上で「御家門」「御一門」を定義することは難しい。

家門とされる家　どの家を家門とするかは、現在末裔の家で認識されている一族意識と、現代的な解釈で判断せざるを得ず、大枠で家門を定義するならば、家康以降に将軍家から直接分岐した家ということになろうか。この場合、御三家・御三卿・越前家一門・御三家連枝・駿河家・会津家・甲府家・館林家が家門となる。ただし、直接の分岐以外にも、鷹司《たかつかさ》松平家と越智《おち》松平家は家門扱いである

なお、御三家連枝の宍戸《ししど》松平家、越前家一門の広瀬《ひろせ》・母里《もり》・糸魚川《いといがわ》の三家は譜代扱いであり、家康の異父弟系統の久松家、家康の娘婿となる奥平家・池田家が一門扱いされた時期もあった。当時の通念で言えば、血筋の尊卑で属人的に家門か否かを判断する場合もあるため、厳密な定義性はないと考えるべきだろう。　（原史彦）

【参考文献】松尾美恵子「近世大名の類別に関する一考察」（『徳川林政史研究所研究紀要』）一九八五年。小川恭一『江戸幕藩大名家事典』上中下、原書房、一九九二年。

譜代

譜代とは　本来、譜代とは世襲的に、ないしは生まれながら主人に仕えているという地位・身分を意味する。また、近世史における通説では、慶長五年（一六〇〇）の関ヶ原の合戦を目安として、それ以前から徳川家康に臣従してきた武家の家筋を指して譜代と称する。

三河譜代　三河国《みかわ》加茂郡《かも》松平郷の在地領主であった松平氏は国人《こくじん》領主となって三河国中央部に進出し、岩津、安城《あんじょう》、岡崎と拠点を移しながら支族・分家を創出しつつ松平一族として成長していく。その間、三河の在地勢力も松平一族ともども家臣団に組み込まれ、松平宗家との間に強固な主従関係を形成し、累代にわたり宗家を支えた。今川氏から自立した松平元康が岡崎に入城し、家康と名前を変えたのが永禄六年（一五六三）。翌年にかけて家康軍は西三河で一向一揆を相手に平定戦を展開し、その激戦の過程で三河譜代は一回り大きく組織化された軍団となる。なかでも歴戦で活躍した酒井、大久保、石川、本多、内藤、鳥居などの諸家が最古参の一族譜代とされた。彼ら譜代軍団に支えられて、家康は三河の統一を成し遂げ、戦国大名としての地位を確立する。

譜代家臣の大名化　徳川と改姓し信長と同盟した家康は、先手《さきて》二組と馬廻り（旗本組）からなる三備《みつぞなえ》軍団でもって遠江国の今川氏を制圧すると、元亀元年（一五七〇）本拠を浜松に移した。これ以降、有力譜代たちは武将として出陣して同族や寄子《よりこ》・同心を指揮するだけでなく、領国内の支城に配置され、駐屯して城将の役割も担うこととなる。武田軍に苦戦しながら駿河経略を進め、駿河・甲斐《かい》・信濃《しなの》を合わせ五か国にまで領国を広げた家康は、天正一四年（一五八六）さらに駿府に拠点を移動した。これら領国拡大の途中で、榊原・井伊・土井・永井など今川・武田の旧臣も、武功で取り立てられて譜代家臣の仲間入りをすることになる。天正一八年、後北条氏の旧領＝関東へ家康は移封されるが、小田原ではなく舟運に利便のある江戸を本拠に選んだ。関東移封に際しては、それまで同様、領国内主要城の城主には譜代家臣が任命され、城付地《しろづけ》として知行地が宛行われた。とくに相模国小田原の大久保忠世《ただよ》、上総国大多喜《おおたき》の本多忠勝、上野国館林の榊原康政、同国箕輪《みのわ》の井伊直政らは領国外への押さえの役割を担った。ただし、駐屯軍団としての性格が顕著で、検地をはじめ所領支配の多くはいまだ地方《じかた》巧者の代官頭たちが担当した。一万石を超える知行地を拝領した譜代は四二名いたが、それぞれが家臣団を編成し、自己の知行地を統治・経営するようになるのは、慶長年間を待たねばならない。その段階で、彼らは近世的大名領主へ成長を遂げたといえる。

新参譜代　関ヶ原の合戦後に取り立てられた譜代もいる。西軍小早川秀秋の付家老《つけがろう》で、小早川軍の寝返りを主導した稲葉正成《まさなり》もその一人である。義男政貞《まささだ》をはじめ稲葉一族では、すでに徳川家臣であったり、東軍に転向する者も多く、また、事前に黒田長政からの内通打診があったことによる。なお、後日の大名取り立てを妻お福(春日局)の縁故とするのは後世の付会である。その後も、陪臣から大出世して譜代成りした柳沢吉保《よしやす》など、さまざまな理由をもって願い出て譜代となる大名がいた。

属性としての軍役　軍事的役割は、三河譜代以来の家康軍団としての機能に由来している。ただし、徳川四天王とか徳川十六神将など、戦国期の武功にもとづく個人的な戦闘力は過去のものである。将軍馬廻りの旗本直轄軍と家門・譜代大名およびその家臣団からなる軍団が総体として徳川幕府軍を形成した。上洛・日光社参はもちろんのこと、平時における府内・近郊への将軍参詣・御《お》成《なり》に際して、行軍・経路警備など規模こそ違えども軍役動員がかかった。実際の合戦が無くなると、普請役も含め、これら軍役は押しつけられた強制負担の側面だけではなく、譜代大名にとって時として願い出ても負担する名誉な役ともなってくる。江戸城の諸門警備は番方旗本が担当し、主要六大門の警備および火の番は家門・譜代の大名家が交替でその任にあたった。同様に駿府城・大坂城・二条城など直轄城の守衛も譜代大名・大番組旗本が城代・城番を務めた。こうした軍事的役割は、畿内譜代藩(摂津尼崎藩・和泉岸和田藩)による大坂城の押さえ役や、関東御要害構想の一環として相模小田原藩に箱根ほか五関所、上野安中藩に碓氷《うすい》関所の番を任せた点にも見て取れる。改易大名の城地受け取りという将軍上使《じょうし》としての出兵や在番も大事な譜代の軍役であった。それは江戸内湾の海防においても同様で、譜代・家門大名および浦賀奉行による警衛・援兵体制でしのいでいたのであるが、ペリー来航という想定外の危機に直面し外様大名までも江戸内湾海防に動員していくのである。

属性としての幕政参画　もう一つの属性は、家門大名・旗本ともども徳川将軍政治へ政権の一員として参画することにあった。老中および大政参与・大老として譜代大名が政権の中核をなしていたといってもよい。家康・秀忠政権期においては武功派・吏僚派、ないし近習出頭人《しゅっとうにん》と表現されることもある譜代であるが、この時期の譜代はあくまで家康、秀忠それぞれに個人の力量で仕えており、その点は僧侶・儒者・豪商ら大御所・将軍の側近と同質であった。転機は寛永九年（一六三二）秀忠死去後の二元政治の解消過程、すなわち御代始《みよ》めに幕閣再編成がなされた直後に見いだせる。まだ世嗣ぎのなかった家光は、子飼い譜代を中心とする老中制を確立させ、彼らが幕藩官僚として将軍専制を下支えする、そうしたシステムの構築を推し進めた。番方旗本ら直轄軍の再編成と相俟《ま》って、譜代大名の家産官僚化は進展し、門閥・新参を問わず幕閣譜代意識も芽生えることになる。ただし、家柄で幕閣になれたのではなく、あくまで個人の資質を大前提として幕閣人事がなされた点を見落としてはいけない。のち幼年将軍家綱を頂点とする幕藩体制をいかに運営していくかという現実への対応のなかで、老中政治は合議制・職務分掌等を基本とする集団的指導体制を完成させていく。であるから、門閥譜代大名が執権として幕府政治を差配することは忌避された。「下馬将軍」とも称された大老酒井忠清《ただきよ》が代替わり後に幕閣から排除されたのも、将軍綱吉に信任された大老堀田正俊が若年寄稲葉正休《まさやす》によって殿中で刺殺されたのも、老中政治のそうした本質に依拠している。

老中政治と外様大名　原則的に政権に加われなかった外様大名には、それぞれ特定の幕閣が御用頼み老中として割り当てられ、さらにまた、それら老中と心安い関係にある特定の旗本・小大名が両者間を非公式に取り次いだ。内証での上意伺いなど、表向きにはできない情報伝達ルートとして機能した。公儀権力は大名への内政不干渉を平時の常としたが、この非公式ルートを利用して、必要に応じて御用頼み老中が大名の藩政運営・改革に指導力を発揮することもあった。とりわけ、文治政治を志向した家綱政権以降、「御代始めの御法度」以外で外様大名など大大名家を取りつぶすことは多方面に大きな影響を及ぼすことが懸念された。数十万石の改易大名の旧領域をどのように統治するか。直轄地に編入した場合、どれだけの官員が必要となるか、はたまた移封に堪えられる大名はいるか。巨大な家臣団が一気にリストラされたらどうなるか。領民たちにも多大なストレスがのしかかるに違いない。等々、政権の足元すら揺らぎかねない。たとえば、御家騒動後の仙台藩伊達家について老中筆頭の稲葉正則《まさのり》が、上意をもって娘を伊達綱村の正室に送り込み、表向き岳父として、実質御用頼み老中として伊達家の持ち直しにさまざまな面で手を貸している。

側近政治と譜代　堀田正俊殿中刺殺事件後、将軍綱吉は陪臣を側近に登用し、旗本・大名に取り立てることで将軍専制政治の手足とした。しかし、彼らが幕閣に組み込まれても、譜代大名を中心とする老中政治は公儀権力の基盤組織・システムとして最後まで維持された。むしろ、陪臣あがりの側近が出頭人となった場合は、彼らを譜代成りさせることで老中政治の体制を堅持したといった方がいい。引き換えに、幕閣から外され割を食う譜代大名もあったが、政権の体質が変わればまた必要とされることになる。政権内にいない時こそ、平時の軍役奉公に出精することが求められた。

所領と治政　譜代大名の所領（藩領）は関東・畿内、および東海道沿いに集中的に配置され、九州や北陸など要衝周辺にも置かれた。譜代では一〇万石クラスが大藩とされ、幕閣要職に就くには三～四万石の所領が必要とされた。奏者番から寺社奉行、大坂城代、京都所司代、老中、あるいは諸組番頭《ばんがしら》、若年寄、老中と昇進するのが通例であったが、その過程で飛び地領を加増されたり、転勤族のごとく頻繁に移封する幕閣譜代も江戸中期までは多かった。なかでも大坂城代と京都所司代への就任に際しては赴任手当と畿内に役知を拝領したので、中・後期、この上方飛び地領を担保に大坂の金融業と結びつきを深め、藩財政の立て直しを図るケースも多い。また、幕閣譜代は定府を義務づけられたが、家老たち重臣を指揮して、自藩領の農政・民政が諸藩の手本となるよう意識していた譜代大名もあった。

（下重清）

【参考文献】下重清『幕閣譜代藩の政治構造』岩田書院、二〇〇六年。福留真紀『名門譜代大名・酒井忠挙の奮闘』角川書店、二〇〇九年。

外様

外様とは　近世には多様な大名階層が生じたが、その類別基準の一つが、将軍家との関係性をもとにするもので、三家・家門・三卿・譜代・外様などと称される分類である。このうち、関ヶ原合戦以降に徳川氏に臣従化するのが外様大名だが、江戸時代以前に遡る家柄を有し、歴史的には三家・家門・譜代などの各大名より古いルーツを持った。

そもそも大名とは、多くの名田を持った者であったが、鎌倉時代には有力武士をあらわすようになった。室町時代には国持・准国持・外様などの家格基準が生まれ、将軍に近い相判衆に対し外様大名衆という呼称もあった。江戸時代の外様大名は、幕府の重職には就任しない原則だが、室町時代に外様と呼ばれる階層が幕政の中枢に関わるのと対照的である。これらのなかに、細川（熊本）・上杉（米沢）・佐竹（秋田）・島津（鹿児島）など、九州や東北地方に外様として家を継承する大名家もあった。また、伊達（仙台）のように戦国期に守護職・探題職に任じられ地域的立場を強め戦国大名化し、近世大名につながる場合もある。他方で、毛利（萩）・龍造寺（のち鍋島。佐賀）・南部（盛岡）など、戦国期に国人領主などの在地領主層から戦国大名化したり、前田（金沢）・黒田（福岡）・山内（高知）など、織豊政権に取り立てられ、徳川氏と主従関係にはいり、外様大名として存続するケースもある。このように外様大名は守護大名・戦国大名や織豊取立大名などからなる複雑な由緒を有していた点は、徳川の一族や家臣が大名化する比較的単層な大名と異なる特質といえる。以上のようにみれば、江戸時代に二百数十家あった多様な大名も、外様に出自する階層と徳川家に関係する階層の二類型として捉えることができる。

将軍・幕府との関係　近世大名は一万石以上の石高を持つものとされた。寛永一一年（一六三四）の老中宛法度にその基準が示され、翌年改訂の武家諸法度に、国主・城主・一万石以上と明記された。しかし外様大名には、前田の一〇二万石、島津の七二万石、伊達の六二万石など、大大名が多かった。これらの大名層は、徳川氏と本来は覇権を争うような立場でもあり、江戸幕府成立後も緊張関係が潜在した。ここに大名統制政策が展開する。一国一城令をはじめとする諸法令は、大名政治を制限し、改易（取り潰し）・減封（石高削減）・転封（領地移動）など、将軍から与えられた大名領地に対し、幕府は権力を行使した。また、軍役（軍事出動）や普請役（大規模工事）、さらに妻子や家臣団の在府（江戸居住）を伴う参勤交代が課され、大名（藩）財政はいずれも逼迫していく。

しかし、徳川氏と別の由緒認識を持つ外様大名は、武家官位を与えられることを背景に、独自の帰属観も有していたのが同時代人の証言で推測できる。近世中期の儒者荻生徂徠《おぎゅうそらい》は、徳川吉宗に献呈した『政談』で、外様大名も将軍の家来だが、官位は朝廷から与えられるので、内心では、天皇を誠の君と考える大名もあるだろう。ただ、将軍の威勢を恐れて家来になっただけという思いが絶たれなければ、今後、大変になるかもしれない、と語っている。また、江戸後期の譜代鳥取藩の支藩主で、文学に造詣が深かった池田定常《いけださだつね》はその著『思出草《おもいでぐさ》』のなかでこのように指摘した。「国持大名」の家臣のなかには、自分の主君は将軍にとっては客分のような立場であり、本来は天皇の臣であるから、「譜代の大名」とは違う、そのように考える者がいるという。譜代系大名とは異なる性格を外様大名が有していたのを、幕府に近い立場にいる人々も、深く自覚していたことが窺える。

「家」の相続　外様大名は以上のような緊張関係を将軍との間に有し、それゆえに様々な統制をうけたが、近世を通じ幕府へ軍事的に対抗する勢力は幕末期の討幕運動をのぞけばなかった。それは、将軍よりの拝領地は自らの「家」相続の基本であり、その環境は将軍・幕府への奉公で保証されるからである。

福岡藩の初代藩主、黒田長政は家老たちに次のように伝えた（『黒田家文書』）。関ヶ原合戦で徳川家康が勝利できたのは、父・孝高（黒田如水）や自分の働き（軍功）があったからであり、筑前拝領では不十分だ。しかし、そのような事実を、子孫が知れば将軍を蔑ろにし奉公の意識が薄らいでしまうので、漏れないようにすることが大事である。「国」（藩）の政治がよく身を慎めば幕府よりの咎めはない。関ヶ原の奉公ぶりがよかったからといって、身の覚悟が悪く政治がよくなければ、「国主」(大名)とは言い難い。今までは合戦で多く人々を殺してきたが、これからは民百姓までも安穏に保つのが肝要である。長政の言葉は、外様大名の立場をよく示している。軍功に基づいた拝領地である大名領相続は、将軍への奉公が前提であるが、それは単なる将軍の強制ではなく、自らの「家」を継続する条件であり、そのために領民を大事に育くむという立場である。

「清廉」な「国郡」「人民」統治は、武家諸法度で示される大名政治の指針を示したもので、それは改易などの理由にもなるが、その理念は、「家」相続のために、外様大名が自ら獲得していたものでもあったのが、長政の言葉から理解される。江戸時代はじめより、様々な大名統制を施しつつも、幕府は、外様を含めた大名に、自分仕置という自らの裁量での領地統治を認めているのは、「家」や領地を基本として成り立つ武家領主としての立場を、将軍が大名とともに共有するからであったといえる。

有力家臣との関係　外様大名は、各家の歴史性から有力な家臣を抱える場合が多かった。このような家臣は私領地を持ち大名の家臣となった。それに伴い私領地は、大名から与えられた封地(知行地)と改めて位置づけられるが、知行地に対する旧来からの権限、支配権は有力家臣に残される場合が多かった。外様大名は近世初期から、幕府より様々な統制・課役をうけたが、それは家臣の負担となった。とくに有力家臣は自分の知行地領民にそのような経済的な負担を必要以上に転嫁することがあった。しかしそれは領民を疲弊させ、領民からの年貢・諸役を基本に「家」相続を行う大名にとり、幕府へ奉公するという大名の立場を危うくすることにもなりかねない。そこで、有力家臣を抱える外様大名家では、彼らの知行地に対する権限を制限し取り上げることにもなった。具体的には年貢の収納権や知行地領民に対する裁判権などである。ただし、領地支配は武士にとって長年にわたり保ち続けた権能であり、否定することはできなかった。したがって名目的にあるいは実質的な支配権を伴いながら、東北や九州の大大名の外様大名を中心に、家臣が知行地を有する形式を残した(地方知行)。このような事象は一部の外様大名にみられる例外というよりも、守護大名・戦国大名のような武家領主の歴史性を背負った外様大名に、領地との結びつきを重んじる武士の本質を絶やさない風土が生き続けていたとみられる。

近代国家を生み出す力　外様大名は、その歴史性から伝統的な体質を持ちつつ新しい力も蓄えていき、明治維新を迎え近代国家を生み出す力も生んだ。その契機は江戸中期に行われた国産政策を中心とした藩政改革である。これは財政立て直しが目的であるが、国内の有力産物を育成し販売するもので、従来の年貢収納を基本とする経済観念を超えた考えであり、幕府の政策に統制・抑制される傾向が著しかった大名（藩）経済の自立を促した。そしてそのような政策を導くのが、「明君」と顕彰される大名（熊本の細川重賢《ほそかわしげかた》、米沢の上杉治憲《うえすぎはるのり》など）やそれを支えるブレーン家臣（堀勝名《ほりかつな》、竹俣当綱《たけまたまさつな》など）たちであった。このような流れは曲折を経ながらも幕末期まで続いた。鍋島家（佐賀藩）の場合、江戸中期、熊本などの藩政改革に学んだ藩主治茂《はるしげ》が主導する明和改革が一定の成果を収め、新田開発・蝋・製紙などを軸とした殖産興業政策が展開する。しかし、その後フェートン号事件が勃発、軍事力強化が自覚される。近代国家の政策基調とみられる富国強兵の理念は、このような過程で、外様大名のなかにも自生してきた。幕末期鍋島家は磁器・石炭などの国産品販売の成果で、一般財政とは別に特別財政を作り、これを財源に大砲に代表される西洋的な軍事技術を開発、人材育成にも力をいれた。それを主導したのが「蘭癖大名」と称される藩主直正である。外様大名・鍋島は、地方知行を続ける古い体質を持ちつつ、新しい時代を生み出す力も身につけ、いわゆる薩長土肥の一角を占め、大隈重信など近代国家形成期に活躍する人物も輩出した。

他方、幕末期に奥羽列藩同盟などにみられる幕府を守護する立場の大名層は、東北の家門・譜代大名を主軸にしつつも、外様大名の参加もあり、これも近代を生み出す大きなきっかけである。

外様大名は近世社会の誕生と止揚に大きな役割を果たしたのである。

（高野信治）

【参考文献】　児玉幸多『大名』小学館、一九七五年。笠谷和比古「「国持大名」論考」（上横手雅敬編『古代・中世の国家と社会』）思文閣出版、一九九四年。高野信治『藩国と藩輔の構図』名著出版、二〇〇二年

旗本家臣

旗本家臣とは　譜代を基本としつつ、新参の出自は様々であった。当主庶子が厄介を経て、別姓で家臣化することもあった。他家家臣同士の斡旋や引き抜き、幕府役職を退任する旗本から役務に優れた家臣を譲り受けたり、親戚・縁戚の旗本からの紹介もあった。知行所名主の登用、名主継嗣の武家見習奉公や、領主財政の悪化に伴って金主の町人・百姓が用人となって家政改革や領主賄などに乗り出すこともあった。献金郷士（苗字帯刀）制の発展形態としての用人格・中小性格・近習格・徒士格などへの昇格、および非日常的な軍役・公務行列への動員もあった。扶持を与えて家臣化し、儒者・医者などを長屋内へ居住させ、私塾・診療所の経営を許すこともあった。

百姓身分からの大抜擢と用人供給層　幕末、上総の百姓身分であった中村《なかむら》嘉平治《かへいじ》は、一六〇〇石の旗本黒川氏を振り出しに、二〇歳後半から一〇年弱の間に勘定奉行都筑《つづき》氏、大目付永井氏つづいて黒川氏（再）、外国奉行石野氏、町奉行黒川氏（再）へと主人を替えながら、ついには町奉行の内与力として目安方に抜擢された有能な人材であった。江戸周辺には、実務にたけた用人供給層の存在を指摘できるが、その実態は未解明である。

役職と禄高　千石以下の役職は用人（筆頭は家老）・給人・中小性・近習・徒士が基本で、武家年季奉公人の中間・小者が続く。一三〇〇石の旗本三嶋政養《まさきよ》家の幕末の事例では、役職（禄高）は用人一人（金八両・三人扶持・役金一両）、給人一人（金六両・二人扶持）、中小性二人（各金五両）、別当一人（金四両）、近習一人（金一両・一人扶持）、錠口番一人、門番一人、小者三人程度の合計一一人前後であった。召し抱えに際して、誓詞血判を差し出させ、家族持ちの家臣には中長屋の一軒分を宛て行い、独身者は表方か表門口の中間部屋に居住させた。雇用期間は数ヶ月から四年弱であり、「渡り」用人・中間で占められていた。

（西脇康）

【参考文献】田中正弘『幕末維新期の社会変革と群像』吉川弘文館、二〇〇八年。西脇康『旗本三嶋政養日記』ワイ・エス・ケー出版部、一九八七年。

大名家の家臣

大名家の家臣とは　近世の幕府や大名家で、当主（将軍・大名）と主従関係を結ぶ階層を「家臣」と呼ぶのは一般化しているが、その意味は以下のように考えられる。「家臣」と同時代的な呼称としては「家来」「家中」などもあり、いずれも「家」という組織の価値観と密接な関連があることがわかる。すなわち、大名を家父長にみたてた組織（「家」）において、その家父長（大名・主君）と主従関係にある「臣」が、「大名家」の「家臣」ということになる。「大名家」という表現は、それが「家」という社会集団を構成していることからくる呼称である。「家」とは、家業・家産・家名の継承を目的とする永続的団体で、いわば経営体である。日本の「家」は中国・朝鮮のように血統の永続・拡大が目的ではなく、「家」それ自身の永続化が目的であるとされ、父子相承を原則としつつも、養子を許容していた。したがって中国・朝鮮の直接的な血統を重視する中国の「家」と区別して、日本の「家」を「イエ」などと称することもある（本項目では「家」と表現）。大名家もこのような日本の「家」組織の一つで、擬制的に拡大したものであり、臣下（家臣）の立場から、また幕府との対応関係からも、「御家」と観念された。

家臣の階層性　大名家は軍事集団という性格を持つ。近世は天下泰平と同時代の人々が考えるほどに平和で安定した状況が続いたが、その性格は持続した。この大名家の特性が、その家臣を特徴づけた。それは家臣の階層性にあらわれる。家臣のあり方は、大名家によって多様であるが、おおむね、侍・徒行・足軽以下の三階層から構成されていた。合戦、軍事行動における武士としての家臣の本来のあり方は、騎馬武者である。彼らが侍層にあたる。それを特色づけるのは、世襲の相続で、他の階層に比べ高禄を拝領し士分としての威信が与えられていた点である。武功などによる父祖と主家とのつながりが地位を保証したが、とくに近世中期以降は世襲性が強まり、大名への忠節度も高った。また禄高相応に武家奉公人を召抱えたが、中期以降は実質収入の減少などで削減を行った。また、その基本性格から馬を飼うことを義務づけられているが、同じ理由で侍だが馬所持がないものが問題にされることもあった。騎馬ではないが、世襲的性格を強めた階層が徒士である。彼らは近世前期、行列の威容を保つなどのためとくに身体能力が重視され、中期頃には、武芸や筆記能力などが採用基準の重きをなすが、能力重視の一代抱の編成が長期にわたり行われた点で侍階層と異なり、大名との親密度は薄く忠節度も低かった。また俸禄も侍ほど高くなく士分の威信もなかったが、しだいに世襲的性格を強め、この点では侍との同質性が強まった。同様に騎馬ではない足軽以下は、世襲相続が近世を通じ一般的とならなかった点で、侍・徒士層とは違う。足軽にも譜代相続がみられたが実子は少なく、実子でも長子とは限らない。一定年限の勤続があれば跡継ぎの権利を与え、後任の指名を許す制度も実施されるようになるが、実子には譲られず世襲化しなかった。それは足軽以下の階層の場合、肉体的な奉公能力を基準とする召し抱えが近世を通じて一貫し、微禄で長期勤続が難しいなか年齢も含め奉公能力を有した実子への相続が事実上困難だったからと考えられる。くわえて農村や都市部に生活基盤を持つ御用に立つ百姓の召し抱えが大きな比重を占めていた。このように、合戦への参加形態を反映した階層性が大名家臣の特徴といえ、徒士は肉体勝負の世界から離れるが、足軽は離れられず、これが世襲への道を阻んだともいえる。

家臣の差異化　大名家の家臣は軍事集団という特性に基づき、いくつかの階層があったが、大名家への実際の召し抱えの時期や形態は様々であり、そのような状況を反映し、とくに家臣の中核といえる侍層のなかには、大名への軍功のあり方や仕官などを反映した差異化の考え方も生じた。黒田家（福岡藩）の場合をみよう。前期の家臣貝原益軒《かいばらえきけん》は、大名家正史である「黒田家譜」や「黒田家臣伝」などを作成した。これは武功の記録化という本質を有した。ただし、武士の道徳（心術）論を内包し、武功の顕彰という意味にとどまるものではない。しかし、やがて、大名家由緒（歴史）を武功により支えたとの自覚を持つ譜代層の立場から、黒田の勝ち戦の由緒認識とも結びつき、武功が譜代意識と関係し合いながら強調されるようになった。このような動きと連動しながら、組織（「御家」）形成に尽くした強い「武」の認識

(忠義心ある譜代の武)としての「黒田二十四騎」像が生み出される。かかるイメージは大名・家臣集団のなかにやがて広がっていき、文化七年(一八一三)には大名(黒田斉清)自らの指示による「黒田二十四騎」とされる家臣の「家」の実証的な武功調査の実施にいたり、そのイメージは「譜代」意識を継承化したものとして定着していった。さらに藩祖(黒田長政)と「二十四騎」は図像化のなかで神観念と結びつき、祭祀・神格化され、それは庶民の世界にまで浸透していく。このように武功と譜代という価値認識の強調は、泰平のなかでの大名家臣である武士の気質や「御家」への貢献秩序などの変容が背景にあったといえよう。

主従と処世のあり方　武士気質の変容を強く意識しつつ、自らが属する大名家の唯一性を主張し、大名家における主従のあり方を突き詰めたのが、近世中期の鍋島家旧家臣・山本常朝《やまもとじょうちょう》であった。彼は孔子・楠木正成・武田信玄など、近世の人々に馴染み深い者でも、鍋島家に仕えたことがないので、同家の家風がわからないとし、自ら仕える「御家」が唯一で至上の存在と訴える。そして、「武士道とは死ぬことと見つけたり」という文言のなかで、主君へいかに忠誠を尽くし生きるべきなのか(常に死の覚悟で生きる)を説いた。その基本は主君からの見返りを期待しない奉公であり(男性同士の恋愛に例えられ「忍恋」といわれる)、自分の欲求から離れるという主張である。しかし、このような彼の主張は自身が懸命に奉公したにも関わらず、「尻拭き役」とも揶揄される大名側近の役回りに終始し、事実上の出世がかなわなかったという思いがあった。したがって、同輩の家臣との付き合い方、日常の言動への気の配り方などが周囲からの信頼を高め、やがては大名への奉公を第一義とする出世につながるというような処世術も説いた(『葉隠』)。大名家の家臣は主従と処世という二つの心情との間で生活していたともいえる。建前の世界にとどまっていたのではなく、現実の欲求を満たすことも考えていた。このように、大名家の中で主君に役立つという奉公を念頭においた欲求(出世願望)を持つのは、家臣が大名・主君に従属を強いられるだけの存在ではなく、一定の自立性を持つ証であろう。それは、歴史性を有した大名家の礎をつくったのが家臣の功績(軍功)であり、かかる自覚のもとに、「御家」の危機を招来するごとき大名を押し込める（軟禁）慣行もあった。家臣は大名・主君の力に無限定に拘束された存在では、けしてなかった。

格・禄・職　それでは、大名家という「家」組織のなかで、家臣は希望を持ち出世できたのであろうか。幕末期中津藩の下級武士であった福沢諭吉《ふくざわゆきち》は「下等武士」はどのような功績や才力があっても出世できなかった（『旧藩事情』）とみており、それがかなわなかった自分の父への思いから、「門閥制度は親の敵」（『福翁自伝』）と喝破したのは有名である。確かに、大名家の家臣、とりわけ侍層の格（家格）は重要であり、それは基本的に軍功で定まった。その格に応じ禄（家禄）も決められ、格に見合う軍事集団（番方）に属しながら、この格と禄に相応する職（役職。いわゆる行政職）に就任（役方）するというのが、大名家臣の一般的なあり方である。しかし、実際には徒士層が身体能力よりもしだいに行政能力を要求され、世襲化の道が開かれたように、大名家での役職機構の複雑化や実務の多様化のなかで、役方に就く家臣には相応の能力・才知が求められ、そのような人物の登用・昇進は珍しいことではなかった。先に述べた「武功」を基本とした「譜代」意識の強調という考え方が生まれたのも、武功・譜代を基軸にした家臣秩序が揺らぎ、身分流動がみられる時代状況がその背景にあった。職は本来「御為第一」つまり主君のための奉公であるが、そのなかで、常朝が思いをいたす出世実現も可能であった。むしろそれは家臣たちの主君への奉公、勤務へのエネルギーを引き出すことにもなる。大名家は家臣の奉公書を編纂し、加増・昇進・取り立て・考課など、人事に関する取り決めを行っているのは、諸藩の法令のなかに容易に見いだされ、家格・家禄の関係を考慮しつつ、役職を勘案する家臣出世の可能性が予め想定されていたのを窺わせる。家臣の「家」でも独自に奉公書が作成され、人事の機会に提出されることもあった。そこには、武功（番方）と勤功（役方）という、近世の「大名家の家臣」が果たすべき役割・功績が、家臣の自立性のアピール（自己主張）として綴られるのである。

（高野信治）

【参考文献】高野信治『近世大名家臣団と領主制』吉川弘文館、一九九七年。磯田道史『近世大名家臣団の社会構造』東大出版会、二〇〇三年。高野信治「貝原益軒の「武」認識とその行方」（『比較社会文化』一五）二〇〇九年。

将軍家の奥女中

将軍家の奥女中とは　徳川宗家（将軍家）に雇われている女性の家臣を指す。女性家臣は職場に通勤する男性家臣とは違い御殿空間の長局に居住することを義務づけられている。奥女中として奉公に出る際、本家付（将軍付）・御台所付など仕える主が決められ、女中名が与えられる。姫君や庶子付となった者は主の大名家への引移りに従い大名屋敷の奥向に入る。その扶持は大名家側が負担することが多いが、雇い主は幕府のままである。つまり将軍家の奥女中は江戸城の他、大名の江戸藩邸などにもいたことになる。

出自と職制・人数　士農工商の身分にかかわらず公家、武家、町人、農民など様々な出自の者が奥女中になることができた。奥女中には主の身の回りの世話や学問・趣味の相手をする御側系と、男性の役人と同じように事務処理や政治的交渉を担う役人系の二通りがあった。その職制は御半下《おはした》から老女（上﨟年寄《じょうろうとしより》・御年寄・小上﨟《こじょうろう》）まで二〇段階以上あるが、主が男性（将軍・世子）か女性（御台所《みだいどころ》・御簾中《ごれんちゅう》・姫君）かで若干の相違があった。御目見以上と以下（御三之間以下）に分かれ、旗本の娘は御三之間を振り出しに出世していった。人数は将軍付約一八〇人、御台所付約六〇人位が目安となる。

上﨟年寄姉小路　公家の娘は、御台所や将軍姫君の輿入れの際や欠員が生じたときに、京都から呼ばれ上﨟年寄や小上﨟の職制についた。実権は旗本出身の御年寄が握っていたといわれてきたが、五代将軍綱吉時の右衛門佐《えもんのすけ》のように大奥を取り仕切る人物もいた。姉小路《あねがこうじ》は公家橋本家の出で、一一代将軍家斉の娘和姫が毛利家に輿入れすることが決まると、参府し桜田藩邸に入る。和姫の死後江戸城に戻ると、家斉付小上﨟から一二代将軍家慶の上﨟年寄となり、権勢を握り浮世絵にまで描かれた。隠居後も和宮降嫁を周旋し隠然たる力を擁していた。

儀礼を担った老女と表使　大名家の奥向との交際や贈答儀礼を担ったのが老女と表使である。大名・幕府役人や寺社からの内願の取次など政治的な交渉も行った。表使は大奥の財務と外交を担う重要な役職で、広敷役人

（大奥の男性役人）との応接、奥医師への対応などに加え、大奥の買い物をも司った。一方で実入りのいい役職で、諸大名は参勤交代や官位昇進・家督相続などの時は、老女と表使に白金を贈る慣わしとなっていた。さらに江戸市中に町屋敷を拝領し家賃収入を得ることができた。

御目見以下の女中　八王子千人同心の娘藤波《ふになみ》は一生御使番として奉公し、鉄砲方与力の娘春風は御半下として一一年奉公したのち結婚した。藤波の大叔母行善《ぎょうぜん》は御使番頭まで出世したが稀な例といえる。御目見以下の女中のなかには町人や農民の者もいたが、彼女らの多くは部屋方として奉公していた。部屋方は奥女中が自分の部屋で使役する女中で、その一人に生麦村の名主関口家から家斉の側室お美代《みよ》の方に仕えた千恵《ちえ》がいた。

外出と情報収集　奥女中は休暇である宿下りや御台所の代参など極限られた時しか江戸城や屋敷を出ることができず、閉じ込められている感が強い。しかし、老女などは姻戚関係の大名家を訪問することもあり、それに供する女中もいる。将軍家の祈祷所や御台所の帰依した寺院への参詣の事例も数多くある。さらに、隠居や暇を取った元女中との交流も盛んに行われていた。

奉公をやめる　将軍代替りや主の死去により、奥女中は身の処し方を決めねばならない。残し人・暇・剃髪の三つに道が分かれる。残し人は次代の将軍にそのまま仕えることで、勤めを継続しても別の部署に移る場合は奉公続きという。暇が現在でいう退職に当たり、退職金を貰い親元に戻る。剃髪とは仕事を辞めたのちも幕府から後扶持を支給され生活を一生保証されることをいう。剃髪は勤続三〇年以上の者に認められていたが、嘉永七年（一八五四）には財政難から四〇年に延ばされた。

御年寄瀧山　一三代家定・一四代家茂の御年寄を務めた瀧山《たきやま》は、慶喜の徳川宗家相続と将軍就任に反対し家茂の死後職を辞したが、しばらく江戸城内に留まり後進の指導にあたった。しかし、慶応三年（一八六七）一〇月には江戸城を出ており、開城時の江戸城にはいなかった。晩年は部屋方女中仲野の実家があった川口で過ごし、明治九年（一八七六）七一歳で没し、川口市にある錫杖寺に葬られた。

（畑尚子）

【参考文献】畑尚子『徳川政権下の大奥と奥女中』岩波書店、二〇〇九年。福江充『江戸城大奥と立山信仰』法蔵館、二〇一一年。

大名家の奥女中

大名家の奥女中とは　大名家において奥向は、世継ぎを産み、養育することで、当家の存続を図るとともに、親族大名との交際を担い、さらに家臣との儀礼を執り行う場でもあった。このような奥向の役割と関わって召し抱えられていた奥女中は、表向に仕えて政治や諸儀式を担う男性家臣に対置される、当家の女性家臣ともいうべき存在である。家臣名簿として作成された分限帳《ぶげんちょう》の記載に奥女中を含む例が少なくないのは、そうした大名家の認識を示すものといえよう。たとえば陸奥国一関藩田村家（三万石）では、現存する分限帳四冊のうち、貞享四年（一六八七）に六三人、宝暦年間（一七五一〜六〇）に一六人、安政六年（一八五九）に九人の奥女中の役名と俸給を記している。人数に幅があるのは、仕える主人、すなわち当主の家族数の変化によるところが大きい。

職制と格式　奥女中の職務を大別すれば、役方、側方、下女の三系列に分けられる。役方は奥向の事務処理や表向との交渉、将軍家および他家の奥向との連絡などを任務とされ、老女（年寄）を筆頭に、若年寄・表使・右筆などの職に分掌されている。当主夫妻の側廻りを務める側方には、中老・小姓などの職があり、側妾の多くはここから選ばれた。役方と側方のもとで雑務に従事する下女系列は次・三の間・末などが置かれている。職制の規模の大きい例として、鳥取藩池田家では一七、仙台藩伊達家では一八もの階層に細分化されている。

奥女中の奉公には、言葉遣いや結髪の仕方、衣服の色・柄などを役柄のほか、季節や平日・式日の別によって変えるなど、複雑な決まりもあった。職務に付随した格式として身につけることを求められていたが、一八世紀半ば以降、大名家が問題視する状況が発生していた。

勤務意識と家風　仙台藩伊達家で天明七年（一七八七）、「御奥方格式《おんおくのかたかくしき》」が制定された背景に注目してみよう。奥女中が担当する職務の内容を熟知していない、風雅の道を究める学問や稽古に励まずに、流行の歌や三味線に夢中になる、側役の女中の多くが言葉遣いや髪形等の風俗、給仕の仕方をはじめ、わきまえるべき作法や格式を身につけていない、といった事柄が問題として挙げられ、改善を図るための方策として、規則を記す文書が作成されたほか、役務を確認するルートが定められ、古参の老女に対して格式の伝授が命じられた。伊達家にとって奥女中の風俗は、守り伝える独自の家風であるとする認識があっての改革であった。

出自と「身上り」　奥女中は多様な出自の女性が混在する職域でもあった。国元では家臣の家族が大半を占めていたが、江戸屋敷の奥には公家の娘が少なからずおり、百姓や町人の娘たちも雇用契約による年季奉公で相当数、採用されている。職務の階梯を上って身分上昇を遂げた例も少なくない。そのしくみは採用時のシステムと、職制のなかに見出せる。宿元《やどもと》（身元引受人）が侍宿（公家および武家出身）の者は、お目見え以上の身分、凡《ぼん》下《げ》宿（庶民出身）の者は、お目見え以下の身分とされ、それぞれの身分に応じて職務を定められたが、宿元については、養子縁組をして武士としての出自を整えるという抜け道があった。上下の序列が厳密であった職制も、当人の働き次第で昇進の道が閉ざされていなかった。こうして長年の勤務により功績を積むことで、出自に対応した職階を超える例が生まれ、鳥取藩の奥女中米田《よねだ》のように、最下位の半下《はした》から昇進を重ねて、最上位の老女に上り詰める者も現れたのである。

一方、側室となれば、当主の家族に近い待遇を与えられた。幕府大台所の娘で伊達家の奥女中となり七代重《しゆ》村《むら》の側室として嫡子斉村《なりむら》を儲けた正操院《しょうそういん》の場合は、三人の女中を付き従え、家臣から挨拶を受ける立場となり、没後は正室観心院《かんしんいん》とほぼ同じ規模の墓を建てられている。

奥女中の名跡　老年まで勤めた者のなかには、隠退にあたり親族などから養子を迎え、家の擁立を認められた例もある。鳥取藩池田家では「御女中跡」と呼ばれて、幕末段階で家臣全体の四パーセントを占めており、徳島藩蜂須賀家でも二パーセントが奥女中に由来する家である。奥女中としての奉公は、当人だけでなく、身内の身分上昇を叶える契機ともなっていた。

（柳谷慶子）

【参考文献】福田千鶴「奥女中の世界」（『身分のなかの女性』吉川弘文館、二〇一一年。柳谷慶子『近世の女性相続と介護』吉川弘文館、二〇〇七年。根津寿夫「徳島藩の女性家臣団について」（薮田貫代表『「江戸の女性史」フォーラム・徳島』）二〇〇六年。

赤穂事件

事件の概要　元禄一四年（一七〇一）三月一四日、勅使饗応役の赤穂藩主浅野《あさの》内匠頭長矩《たくみのかみながのり》が、江戸城松の廊下で高家吉良《きら》上野介《こうずけのすけ》義央《よしなか》（よしひさ）に切りつけ、切腹・改易となった。将軍は年頭に使者を介して年賀の挨拶を朝廷に行い、その答礼として朝廷は勅使・（院使）を派遣する。定例の勅使派遣は毎年この一回で、朝幕関係の懸案事項が相談される重要な機会であった。五代将軍徳川綱吉は、武家諸法度に「礼儀を正すべきこと」の文言を入れ、服忌令を定め、朝儀を再興するなど礼秩序の構築を目指し、安定した朝幕関係を築こうとしていたこともあって、内匠頭に即日切腹を命じた。赤穂藩の江戸藩邸と赤穂城はともに幕府に収公され、赤穂浪士はそれぞれの人生を歩みはじめる。

国家老の大石内蔵助《おおいしくらのすけ》は、内匠頭の養嗣子浅野大学長広《あさのだいがくながひろ》による御家再興を目指していた。一方、江戸留守居の堀部安兵衛《ほりべやすべえ》は、吉良邸討入りを考えていた。幕府は一二月に吉良家の跡目相続を認め、翌年七月には閉門中の浅野大学を広島藩浅野本家にお預けとした。浅野家再興の道を絶たれた赤穂浪士四七人は、元禄一五年一二月一四日に吉良邸へ討入り、上野介の首を泉岳寺《せんがくじ》の主君の墓に供え、翌年二月に切腹を命じられた。彼らの約半分は父子などの血縁関係をもち、四割は四つの家に属する者であった。また、江戸で刃傷事件に遭遇した者、幼少から小姓勤めをしていた者、新参者も多い。彼らは主君への忠義に加え、その名誉心から討入りしたと考えられる。

「忠臣蔵」文化の広がり　討入りについて、儒者の間でその評価をめぐり相反する意見が出された。討入りから四七年目、大坂竹本座で人形浄瑠璃「仮名手本忠臣蔵」が初演され、その後歌舞伎でも「忠臣蔵もの」が次々と上演された。「忠臣蔵」文化は現代に至るまで日本文化の大きな柱の一つとなっている。

（谷口眞子）

【参考文献】 宮澤誠一『近代日本と「忠臣蔵」幻想』青木書店、二〇〇一年。谷口眞子『赤穂浪士の実像』吉川弘文館、二〇〇六年。服部幸雄編『仮名手本忠臣蔵を読む』吉川弘文館、二〇〇八年。

幕府・藩の呼称

周代の封建と藩　周代（ＢＣ一〇四六～七七一）に、天子（王室）が諸侯に領土（国）を与えて政治を委ねる仕組みを封建制度と言い、封建された諸侯の支配領域を藩、あるいは藩国と呼んだ。藩の語義は、取り囲む垣根、籬である。のちの郡県制度よりもゆるやかな臣属関係であった。諸侯は、領内を臣下に分与して支配させた。藩の言葉は清代まで使われ、地方割拠の勢力を藩鎮と呼び、清代には辺境の半独立国を三藩と呼んだ。

幕府と柳営の故事　中国の戦国時代（ＢＣ四〇三～二二一）、出征地で指揮を取る将軍の陣地を幕府と呼んだ。幕は天幕、府は役所である。前漢（ＢＣ二〇六～二〇八）文帝の時、「匈奴征討」のために細柳《さいりゅう》という地に布陣した将軍周亜夫《しゅうあふ》が厳しい軍律と戦闘態勢で文帝から称賛された故事から、幕府と柳営は同じ意味の言葉となった。

公儀と柳営という自他認識　武家政権の創始者源頼朝は、鎌倉の居所を幕府と称したが、征夷大将軍の期間とは相応せず、将軍陣営としては柳営と称した。鎌倉幕府、室町幕府、江戸幕府などは、学界、歴史教育が弘めた。政権としての自負と責任意識が強まって、近世では、最高の公権力を意味する場合は、公儀という言葉が使われるようになった。そして徳川将軍家の面が強い場合も、武臣・武門の意味に通じる幕府の語はあまり使われず、同じ語義でも柳営が使われた。語感の優美さも、その一因になったであろう『柳営日次記』『柳営秘鑑』『柳営婦女伝系』などの書題を持つ記録類も作られた。

新井白石の『藩翰譜』編纂と流布　甲府藩主松平綱豊《まつだいらつなとよ》（六代将軍徳川家宣）は、侍講の新井白石《あらいはくせき》に命じて、慶長五年（一六〇〇）から延宝八年（一六八〇）までに徳川氏に臣属した万石以上の大名家の家伝・系譜書を編纂させた。二年後の元禄一五年（一七〇二）に徳川諸家・譜代・外様、さらに廃絶大名家も合わせて、三三七家に及ぶ家譜が完成した。『藩翰譜』という書名は綱豊が付けたが、事業の発案にも書名にも、白石の献言、知見が働いたと考えられる。『藩翰譜』の藩、藩翰は、王室を守る籬の意味で、ここでは徳川将軍家を護衛する大名家の意味である。『藩翰譜』は写本で流布し、白石も補訂を続けた。活字本も作られた。寛政元年（一七八九）には、幕府も『続藩翰譜』の編纂を企図し、大名家に資料を提出させ、延宝八年以降、天明六年（一七八六）までの家伝・系譜を収め、文化二年（一八〇五）に浄書・完成させた。したがって個々の大名家を何藩と呼ぶ慣行はなくても、将軍家の籬としての藩という見方は広く知られていたのである。

藩の公称制度と廃止　明治元年（一八六八）、徳川将軍直轄領のうち、城代・所司代・奉行の支配地を府、それ以外を県とし、大名領は藩として従来通りの支配の仕方が認められた。この時、藩が公称制度となり、藩主、藩士が成立した。しかし、将軍家の籬ではなく天皇の籬に変わった。そして、残っていた藩の自立性は翌年の版籍奉還によって失われ、国の行政区画の府藩県三治制の一つになった。大名は旧藩主になり、新しく政府から任命される地方官としての知藩事になった。明治四年（一八七一）の廃藩置県によって藩制度が廃止されたが、琉球では、七二年から七九年まで琉球藩が置かれた。

幕末へかけての幕府・藩呼称の実態　明治新政府の制度化の前から、それへ向かっての変化は進んだ。吉田《よしだ》松陰《しょういん》の書翰には「本藩」「吾藩」とあり、久坂玄瑞《くさかげんずい》の意見書にも「薩藩」と見え、西郷隆盛の書翰には「両藩」「諸藩」「幕吏」とある。大老井伊直弼《いいなおすけ》を襲撃した際の「斬奸趣意書」には「御親藩」の語が使われ、老中安藤《あんどう》信正《のぶまさ》を襲った坂下門外の変の「斬奸趣意書」では「天朝・幕府」「天下之大小名各幕府を見放し」「幕府の御処置、段々天朝之叡慮ニ相背キ」とある。文久二年（一八六二）の攘夷勅書では「柳営」と呼んで「武臣之職掌」を促している。元治元年（一八六四）の朝廷御沙汰書では、「幕府の儀、内は皇国を治安せしめ、外は夷狄を征伏可致職掌候」から始まって、庶政委任を命じている。慶応一年（六五）の長州征伐に対抗する長防士民檄文には、「幕府より之罪」などの文言が散見する。これらに共通するのは、天皇、朝廷に対して、武臣として仕え、幕府を設けるという、語義本来の幕府観を徳川将軍家に当て、また求めていく流れである。

（深谷克己）

【参考文献】佐々木潤之介『幕藩制国家論　上下』東京大学出版会、一九八四年。高野信治『藩政と藩輔の構造』名著出版、二〇〇二年。

第一部　第三章

村に生きる人びと

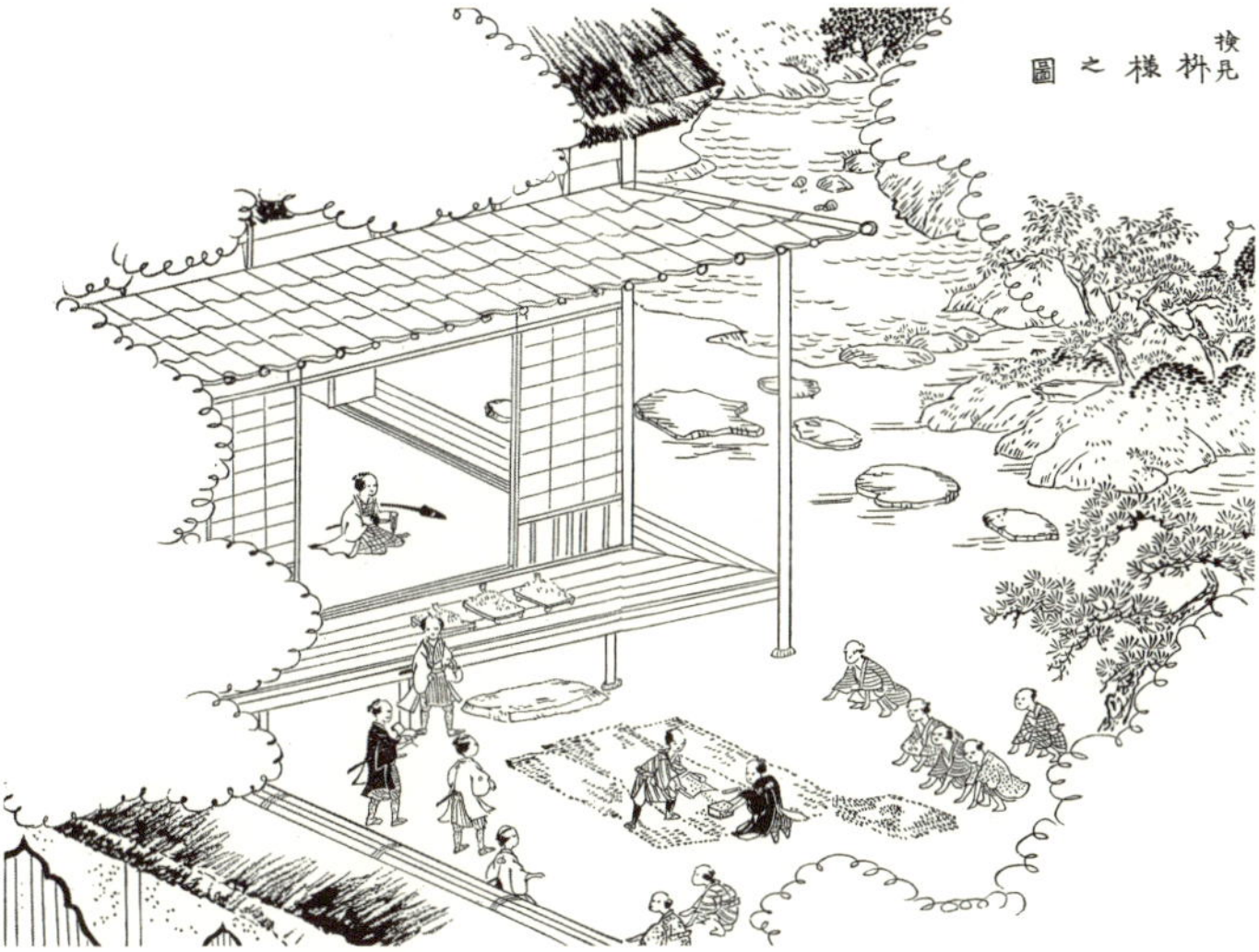

検見枡様之図（「徳川幕府県治要略」）

近世の村人の中心的な身分は百姓であるが、村には里方・山方・浦方と多様性があり、百姓はその立地に応じて農業に限らない多様な生業を営んでいた。百姓の身分もさまざまで、百姓の家のなかにも子ども、老人、女性などさまざまな属性をもつ人々がいた。本章では、このような村社会の多様性に着目して「村に生きる人々」を紹介する。

図は年貢米のでき具合を検査する枡様《ますだめし》の様子である。座敷に座る代官に対し、百姓たちは地面に平伏して検査を受けている。どのような村でも年貢上納は百姓第一の務めとされ、米や金で領主に年貢を上納した。しかし、年貢上納は百姓にとって、自己の生存や家・村の永続の保障を領主に訴える根拠でもあった。

本百姓

本百姓とは　近世において、村々の住人の身分・階級は多様であり、地域による差違や時期的な変化も大きかった。近世の村は、決して均質・横並びの住人の集合体ではなく、政治的・経済的・文化的な力や地位に格差のある家々・人々が、さまざまな関係を築きつつ、協同を維持する社会組織であった。村役人と小前《こまえ》百姓、地主と小作人、本家と分家、親方と子方、由緒・系譜の新旧に基づく草分百姓・長《おさ》百姓と平百姓の家格差などは、村内身分や社会関係の一例である。そうした近世村にあって、最も中核的な身分といえるのが本百姓であった。本百姓の一般的性格は、検地帳の名請人として田畑・屋敷地を所持し、自立した経営を行い、領主に対して年貢・諸役の負担義務をもつ者ということになる。村との関係性でいえば、村社会の正式な構成員であり、村の運営・財政や祭祀の主体となり、寄合に参加し、発言する資格をもち、用水や山野の利用権を認められた存在であった。領主にとっても村にとっても最重要の、近世社会の基盤をなす百姓身分だったのである。

夫役を担う「初期本百姓」　本百姓の性格・存在形態については、研究史上、「初期本百姓」から「高持百姓」へという時期的な変化があったと理解されている。

検地帳で田畑・屋敷地を名請した百姓は、経済力に強弱はあっても、年貢の負担者という点では同列に立っていた。ただし一七世紀前半までは、同じ名請人の中にも、領主から夫役《ぶやく》（労働奉仕）まで徴発される者があり、それらが公式の本百姓と考えられていた。研究史は、これを「初期本百姓」と呼んでいる。役の負担者であるところから「公儀役人」や「役屋」という呼称もある。近世初期は、城普請や城下町建設、治水・利水目的の川除・用水普請が相次いでいた。陣夫役や普請役など膨大な労働力を要した領主は、夫役負担能力のある百姓の掌握・確保に努め、自らの権力基盤としてとくに重視した。こうした「初期本百姓」は、中世の土豪や名主の系譜を引く、村の有力者が多かった。直系家族だけでは耕作しきれない広大な耕地をもち、傍系家族や隷属農民、下人を抱えて手作・小作経営を行い、持高の少ない小百姓にも田畑を小作させていた。経営規模の大きい「初期本百姓」は、夫役負担に耐え得る経済力や労働力を兼ね備えていたのである。

高持と水呑　一七世紀中期になると、新田開発の進展や生産力の上昇に伴って、小百姓が持高を増やし、経営を充実させてくる。田畑を譲り受けた次三男の分家も続出した。「初期本百姓」に抱え込まれていた名子・被官の中からも自己の土地を手にして自立する者が現れてきた。とくに寛文・延宝期には、全国各地で検地（新田検地も多い）が実施され、検地帳で田畑・屋敷地を名請けした一軒前の百姓家が増加していった。「小農自立」の進展である。一組の夫婦と子どもからなる単婚小家族が百姓の家族形態の主流となり、小百姓の家族労作経営が近世中期以降の集約農法と生産力発展を推進していった。

この段階には、高持か無高かという違いが年貢・諸役の負担義務の有無と直結し、高持百姓であることが本百姓の第一の要件となった。夫役も、持高を基準に米納や貨幣納の形で賦課されるようになった。これに対して、無高の者は水呑百姓と称され、本百姓の下位に位置づけられた。村内の百姓身分が大きく高持と無高（水呑）に分かれたことは、石高制のもとで、高所持の有無やその大小が百姓の公的区分の基準となったことを意味する。村の内部構成が均質化し、百姓の地位や力が計量できるようになったのである。

「御百姓」意識　本百姓の要件である高所持は、検地帳の名請けを根拠とした。見方を変えれば、検地を行う幕藩領主が本百姓を公法的な存在・身分として承認したことになる。百姓の側も、個別の領主支配を超越した「公儀百姓」・「天下の民」という自負をもち、農耕に励み、年貢・諸役を請け負うことで、領主に対する「御百姓」の務めを果たそうとした。ただし百姓は、勤勉に労働する代わりに、平和の維持と生産・暮らしの安定の実現を領主に求めていった。これを受けて領主は、「御百姓」の生産や暮らしが成り立つ（「百姓成立」）ように仁政を志した（「安民徳治」「御救」）。非常時はもちろん日常的にも、さまざまな形で百姓への支援・救恤を行うことが為政者の義務となったのである。「御百姓」を務める百姓と「御救」を施す領主との間には、村を媒介として、互いの責務を遂行する社会的約定関係が成立していた。

百姓株の限定と管理　近世前期は、耕地面積と人口がともに飛躍的に増大する大開墾時代であった。自然がもたらす諸資源や可耕地が豊富であり、社会全体に、新たな百姓家を取り立てていける余裕があったのである。しかし、耕地にも、農耕を支える山と水の量にも限りがある。一八世紀以降は、それ以前の過剰開発や百姓家（資源利用単位）の急増のせいで、諸資源の枯渇や生産環境の均衡の崩れが顕在化してきた。そうした中で村々は、既に存在していた百姓家を本百姓と認定し、彼らだけに水利権や入会権を与える対応をみせた。資源を保全し、生産環境を守るために、資源の利用可能な範囲に百姓の家数を制限したのである。ここに、諸種の権限を伴う本百姓の資格・身分が、百姓株として確立した。百姓株が設定されると、以後、株数を超えて本百姓を増やすことは困難となる。

信濃国佐久郡の五郎兵衛新田では、寛文期を境に、本百姓と抱《かかえ》との身分差が生まれている。抱というと一般に、中世以来の関係（土豪的百姓と家来百姓の主従関係）を引きずり、特定の主家に従う隷属農民と考えられている。しかし五郎兵衛新田では、寛文期以前に来住して開発を進め、高を持った百姓は、系譜の如何を問わず本百姓（長百姓）身分を獲得し、用水・入会権の主体となった。それに対して、寛文期以降に来住ないし分家した百姓は抱となっている。開発の余地がある時代は、村は開放的に入植者を迎え入れたが、開発が飽和点に達した段階には入植者や分家に閉鎖的になり、諸資源の利用主体たる資格を与えなかったのである。本百姓と抱の身分差は、村の諸資源のあり方に規定されていた。

百姓株は、一種の権利として譲渡や売買の対象になった。したがって、本百姓と水呑百姓・抱の関係も完全に固定していたわけではなく、水呑百姓や抱が百姓株を買って本百姓に成り上がるなど、譲渡や売買を通しての身分の交替もありえた。

百姓の身分を決定し、百姓株を管理し、百姓の相続や取り立てを承認するのは村であった。近世後期から幕末期にかけて下野国では、経済力を増した水呑百姓が、村に数両を献金し、潰百姓の田畑・屋敷地・山林などを譲り受け、本百姓の家を再興・相続する事例がみられる。

村（その意志を体現した村役人）の側では、当事者の生産能力、年貢・諸役や村を維持するための村役の負担能力を十分吟味し、その力があると判断された場合にのみ再興・相続を許可した。領主が本百姓への身上がりを許可する場合もあるが、それ以前に村の承認を得ることが不可欠であった。本百姓の相続者の人選や身分保証は第一義的に村が行っていたのである。

なんでもできる百姓　幕藩領主は、村の自然環境・立地条件や人々の生業の差違を越えて、基本的には、村々の住人をすべて百姓身分として掌握した。山や海を相手に林業や漁業に励んでいても、在郷町で商売を営んでいても、身分の公称は百姓だったのである。

本百姓に限らず、近世の百姓の多くは、農耕と諸稼ぎによって暮らしを立てていた。商品経済が著しく発達した近世には、百姓も貨幣を得るために商品作物生産や諸種の賃稼ぎに乗り出していった。現代風にいえば、ほとんどの百姓が「兼業農家」であった。

各地の地主家に残る日記や農事日誌から、近世の上層百姓の経営・暮らしを眺めると、平野部の村々でも、彼らが田畑で多種多様な作物を栽培し、用水路・道橋や家屋の普請を行い、肥料や生活資財を得るための山仕事に精を出していたことがわかる。他にも農産加工に従事したり、生産物を販売したりと、職人的・商人的な仕事もしていた。川・用水路や水田では食用・販売用に魚を獲っている。農作業の合間には、男なら藁仕事や諸道具の細工・修理、女なら糸取りや機織りなどの家内仕事をこなしている。大方の百姓は、食料農作物・工芸作物を栽培し、加工生産に従事し、山仕事・川仕事を行い、大工や土木作業もでき、ものを売買し、賃稼ぎにも出る力量を発揮していたのである。百姓の生業は、そもそも幅広く、複合的であった。各地の百姓は、地域の自然環境や資源状況に適応して、農耕を軸に多彩な仕事・稼ぎを組み込んだ、個性豊かな生業暦を形成していた。同時に百姓は、社会経済状況の変化に機敏に反応し、生業を選択する柔軟性も有していた。

（平野哲也）

【参考文献】 大石慎三郎『近世村落の構造と家制度』御茶の水書房、一九六八年。深谷克己『百姓成立』塙選書、一九九三年。朝尾直弘『都市と近世社会を考える』朝日新聞社、一九九五年。

水呑百姓

水呑百姓とは　一般に、村に住む百姓のうち、田畑・屋敷地を高請けした本百姓と異なり、田畑を所持していない者を水呑百姓と呼んでいる。高請地を持たないために年貢負担の義務がなく、村運営に対する発言権が与えられず、用水や山野など諸資源の利用主体たりえない、無高の貧農とみなされてきた。ただし、屋敷地だけは所持していることが多く、主家から田畑・屋敷地のすべてを貸与される名子・被官よりは上位の村内身分であった。経営的には、大高持の本百姓の田畑を小作することで家計を独立させており、中には並みの本百姓以上の経営規模をもつ者もあった。一方で、地域によっては、名子・被官と同じ内実をもつ水呑百姓も存在した。水呑百姓の存在形態は多様であり、地域や時代に即して身分や経営・暮らしぶりの実態を見極める必要がある。

水呑百姓の経済力　本百姓と水呑百姓が持高の有無によって区別される事例は多い。元禄年間の下野国芳賀《はが》郡小貫《おぬき》村では、わずかでも高をもつ者が本百姓を名乗ったのに対して、「無地」（無高）の者は全員水呑の肩書きを有していた。しかし現実には、田畑を持つ水呑百姓も各地に存在した。たとえば元禄一〇年（一六九七）当時、芳賀郡若旅《わかたび》村にいた一四人の水呑百姓は、最低でも一斗余、最高では五石六斗余の高を所持していた。本百姓と比べれば持高の少ない者が多いが、無高の水呑百姓は一人もいなかった。明和七年（一七七〇）の下野国河内《かわち》郡上戸《かみと》祭《まつり》村では、一般の本百姓に匹敵するか、それを凌駕する家屋敷を構えた水呑百姓が複数確認される。水呑百姓の作右衛門などは、馬屋・土間・台所・物置の他に畳敷きの座敷を備えた二二坪余の屋敷に住んでいた。こうした事例は、水呑＝無高＝貧農という図式に再考を迫る。近世の百姓は、田畑耕作を主軸に据えながらも、地域特性や時代状況に応じて諸資源を有効に活用し、多様な生業を展開させていた。持高が少なく、田畑耕作だけに固執しない水呑百姓の方がかえってさまざまな生業に乗り出しやすく、農間余業の主たる担い手となり、暮らしを向上させる可能性も小さくなかった。

奥能登の頭振　従来、農業生産力の劣る後進地域では、田畑の乏しい百姓が経営を自立させられず、水呑・無高といった貧農が多数残存すると考えられてきた。その代表的地域とされた北陸の奥能登地方には、頭振《あたまふり》と呼ばれる無高百姓が存在した。しかし実際の頭振は、「都市的な場」に広く分布し、廻船業・酒造業・金融業などを営み、富を蓄えていた。彼らは、田畑に依存せず、多彩な生業で暮らしを立てる、高を必要としない百姓だったのである。農村部に生まれた在郷町を見ても、無高か持高の希少な水呑百姓、地借・店借が、商売や職人稼ぎによって相応の現金を稼いでいることが知られる。

水呑百姓の成因　水呑百姓の発生要因としては、一つには、土豪的な上層百姓のもとに隷属していた名子や下人が、高請地を手にする前に、まず身分だけ上昇させるという自立の過程があった。下野国の農村では元禄年間、前地（名子）が村から屋敷を貰い受けて主家のもとを離れ、領主に対する御役を勤めることを条件に「郷水呑」に身上りする事例がある。反対に、もともと自作していた高持百姓が売却や質入・流地によって田畑を失い、無高の水呑百姓に成り下がり、小作人化するという没落の過程も考えられる。

役負担の拒否と請負　水呑百姓は、村の暮らしを維持するための村役は果たすが、本来、領主から課される公儀の御役を負担する立場にはなかった。先述の若旅村でも、公儀役を果たす本百姓は御役百姓、それ以外の百姓は水呑百姓と称されていた。持高の有無以上に、御役を負担するか否かが、本百姓と水呑百姓を分ける有力な基準となっていた。ただし、御役の増大とともに、本百姓が水呑百姓に応分の役負担を迫る動きが強まっていく。水呑百姓が独自の経営を行い、役を果たし得る力を備えていたからである。これに対して水呑百姓は、無高か小高であることを理由に、御役負担を拒否しようと反発した。ここに役負担をめぐる本百姓と水呑百姓の確執が顕在化する。しかし、水呑百姓も次第に、半軒役や三分の一役、あるいは幾多の役のうち一部を負担するなどして、役負担の主体となり、代わりに村内での発言力を高めていった。

（平野哲也）

【参考文献】内藤二郎『本百姓体制の研究』御茶の水書房、一九六八年。泉雅博『海と山の近世史』吉川弘文館、二〇一〇年。

名子・被官

名子・被官とは　近世の村には、特定の有力百姓を主家と仰ぎ、主家の高の内・構成員に包摂される名子・被官が存在した。地域によっては、家来・譜代・門屋《かどや》・家《け》抱《ほう》・前地《まえち》なども呼ばれている。彼らは、主家から田畑や家屋敷を借りて小作人となり、主家にさまざまな労働奉仕を行い（賦役）、反対給付を受けた。主家と名子・被官は、庇護―奉仕の親方子方関係にあった。名子・被官は、形式的には一軒前の百姓ではなく、主家に人身的に拘束された下層隷属農民とみなされている。ただし、家族をもち、主家の小作人として独自の経営地を有する点では、実質的な経営主体でもあった。

名子の身上り　領主の本百姓取立政策にも後押しされ、名子・被官が、主家からの自立や身分解放を求めて運動（訴願や逃散）し、「名子抜け」を実現していくのが時代の趨勢であった。経済的に成長し、発言力を高めた名子・被官が、諸権利の格差や主家への従属に反発し、本百姓への上昇を狙ったのである。新田開発が進み百姓家（百姓株）を増やす余地のあった近世前期には、名子の自立に拍車がかかった。また、金銭を取って身分解放を認めたり、夫役負担を転嫁するために本百姓に引き上げたり、主家の都合でなされた名子の自立もあった。

協同組織としての前地主・前地関係　近世中後期の下野国では、主家の営む農業・農産加工業・商業に労働力を提供することで利益の配分を受け、自らの暮らしを充実させる前地の姿が確認できる。前地が、進んで前地主との結合を深め、ともに利益拡大を追求する協同経営体を構築したのである。十数軒の前地が仲間を構成し、そのリーダーである前地名主が、番頭のごとく主家の多角経営を切り盛りした。そうした前地の実力は領主や地域の有力百姓からも認められ、主家の家督相続に関与し、主家の当主を後見する前地も現れた。（平野哲也）

【参考文献】有賀喜左衛門『大家族制度と名子制度』未来社、一九六七年。深谷克己『増訂版百姓一揆の歴史的構造』校倉書房、一九八六年。平野哲也『江戸時代村社会の存立構造』御茶の水書房、二〇〇四年。

村役人

村役人とは　村役人とは、近世村の運営を担う名主あるいは庄屋・組頭・百姓代のことであり、村方三役と呼ばれる。このうち、村の長にあたり、村運営全般に責任を負ったのが名主・庄屋である。彼らは、兵農分離によって村を離れた領主の末端機構として、村に課された年貢・諸役の取り立てと上納、治安の維持などに従事する一方、村の代表として、村の利益を守る立場にもあるという二面性を有していた。名主・庄屋の地位は、有力百姓が世襲したり、複数の家が輪番で務めたり、あるいは村人が投票（入札《いれふだ》）で決めたりと様々であったが、名主・庄屋を務める者には、困窮百姓の年貢を立て替えることができる経済力や、村人の諸々の相談に対応できる農学的・医学的知識などが求められた。

村役人の源流　名主や庄屋は、戦国時代にはすでに一部に存在していた。例えば、後北条領国下では、三〇を越える郷村に「名主《なぬし》」を見出すことができる。この名主は、郷村の有力百姓で、年貢・公事の収納や、百姓の退転（欠落《かけおち》）によって生じた荒地再開発などの郷村運営を主導し、後北条氏から直轄領・給人領の別なく郷村を単位に任命された。そして、多くの名主家は、後北条氏や給人から発給された印判状を所蔵し、やがて近世の村役人となっていった。また、畿内や西国でも、地域によっては近世の庄屋に近似する存在が、戦国時代から認められるようになる（その呼称は政所《まんどころ》など様々）。このような戦国時代の動向を踏まえ、近世の領主権力は、名主や庄屋を全国の村々に普遍化・一般化させていった。

一七世紀の村方騒動　かくして村々に設置された名主や庄屋は当初、領主による在地支配の末端機構としての性格が色濃かった。しかし、一七世紀に各地の村で起こった村方騒動を通じ、名主や庄屋の性格は変化させられることになった。当時の名主や庄屋には、多くの場合、戦国時代以来の土豪・小領主といった有力農民が起用されており、彼らの個人的才覚や力量に基づき、村運営が行われていた。これに対し、戦国時代の惣村でともに村運営にあたっていた年寄や一般の百姓らが、年貢算用の公平性などを主な争点に、村政関与闘争を展開していった。その結果、名主や庄屋が単独で取り仕切る村運営は否定され、一般百姓の村運営への関与拡大がもたらされることになった。こうした闘争＝村方騒動を通じ、土豪・小領主の村運営上の地位は低下するとともに、領主の在地支配の末端機構として設置された名主や庄屋は、百姓らにより、自分たちの代表として捉え返されていったのである（在地支配の末端機構としての性格が、完全に払拭されたわけではない）。

行政組織としての村へ　ところで、近世の村は、領主に対し年貢の取り立て・上納を請負っていたが（年貢の村請）、一八世紀中葉には、領主の責任で行わなければならない行政事務をも請負うようになった（行政の村請）。つまり、村が、村人にとって必要な行政を行う組織へ変化したのである。これにともない、行政にかかる経費が村入用（村財政）に計上されることになり、村入用の額は増加した。それゆえに、村入用の運営が重要な課題となり、関係帳簿の公開や勘定の場への百姓代の立会いを争点とする村方騒動が各地で頻発した。また、村が行政組織としての活動を本格化させると、村で作成される文書の量は必然的に増加することになる。そのため、文書の合理的な管理・継承もまた、村運営上の課題となってきていた。こうした変化のなかで、村役人も、文書行政に習熟するなど、行政組織としての村を統括するにふさわしい資質を問われることになった。

求められる村役人像　一八世紀中葉以降、村方騒動が頻発するなかで、村役人を無事に務め上げることは容易でなかったため、村役人を経験した人びとが、自身の得た経験や行政的技術を後世に伝えようとする試みがみられるようになる。例えば、子弟を見習いにして訓練させる、あるいは、公用書類の書式をまとめたり、役中に起こった出来事とその対処を書き記したりする、といったことである。これらは、村役人として求められる資質や継承すべき事柄が、自覚化・明文化され始めたことを示すものにほかならないが、なかでも注目されるのは、平《ひら》田《た》篤胤《あつたね》の門人として国学を学び、下総国香取郡松沢村（千葉県旭市）の名主でもあった宮負定雄《みやおいやすお》の名主論である。宮負はその著『民家要術』で、問題のある名主を「贋名主」として批判しているが、そこからうかがえるあるべき名主像・村役人像とは、そうじて、年貢の取り立てと上納ばかりに関心を払うのではなく、村の「政事」に専念し、百姓たちの暮らしや生き方にも配慮し行動する、というものであった。一八世紀中葉以降、村役人らは、行政の村請という段階にふさわしい、右のような存在であることが求められたが、宮負のいう「贋名主」が実在しことも確かだった。

地域における政治的活動　以上のような村や村役人の変化を前提として、一八世紀後半から、村を越えた地域レベルでも、村役人を中心とした行政組織が形成された。例えば、幕府領では、村役人を中心に、一〇～二〇か村程を単位とする「組合村」、代官所管下の村々全体を単位とする「郡中《ぐんちゅう》」という自主的行政組織が成立した。これらは、いずれも独自の入用（財政）を有し、代官所の行財政を実質的に代行するとともに、年貢減免をはじめとする歎願や廻村してくる宗教者・浪人への対応など、個別の村では解決できない地域的な課題に対処した。また、幕領や御三卿領、藩領、旗本知行所が錯綜する、出羽国村山郡・畿内・播磨・遠江といった非領国地帯では、各支配領域と支配領域を越えた「郡中」のそれぞれで、村役人を中心的な担い手とする、村々の地域的結合が見出せる。これらも、百姓らの存立を維持するために地域的な諸課題に対処する、自主的行政組織としての性格を有していた。さらに、経済的には豪農でもあることが少なくない村役人のなかには、激変する経済環境や凶作・飢饉によって疲弊した地域の再建策を領主に献策し、私財を投じての殖産活動に取り組む者も多くみられた。

地域文化の担い手として　村役人には、これまで述べてきた行政の担い手という面だけではなく、地域文化の担い手としての一面があった。一九世紀前半の武蔵国多摩地方では、俳諧・発句・連句、和歌、狂歌、戯作、活花、茶道、武術などの文化的活動が、村役人であり、経済的にはいわゆる江戸地廻り経済圏の一角で商品生産・流通・金融を営む豪農らによって活発に行われていた。なかでも中心となったのは、改革組合村の寄場《よせば》村（交通の要衝で、組合の中心的な村）の村役人であった。また、越後国の魚沼地方でも、大肝煎《おおきもいり》（広域支配を担う最上層の村役人）が配置され、年貢の集荷地もしくは当地方特産の縮布の集散地であった、小千谷・十日町・堀之内・塩沢・六日町・浦佐の六か所を核とする小文化圏が存在していた。その活動の中心をなしたのは、右の六か所の大肝煎や庄屋など村役人層で、いずれも豪農商（縮仲買を営む者も）であった。両事例からは、村役人が地域を主導するにあたっては、行政能力とともに文化的素養が不可欠であったことが見て取れる。このほか、村役人のなかには、居村やそれを含む地域の歴史や地誌を調べ、編纂する者もいた。これらの知識を集積することは、村や地域の行政を遂行するのに役立つとともに、彼らの村役人としての地位を確固たるものとするのに有効だったからである。歴史や地誌の編纂もまた、村役人の文化的側面を示すものといえる。

村役人の身分　最後に、名主や庄屋の身分的位置を、百姓との差異性という点から述べておく。近世初頭に名主や庄屋となった、戦国時代以来の土豪・小領主は士分としての意識を維持し、村役人としての勤めを、領主に対する村での奉公ととらえていた。実際、近世初期には村役人に扶持（年貢・諸役が免除される土地）が与えられることも少なくなかった。しかし、一七世紀を通じて百姓が成長すると、こうした彼らの特権が否定され、百姓の村運営への関与が拡大することで、双方の格差は縮まっていった。村や村役人が大きく変容する一八世紀中葉以降になると、村役人のなかから、村や地域の運営に携わり、本来武士身分が行う行政的役割（「御用」）を代行することにより、苗字帯刀などの身分的特権を得る者が現れた。また、村運営を主導する正当性の根拠を確保するため、領主への献金行為によって身分的特権を獲得し、百姓との差別化を図ったり、国学・儒学などで理論武装したりする者もいた。このように、近世を通じて、名主・庄屋と百姓との差異性は維持され、一部には武士的な待遇を得る者もいたが、これらの役職そのものが士分として、一律に取り立てられることはなかった。

（小酒井大悟）

【参考文献】久留島浩「百姓と村の変質」（『岩波講座　日本通史　第一五巻　近世五』）岩波書店、一九九五年。深谷克己『江戸時代の身分願望』吉川弘文館、二〇〇六年。水本邦彦『近世の村社会と国家』東京大学出版会、一九八七年。

大庄屋

大庄屋とは　大庄屋とは、幕府・諸藩が領内支配のため、代官や郡奉行と村役人の間に設置した役人のことで、地域により呼称は様々であった。一般の村役人の上に立ち、数か村から数十か村の行政区画を管轄し、命令伝達・訴訟の取り次ぎ・年貢徴収・資材や人足の調達・紛争の調停などを職掌とした。一般的には、有力農民から世襲的に任じられ、給米や扶持とともに、苗字帯刀などの身分的特権が認められることもあった。幕府領では、正徳三年（一七一三）の「大庄屋廃止令」によって原則廃止されたが、藩領ではその後も存続した地域が多かった。

個から集団へ　全国的に大庄屋制が確立するのは一七世紀中葉であるが、この頃は戦国時代の土豪の系譜を引く有力農民が大庄屋として起用され、彼らの裁量を前提とする、個別的・人格的な行政が行われた。しかし、一八世紀中葉以降、一般の庄屋層による広域行政への関与がみられるようになる。例えば、信濃国松本藩領では、この頃に、大庄屋の近隣村の庄屋が広域行政の担い手として加わるようになり、大庄屋制の行政機構化が一定程度進んだ。幕末期には、大庄屋の招集により、組（松本藩の広域行政区画）内の庄屋が毎年、他屋《たや》という施設（会所）に集まり、全庄屋の中から、月番・惣代庄屋という組行政の実務担当者が選出された。また、庄屋と大庄屋による会合がもたれ、組の意志決定が議論された。このように、一八世紀中葉以降、広域行政は、大庄屋個人ではなく、集団に依拠して行われるようになるが、庄屋と大庄屋の間にはなお、看過できない格差があった。

広域行政にみる庄屋との格差　松本藩の場合だと、他屋において、大庄屋の諮問→庄屋の合議・答申→大庄屋の決定という過程で、組の意志決定が行われていた。そのため、庄屋らは、この過程を通じて組の行政に自分たちの意見を反映させることができた。しかし、背後に藩の明確な意向が存在する案件、個別の組を越えた全領規模の案件などについては、大庄屋が率先して合議を主導し、組の意志統一を図っていた。また、和歌山藩領では、村を越えた範囲の、地域的な入用《にゅうよう》（財政）と合議の場が、重層的に存在していた。それは、一人の大庄屋が管轄する組（和歌山藩の広域行政区画）単位の組割入用、複数の組を含む一郡単位の郡割入用、現和歌山県の北半分に相当する六郡（「口六郡《くちろくぐん》」）を単位とする紀州六郡割入用、というものであった。これらの算用を行なう主体は、組割入用では庄屋・肝煎《きもいり》、郡割入用では大庄屋・杖突（大庄屋の補佐役）、六郡割入用では大庄屋（各郡二人ずつ）・郡奉行と、各レベルによって違いがみられ、一般の庄屋層が関与できたのは、広くみても郡割入用までであった。このように、広域行政における一般庄屋層と大庄屋の間の職階的差別は、近世を通じて維持されていた。

身分秩序の流動化と大庄屋　とはいえ、大庄屋の身分格式は、制度確立以降、常に安定的に推移したわけではなかった。近世後期の諸藩領では、被支配身分の中から、金穀の献納などと引き換えに、士分としての待遇を得る者が続出し、身分秩序の流動化が進んでいた。その結果、大庄屋を中心に行われる広域行政に支障が出る事態となっていた。例えば、郷士制度が発達していた熊本藩では、一八世紀中葉以降、藩への「寸志《すんし》」献納により、身分的特権・格式を獲得する者が増加していった。惣庄屋（大庄屋に相当）や村役人の中にも、かかる特権を有する者が多かったが、これらの役職は百姓身分の延長線上で処遇されており、勤務中はその特権を行使できなかった。そのため、地域社会の身分秩序は混乱し、惣庄屋や村役人の指示を疎かにしたり、傲慢な態度をとったりする者が現れ、彼らの職務遂行に困難を生じさせていた。類似の問題は、他藩領でも広くみられ、各地の藩と大庄屋にとって、広域行政を中心的に担う大庄屋の身分格式・権威を、地域に埋没させないことが、重要な課題となっていた。ただし、いずれの藩でも、大庄屋の身分格式が役職に付随する一時的特権であり、大庄屋が百姓身分の役職であるという原則は変わらなかった。

（小酒井大悟）

【参考文献】志村洋「近世後期の地域社会と大庄屋制支配」（『歴史学研究』七二九）、一九九九年。志村洋「大庄屋の身分格式」（白川部達夫・山本英二編『村の身分と由緒』）吉川弘文館、二〇一〇年。三澤純「幕末維新期熊本藩の地方役人と郷士」（平川新・谷山正道編『近世地域史フォーラム3地域社会とリーダーたち』）吉川弘文館、二〇〇六年。

郡中惣代

郡中惣代とは　郡中惣代とは、近世中後期の、おもに幕府領において、代官所管下の村々全体（「郡中《ぐんちゅう》」）を代表する村役人のことである。正式には、郡中惣代庄屋・郡中惣代名主などという。一八世紀後半以降、各地の幕府領では、一〇～二〇か村程を単位として組合村が結成され、各村の庄屋（名主）がおおよそ年番で、その代表である惣代庄屋（惣代名主、組惣代などとも）を勤めた。この惣代庄屋が、郡中を代表するときに郡中惣代といった。つまり、郡中惣代とは、第一義的には組合村を基盤とする惣代庄屋ということになる。

成立経緯　郡中惣代の母体となる惣代庄屋や組合村が成立する重要な契機となったと考えられるのが、年貢米を江戸や大坂に廻送する役負担である。この負担はもともと、幕府から個々の村毎に課されたものであったが、村々は、いくつかの村を単位にまとまって組合村を結成し、廻米の役負担を公平に分担するとともに、経費を節減しようとした。この組合村を代表し、廻米実務を取り仕切ったのが惣代庄屋であった。したがって、惣代庄屋ひいては郡中惣代は、廻米諸業務を統括する責任者として成立してきたと考えられるのである。

職務と性格　郡中惣代は、廻米に関する業務以外にも、多岐にわたる事柄を職務としており、おおむね、①代官所行財政の実質的代行（布令伝達、代官所の修理の差配など）、②郡中入用《ぐんちゅうにゅうよう》（代官所行財政や年貢輸送に関する費用、惣代庄屋間の連絡など郡中の用向に関する費用など、郡中全体で負担した諸費用のこと）の監査・割付、③郡中を代表して年貢減免や年貢増徴の阻止などを嘆願すること、④郡中を代表して代官所役人の応接にあたること、の四点にまとめられる。これらのうち、①は郡中惣代が代官支配の末端を担う存在であったことを示すが、一方で、②③④は彼らが文字通り、郡中村々の惣代つまり代表としての性格を色濃く有していたことを示すものであり、その両義的な性格が知られる。

身分格式　郡中惣代がこうした職務を遂行するにあたり、支えとなったのは各村の庄屋や惣代庄屋らによる合議制であった。例えば、代官所からの諮問に対する答申、代官所への訴願書の作成・提出（①や③）、郡中入用の支出項目・金額の検討や最終判断（②）などにあたっては、組合村や郡中の各レベルで、庄屋や惣代庄屋らによる寄合が持たれ、意志決定が行われていた。郡中惣代には郡中全体に対する事柄に、独断で対処できる権限は認められていなかったのである。このことに加え、郡中惣代や惣代庄屋が、おおむね一～二年を任期とする年番制であった点を踏まえるならば、彼らは各村の庄屋と対等に近い立場にあったといえる。もっとも、身分的な格差が皆無だったわけではなく、とくに彼らが「御用」＝代官所の行政（①）を勤める際には、夜間の「御用提灯」の携帯や、苗字帯刀が認められた。「御用」を勤めることは、武士の代わりをするということにほかならなかったからである。郡中惣代や惣代庄屋を勤めることは、こうした身分的特権を獲得し、士分の末端に連なる手段ともなりえたのである。

近代への移行　代官所による支配のあり方は、人数や機能といった面で脆弱であり、それゆえにこそ、代官所行財政を代行する郡中惣代、およびその基盤となる惣代庄屋・組合村は不可欠の存在であった。しかし、こうした存在は一方で、村々の惣代という性格ゆえに年貢減免や年貢増徴を阻止するための歎願闘争を組織したのであり、幕府にとって都合のよい面ばかりではなかった。そのため、幕府は彼らの惣代としての性格を否定し、新たな支配機構を創出しようとするが、実現できなかった。郡中惣代や惣代庄屋・組合村といった仕組みは、幕府領をそのまま接収した維新政府にも引き継がれたが、これらは程なく、支配組織の充実や、管轄地と支配役所の整理が進むなかで、再編・解体されていくことになった。

（小酒井大悟）

【参考文献】久留島浩「近世後期の『地域社会』の歴史的性格について」（『歴史評論』四九九）一九九一年。久留島浩『近世幕領の行政と組合村』、東京大学出版会、二〇〇二年。山本英二「近世の村と由緒」（『歴史評論』六三五）二〇〇三年。

村の女性

村の公文書《こうぶんしょ》に見える女性とは　およそ一七世紀の中ごろには、全国の村むらに夫婦かけ向かいの百姓の「イエ」が多数存在するようになる。宗門人別改《しゅうもんにんべつあらため》は、村ごとに百姓の「イエ」を基準とする住民登録制度として機能し、寛文四年（一六六四）、大名・旗本に宗門改役を置くように命じられてから急速に一般化する。検地が名請人《なうけにん》という田畑・屋敷地の所持者（実質所有者）＝百姓身分を確定したように、宗門人別改では名請人を各「イエ」の家長として認め、「イエ」の構成員を全員登録することとした。並行して、幕藩領主の文書による支配が津々浦々まで浸透し、名主（庄屋）ら村役人は検地帳・宗門人別改帳をはじめ多数の公文書を作成し、保管した。これら村の公文書には、すべからく公的ルール下における村の女性の姿が見てとれる。

たとえば宗門人別改帳では、「イエ」は必ずしも家族を意味していない。生活・経営を同じくする複数の世帯が一人の家長のもとにある場合があり、奉公人や下人《げにん》（隷属民）を含む場合もある。男性はもちろん、奉公人・下人、未婚の女性も名前を記されるが、家長の妻・実母は「女房」「母」とあるだけで、名前は記されない。家長が亡くなっても「〇〇後家」と書かれるだけである。この原則は、そのほかの公文書にも共通している。

家長権下の女房　この女房（後家）・母は、家長たる男性が不在となった時、次の家長（成人男性）が誕生するまで中継ぎとして家長代理を務めることができる女性である。家長権のもとにある女性のうち、家長の配偶者＝女房は家長に溶け込んだ存在であった。そのため公的な場、公的な書類上では、その固有性といったアイデンティティは原則的に否定された。家長の有した家父長権（「イエ」構成員に対する絶対的な権威・権力）のもとでは、女房にはお腹を痛めた実の子に対する親権すらも認められなかった。

離縁状の本質　この原則は婚姻関係破棄に際して、夫から妻側に宛てて出された三行半《みくだりはん》（離縁状）にも当てはまる。聟《むこ》養子の夫に落ち度があって「イエ」から追い出される場合でも、夫から妻側に離縁状が出された。このことから、かつて離婚権は夫の専権だともいわれたが、現在では離縁状は妻への再婚許可書であり、夫婦熟談離婚も多いという研究成果も出ている。しかし離縁状の本質は別のところにあった。離縁状のルールが一般化するのも一七世紀後半と考えられるが、寛文九年小田原藩が領内村に触れ出した通知によれば、今後、領分の者が女房を離縁する時には自筆（代筆可）でもって去り状（離縁状）を書いて、「舅《しゅうと》・小男《おじ》」へ婚姻解消の証拠として渡すようにとある。本来、離縁状は妻宛てに書かれなかったのである。夫（婚家の家長）から実家の父（もとの家長）、ないしは跡を継いだ兄に宛てて、妻であった女性の家長権を返却することの確認書類であった。もちろん結婚や縁組の許可権も家長にあった。つまり、家長ではない妻には、そもそも離縁状を書く権利がなかったのである。ただ、江戸中期以降、離縁後に実家へ戻らない女性が増えたことなどもあって、直接妻宛てに出されることが増え慣習化していくにすぎない。

女性の責任能力　年季奉公人の雇用契約は、奉公人の人主《ひとぬし》（家長）と請人《うけにん》（連帯保証人）が雇い主に身元を保証し、契約内容を確認するかたちで結ばれる。たいてい人主は父か兄で、請人は親類の伯父や元の主人などがなる。当然、母子家庭の「イエ」では家長代理たる母親が人主とならざるをえないので、女性も人主となりえたが、女性と未成年の男子は請人になれなかった。請人には損害賠償などの第一義的な責任・義務があり、仮に家長であっても女性に、その能力を認めないのであった。

私文書に見える女性　表向きの公的世界を離れれば、女性は意外に自由であり、権利・責任を有した存在である。カマド神の祭祀をはじめ、「イエ」の食料・衣料の維持・管理は主婦権に属したし、農作業だって男女の体力差はほとんど意識されていない。とくに信仰・宗教・学問など、私的世界では女性にもアイデンティティが保障されていた。たとえば社寺への寄進などでは、夫（家長）と並んで妻がフルネームで署名したし、下女が個人名で奉加帳に記名した例も見受けられる。それはまた、成人女性には一定程度の私的財産の保有も認められていたということでもある。

（下重清）

【参考文献】大藤修『近世村人のライフサイクル』山川出版社、二〇〇三年。

村の子ども・若者・老人

村の子ども・若者・老人とは　日本における家族史についての理解では、近世初期、単婚小家族経営としての家が広範に成立し、そこで現代にまで続く家族観が形成された、とされている。

そのため、近世村社会における子ども・若者・老人は、家の維持・再生産の観点から、欠くべからざる存在であったと考えられる。それは家の集合体である村にとっても同様である。彼らのことを知るには、家の内部のことにも及ぶため、いわゆる公文書的な史料だけを検討するのではなく、日記・書簡・各種祝事を記した帳面など、いわゆる私文書をも検討する必要がある。また、民俗学の豊富な研究をも参照することによって、重要な示唆を得ることができる（宮本常一）。

村の子ども・若者　近世の子どもとは概ね一五歳未満の者のことである。近世は子どもの死亡率が現代に比べて高く、宗門人別帳上の計算によると、武蔵国太子堂村《たいしどうむら》において二〇歳以下で死亡した子どもの数は実に三五％にものぼった（森安彦）。そのため、疱瘡《ほうそう》や麻疹《はしか》などを経験することが、大きな人生における通過儀礼として意識され、家や村で祝儀のやりとりがなされた。

八歳から一四歳までの子どもは、手習塾（寺子屋）に通い、文字の読み書きと同時に、村社会で生きるための道徳も教えられた。村役人家の者が手習塾を開くことも珍しくなく、その場合には、将来の村の成員を幼いうちから教化しておくという理由も大きいと思われる。経済的余力のない家においては、束脩《そくしゅう》（入門の際に収めた謝礼）を軽くすまされることもあった。

律令体制の古代から中世・近世まで、一人前の働きが可能な人夫としては、概ね一五歳から六〇歳の者と観念された。社会で独り立ちできる年齢としては、諸史料によっても多様であるが、一五歳周辺が一般的で、ちょうどその頃に武士社会と同様に元服（成人式）をした。

子どものときには幼名を使った。元服をしたときや家を継承したときには改名をすることがあった。

子供組・若者組　年齢階層ごとに集団を構成すること

があり、子供の組織が子供組、元服を済ました若者の組織が若者組である（若者組は長男のみが加入を許可される場合とそうでない場合とがある）。

子供組は天神講などと称し、共同会食などをして社会生活を経験し、村の祭礼にも重要な働きをした。若者組も、若者宿などと呼ばれる寝泊りをともなう集団を経験し、その村の祭礼・普請・警備活動・村の休日の決定などに関わり、村人の結婚にも大きな発言権を有することがあった。家の当主たちは若者組を尊重し、若者組の決定には容喙できないことも珍しくなかった。

隠居　六〇歳近くなると、老いを迎えるため、家の当主の座から引退し、子などに跡を譲って隠居する。隠居夫婦と当主夫婦が同居する場合と（東北地方）、別居する場合がある（西南地方）。別居する場合、隠居地という別の資産を設定し、証文をつくる場合があった（森安彦）。隠居するときにも改名をすることがあった。

享和元年（一八〇一）、幕府が刊行した「孝義録」には、幕府が褒め称えた孝子たちの事例が数多く載っている。領主支配のイデオロギーによって編纂されたものではあるものの、現実に存在した、老人介護の難しさが描写されている。そこでは、老人の汚物を処理したり、話し相手になったり、好きな食事を与えたりすることなどが孝行の重要なポイントとされている。

しかし、いっぽうで、老人は人生経験が豊富であるために尊敬もされ（村の長を意味する「乙名《おとな》」「年寄」が、元来、老人を意味する言葉であったことからもそれはわかる）、もし隠居という立場であれば、自由な立場を利用して村社会に貢献をすることもできた。駿河国駿東郡山之尻村《すんとうぐんやまのしりむら》の隠居が書いた日記には、隠居衆が村内のもめごとの仲裁に入っている例が多いという（大藤修）。また、武蔵国入間郡赤尾村《いるまぐんあかおむら》の日記には、天保期の村方騒動のとき、組頭清右衛門家の隠居が、領主側の意向を聴取したり、名主の相談役的な役割を請け負ったりする事例がみられる。なかには、隠居した後に教訓書を書き残す場合もある。いずれにしても、隠居が単なる引退を意味するものではなかったことを示している。

（高尾善希）

【参考文献】大藤修『近世農民と家・村・国家』吉川弘文館、一九九六年。森安彦『古文書が語る近世村人の一生』平凡社、一九九四年。宮本常一『家郷の訓《おしえ》』岩波文庫、一九八四年。

そま・材木切り・炭焼き

そま・材木切り・炭焼きとは　江戸時代に入ると、三都をはじめとする都市の発展や、人々の経済的能力の向上などに伴い、建築材としての材木やエネルギー源としての薪炭の需要は爆発的に増加した。山間地域では、材木や炭が主要な産物となったが、その生産過程や生産を担う人々のあり方は地域によって様々であった。たとえば、ひとくちにそま（杣）と言っても、職人身分のものから百姓の稼として材木切りをおこなうものまで、地域によってそのあり方に違いがみられた。山間部の百姓の重要な稼のひとつであった炭焼きも同様である。ここではその一部を紹介しよう。

上方の職人国役とそま　古代から建築用材を伐り出す杣山で材木を伐採する人々を杣工《そまだくみ》、杣人、樵夫《しょうふ》などと呼んだ。近世になると単にそまと称されるようになり、彼らはヨキ（斧）を用いて山で立木を伐り倒し、その場で角材や板にすることを生業とした。製材された材木は、河川を利用して運搬されたが、地域によっては伐り出しから運材までを担当するそまも多く見られた。

古くから林業の先進地であった畿内には、独自の専門技能を有したそまが存在した。彼らは百姓役免除のかわりに職人国役を務める職人身分の者たちであり、大がかりな造営事業が多かった江戸時代初期にはしばしば動員され、高い技能をもって活躍した。

百姓身分のそま　木曽のそまは、出稼ぎで来ていた畿内のそまから技術が伝えられたとされ、高度な技術を持った。そして、運材を担当する日用《ひよう》と分化し、しだいに伐木・造材を専業にした労働者として成長していった。一七世紀後半には、それぞれ杣組・日用組に組織されて共同作業を行い、職人の様相を呈したが、彼らの身分はあくまでも百姓であった。

同じく林業が盛んな津軽でも、杣子・山子と呼ばれた伐木から運材までを行う熟練した者たちが存在した。彼らは、杣子・山子として独自の労働力として認識されていたものの、その身分は伐出地周辺に住む百姓であり、日雇いで伐出に従事していた。

「農間稼」としての材木切り　木曽や津軽のそまは、百姓でありながら職人集団のような組織を形成し、独自の労働力として認識されていたが、他地域には「農間稼」や「山稼」の一環として材木生産に携わる者も多く見られた。

たとえば、江戸近郊の林業地帯であった荒川上流域の村々では、そまという呼称の材木生産者は存在せず、材木商人に日雇い人足として雇われた百姓が、造林から伐木まで複数の作業に携わっていた。耕地の少ない山間地域ゆえ、彼らは様々な稼に従事しながら暮らしを成り立たせており、炭焼きや駄賃稼、養蚕などほかの稼も複数おこなって生活していたものと考えられる。

製炭夫と炭焼き　炭焼きを行う製炭夫のなかには、漂白していた木地師が定住して始めたものや、移動製鉄業者が製炭術を持って定住し開始したものなど、そのはじまりに特殊な伝承を持つものがある。こうした事例は、炭焼きが独立の生業として扱われてきたことを示している。しかし、江戸時代になると材木生産とともに製炭も重要な「農間稼」のひとつとなり、多くの百姓たちによって担われた。江戸・大坂・京都の大消費地では、周辺の産地から供給されるだけでは不足し、炭の生産地が全国に広がったからである。

幕府にとっても炭の確保は必要不可欠であり、各地に設定した御林で御用炭生産を行わせて炭の確保につとめ、一九世紀初頭には炭会所を設けて炭の増産をはかるようになった。これによって幕府の御林を持つ村では、御用炭の生産を請け負って大規模な炭焼きが行われる場合もあり、村人にとっては貴重な収入源となった。

百姓の稼へ　そまにしても炭焼きにしても、もとはそれぞれ特殊な技術をもって行う独自の生業であったが、需要の拡大にともなって生産地が広がり、百姓が「農間稼」として携わることが増えた。近世の山間地域においては、百姓の稼として、小規模で家内産業的な材木生産や製炭も多く行われていたと考えられる。　（山本智代）

【参考文献】脇野博「山里の社会集団」（後藤雅知・吉田伸之編『山里の社会史』）山川出版社、二〇一〇年。樋口清之『新装版　日本木炭史』講談社学術文庫、一九九三年。徳川林政史研究所編『森林の江戸学』東京堂出版、二〇一二年。

御林守

御林守とは　江戸時代、幕府の直轄林であった御林は、山林資源の確保や水源涵養・土砂流出防止などの目的で、一七世紀後半に多く設定された。御林への領民の無断立ち入りは基本的に許されず、御林は常に細かく管理・監督されていた。

御林の管理・運営はその地域の大名や旗本、代官などに預託・委任されていたが、貞享二年（一六八五）、勘定奉行所配下に御林奉行が設置され、御用材として利用可能な立木を見分するようになった。御林奉行の職掌は次第に拡大し、宝暦年間（一七五一～六四）までには、「諸国御林帳」の管理・改定を主務として、御林の保護・伐採・苗木植栽・木材薪材の運送・品質見分までをも掌るようになった。

しかし、実際に現地で御林の管理・保護を行ったり、村民を指揮して造林にあたらせたりするのは、御林奉行の支配下に置かれた御林守であった。御林守は、御林のある村の百姓の中から任命されたが、村役人が兼職する場合も多く、世襲となることもあった。

武蔵国秩父郡上名栗村の場合　江戸近郊の林業地帯として有名な武蔵国秩父郡《ちちぶぐん》上名栗村《かみなぐりむら》には、「横倉」「はねばみ」という二ヶ所の御林があった。享保七年（一七二二）の村明細帳によると、この御林の管理は、上名栗村の村民であり御林守の曽兵衛・四郎兵衛の二名が行っていたことが分かる。ただし、この二名の御林守には幕府から御林管理のための手当は支給されておらず、無給であった。

また、天明六年（一七八六）に上名栗村から代官所へ出された御林の管理・保護に関する願書には、村民全体でそれにあたっている様子が記されている。この願書の末尾には、村役人とともに連印している御林守・清兵衛の名が見えるが、上名栗村ではこの時と享保の村明細帳以外に御林守は見えない。

上名栗村では、御林守が置かれた時期があったものの、基本的には村役人が中心となって村民を指揮し、御林の管理をしていたようである。代官所へ御林の様子を報告する「御林木数御改書上帳」（以下「御林改帳」）などの帳簿も、村役人が作成している。

「御林改帳」の作成　上名栗村の村役人が作成した「御林改帳」には、御林の反別、木品（樹種）別の本数・長さ・目通り（目の高さの幹周りの寸法）と、江戸までの経路や過去の御用炭焼立の記録が詳細にまとめられている。幕府は、こうして村方から提出された帳簿をもとに「諸国御林帳」を作成し、全国の御林を管理・監督していたと思われる。「御林改帳」には、御用炭を焼き立てるために伐採した跡地の様子も細かく報告され、村人が御林を大切に管理していた様子が伺える。

有給の御林守とその身分的地位　多くの御林では、上名栗村のように無給の御林守が置かれるか、村役人が中心となって御林の管理を行っていた。しかし、広大良質の御林には、次のように御林守として有給の専任者を置くことがあった。

「山中領」と称された上野国甘楽郡《かんらぐん》の二二ヶ村には、広大な森林資源があり、近世には三六ヶ所の御巣鷹山《おすたかやま》と四ヶ所の御林とが設定されていた。正徳四年（一七一四年）にはじめて御林が設定されたとき、この取り締まりは山中《さんちゅう》領割元二名の職務とされた。

享保四年（一七一九）になって、割元と御林守との兼任は激務であるとして、「山守」（御林守）を設定することが求められ、割元二名に一名を新たに加え、三名が山守に任命された。山守は御林の管理だけでなく、御林の中に設定された百姓の稼山の管理や、御巣鷹山の管理、有用樹の保全などが主な職務であった。そして彼らには、幕府から扶持米というかたちで山守給が支給されるとともに、名字・帯刀が認められた。

山中領の場合、領内には広大な御巣鷹山があり、山守は御林の管理だけでなく、御巣鷹山の支配をも担っていた。このように大規模な御林の御林守には、身分的にも他の百姓とは一線を画した存在となるものもあった。

（山本智代）

【参考文献】徳川林政史研究所編『森林の江戸学』東京堂出版、二〇一二年。佐藤孝之「上州山中領における『山守』制の成立と再編」（『徳川林政史研究所研究紀要』第三四号）二〇〇〇年。飯能市名栗村史編集委員会編『名栗の歴史（上）』飯能市教育委員会、二〇〇八年。

木地師

木地師とは　横軸の轆轤を用いて椀や盆、鉢など木製の容器を作る職人のことで、古くは八世紀の『正倉院文書』に「轆轤工」の名称が見える。近世の木地師はトチやブナ、ナラなどの原木が豊かに自生している山中に木地小屋を建て、木地を挽いた。しかし、定住はせず、用材のある限り木地を挽き、山内の木を伐り尽くすと、良材を求めて他の山へ移住するという漂白性を持っていた。

由緒と特権　木地師たちは、文武天皇の第一皇子である小野宮惟喬《おののみやこれたか》親王を手挽き轆轤の考案者として職祖に仰ぎ、その系譜に連なるゆえに木材伐採の特権が与えられたと主張してきた。中世以降、このように出自を誇示し、朝廷から保護を受けていることを証明する偽文書を所持することで、自分たちの行動を特権化したのである。

惟喬親王が最後に隠棲したところとの伝説が残る近江国小椋谷《おぐらたに》が、木地師の根元地と言われる。近世に入ると、この地に現れた大岩助《おおいわすけ》左《ざ》衛《え》門《もん》重綱《しげつな》を中心に、各地に散在している木地師をまとめる「座」のような全国的組織が特権獲得のためにつくられた。

筒井公文所・高松御所と木地師の組織　この全国的組織の頂点にあったのが、近江国小椋谷にある蛭谷《ひるたに》の筒井《つつい》公文所《くもんじょ》（筒井八幡宮）と、君ケ畑《きみがはた》の金竜寺《きんりゅうじ》高松御所（大《おお》皇《きみ》大明神）である。

両所は、全国に散在する木地師をおのおの筒井八幡宮と大皇大明神の氏子として組織し、偽作綸旨や武家棟梁の免状を発行して伐採や通行の許可を与えていた。氏子狩（氏子駆）という氏子確認を行い、氏子狩帳に名前等を登録した。一七世紀以降は配下の木地師たちに八幡宮と金竜寺・大皇大明神の倉庫に伝わる氏子狩帳には、のべ六万人近くの木地師が見える。その範囲は、北は羽前から南は日向に及んでいるが、実際にはさらに広範囲に分布していたと思われる。

（山本智代）

【参考文献】橋本鉄男『ろくろ』法政大学出版局、一九七九年。須藤護「木地屋をめぐる諸説」（赤坂憲雄・中村生雄・原田信男・三浦佑之編『さまざまな生業』）岩波書店、二〇〇二年。

鉱夫

鉱夫とは　近世鉱山での作業への関わり方には様々な形があった。鉱山労働は探鉱、採鉱、選鉱、製錬などの過程に分かれていた。出羽国院内銀山《いんないぎんざん》では、自身の採掘場を有し採掘した鉱石を販売する金名子《かなこ》（鉱山の小経営主）の下に、採掘夫（掘大工）、鉱石搬出夫（掘子）、選鉱婦（金場《かなば》女《おんな》）が雇用され採掘が進められた。採掘夫は金掘りと呼ばれる事もある（伊予国別子銅山等）。

鉱山労働の中には格別な熟練技術を必要としない作業も多く、それらの労働力は周辺村落から供給されたが、掘大工と掘子は一定の技能と胆力を有した人々であり、専業集団として一鉱山を越えた仲間組織を形成した。この組織を頼りに働き口を求めて諸鉱山を移動する「渡り金掘り」も少なからずいた。周辺地域から採掘に従事する者もいたが、彼らは「村方もの」と呼ばれ、仲間組織に属した鉱夫とは厳密に区別された（「鉱夫雑話」）。しかし重労働の採掘に専従した者は職業病といえる珪肺《けいはい》に罹る事も多く、概して短命であった。

ところで近世には、鉱山史に名を残すような大規模鉱山だけでなく、あまり有望とはいえない小規模鉱山が各地に点在していた。それらの採掘期間は概して短いものであったが、本格的稼業の前段階では、周辺地域の人々が鉱山稼働人として主体的に関わる事があり注目できる。甲斐国南巨摩郡《みなみこまぐん》の早川《はやかわ》地方に所在した雨畑《あめばた》金山では、延宝・天和期に良質な鉱脈（遠沢間歩《えんざわまぶ》）が発見され盛んに採掘が進められたが、この間歩の開発と採掘の初期段階では、雨畑村の住人が中心的な役割を果たしている。彼らは金山の開発と採掘は村の「生業《すぎわい》」と認識していた（早川町薬袋佐野家文書）。これはいわば「村方もの」が主役となる鉱山の事例であり、近世の鉱夫についてはこれらを踏まえて捉えていく必要がある。

（荒垣恒明）

【参考文献】小葉田淳『日本鉱山史の研究』岩波書店、一九六八年。荻慎一郎『近世鉱山社会史の研究』思文閣出版、一九九六年。同『近世鉱山をささえた人びと』山川出版社、二〇一二年。

猟師

猟師とは　狩猟を生活の糧とする人々。主に東北・中部地方の山間部で活動していたマタギ（又木・山立とも）のような専業者集団のほか、近世社会における猟師は想像以上に多様な形で存在した。一般に狩猟は農耕とは異質の営為と理解される事が多いが、日本列島のような中緯度帯温帯モンスーンの自然環境の場合、農耕は野生鳥獣の排除を前提として展開する側面があった。農作物に害をもたらす野生獣は、人跡未踏の山林よりも、人の活動領域に近く適度に人の手が入った環境を好むのであり、猟師の活躍の場は山間部等に限られる事なく広く存在した。野生獣の駆除のために、村によって猟師が雇われ、褒美金等を得ている事例は各地で確認できる。また人馬に災厄をもたらす狼の退治が重要な仕事となる場合もあった（「盛岡藩雑書」等）。

猟師には自然に対する深い知識と技能と胆力が必要で、誰でもなし得るものではなかった。また獲物の肉皮の利用は猟師に認められたいわば特権であった（但し賎視と裏腹のものだった）。近世後期には猟師仲間により議定書が作成され、自らの特権を守ろうとする動きが確認できるが、それらの史料には、例えば「猟業の儀、近年猥《みだ》りにあい成り、無判に鉄砲所持の者多くこれ有るやに候」とあり（甲斐国都留郡の猟師仲間議定連判帳）、実際は新たに狩猟に関わろうとする者も多かった事が分かる。

ところで近世の猟師は、史料上では鉄砲規制との関わりで登場する事が圧倒的に多いが、例えば近世の猟師たちが行ったであろうワナ猟や、猟師にとって必要不可欠な猟犬について、近世史料は極めて寡黙である。史料に示された猟師は、彼らの実像のどの部分を切り取ったものなのかという点に十分注意していく必要がある。

（荒垣恒明）

【参考文献】塚本学『生類をめぐる政治　元禄のフォークロア』平凡社選書、一九八三年。田口洋美「マタギ　日本列島における農業の拡大と狩猟の歩み」（『地学雑誌』一一三〈二〉）二〇〇四年。永松敦『狩猟民俗研究　近世猟師の実像と伝承』法蔵館、二〇〇五年。

網元

網元とは　網元とは、網・船などの漁撈用具を所有し、水主・網子《あみこ》を使用して網漁業を経営した者のことである。網主などともいう。日本列島で漁業が一つの産業として発達したのは近世になってからである。近世に入ると、都市の発達や集約農業の発展にともない、食料・肥料用の水産物の需要が増大した。各地では漁業者や漁村が増加するとともに、特に地先海面における新たな漁場の開発や新たな漁具・漁法の開発、伝播が盛んとなる。そうした沿岸漁業発達の動向のなかで、網漁業経営者としての網元という存在もまた確立していった。

網元と漁業集団、村落・地域構造との関係　近世において多様に発達・展開した漁村のすべてに網元が存在したわけではない。とはいえ、網元が存在した漁村もまた少なくはなく、そこでは、網元の存在が漁業集団のあり方を規定し、ひいては村や地域の構造へも影響を与えていたといえる。ここでは、近世中・後期の伊豆国内浦《うちうら》地域の事例を挙げておこう。当地では、マグロなどの回遊魚を捕獲対象とする立網漁《たてあみりょう》（建切網漁《たてきりあみりょう》）が、津元と呼ばれる網元一人と網子（当地では「あんご」と呼ぶ）数名〜一〇数名との組み合わせからなる網組単位で行われていた。この網組にあっては、実労働は網子らが担い、津元は経営者および指揮・監督者として、操業に関わる諸費用や浮役米《うきやくまい》という小物成を負担したり、水揚げに立ち会ったりといったように、漁業へは間接的な関与を行うのが基本的な関係であった。津元は収益配分において優遇されており、当地の長浜村の場合、総漁獲高から、諸経費および小物成の一種である分一役《ぶいちやく》としての上納分を差し引いた純益では、津元三対網子一の配分割合であった。また、津元は浮役米、分一役納入の世話人であったし、名主などの村役人を務めることも多く、領主の権威と結びついて村や地域で政治力を持つ存在でもあった。

漁獲収益の配分割合などにおいて相違があるにせよ、村や地域の人々を、水主・網子や地曳網の曳手などとして自らが経営および指揮・監督する漁業集団下に編成したり、居村の村役人を務めたりといった形で、網元が村や地域における経済的・政治的な中心として存在感を発揮していたのは、伊豆国内浦の津元に限ったことではない。房総の九十九里《くじゅうくり》海岸の鰯《いわし》地曳網《じびきあみ》の網元などにもみられることである。

近世後期、網元家の経営の多角性　ただし、注意が必要なのは、網元の経済力は、必ずしも漁業ばかりには由来しなかったことである。伊豆国内浦の津元の場合、漁業のほかに、地主、金融、山林、魚商などの多彩な経営を営んでいた。特に、地主・金融経営の規模は内浦地域を越える範囲に及んでいることが確認でき、津元家の経営上の重要性をうかがわせる。網元という一つの顔のみで、村や地域での彼らの存在感を考えるのではなく、そうした複数の顔をふまえることが重要といえる。

近世前期以来、網元たるために　網元の抱える根本的な問題として、漁業の実労働への不関与という点がある。それゆえか、明治期になると伊豆国内浦では、そうした間接性などをとらえ、網子らが津元の優位性を激しく非難する事態が生じている。間接性というネックを持ちながら、近世には網元が漁業集団や村・地域で圧倒的な優位性を保ちえたのはなぜであろうか。一つには、役負担納入の世話などを介した領主権威との結びつきといった身分的な問題があろう。しかし、それのみに収斂されるものではない。近世において、漁業をはじめとした経営を通して蓄えた経済力は、水主・網子、陸での網曳きなど多人数を要する網漁業の操業や、貸金などを介して村や地域の人々のためにも活かされたといえる。政治的な長として、役負担の延納などについての領主とのやり取りや、他村・他地域との争論などの際に主導的な立場に立つことも多かった。それらの地域貢献的行為もまた、優位的立場の維持のうえで重要であったといえる。それに、伊豆国内浦の津元についてみれば、実労働は担わないとはいえ、経営者として、漁業に関する総合的・多角的知識を有していた。村や地域の自己を優位に位置付けるための理論武装をするうえで、それらを活かし得たことも看過できないと考えられる。

（中村只吾）

【参考文献】山口徹『近世漁民の生業と生活』吉川弘文館、一九九九年。中村只吾「近世漁村における網元的存在の性質について」（『沼津市史研究』一八）二〇〇九年。中村只吾「日本近世漁村における『生業知』の問題について」（『歴史の理論と教育』第一三五・一三六合併号）二〇一一年。

水主など

水主とは　大別して、船の漕ぎ手、網元の指揮・監督下で網漁業に従事する網水主という二種類の意味がある。後者は網子などとも呼ばれる。ここでは、先の項目「網元」と関連させて後者にのみ言及する。

労働力、技術・知識の所持・提供者　網元が漁撈用具などの資本を提供したのに対して、労働力を提供したのが水主・網子である。房総の九十九里海岸の鰯地曳網の水主は、一網につき五〇～六〇人程度であった。周辺村々の者らが、網元からの前貸金と引き換えに水主請《うけ》状《じょう》を提出することで雇用関係を結んだ。伊豆国内浦地域の立網漁の網子の場合は、一網組に数名～一〇数名が所属した。九十九里のような書面のやり取りはなく、長浜村などでは決まった家による世襲がうかがえる。そうした地域ごとの相違点もあるが、経営者か実労働者かという点で網元とは明確な線引きがあり、経済的格差も顕著。ただし隷属していたのではない、といった点は共通するようである。網元は、水主・網子らを指揮・監督下に組み入れて優位に立っていたとはいえ、彼らの労働力、さらには実労働のうえでの技術や知識の所持・提供者としての価値を軽視はできなかったのだといえる。

地位の推移　彼らはまた単に網元に使われるばかりではなかった。伊豆国内浦の網子らは、立網漁とは別に、自らで漁具や漁船を持ち小規模漁業を行っていた。一九世紀には新規漁業へ乗り出そうとする者も目立つようになった。しかし、それらは従来の立網漁の操業に抵触するとして網元から抗議を受けることもしばしばであった。伊豆国内浦をはじめ、旧来の漁業秩序を維持しようとする網元の意向は強く、それもあってか、近世を通じて、水主・網子の地位の大きな変化はなかったといえる。

（中村只吾）

【参考文献】祝宮静『豆州内浦漁民史料の研究』隣人社、一九六六年。山口徹『近世漁民の生業と生活』吉川弘文館、一九九九年。中村只吾「日本近世漁村における『生業知』の問題について」（『歴史の理論と教育』第一三五・一三六合併号）二〇一一年。

塩田従事者

塩田とは　近世の瀬戸内は入浜塩田の発達により、製塩業の中心を担っていた地域である。入浜塩田では塩浜の所有者である浜主が製塩に必要な施設や道具を所有し、浜子を雇い、専業一貫生産体制で製塩を行う「一軒前」経営が行われていた。なお他地域では仙台藩や加賀藩など塩の専売制をしいた藩を除き、農業の合間に製塩が行なわれていた。

浜主　浜主は検地帳に塩田の所有者として記載されている者であり、貢租を負担する主体であった。その役割は塩浜の経営主としての性格が強く、雇用した浜子の管理や塩の販売などを担っていた。また実際の所有者から運営を任された小作人を預り浜主と呼ぶ。小作人といっても預り浜主は浜主と同様に浜子を雇用し塩浜を運営する立場であった。

浜子　浜子とは浜主に雇用され実際に製塩に従事するものである。浜子には年季雇い、月雇い、日雇いのものがあった。浜子には階層が存在しており、この階層に応じて作業や給銀が分けられていた。製塩の工程は高濃度の塩水（鹹水《かんすい》）を作る採鹹《さいかん》と鹹水を煮詰め塩を作る煎熬《せんごう》の二つが存在している。この二つの作業をさらに細分し階層に応じて担当していたのである。また給銀をはじめとして浜子の雇用条件は浜主間で協議され統一されていた。これは非常に重視されており、この取決めを破った場合には重い罰則が課されていた。

浜子の労働運動　製塩の作業は重労働でありまた雇用条件も厳しいものであったため近世前期において塩浜からの逃走が多発した。これを「走り浜子」という。この「走り浜子」は捕縛されると再発防止のため厳罰を以て対応された。しかし近世中期になると賃上げを求めて集団で浜主宅へ押し寄せるといった運動を行なうようになる。

（九重明大）

【参考文献】　落合功『近世瀬戸内塩業史の研究』校倉書房、二〇一〇年。廣山堯道編『近世日本の塩』雄山閣、一九九七年。渡辺則文「第三節　塩業労働と賃上げ闘争」（『日本塩業大系近世（稿）』）日本専売公社、一九八二年。

百姓一揆

百姓一揆とは　江戸時代に百姓一揆という言葉が用いられたことはほとんどない。

百姓一揆とは、徳川幕府＝公儀によって違法とされた「徒党・強訴・逃散」を総称する用語なのである。戦国時代が終焉し、公儀の支配下、兵農分離が貫徹され、仁政と武威という政治理念が形成された。仁政とは、平和の世＝「偃武」社会を作り出したのは徳川将軍家であるということを強調しつつ、幕藩領主たちは百姓たちに重い年貢を課す一方、社会の安寧と百姓の生命と家の相続を公法的に保障しなければならない、という認識であり、武威とは、幕藩領主は強大な武力を独占するが、実際に武力を行使することなく、民衆を畏怖させ支配を貫徹させる、という考えである。この仁政と武威という二つの政治理念の下、百姓一揆という世界史的にみても特異な民衆運動が編み出された。

一八世紀　百姓一揆の成立　『編年百姓一揆史料集成』（三一書房、一九七九年～）という史料集には、天正一八年（一五九〇）から万延元年（一八六〇）まで、全国で発生したさまざまな民衆運動が収録されているが、「徒党・強訴・逃散」＝百姓一揆と規定できるものを抽出すると一四三〇件となる。これらのうち、百姓たちが武器の携行・使用をした事例は、わずか一五件（一・〇四％）であり、家屋への放火の事例は一四件（〇・九七％）でしかなかった――盗みに関してもほぼ同様である――。百姓一揆とは、武器の携行・使用や、家屋への放火、盗みをともなわない抵抗運動なのである。換言すると、百姓たちは、自律的にこのような行為を禁じていた、といえる。このようなルール＝作法が、「法度」として史料的に確認できることは殆どない――その稀少な事例として、寛延二年（一七四九）、陸奥国安達《あだち》郡二本松《にほんまつ》領強訴の際に、百姓たちが作成した「法度」がある――。一八世紀前半、百姓たちは、慣習的に百姓一揆の作法を創り出していった。弱き百姓たちは、幕藩領主の仁政にすがり、御救いを引き出すのであり、百姓たちは、自らの行為の正当性を意識している。ゆえに、社会的悪徳行為＝

暴力・放火・窃盗などの行為を自律的に禁止していったのである。

百姓一揆が発生した場合、幕藩領主がその場で一揆勢を殺害することはない。百姓側の代表と代官との交渉となり、多くの場合、百姓側の要求が認められるのである。ただし、一揆沈静後には、幕藩領主の過酷な弾圧が待っている——多くの場合、頭取は死罪となる——。

一九世紀　百姓一揆の崩壊　百姓一揆の作法が生まれ、遵守されていたことの前提には、百姓たちが幕藩領主を信頼していた、とも言える。しかし、この関係が変容していく。一八世紀後半、天明の飢饉の際に、幕藩領主は百姓を救済できなかった。その後、天保の飢饉が発生したが、幕藩領主は、百姓の救済を放棄していた。百姓たちは幕藩領主を信頼しなくなっていく。

先述した、わずか一%程度の武器の携行使用と放火の事例は、天保期以降に集中している。天保七年（一八三六）の甲州騒動にみるように、飢饉対策を実行しない公儀への訴願や要求をともなわない、富裕者への打ちこわしを目的にした騒動が発生する。騒動勢は——史料には「悪党」と記されている——、日本刀を抜き身でひっさげ、盗み、放火までも行っていたのである。公儀は村々に「悪党」の殺害命令を出していった。

天保期、仁政の理念がゆらぐ中、百姓一揆の作法は崩壊し、「悪党」による暴力的な打ちこわしが全国的に発生していく。これらは、百姓一揆ではない。騒動と呼称すべきであろう。「悪党」の標的となる富裕者や豪農たちは武装しはじめる。一九世紀、社会はあたかも〝万人の戦争状態〟となっていったの。そして慶応期、武蔵の理念も地に墜ちた社会において、幕藩領主や豪農商への暴力の行使、放火などの逸脱的実践行為をふくむ世直し騒動が発生するのである。

（須田努）

【参考文献】深谷克己『深谷克己近世史論集』第四巻・第五巻、校倉書房、二〇一〇年。須田努『「悪党」の一九世紀』青木書店、二〇〇二年。保坂智『百姓一揆と義民の研究』吉川弘文館、二〇〇六年。

村の金融

村の金融とは　近世の百姓、特に小前層の場合は、普通に農業経営をしていたら、その生活は苦しいものであった。たとえば寛政六年（一七九四）高崎藩の郡《こおり》奉行大石久敬《おおいしひさたか》が著した『地方凡例録《じかたはんれいろく》』では、十八世紀後半、家族五人で中田四反、中畑一反五畝の土地を耕作すると仮定して、農家経営の収支を試算すると、金一両一分二朱と永三七文八分ほど不足となっていた。このような農家経営の赤字を穴埋めするため、村内で土地を担保として借金した。借金は、このほか年貢上納が出来なかったり、さまざまな災難・不幸による経済的な困窮を凌ぐ手段であった。ただ、このような事態が重なると、いずれは担保に入れた土地を手放さざるを得なかった。そのため土地は、即座に永代《えいたい》売りをしないで質入れの形態にして借金を行い、のちに土地を取り戻す可能性を確保していた。つまり質入れから質流れという流れで土地は売買されていた。

無年季的質地請け戻し慣行　しかし、近世の村においては土地が質に流れたからといっても、簡単に土地は買った人のものにはならなかった。質入れや質流れした土地は、何年数十年たっても元金を返済すれば元の持ち主によって請け戻すことが可能であった。この慣行は無年季的質地請け戻し慣行と呼ばれている。本来、質入れした土地は、質地契約を取り交わした年限が過ぎると元金の返済不能となり、質流れとなるはずである。幕府法上最大でも質入れ後二〇年が経過すると質流れは確定することとなっていた。しかし近世の村では、ひろく質地の請け戻しが行われていた。幕府法とは異質な村社会の「生ける法」であった。このように質地を請け戻す根拠は、百姓株式と土地の名請にあり、村法・郷法として村が取極めていたからでもあった。百姓株式とは村に土地所持するものの成員権といわれている。土地の名請《なうけ》とは、領主による検地によって公的な土地所持者（年貢負担者）として検地帳に記載されることである。もともとこの慣行は戦国以前において、人と人が開発した土地とは分ち難く結びついていて、その関係は土地売買によっても断ち切られることはないとされていた。この観念が近世の質地請け戻し慣行の基盤となっていった。この慣行は、いわば土地を失う可能性が高い小前層の土地所持を保護するものとなり、結果として、土地を担保とする農村金融行為を行い易くするのであった。

村落共同体と土地循環　近世百姓の農村金融をする基礎となる土地は、さまざまな集団によって規制されていたが、その中心は、同族団と村落共同体であった。同族団は、優先的に売買相手になり、土地移動の範囲を同族団の内部で処理しようとする傾向が強かった。それは農村金融を行う際、まずは同族団内で金子《きんす》の借用先を（融資先）を求めることでもあった。また質地の請け戻しの際も同族団が家の再興を理由に請け戻すことをもままあった。そして村落共同体は、村法で村の土地を他村へ質入れや売買をすることを禁止・制限した場合も多かった。場合によっては村内でも村内小集落内部で質入れを行おうとする規制も働いていた。村民の土地所持を維持するため、村落共同体は耕地や屋敷地の売買を規制し、村内から土地を流失させないようにしていたのである。このような村落共同体の土地への関与は、「間接的共同所持」と呼ばれている。この関与が農村金融にも影響を与え、村落共同体が村外のものに土地を売らせないために、土地を質入れしたい村民には取引相手を斡旋し、村の内部で農村金融を行うように仕向けるようにしていた。そこで村内における質地関係が成立すると、現状経済的に余裕がある村民に低利の融通をさせる。時が立つと質地取主も経済的に苦しい場合も発生し、その質地請け戻しが要求される。それが不可能であると、別の村内富裕者から融通を受けて、最初の質地取主に対しての借金を返済し、質流れを食い止める。その土地は、すぐに次の質地取主のところに移動する。その間、その土地は質入主が小作する形態で実質的には土地の所持が継続されていた。このように村内では、土地を循環させながら農村金融を行っていた。百姓は唯一財産である土地を村内の融通財として機能させ、お金を貸借しあっていたのである。

（荒木仁朗）

【参考文献】渡辺尚志『近世の豪農と村落共同体』東京大学出版会、一九九四年。大塚英二『日本近世農村金融史の研究』校倉書房、一九九六年。白川部達夫『近世質地請戻し慣行の研究』塙書房、二〇一二年。

家の由緒・村の由緒

近世の由緒とは　由緒とは家・村・諸集団が持つ地位や特権、他者に対する優位性の由来を、権力者との関係などから歴史的に説明する言説であり、その地位・特権・優位性を維持・主張する機能を持つ。権力者との関係を主張することから体制的な言説といえるが、その関係をとらえ返して権利を主張する運動の手段にもなった。

近世前期の由緒　甲斐国巨摩《こま》郡薬袋《みない》村の佐野家は、徳川家康から「奉行」に任じられ、駿府や江戸に材木を供出したとの由緒を有し、戦国期以来、権力者から材木供出のための人足使役を認められ、村の百姓を使役していた。しかし、元和期（一六一五～一六二五）以降、百姓たちは佐野家の使役を忌避し自立を求めるようになる。この時期、領主の要請による材木供出がなくなったことで佐野家の「奉行」としての立場が揺らぎ、佐野家の百姓使役は私的な使役であると批判されたのである。佐野家が家康との関係を強調する先述の由緒を主張していたのはこの時期であった。

寛文期（一六六一～一六七三）になると佐野家一族は長百姓として特権的地位にあるものの、村政は惣百姓の「談合」で運営されるようになった。そして、隣村との入会山の帰属をめぐる争論では、小前百姓を含む村全体で佐野家の先祖伊賀が薬袋村を一人で高請したとの「伊賀ゆかり」の由緒を根拠に、自村の山であることを主張した。村政が惣百姓で運営され、佐野家が村に包摂されたことで、佐野家の由緒は「村の由緒」に読みかえられ、村の権益維持のために主張されたのである。

その後、天和・貞享期（一六八一～一六八八）には小前百姓が村役を勤めない長百姓を訴える争論が起きた。その際、長百姓は自らの特権的地位は先祖伊賀の取決めに由来し、入会山争論の際は伊賀のおかげで小前百姓も助かったと反論した。争論は小前百姓の負担軽減で和解したが、佐野家の由緒が「村の由緒」として主張されたことが、長百姓の特権維持の根拠にもなったのである。

近世後期の由緒　遠江国豊田《とよだ》郡只来《ただらい》村三郎右衛門家・山東《やまひがし》村平太夫家は、天正期（一五七三～一五九二）に徳

川家康に勝栗を献上したとの由緒を有し、幕府への勝栗献上をおこない、勝栗献上とその由緒は村内における献上人家の権威の源泉となっていた。しかし、庄屋を中心とする村政の確立と、享保期（一七一六〜一七三六）に勝栗献上が献上人ではなく村の負担でおこなわれることに改変されたことで、勝栗献上は「村の献上」となり、その由緒も「村の由緒」へと共有化された。

そして、近世後期、特に一九世紀以降に臨時課役が増大するようになると、村は勝栗献上にともなう諸役免除の特権を強調し、その由緒を根拠に国役金や代助郷役など新規の役負担の免除を幕府に要求した。一方、勝栗献上の由緒が村で主張されるようになったことで、由緒の起源である献上人家の活動も活発化し、三郎右衛門は家名相続と勝栗献上維持のための扶助を幕府に願い、幕府は天保一二年（一八四二）にその手当として酒造株貸与などの扶助を認めた。しかし、献上経費が村の負担であることを根拠とする小前百姓の要求により、同人への扶助は村に分配された。村は幕府に対しては特権維持のため徳川家康と結び付いた勝栗献上の由緒を主張するが、村内では献上経費を村で負担していることを根拠に献上人家の由緒による特権を否定した。由緒は村の役負担回避の便宜としての意味を強めていったのである。さらに、維新期に三郎右衛門は東征軍総督有栖川宮《ありすがわのみや》に勝栗を献上する。これにより村方の諸役免除、三郎右衛門の酒造株貸与、勝栗献上が認められたが、勝栗献上の際に家康の由緒に触れられることはなかった。勝栗献上はもはや由緒とは無関係な役負担回避のツールに純化した。

由緒の意味とその変化　由緒は元来、特定の家の特権の源泉たる「家の由緒」である場合が多かったが、いわゆる「小農自立」にともなう村政の確立と、それに応じた支配方式の転換などにより、「村の由緒」へと読みかえられ、村の権益維持の手段となっていった。また、かかる由緒の共有化は、人々の村や地域への帰属意識を強め、その秩序維持に寄与したり、人々の由緒に関する歴史学習を促して地域文化の高揚にもつながった。（早田旅人）

【参考文献】　早田旅人「近世前期の山間地域における村役人家と村落秩序」（『関東近世史研究』四六）一九九九年。大友一雄『日本近世国家の権威と儀礼』吉川弘文館、一九九九年。井上攻『由緒書と近世の村社会』大河書房、二〇〇三年。

第一部　第四章

町に生きる人びと

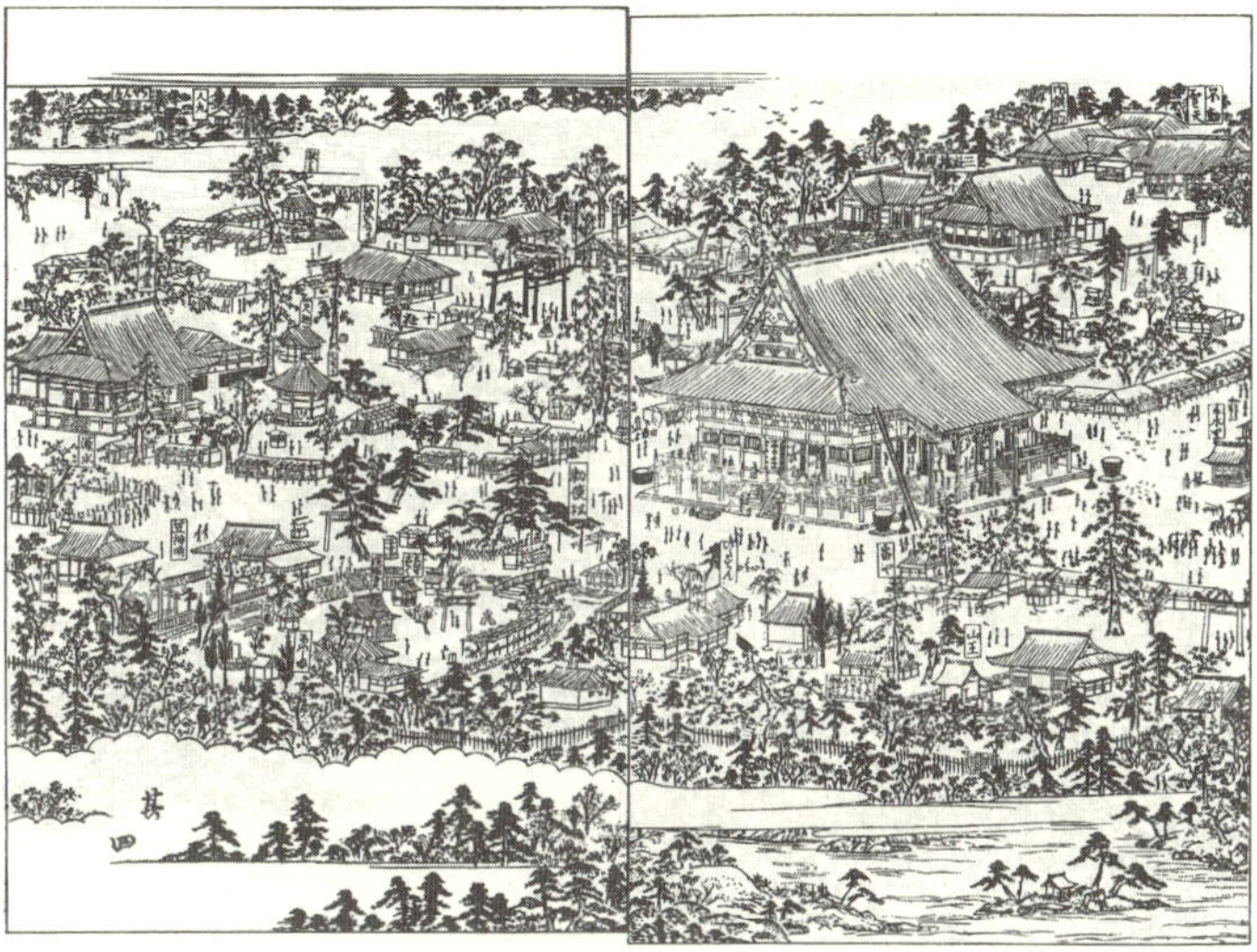

『江戸名所図会』巻十六　浅草寺

近世は都市の時代であった。兵農分離を経てほぼ一七世紀前半までには近世城下町が全国に展開していった。他方、門前町・宿場町・港町など在方における都市的な場も再編され、あるいは新たに成立し、個性的な在方町が発展していく。さまざまな類型の都市内部には、武士や町人を核としつつもそうした身分存在が生活し交錯して、新しい生活文化が生み出されていった。本章では実に多様な「町に生きる人びと」にスポットを当てていこう。

なお、「穢多」「非人」「おんぼう」などの被差別民をこの章で取り上げたが、本書の構成上便宜的にここに配したに過ぎず、これらの人々が広く農村部にも居住したことを軽視するものではない。ご了解を願いたい。

町人

町人とは　享保期、町人向けに書かれた教訓書の代表作、西川如見「町人嚢《ちょうにんぶくろ》」は冒頭で近世社会の身分構成を示している。すなわち、まず人間を、五等の人倫＝五つの品位に分ける。すなわち、①天子（天皇）、②諸侯（諸大名）、③卿大夫（旗本のうち官位を有する物頭格の者）、④士（諸旗本無官の者）、⑤庶人であり、さらにこの庶人に四つの品、すなわち士農工商の四民があるという。陪臣や扶持米・切米取りの武士は庶人のうちの士となる。農は耕作人、百姓であり、工は諸職人、商は商売人。そして「この四民のうち工と商とをもって町人という」と述べるのである。都市に居住する商工業者という広義の町人イメージは当時の人々にも広く共有されていたとみていいだろう。

町と町人身分　町人という用語は中世から見られるが、近世の町人身分を決定した主体としてまずもって町の存在が重視されている。ここでいう町とは中世後期の京都や奈良、堺などに典型的にみられる両側町で、独自の財源と会所をもち、自治・自警を行う団体である。その本質は家屋敷・財産・信用の共同保全を目的とした地縁的・職業的身分共同体であった。統一政権の形成・確立期におけるこれらの町の「定」「掟」には誰がその町の持ち主になるかについて町中の合意を前提とする規定が盛り込まれていた。つまり誰が町人であるかは第一義的には町が決定したのである。

創出される城下町と町人　一方、一六世紀後半から一七世紀初頭にかけて全国的に形成されていく城下町に創出される個々の町は、役負担の請負関係、町域の払い下げ、そこへの移住・定着といった過程を経て、町とその住民である家持町人が同時並行的に形成されていく。その際には、大工町・鍛冶町・魚屋町・銀座などのように単一に近い職種の職人・商人資本の集団を中心とする町が多く形成された。

役と身分編成　江戸や各地の城下町のような創出型の町はもとより、京都のように中世末以来の町共同体を統一政権が改変・承認する安堵型の町の場合においても、町人身分を析出し、公儀による身分制の体系に位置づけていく際の核となるのは役であった。たとえば、中世的領有関係のきわめて錯綜していた京都においても、秀吉政権による一連の施策の結果、本所・寺社・被官らの洛中における「領主」的要素は否定され、そのうえで商工業者に町共同体ごと地子免許の特権を付与しつつ、家持の大半を禁裏や統一政権への町人足役の負担者＝町人身分として確定していった。

近世身分制成立をめぐる議論は地縁的・職業的身分共同体としての町による町人の決定、役を核とした公儀身分制への編成論として町人身分を論じてきた。そこでは町人身分は、①家持＝町屋敷所有者、②町共同体の構成員、③町人足役負担者としての属性をもつことが明らかとなった。なお③について補足すれば、城下町に形成される職人町などでは、国役として技術労働や製品の上納が義務づけられ、その他の町では公役と称して普請・清掃などの町人足役を負担した。

町人の諸階層　近世身分制成立史研究のなかでの狭義の町人身分は家持に限定され、都市居住商工民のごく一部にすぎない。現実にはより多様な存在が町人身分概念の下位に包摂されていた。一七世紀の中葉乃至後半から都市における人別帳の作成が一般化する。この町ごとに作成される人別帳に登録される者をひとまず広義の町人身分とみなすことができる。そこには町屋敷に対する権利関係を基準とした階層構成が明記されている。まず、家持、そして家持の代理人である家守がある。江戸中心部のように大商人資本による家屋敷の集積が進んだところでは家持の減少が著しく、町政運営も家守（家主・大家）に担われる傾向にあった。次に土地を地主から借りる店借があった。土地と家屋敷をどちらも借りる店借があった。もっとも都市経済の成熟にともない、地借・店借層の商工業活動はさかんになり、いわゆる株仲間構成員の中核を占めることもあった。

貸家業の展開　江戸の町人人口のほぼ七〇％は借家住まいだった。したがって貸家業を主な経営基盤とする者も少なくなかった。江戸の代表的豪商のひとり仙波太郎兵衛の文化年間（一八〇四～一八一八）の経営内容をみると、大名貸など金融業による一年間の利金が約五〇〇〇両、江戸市中に約六〇カ所所持していた町屋敷からの地代・店賃収入が四〇〇〇両に及んでいた。これほどの規模には及ばなくとも、自分の土地のみならず他人の土地も借りて長屋を建て、地代店賃収入で生計を立てる者は少なくなかったのである。特定の家業を営まないこれらの存在も町人身分の典型のひとつであった。

裏店民衆の生活　先に町方の階層を指摘する際、店借と記したが、表通りに面した店で小経営を営む表店借と、路地の奥の裏長屋に住む裏店借とでは生活の諸局面で格差がみられた。裏店住まいの民衆の多くは魚や野菜など生活必需品を天秤棒に担いで売り歩く振売商人や、出職といって親方の家に通うとか、建築現場にでかけて仕事をする職人たちであった。『文政年間漫録』という史料に裏店民衆の生活が活写されているので紹介しよう。

　菜籠を担いで早朝六〇〇～七〇〇文の元手を持って青物市場に行き、蔓菁・大根・蓮根・芋を仕入れる。力の限り、肩の痛みをものともせず、脚にまかせて市中を声を振立て、「蔓菁めせ、大根はいかに、蓮根も候、芋や芋や」と呼ばわりつつ、日の足ももはや西に傾く頃家に帰る。家では妻がいぎたなく昼寝の夢まださめやらず、懐にも背中にも幼い子供二人がこれまた竪・横に並んで寝ている。夫は菜籠を片付け、竈に薪をさしくべ、財布の紐を解いて翌日の仕入れ賃を除き置き、また店賃分を竹筒へ納めていると、妻が眠りをさまして「精米代は」と言う。ほら、と二〇〇文を投げ渡すと、醤もないと言うのでまた五〇文を渡す。妻が小間筒を抱えて出かけると子供がはい起きて、「爺々お菓子買っておくれ」とせがむ。一二、三文を与えるとこれも外に走り出す。こうして手元に残る銭は一〇〇文あるいは二〇〇文もあろうか。酒代に充ててしまおうか、積み立てて風雨の日の備えとすべきか。これが「其日稼ぎ」の軽き商人の産である。

　銭六〇〇～七〇〇文を元手とするこの振売商人の一日の生計は、飯米代が銭二〇〇文、味噌醤代が五〇文、子供の小遣いが一三文、店賃をかりに一カ月一〇匁とすれば日掛けとして銭三三文、その他が約一五〇文であるから合計四五〇文前後であった。

　近世都市には小商人・小職人らが日銭を稼ぐだけの仕事があった。しかし、いったん病気やけがをしたり、物価が高騰したりするとその生活はたちまち破綻に直面するだろう。こうした裏店民衆層が分厚く存在するようになると、武家領主の都市政策には囲米などの救恤策が重要な要素として組み込まれていくことになる。

町人概念の重層性　近世都市におけるさまざまな階層、職能を包摂する町人という概念は重層的なものだった。近世身分制成立期に認定された町人は家持＝町人足役負担者に限定されていた。町人教訓書はより広く都市居住の商工業者を町人とするが、それは地借や店借を含んでも、一定の資本と信用を有する経営主体であって、其日稼ぎの裏店層を対象としてはいない。その限りでは疎外されていた裏店層までがもった町人意識とはどのようなものだったのか。享和二年（一八〇二）から文化六年（一八〇九）に刊行されベストセラーとなった滑稽本『東海道中膝栗毛』は、神田八丁堀の裏長屋の住人弥次郎兵衛とその居候喜多八の爆笑旅行譚だ。その旅の後半、大坂の阿倍野街道で二人が器量よしの女非人をからかい、喜多八との婚姻を勧める場面がある。挙句、喜多八が「おれが乞食（非人）だとおまえを女房にするものを、残念、残念」と言い、喜多八の垢じみた身なりからてっきり仲間と思っていた女から「おまえさんはわたしらの仲間の衆じゃないのかい」と問われる。ここで喜多八は「知れたことよ。おいらァ、白几帳面《しらきちょうめん》の（まったくまがいなしの）お町人さまだ」と言い放つのである。

町人の周縁＝勧進世界　裏店の世界にすら定着していない居候の喜多八が自らを「お町人さま」と主張する心意は、勧進・物貰いによって生活をする乞食・非人、勧進世界に生きる人々への差別と表裏一体のものであった。享保一七年（一七三二）一二月、享保大飢饉の最中、江戸の家主らが米値段値下げを直訴した際、町名主が町奉行に事情報告を行ったが、そのなかで裏店の者たちは生活に困って袖乞いに出かけるとしても、いよいよ餓死する寸前まで両隣の者へ知られないようにするものだと述べている（『正室事録』）。労働により生活を維持する価値観の浸透は、実は紙一重の場所にいる勧進によって生きる人々への差別意識を強めていたことになる。

（西木浩一）

【参考文献】竹内誠『大系日本の歴史10江戸と大坂』（一九八九年、小学館）、朝尾直弘『都市と近世社会を考える』一九九五年、朝日新聞社。吉田伸之『近世都市社会の身分構造』一九九八年、東京大学出版会。

地主

江戸の地主とは　近世中期以降の都市江戸では五〇万人以上の町人が住まい、江戸の経済・文化を牽引した。町人を所持層別に類別すると、①地主、②家守、③地借店借となる。

①は沽券地《こけん》（町屋敷の売券）を持っている層（国役・公役を幕府に上納した）、②は①の代理で町屋敷を管理する層、③は土地や家作を借りて住む層であり、町人人口の約七割を占めた。

①のうち、その町内に住みながら土地や家作を貸す者を、特に「居付地主《いつき》」と呼ぶが、彼らはわずか三〇％ほどで、ほとんどが他の町などに住む不在地主であった（だから家守が必要なのである）。

江戸の代表的豪商である仙波太郎兵衛家では、文化年間に江戸市中に所持していた町屋敷は約六〇カ所に及び、そこからの地代店賃収入は約四〇〇〇両に達していた。また江戸の町屋敷を地方の豪農が取得し、長屋経営を行うこともあった。武州幡羅《はら》郡下奈良《しもなら》村の吉田家や、上州群馬《ぐんま》郡下滝《しもたき》村の天田家がよく知られている。いずれにしても、地主による貸家経営は常に借主が居て確実な収入が上がってくることを前提としていたから、場所柄の良し悪しによってその安定性は大きく異なった。文政年間の「町方書上」によると、貸店の一〜二割が明店となっている地域が見られ、供給過剰傾向にあった。また火災などで長屋がいっきょに焼失すると、収入が止まると同時に再建費用を負担しなければならなくなり、経営破たんに陥ることも少なくなかった。

地主の鈴木三右衛門　深川材木町居住の鈴木三右衛門《すずきさんえもん》家に関する史料は注目に値する。安政四年（一八五七）の当主政常《まさつね》の日記の写が東京都公文書館に所蔵されている（「鈴木文書一」）。

鈴木家は、近世初期に武蔵国比企《ひき》郡三保谷《みほのや》から江戸に出てきた初代鈴木三右衛門以来、江戸伊勢町などの土地を所有し続け（地主）、三右衛門政常で七代目にあたる。彼は深川材木《ふかがわざいもく》町に店を借りて住み（彼は地主だが店借でもある）、ほぼ〝不動産収入〟のみで生計をたてていたと思われる。

当時の家計については、史料が不足しており明らかではないが、天保一二年（一八四一）の家計はおおよそ判明している（「覚書」）。収入は、伊勢町二ヶ所上り二五〇両・瀬戸物町一ヶ所上り八五両・南鍋町一ヶ所上り三八両・貸付金利息四八両（総計四二一両）、支出は、家内生活費三〇〇両・借金利足払八六両（総計三八六両）である。よって、収入の方が支出よりも三五両分上回っているだけで、必ずしも悠々自適というわけではない。しかしそれでも、日記中にみえるハレの日の食事の献立などをみれば、不動産を持たない町人からすれば、贅沢な生活であることがわかる。

年中行事　江戸の町人の年中行事を知るには、まず「東都歳事記」に目を通す必要がある。ただし、江戸町人の日常記録に関する日記史料は少ないので、「東都歳事記」に記載された生活サイクルを実際の町人がどれだけおこなっていたのかまでは確かめようがない。

しかし、地主層の鈴木三右衛門日記における安政四年の事例をみる限りにおいては、「東都歳事記」に特記されている年中行事は、ほぼおこなっていることを確認することができる。年始を例に挙げると、元旦祝（正月元日）・七草粥（正月七日）・蔵開祝《くらびらき》（正月一一日）・巳待（正月一六日）・十八粥（正月一八日）・二十三夜（正月二三日）・事納（二月八日）・初午（二月一二日）・彼岸（二月二四日）などの記載がみえる。四月一七日には「日光様御祭礼」として「神君御教諭文」の軸をかけて膳を備えている。「月見」も二回おこなっている（八月一五日・九月一三日）。特に備え物については神経質に記述している。後年の参考にするためであろう。家永続への祈りは手厚くおこなわれていたのである。

儀礼的贈答　三右衛門の日記の中でとりわけ目立つのはさまざまな行事や客を招いた際の献立や、親類縁者や交際のある人々との間での贈答品の記録である。これらのことが男性である当主の日記の主要な内容となっているのは興味深い。身分制社会の中で信用を保持していくうえで儀礼的な供応や贈答で挌に見合ったバランスをとることが重要であり、富裕な地主にとってはまさに当主が果たすべき「家事」だったのである。

（高尾善希）

【参考文献】『幕末江戸町人の記録　鈴木三右衛門日記』東京都、二〇〇八年。

大店商人

大店とは　経営規模が大きく、間口の広い店舗に多くの奉公人を抱え、三都などの大都市で問屋・仲買などを営む商店をいう。大店は名所としても盛んに取り上げられ、近世後期には店先の様子が錦絵に描かれることが多かった。本項では江戸の大店を中心に述べていきたい。

代表的な大店としては、文政七年（一八二四）刊行の『江戸買物独案内』に紹介されている二六二二軒や、幕末期に盛んに出された「東都持丸長者鑑」「新板大江戸持丸長者鑑」などの見立番附に掲載されている数百軒の富裕な商家があり、これは同時代人の大店に対するひとつの指標と受けとめることができよう。

ちなみにこの種の見立番附の勧進元や行事・世話人の欄には、呉服問屋の三井越後屋や白木屋大村家、勘定所御用達の両替商三谷三九郎や播磨屋中井家、大伝馬町の木綿店、紙問屋の小津清左衛門などの名がみえるのが常で、大関・関脇をはじめとする上位には、呉服・両替・札差・酒・紙・材木・木綿などを扱う大店が多い。

また大店の規模を客観的数値として促える場合、幕府に御用金を納入する対象となった店舗が参考となる。これは幕末の事例だが、嘉永七年（一八五四）に江戸で御用金を負担した一二〇〇軒余のうち、五〇〇両以上を納めた大店の三分の一が店持商人に相当し、三分の二が江戸を拠点とする商人であった。これら大店には呉服問屋や両替商が多いのが大きな特徴で、なかでも一〇〇〇両以上の六〇軒余は「超大店」と位置付けることができる。

「超大店」の登場　近世後期、三都で一〇〇人以上の奉公人を抱える大店は江戸で八軒、京都で一軒、大坂で二軒あり、なかでも麹町五丁目の岩城枡屋は五〇〇人、また駿河町に二軒（江戸本店・江戸向店）の店を持つ三井越後屋は、合わせて五〇〇人以上の奉公人を抱える巨大店舗であった。そして、これらはいずれも呉服問屋であることに注目したい。

すなわち、彼らが巨大な経営規模を維持できた背景には、まず武家社会を中心とした絹織物への大きな需要があり、生産地と結んで仕入から加工・小売販売までを本店・江戸店を軸とした複数の出店の連携によって実現したところにある。そして彼らは三井越後屋が掲げた「現銀無掛直《かけねなし》」の看板に代表される、店先での定価販売や薄利多売を徹底したことで急成長を遂げたのである。

なお、呉服物は元来高額商品であるから、その対応には時間と接客空間が必要となる。それゆえ呉服問屋は持場を分けた店舗スペースと多くの奉公人を収容しうるような、間口の広い構造の大型店舗に進化していった。そしてこのような「超大店」は、家族を中心に数人の奉公人を抱える小売店舗を基礎単位とする近世都市の基本的な商人像からすれば際立った存在であり、繁栄する江戸を象徴する名所として人々に認識されていったのである。

こうした「超大店」型店持商人である呉服問屋が江戸に進出したのは、主に一七世紀後半から一八世紀前半で、しかも京都に本店を置く「江戸店持京商人」が大半であった。なかには三井のように、両替・金融や屋敷経営にも積極的に参画する大店も現われたが、本店が機能分化された出店を統括的に管理する体制をとり、奉公人の多くも本店や創業地ゆかりの地域から採用されていた。

十組問屋　大店には店持商人が少なくなく、江戸に本店を置く場合も上方からの下り荷を扱う仕入問屋が多かった。そんな彼らを支えていたのが、元禄七年（一六九四）に結成された十組問屋の存在であろう。

十組問屋は大坂と江戸とを結ぶ菱垣《ひがき》廻船に仕入荷を積み合う江戸の問屋の間で結成され、菱垣廻船を支配下に置き、商品輸送の円滑化を図ったものであるが、一八世紀後半以降徐々に衰退していった。そこで文化六年（一八〇九）に定飛脚《じょうびきゃく》問屋大坂屋茂兵衛こと杉本茂十郎が三橋会所頭取となって十組問屋の再建を目指し、その結果同十年に株仲間化を果たし、六五組一二七一軒の問屋に一九九五株が発行されることとなった。

このとき大店のほとんどは株仲間に加入し、商品流通における排他的・独占的特権を得ており、地廻り経済圏の発展によって、それまでの上方に物資を依存する流通構造が変化した近世後期においても、多くの大店は幕末に至るまで株仲間における中心的存在であった。

御用達《ごようたし》　江戸には幕府の御用を務める特権的な御用達商人・職人がいて、技術・知識や資金・諸物資を提供し、一定の俸禄や屋敷などを与えられていた。彼らは儀礼社会である幕府を日常的に下支えするとともに、ときに財政金融政策などにも重要な役割を果たした。なかでも寛政改革期において登用された勘定所御用達は、商業資本に対する政治の優位性を回復するべく設置されたもので、上勘定所に属し、天明八年（一七八八）に七名、翌寛政元年に三名の合計一〇名の富裕な大店商人が任命された。彼らは俗に「十人衆」ともいわれ、随時幕府の諮問に応える必要性と、江戸市場の地位を引き上げる意図から、本店を江戸にもつ大店に限られていたのが特徴である。それゆえ、「江戸店持京商人」などが登用されることはなく、両替商の三谷三九郎が頭取を務めたことでもわかるように、大名貸などで活躍する両替商が多かった。

彼らは寛政改革下の棄捐令《きえんれい》や七分積金、そして米価調節などに重要な役割を果たすとともに、制度的には幕末まで存続し、町会所の運営などで活躍している。しかしその結果、幕府は江戸の大規模商業資本と共存共生の関係から脱することはできなかったのであった。

別家・家守衆・出入衆　大店は出店として本店の他に複数の店舗を構える場合が多く、一族による分家のほか、一定の年数を勤め上げた奉公人の中から別家を創出させる例がしばしばみられる。彼らは主家と同じ屋号・暖簾《のれん》印を許され、同種の商売を行う場合が多く、武家の本分家関係のように、本家は分家や別家に強い発言権を持つとともに、経営的にこれを保護し、強固な結束を図った。また、大店は家屋敷を購入し、不動産経営に乗り出す傾向が強いのも特徴である。こうした家屋敷は日常的に地代・店賃収入を得るためだけでなく、その沽券状が商取引の際の担保ともなり、信用を高める効果があった。そして各家屋敷には家守《やもり》が置かれ、地代・店賃集めや住人・長屋の管理にあたった。また、多数の奉公人を抱え、経営規模の大きい大店は、それに比例してさまざまな職人・商人と出入の関係を結んでいた。

こうして大店は右のような存在を外郭に抱える多重構造を形成していたのである。

社会活動　大店は蓄積した富の社会還元を常に期待される存在でもあった。例えば江戸は人口過密ゆえに火災の頻発する都市であったから、火災後市中に御救小屋が建てられ、施行を行う光景が常態化していた。当時富裕な町人が生活のよりどころを失った窮民への施行を行うことが社会的義務として一般に認識されており、幕府も事後彼らに褒美を与えるなどして奨励していた。このように大店は御救小屋に物資や資金を提供するとともに、店先でも窮民に炊き出しを行い、握り飯を配り、必要に応じて米や銭を与えている。逆に彼らはこうした社会活動を積極的に行うことを営業戦略の一環と位置付け、店の宣伝を期待する一方で、打ちこわしの標的にされることを回避する意図もあった。事実、慶応二年（一八六六）に江戸や大坂で起こった大規模な打ちこわしの際には、窮民は大店を狙い、社会活動に消極的な店が標的になっていたのである。

文化の担い手としての大店　江戸の大店のなかには、文化活動を活発に行ったことで知られる人物も少なくない。ことに旗本・御家人の蔵米を担保に金融を行って巨利を得た札差は、明和～天明期に絶頂を極め、「十八大通」と呼ばれる人々を輩出した。彼らは俳諧や茶の湯・能・歌舞音曲に通じ、義侠心に富む一方で、派手な身なりや奇矯な行動で人目をひき、役者のパトロンとなる者が現れたり、吉原や芝居見物での豪奢な消費ぶりが話題を呼ぶなど、独特の文化現象を生み出している。

また、幕末期に急成長した大店のなかにも、神田塗師《ぬし》町《ちょう》の紀伊国屋長三郎のような、パトロンとして錦絵界に重要な役割を果たした商人も現れている。紀伊国屋は十組問屋の釘鉄銅物問屋に古くより加入していたが、天保八年（一八三七）七月に別段古銅吹所が開設されると同所の仲買を兼ね、天保期に銅・真鍮の大規模な圧延を膝折《ひざおり》の農家に発注するルートを確保することで、上方と地廻り双方に流通基盤を得て着実に財を蓄えていった。そして八代目当主の長三郎は自身の趣味である芝居の世界を錦絵に表現することを思いつき、恵比寿屋庄七（錦昇堂）という無名の版元に巨額の出資を行って、当時「役者絵の豊国」といわれた三代歌川豊国にシリーズものの役者絵を盛んに描かせたのである。若き日の三遊亭圓朝や河鍋狂斎（暁斎）なども長三郎の支援を受けていたとみられ、幕末文化史に大きな影響力を与えた存在であった。

（滝口正哉）

【参考文献】　林玲子『江戸店の明け暮れ』吉川弘文館、二〇〇三年。西坂靖『三井越後屋奉公人の研究』東京大学出版会、二〇〇六年。『ある商家の軌跡―紀伊国屋三谷家資料調査報告―』千代田区教育委員会、二〇〇六年。竹内誠『寛政改革の研究』吉川弘文館、二〇〇九年。

店持商人

店持商人とは　本店以外に他国に出店を構える商人のことをいう。一般に出店先の地名を冠していう場合が多く、ことに江戸に置かれた出店を江戸店と称した。小売店舗を基礎単位とする江戸の商家のなかで、上方に本店をもつ江戸店の経済力には大きなものがあった。江戸では伊勢からの出店は「伊勢店」、近江からの出店は「近江店」と呼ばれ、とりわけ大きな影響力をもっていた。また、阿波特産の藍玉を扱う藍玉問屋や、摂津に本店を置く下り酒問屋など、特定の産地と業種が結びついた江戸店もみられた。

伊勢店　伊勢は中世から海運によって江戸とつながりが深かったが、近世においては木綿の産地として栄えたこともあって、集荷した木綿を販売するため、江戸に出店を設ける問屋が少なくなかった。木綿問屋は特に大伝馬町一丁目に集中していたが、他にも紙や茶・水油を扱う問屋に伊勢店が多かった。彼らは一七世紀後半までには江戸に進出し、関東や東北にまで販路を広げるなどして大いに成功している。なお、江戸に多いものを喩《たと》えて「伊勢屋稲荷に犬の糞」と言うように、伊勢屋を屋号とする商家が多いのは、こうした伊勢店の活躍によるものと思われる。

近江店　一方、近江店には木綿・生糸・麻織物・呉服など繊維関連の問屋のほか、近江八幡出身の西川甚五郎・伴伝兵衛に代表される畳表・蚊帳《かや》・青莚《むしろ》などを取り扱う問屋が多かった。なかでも西川家の江戸進出は早く、元和元年（一六一五）に日本橋通一丁目に「つまみ店」を開店し、のち元文三年（一七三八）、京橋の木屋久右衛門の店を引き継いでこれを「角万店《かくまんだな》」とした。やがて両店では弓問屋を兼ね、京都・大坂にも出店を設けた西川家は近代化に成功し、寝具や室内装飾品などの製造加工・販売会社とし存続している。

江戸店持京商人　江戸店のうち、京都に本店を置き、仕入れた商品を江戸店で売り捌く形態の問屋は「江戸店持京商人」と呼ばれた。彼らには繊維関連の問屋や、小間物・蝋燭《ろうそく》・雛人形などを扱う問屋が多く、呉服問屋としては、寛文二年（一六六二）白木屋大村家が日本橋通三丁目（のち通一丁目に移転）、延宝元年（一六七三）越後屋三井家が本町一丁目（のち駿河町に移転）、さらに寛保三年（一七四三）大丸大村家が大伝馬町三丁目にそれぞれ開店していることが知られる。ことに白木屋は近江長浜、越後屋は伊勢松坂と、いずれも本店を他国から京都に移し、仕入や事業管理組織を置く形態をとっており、近代のデパート化の基盤を築いている。

釜屋・鍋屋　店持商人のうち、元来鋳物師《いもじ》でありながら独特の商業的展開をみせたものに、近江国栗太郡《くりもと》辻村（滋賀県栗東町辻）出身の「辻村鋳物師」がある。彼らは北は出羽から西は周防《すおう》まで、各地に出店して鍋釜の製造と販売を行い、多くは屋号に「釜屋」「鍋屋」を名乗った。辻村を支配していた膳所《ぜぜ》藩では、彼らが出職・出店する際、本宅は辻村に置き、妻子など家族は辻村に残して置くように命じていたが、常陸江戸崎の鍋屋忠兵衛（田中忠兵衛、醤油醸造・販売）や下野栃木の釜屋佐兵衛（善野佐兵衛、質屋）のように、地方に根を下ろし、鍋釜類の製造販売をやめ、別の職種へ転業していった者も少なくなかった。江戸では「釜六」と呼ばれた釜屋六右衛門、「釜七」の通称がある釜屋七右衛門が知られる。両者はともに寛永一七年（一六四〇）に江戸に出、当初芝海手に居を構えたが、増上寺（現港区公園）の境内拡張にともなって上大島町（現江東区大島）に移転した。周囲に町屋のないなかで同地に工房を構えた両者は、その後享保二年（一七一七）に将軍吉宗の御成先の鍋釜御用を命じられて以来、御成先の御用を無代にて請け負い、梵鐘・天水桶・茶釜・鍋・釜などを製造する鋳物師棟梁であると同時に、釘鉄銅物問屋に加入して上方から銅などの原材料を仕入れながら鍋・釜の販売を行う鍋釜問屋にも参画して販路を広げている。

新興の商人　十九世紀には地廻り経済圏の発展などによって、下野の佐野屋長四郎など、本店や産地・販路をそれまでと異にする新興の店持商人が現われた。彼らはそれ以前江戸に進出していた商人たちに比肩しうる勢力に成長していったのである。

（滝口正哉）

【参考文献】　林玲子『江戸と上方 人・モノ・カネ・情報』吉川弘文館、二〇〇一年。同『江戸店の明け暮れ』吉川弘文館、二〇〇三年。西坂靖『三井越後屋奉公人の研究』東京大学出版会、二〇〇六年。

町方奉公人

町方奉公人とは　奉公人とは本来武士のことを意味したが、江戸時代になると次第にその対象が拡大していった。こうした変化をうけて、武家に住み込む使用人を武家奉公人と呼び、これに対応するように商家の使用人等を町方奉公人とする呼称が定着している。

三井越後屋の奉公人構成　三井越後屋の江戸本店では、三〇〇人を越える奉公人が住み込んでいたことが知られているが、これらの奉公人は店表と台所に大別された。炊事・雑用に従事していた台所奉公人は、主に江戸において成人を雇用し、奉公期間も短く、店表奉公人にみられた複雑な職階制度もなかった。これに対して営業活動を担った店表の奉公人は、京の本店で京都・伊勢周辺の子供を一括採用、京や江戸の店に配属された。各店に配属された店表の奉公人は、厳しい店の規律を順守し、同僚との競争にさらされながら、予め定められた階層を昇っていった。その階層は、平・役付・重役に大別された。さらに平は、子供と平手代、役付は、上座、役頭、組頭、支配、通勤がゆるされる重役は、通勤支配、後見、名代、勘定名代、元方掛名代、加判名代、元〆、などといった多くの職階に分岐していた。

寛保二年の事例　寛保二年に京本店で採用された三五人の場合、入店以来一〇年以内で大半の奉公人が離職してゆき、残った者は組頭・支配といった高位の役職まで進む場合が多かった。中途退職する奉公人のなかには、別の店を相続するための希望退職、長い奉公期間における功績により暖簾分けが認められる場合もあった。これらの場合、功績に応じて合力銀が支給された。寛保二年入店組で最も長く勤めあげたのは、一三才で入店し七二才で退職するまで、約六〇年間勤務し、最後は元〆とよばれる最高位まで上り詰めた宮田善右衛門であった。宮田は退職の翌年死去しているのでまさに三井越後屋にささげた奉公人人生であった。

（市川寛明）

【参考文献】西坂靖『三井越後屋奉公人の研究』東京大学出版会、二〇〇六年。

大家と裏店借

大家と裏店借とは　創出型の都市であった江戸を特徴づけた成立期のフラットな住民の階層構造は、一七世紀を通じて進行した急速な人口増加・地価の騰貴等の結果、極めて少数の地主と膨大な店借・地借に分解していった。地借とは、借地に自前の家屋を建てて住む者であり、店借とは長屋を借りて住む借家人のこと。地主は、所有する土地を借して地代を取得したり、表通りから離れた場所に長屋を建て、家賃を取得していた。こうした土地や長屋を管理し、地代店賃を徴収するために雇ったのが家守《やもり》であった。家守は、正式には家主《いえぬし》と表記されるが、店借からは大家《おおや》とも呼ばれた。

家守の町中　地主＝町人であった江戸時代初期、地主の代表が名主であり、町は名主を中心に、地主の合議によって運営されていた。しかし名主すら町内に居住しない状況が一般化すると、地主の代理人である家守たちの合議によって町が運営されるようになっていった。これを「家守の町中」と呼ぶ。家守は、毎年作成される人別帳や町入用などを保管する自身番屋に詰め、町自治に関する書類を作成したり、話し合いをもって町の運営にあたった。こうした書類の作成には書役を雇うことも多かった。家守は、自ら管理する長屋の明店に借り手がでた場合、借り手の職業、居所、生国、請人の名前・居所などを書き上げ、不審者が店借として長屋に住み込まないようにしなければならなかった。また自らも地借・店借として町内に住んでいた家守は、地借・店借層と日常的に接しながら暮らす共同体の不可欠な構成員でもあった。

家守株　地主が家守を雇う場合、家守請状を取り交わし、家守給が支給された。家守給は多くはなかったが、長屋の雪隠に溜まった屎尿の売却代金などの役得が付随していたため、家守株は高値で売買された。「守貞謾稿」によれば、家守株は、平均的なものでも金二〇両～三〇両、高額なものは二〇〇両に達した。一〇〇両の家守株の場合、給金二〇両、役得一〇両程度であったという。

（市川寛明）

【参考文献】岩淵令治「町人の土地所有」（『新大系日本史3　土地所有史』）山川出版社、二〇〇二年。

日用

日用とは　江戸時代において、自らの肉体がなす労働の成果を、最も短期間の場合、一日を単位として販売し、その対価を生活に要する最低限の貨幣で得ることによって、自らもしくはその同居家族の生計を成り立たせ、他者のイエ支配から自立して生活を営んでいる者は日用として一括される。日用には、裏店に居を構え、様々な日雇稼ぎで家族を養う生業としての日用と、自らの家族をもたず、出替化した武家奉公人を渡り歩きながら移動を繰り返す「日用」層の区別がある。これらは、労働力が最低限の生活手段と交換され、非生産的に消費されてしまう点で近似しているが、武家奉公人は武家のイエ支配の下に単身として存在し、生業としての日用は、同居家族を形成し、都市社会に自立して存在していた。

生業としての日用　安政四年（一八五七）、四谷塩町一丁目の「人別帳」を事例に生業としての日用の具体像をみてみたい。四谷塩町一丁目には一八〇人の名前人が記載されているが、このうち生業記載のない四人を除いた一七六人の生業構成は計七四種類、このうち同種の職業が存在しないのは五一種類に達し、生業構成の多様性に著しい特徴があった。複数存在する職業を種類の多い順に列記すると、日用二八人、大工一九人、小間物売七人、賃仕事五人、時の物売五人、鳶人足四人、団子売四人、棒手振四人の順で続き、日用が他を圧倒して多く存在していたことがわかる。日用の占める割合については他町の事例を慎重に比較検討する必要があるが、日用は店借層の最も典型的な職業であったといえる。また賃仕事や鳶人足も日用と同様の性格を帯びた生業も少なからず存在し、広い意味で生業としての日用に類型化しうるものもある。また棒手振や時の物売りなどといった振売も、一日の労働の結果得られる貨幣が、貯蓄や剰余を生み出さない、「其日稼」の状態であれば、生業としての日用の一形態であるとみることができる。　（市川寛明）

【参考文献】吉田伸之『近代都市社会の身分構造』東京大学出版会、一九九八年。岡田与好『イギリス初期労働立法の歴史的展開』御茶の水書房、一九六一年。

職　人

職人とは　「伝統工芸や手工業的製造業の技能者、大工、左官、植木屋、仕立屋などのように、自分の身につけた技術で物を造ることを職業としている人たちの総称」（『日本国語大辞典』）。このような意味での職人が成立し広く活躍したのが近世という時代だった。中世に多く作成された「職人歌合」には、鍛冶や番匠の他に、陰陽《おんみょうじ》師・巫女などの呪術的宗教者、放下《ほうか》・猿楽などの芸能者、浦人・農人、博打、立君・辻君など、多種多様な芸能の民、「道々の者」が描かれている。またそこに含まれる手工業的な技能者は、座などに編成され公家や寺社などに隷属する存在であった。しかし、かれらは次第に技能に基づいた力量を蓄え、自治的・自律的な集団を形成していく。戦国期から統一政権の時代へ、当初は軍事的要請から、さらに続いて城郭や都市建設の需要から、大工や職人を個別に掌握し、さらに集団として機能させようとする動きが生じる。こうして職人国役によって広域的な職人が編成され普請に当たり、あるいは城下町に集住させられ大工町・鍛冶町などを形成し技能労働を提供するなど、手工業の能力をもつ者が「道々の者」から分離しつつ、身分的に編成されることとなった。

職人の多様性　職種ごとの集団の形成と編成の動きと述べたが近世に「職人」身分というものが成立したわけではない。大工や鍛冶などのうち村方にその活動拠点をもつ者は百姓として村方人別帳に記載される。また幕府や大名家では職人の動員や統制のため職人頭を置くが、その一定部分は御用職人として武士に準ずる扱いを受け、その場合は町方の人別帳から離脱することになる。工商の民として町方に居住する町人以外にも職人は存在していたのである。

また単一の職能であっても技能の習得、分業上の役割から階層分化を遂げる。たとえば近世中期の江戸の畳屋では、原料を仕入れ、客からの注文をうけて製造販売する畳屋、店はもたないが、直接注文を受けて出職などをする独立した畳職人の畳刺のほか、手間取・職人・出居衆・弟子などが確認される。

仲間と組合　城下町においては当初同業の職人が集団居住することが多かったが、一七世紀中葉以降、次第に町方の民間需要が増し、そうした注文に応じるため市中に散在する傾向が高まる。そうなると顧客・得意先をめぐる紛争回避など共存共栄を図るための仲間結合が形成されていく。その中には職種ごとの太子講・えびす講など宗教的仲間集団の形式をとるものもあった。一方、幕府や大名権力は、職人を掌握し物価統制や倹約の徹底、また御用勤めの職人確保を図るため、組合設定を行った。職人の階層分化が顕著になると、親方層が手間取り職人らを取り締まるため領主権力と結び、御用勤めや冥加金を負担してでも組合を公認のものとし、権益を擁護するようになっていく。当初の内仲間と、領主公認の表仲間＝組合とは性格を異にしていくことになる。

広域的ネットワーク　都市内部の仲間・組合とは別に、より広域的なネットワークが形成されることもある。近江国栗太郡辻村の鋳物師《いもじ》は梵鐘の他、鍋・釜などの生活用具や鋤・鍬などの農具販売を行っており、その本家は辻村に本百姓身分の鋳物師として存在したが、この本家から地方に寄留するという形で全国に出店が広がり、元禄期には少なくとも二三〇家が展開していた。辻村の本家と出羽国酒田、陸奥国会津から江戸深川、信濃国松本、加賀国金沢などに及ぶ出店相互間には、婚姻関係や奉公人の移動、原材料の取引、技術交流などの緊密なネットワークが形成されていた。ところで従前職人については中世的な関係を残して天皇や公家の権威による全国的規模での編成が指摘され、その典型例として下級公家真継《まつぎ》家による鋳物師編成が挙げられていた。しかし、一八世紀初めに真継家が配下に組み込もうと働きかけてきた際にも辻村鋳物師らは各地の出店メンバーが帰村して対応し、朝廷＝真継支配を相対化しつつ、自律的・戦術的な対応をみせた。労働や経営の質を高め、自由競争や市場経済を原理とする経済活動を志向する、近世職人のひとつの到達点を示すものといえる。

（西木浩一）

【参考文献】竹内誠『大系日本の歴史10　江戸と大坂』小学館、一九八九年、朝尾直弘編『身分と格式』中央公論社、一九九二年。乾宏巳『江戸の職人』吉川弘文館、一九九六年。塚田孝編『職人・親方・仲間』吉川弘文館、二〇〇〇年。

町家の女性

町家の女性とは　町家とは、町にある家・商家、商人や職人などの住居の多い地、町人・町方の意がある。ここでいう町家の女性とは、主に城下町をはじめとする諸都市の町人地に存在する庶民女性を指す。多くの召使いを抱える商家や零細な職人家族の妻や娘など、その実態はさまざまである。

女性地主　江戸・大坂・京都をはじめとする都市では、土地（町屋敷）を所持する女性が存在した。これには、後家や娘が土地を相続した事例だけではなく、男性当主が存在するのに女性が土地を所持した事例もみられ、女性の土地所持を男性当主が現れるまでの中継的なものとみなすことはできない。盛衰の激しい商家の世界では、家業を営む資質を有する人物を得るために、家付き娘に養子を迎えることが少なくなかったと考えられる。

商家の女性　江戸で菓子の製造・販売業を営む大店の金沢家は、家業を営む表と家族の生活を維持する奥に分かれていた。女性による表の営業への関与は認められていなかったが、当主の妻が記した安政四年（一八五七）の日記からは、奥を担う当主の妻は家計費だけではなく営業資金の現金出納を行ったことが知られ、文化期（一八〇四〜〇八）や安政期（一八五四〜六〇）の書状からは、将軍家や大名家に菓子を納める御用請負を実現するために、当主の妻が江戸城大奥や大名屋敷の奥に働きかけたことが判明する。紀州和歌山の質屋で町大年寄も勤めた沼野家では、当主の妻が夫の帳面付けや照合を手伝い、質流れ品の整理を行うほか、貸家の管理にも関係した。女性たちは家業を支える役割を担って商家の維持に一定の役割を果たしていたといえよう。

こうした女性による家業への関与のあり方は一様ではなく、経営規模が小さい商家ほど女性は家業に深く関わり、経営規模が大きくなると表と奥が分離し、女性による家業への関与がみられなくなる。京都や伊勢・近江などに本店を構え、江戸をはじめとする諸都市に出店を置いた豪商は、呉服商の越後屋（三井家）などを筆頭に最大の経営規模を有したが、彼らが江戸に置いた出店（江《え》戸店《どだな》）には、本店や本家の所在地で採用された少年が派遣され、彼らが勤務年数に応じて子供や手代などとして働いた。これらの店表の奉公人は独立・別家するまでは原則として単身・住み込みで働き、彼らの生活を支える台所（賄方）も下男（男衆）が担っていたため、江戸店は女性の存在しない男社会であった。

下層女性の生業　零細な生活を営む女性には、洗濯や縫い物などの賃仕事、武家屋敷や商家での住み込み奉公に従事する者が存在した。先述の和歌山の沼野家における下女奉公には、針妙（裁縫）、中居（家事雑用）、飯炊き、子守の四種類があり、女性が金銭を稼ぐ主な手段の一つが家事労働であった。

こうした家事労働のほかにも、一八世紀末から幕末の江戸では、食品を扱う者、小間物などを売り歩く者、藁や刻み煙草などの細工・販売に従事する者などが確認され、江戸以外の地方城下町では、椀作りや機織り（陸奥国若松）など、地域の特色を反映した加工業に従事する女性も存在した。また諸都市には、読み書きや音曲の師匠、女髪結、遊女なども存在し、都市に生きる女性たちは都市雑業層の一角を形成したといえる。

江戸の女髪結　女髪結とは女の髪を結うことを職業とする女性で、一八世紀末頃に都市で発生した。嘉永期（一八四八～五四）の江戸には一四〇〇名が存在し、結い髪の技術とわずかな道具を元手に（中には数名の梳き手を雇う者もいた）、顧客の元に出向く「廻り」営業か自宅営業を行っていた。こうした営業の実態は男性の髪結と大差ないが、女髪結には、公儀（幕府）などへの役を負担することで、同業者で集団化し営業権を独占するという、男性の髪結にみられた動向は確認できない。女髪結の労働は公的認可や集団化の枠外で、顧客との個人的な関係に依拠して社会に浸透したとみられる。このような労働のあり方は都市下層女性の髪結以外の雑業も同様であったと考えられ、女性の労働が可視化されない当時の社会のあり方を示している。

（髙山慶子）

【参考文献】林玲子『江戸・上方の大店と町家女性』吉川弘文館、二〇〇一年。横山百合子『明治維新と近世身分制の解体』山川出版社、二〇〇五年。横山百合子「一九世紀都市社会における地域ヘゲモニーの再編」（『歴史学研究』八八五）二〇一一年。

町年寄

町年寄とは　城下町などの行政組織は、上位に領主役人である町奉行を長官とする町奉行所があり、町奉行のもとに、町人身分で、町方全体を統括する総町支配役が、その下に町を支配する町支配役がおかれるというのが一般的であった。

総町支配役のいない都市もあるが、江戸では町年寄、大坂では惣年寄といい、ほかに検断頭・惣町代・大年寄などの名称があり、身分取扱・職務内容にも異同がみられる。なお、京都・大坂では、町支配役のことを町年寄と称した。ここでは江戸の町年寄をとりあげる。

江戸の町年寄　町年寄は町奉行のもとで町方全体を支配し、樽屋・奈良屋・喜多村の三家が世襲した。三家とも武士の出自を持つとされ、天正一八年（一五九〇）徳川家康江戸入り直後頃に江戸宿の年寄を命じられたという。初期には町年寄は多様な職務に従事し、特権を与えられた。奈良屋・樽屋は慶長七年（一六〇二）に東海道・中山道の駄賃の決定に関与し、同九年には一里塚の建設に従事した。喜多村は連雀《れんじゃく》商人札座を勤め、糸割《いとわっ》符《ぷ》年寄を兼ねたという。また、上水管理にもかかわり、これに関連して一時期関口村・小日向村・金杉村を代官支配した。樽屋は東国三三か国の枡改めを行った。

町年寄の職務　町年寄の職務が制度的に整備されてくるのは一七世紀中頃からで、その内容は、①触の名主への伝達、②新地の地割・受渡、③人別の集計事務、④名主の任免、⑤組合名簿の保管など商人・職人の統制、⑥公役・冥加・運上の徴収、⑦町奉行の諮問に対する調査・答申、⑧町人諸願い出に関する調査、⑨民事関係の訴訟の調停などであるが、町奉行と名主の間にあって、その独自の機能・役割については、明確ではない。

町年寄はその職務を月番で勤め、奈良屋は本町一丁目、樽屋は本町二丁目、喜多村は本町三丁目に屋敷地を拝領し、ここを役所として手代をおいて執務した。

こうした固有の職務とは別に、一八世紀中頃から公金貸付を担わされ、多額の貸付金の引負によって町年寄を退役させられる者もいた。寛政改革期には猿屋町会所の運営や出版統制に関与し、文化年間（一八〇四〜一八）には幕府御用金の徴収や三橋会所の運営にもあたった。嘉永四年（一八五一）には諸問屋再興掛を命じられ、同六年には御用金の徴収にもあたるなどのように、幕末に至るに従い、町年寄は多様な業務を担わされていった。

収入と処遇　町年寄の主な収入は本町の拝領屋敷に加えて市中に数か所ずつ、二〇〇〇坪前後の拝領屋敷からの地代で、約六〇〇両あった。この他に火災による米金の拝領・拝借が認められ、特別な職務にともなう扶持米の支給、公金貸付による手数料収入、町々から徴収する晦日銭があり、樽屋には枡座による収入もあった。

町年寄は町人の最上位の存在で、初期には帯刀《たいとう》や熨斗《のし》目《め》の着用が認められていたが、天和三年（一六八三）には停止された。その後寛政二年（一七九〇）に樽屋と奈良屋は猿屋町会所勤務中のみ帯刀を許され、ついで文政七年（一八二四）には、制約があるものの、三年寄とも一代限りの帯刀が認められた。熨斗目の着用は天明四年（一七八四）に認可された。苗字については、喜多村はもともと認められていたのに対し、樽屋は寛政二年に樽を、奈良屋は天保五年（一八三四）に館《たて》の苗字を名乗ることが許された。こうした苗字・帯刀や熨斗目着用の認可は、ほかの御用達町人と比べると遅れているが、年頭に江戸城中での将軍拝礼、寛永寺や増上寺への御成先での拝謁、将軍代替わりの献上物などは認められていた。また、町年寄の退役・跡役・後見・改名や、湯治・駕籠使用の願書は町奉行へ提出され、老中の認可を受けた上で許可され、町年寄への褒美下賜も老中の認可が必要であり、一般町人とは異なる幕臣並の扱いを受けていた。

町年寄の文化活動　町年寄の文化活動については、喜多村彦右衛門が、石州流の茶人で、享保年間（一七一六〜三六）に幕府御数寄屋頭となった初代伊佐《いさ》幸琢《こうたく》（半々庵）の門人で、半々庵《はんはんあん》七徹の一人であった。伊佐家は幕府の茶道を掌握し、武家社会の茶道界に大きな勢力を持っていたので、町年寄は茶会などを通じて、武家や上層町人社会との文化的交流を有していたと考えられるが、江戸の文化社会に町年寄がどのようにかかわっていたのかは、明らかにされていない。

（加藤貴）

【参考文献】吉原健一郎「町年寄」（西山松之助編『江戸町人の研究』第四巻）吉川弘文館、一九七五年。吉原健一郎『江戸の町役人』吉川弘文館、一九八〇年。

町名主

町名主とは　近世都市の町支配役のことで、江戸では名主、京都・大坂では町年寄といい、ほかに肝煎・検断・庄屋・町頭・町代などの名称があり、身分取扱・職務内容にも異同があるが、江戸の名主からみていく。

初期の名主　町の開発人・草創人《くさわけ》の多くが名主に就任した。初期名主の性格を役の総覧者とする指摘もあるが、不明な点も多い。初期には苗字・帯刀の名主もいたが、寛文八年（一六六八）の町人帯刀禁止令により、名主も帯刀が禁じられ、公的には苗字も名乗れなくなる。名主家は武士出自のものも少なくなく、姻戚関係では、名主家同士のものが多いが、武士とのものもみられる。

名主の種類　名主は系譜により、①古町名主、②町並地名主、③門前名主の三つに分けられる。古町名主とは、寛永年間（一六二四〜四四）頃までに成立した町を支配する名主である。その中で初期に就任以来代々世襲で名主役を継承したものを草創名主といい、名主の中でも筆頭の位置を占めた。古町名主は、正月三日に江戸城中での将軍への年頭拝礼が許された。町並地とは代官が土地（年貢・諸役）を、町奉行が住人を支配した町で、これを支配したのが町並地名主である。門前名主は、寺社領の境内や門前地に成立した町を支配した。

名主の位置　名主は、町年寄の支配下にあり、退役・跡役願は町年寄へ提出し、町奉行の承認を経て認められた。古町名主は、支配町の家持・家主が連署して願い出たが、草創名主は退役願だけ本人のみの願い出で済んだ。町並地名主は代官へ、門前名主は寺社へ願い出、それぞれの承認を得た添状をもらい町年寄に願い出た。また、名主は、泊まりがけの旅行に際して、町奉行所に暇《いとま》願を提出し、許可を受けなければならなかった。

名主は、行政上は居町の一員ではなかった。町奉行所や町年寄からは、愚昧な町人を教諭・教導する長役《おさやく》と位置づけられた。名主自身も町方行政にかかわる中で、一般町人とは異なる独自の意識を形成していった。

名主の職務　名主の職務は、①町触の伝達、②人別改、③忠孝奇特者の取調、④火の元の取締、⑤火事場での火消人足の差配、⑥町奉行や町年寄の指令による諸調査、⑦町奉行所への訴状や届書への奥印《おくいん》、⑧沽券状など諸証文の検閲・奥印、⑨支配町内紛議の調停、⑩失行者の説諭、⑩町入用の監査、⑩祭礼の執行などで、支配町内の町用と公用のすべてに関与し、公用の時には継裃《つぎがみしも》の着用が許された。

名主はこうした職務をはたすため一般町人には禁じられた玄関構を許された。これは町奉行所役人が出張してきた際に仮の役所とするためであったが、町内の紛議の多くはこの玄関で調停されたため、町人たちは名主のことを玄関《げんか》とも呼んだ。なお、名主は、名主役専業で他業の兼業を禁じられたため、支配町内から役料を徴収することを認められていた。

名主の寄合　一八世紀はじめまでは総名主が寄合に参加したが、のちに年番名主が、一九世紀になると掛役が中心となる。名主寄合は、町年寄・町奉行所の行う町方行政を、より具体的に実現したり、政策を修正させていく一方では、町人の利害を調整して町年寄・町奉行所へ町人の総意を主張する役割をはたした。

名主組合と掛役　正徳年間（一七一一〜一六）には、神田・日本橋・京橋や芝・浅草では地域ごとに名主組合が存在した。こうした名主組合を、拡大した町奉行支配域全体で再編成したのが、享保七年（一七二二）に結成された名主組合である。番組ごとに年番を定め、町触の伝達などや、組合内の名主の監督にもあたった。

寛政改革以降、町奉行所では、名主の本来の職務とは別に、町会所年番・桶樽職役銭取立掛・絵入読本類改掛など、天保改革期には市中取締掛・諸色取調掛・人別取調掛などの掛役に任命した。掛役の中には、職務内容が支配町や名主番組を超えて、町方全体を対象とするものもあり、積極的に政策提案をしていくようにもなるが、一方では、権威化が進展していき、支配町や名主番組から遊離していくようにもなった。

（加藤貴）

【参考文献】幸田成友「江戸の名主」（『幸田成友著作集』第一巻）中央公論社、一九七二年。吉原健一郎『江戸の町役人』吉川弘文館、一九八〇年。片倉比佐子『大江戸八百八町と町名主』吉川弘文館、二〇〇九年。東京都江戸東京博物館都市歴史研究室編『江戸の町名主』東京都江戸東京博物館、二〇一二年。吉田伸之『伝統都市・江戸』東京大学出版会、二〇一二年

町役人の家と女性

町役人とは　都市の町人地において、町奉行の下で町政にあたった人を指す。「まちやくにん」と読むときは江戸の町年寄のように町人地全体の事務を扱う最上位の町人、「ちょうやくにん」と読むときは江戸の名主や月行《がち》事《ぎょうじ》など個別の町内の事務を扱う者、と区別することもある（広義の「まちやくにん」は両方を含む）。武士である町奉行や配下の与力・同心は含まない。

町役人の出自　町人地の筆頭の町役人には、武士や武士に準じる土豪や地侍などを出自とする者が少なくない。広島の大年寄や町年寄、名古屋の惣町代、尾道の町年寄、高岡の由緒町人、姫路の大年寄、仙台の検断、岐阜の惣年寄、大坂の三町人といわれる元締衆、京都の惣町頭役など、先祖を武士や土豪・地侍とする事例は数多い。近世初期に武士や商職人が城下町に集められたが、この人口移動の中で武士や土豪・地侍などが都市に出て、町人の上位に位置する町役人や特権的な商職人になったと考えられる。

江戸の町年寄と名主　江戸には筆頭の町役人として奈良屋・樽屋・喜多村という三家の町年寄が存在した。由緒書によれば樽屋の先祖は徳川家康の従兄弟にあたる三四郎康忠《やすただ》で（家康生母お大と康忠父忠頼の父が水野忠政）、三四郎の名は敵一二人を討ち取った首の数にちなんで家康に付けられた名前であり、康忠の康も家康の偏諱《へんき》である。町年寄の下には名主が存在し、一八世紀中頃以降は二五〇名前後であったが、その内二十数名は草分（草創）名主である。草分名主馬込《まごめ》家の先祖は遠江国の馬込村出身で、家康が幼少の頃から仕えて戦陣の道具や兵糧の運搬を担い、家康の江戸入りに従ったという。このように町年寄と草分名主は家康との縁が深く、武士あるいは武士に準じる階層の出身であった。これらの家は世襲を認められ、江戸時代を通して特権的な上層町人の家であり続けた。

草分名主以外の名主には世襲は許されず、名主交代時には支配町内の町人が新しい名主の支配付きとなることを願い出て、町奉行・町年寄から許可を得る手続きを要したが、実際にはそれが前代の息子（養子を含む）であることが多く、事実上は世襲であった。

　町年寄と名主は専業で、町年寄は拝領屋敷から上がる地代、名主は支配町内の地主が負担する町入用から支出される役料を、主な収入とした。江戸の名主に相当する大坂の町年寄は、各町一人ずつ町内の町人による選挙で決められ、彼らはそれぞれ家業を営んでいた。町役人のあり方は都市によって一様ではない。

月行事と書役　江戸の場合、名主の下では各町の家守（家主）が月行事を出して町政を運営し、町用の事務を補助する書役《かきやく》を雇用した。彼らは一般の町の住民であるが、町政を担うという点では町役人に含まれる。家守や書役の家については不詳な点が多いが、幕末の四谷塩町一丁目の書役や雉子町周辺の書役の大半は信州伊那郡出身者であったことが指摘されている。

名主の家　江戸時代に女性が町役人をつとめた事例は知られていないが、妻に迎えた女性や娘の嫁ぎ先を通して町役人の家の特徴を知ることができる。江戸の名主の婚姻や養子取組の多くは同役の家同士で行われたが、大伝馬町名主の馬込家は、大名家・徳川御三家の家臣・幕府代官手附など武家との間で婚姻や養子取組を行い、ほかにも町年寄の縁者や蹴鞠の目代、領主層に仕える村の有力者など、身分的・文化的に上位の家と縁戚関係を形成した。家康以来の特権や権威を存在基盤とする草分名主の馬込家は、身分の高い者と関係を深める志向を有したとみられる。

　また馬込家は、蹴鞠・学問・茶の湯・俳諧などを嗜んだが、雉子町名主の斎藤月岑も、親子三代で完成させた『江戸名所図会』をはじめ、『東都歳事記』『武江年表』など多くの著作を生み出し、盛り場や神社仏閣などの名所へ頻繁に外出したことなどが知られている。江戸の名主には高い教養を有し、活発な文化活動を行う家が少なくなかったと考えられる。

（髙山慶子）

【参考文献】原田伴彦『日本封建都市研究』東京大学出版会、一九五七年。吉原健一郎『江戸の町役人』吉川弘文館、一九八〇年。加藤貴「神田雉子町名主市左衛門と支配町」（『江戸の風景』）千代田区四番町歴史民俗資料館、二〇〇三年。近松鴻二「住人列伝」（『東京都江戸東京博物館研究報告』一一）二〇〇五年。髙山慶子「江戸町名主の社会的位置」（志村洋・吉田伸之編『近世の地域と中間権力』）山川出版社、二〇一一年。

町火消

町火消とは　近世都市住民によって構成された自衛的消防組織。ことに江戸の町人自身によって組織されたものを示す場合が多く、町奉行大岡忠相の主導で享保三・五・一五年（一七一八・二〇・三〇）と三度の編成を経て組織化された。

組織　江戸では大名による大名火消・所々火消・方角火消・各自火消、旗本による定火消など、武家地の消防体制は比較的早期に整備されていったが、町方については町共同体による自衛機能に委ねられたため、町人の負担が大きく、効率化が遅れていた。そこで大岡は隅田川以西の町々を地域ごとにいろは四七の組（へ・ら・ひには百・千・万を用いた）に分け、これを一～一〇番組の大組に編成した（のち元文三年〔一七三八〕に八番組となる）。また本所・深川は一六組に分け、南・中・北の大組に編成した。そして各組の目印に纏《まとい》や幟《のぼり》が定められ、彼らを町奉行所の火消人足改の与力・同心が指揮したのである。

出動範囲の拡大　町火消は享保七年に武家地にも出動できるようになると、江戸城や浅草米蔵など幕府諸施設の消火活動にも従事するようになる。そして幕末になると江戸市中の治安維持の役目も担うこととなった。

火消人足　当初町火消の消火活動は店借・奉公人が担っていたが、次第に技術的に破壊消防に長けた鳶人足に委ねられていった。鳶人足には各組ごとに、頭取（鳶頭）―纏持―梯子持―平（人足）といった階層が存在し、普段は町内の下水の清掃や道の補修、祭礼時の準備や警固、その他さまざまな雑事に従事していた。彼らは「め組の喧嘩」で知られるように、大名火消・定火消や他の町火消と喧嘩をしばしば引き起こす一方で、独特の社会慣行を持ち、木遣《きや》りを唄い、半纏《はんてん》や刺青《ほりもの》に意匠を凝らし、寄席を経営したり納札（千社札）に参加するなど、江戸の文化面に与えた影響も大きい。（滝口正哉）

【参考文献】池上彰彦「江戸火消制度の成立と展開」（『江戸町人の研究』第五巻、吉川弘文館）一九七八年。黒木喬『江戸の火事』同成社、一九九九年

番人

番人とは　都市の治安維持の末端は巡邏《じゅんら》システムと辻番システムの組み合わせで維持されていた。前者は番方の武士やその指揮下のアウトロー集団（目明し等）による広域的巡回であり、後者を担うのが番人であった。その担い手は地域によって異なるが、武士、町人、日用層及び非人身分などであった。

武家地の辻番　江戸の面積の約七割を占めた武家地では、屋敷拝領者の石高に応じた役として武家方辻番人の配置が義務付けられていた。その職務は公儀の地所である路上における喧嘩敵討・刃傷沙汰の取締、病人・捨子の保護、死体処理等であった。本来は武家の家来が勤めていたが早くに請負化が進んだ。請負人の実態は人宿であり、番人は主に地方から流入した単身の労働力販売層＝日用層の人々だった。このため給金の中間搾取と番人の質の劣化問題に幕府は苦慮することとなる。

町方の木戸番・自身番　江戸の町々には街路を遮るような形で木戸が設けられ、夜間は木戸を閉めて自由な通行を許さなかった。この木戸に木戸番屋・自身番屋が設けられ、番人が詰めていた。昼夜警火にあたるほか、犯罪者の取り締まりの際は時刻を問わず木戸を締め切るなど治安維持に寄与した。木戸番は番太・番太郎と呼ばれ、主に日用層の者が町方の費用負担で雇用されていた。番賃を補うのに駄菓子・蝋燭・草履等の販売をしており、商番屋とも称された。木戸番人についても老齢の者が多いなど、番人の質が問題化していた。他方、本来地主自ら交代で勤めたのが自身番屋だったが、不在地主の多い江戸町方では大家が順番に勤めるようになり、これに店番（町内の各戸が順番で出る）と雇用した番人を組み合わせ、三人～五人程度が詰めていた。文政十三年（一八三〇）、町奉行が自身番屋の勤務ぶりを隠密調査したところ、大部分が人数不足だったり、布団をかぶって寝入っているというありさまで、幕府はこうした番屋機能の維持強化令を頻発し続けることとなった。（西木浩一）

【参考文献】伊藤好一『江戸の町かど』平凡社、一九八七年。　岩淵令治『江戸武家地の研究』塙書房、二〇〇四年。

相撲取

相撲取とは　中世にはじまった勧進相撲は、一七世紀末葉以降、営利的な興行として三都などで本格的に開催されるようになった。相撲取とは、相撲を生業とする人びとのことである。相撲取の多くは百姓・町人身分の出身だが、文政一〇年（一八二七）における幕府の見解では、大名に抱えられた武士身分に属する者とその他の浪人に大別されている。相撲取とともに興行集団の中心であった相撲年寄（京、大坂では頭取）も浪人とされた。抱えの相撲取は大名家から扶持《ふち》・宛行《あてがい》を受け、帯刀が許された。浪人とされたその他の相撲取は、通常、脇差のみであった。また相撲取らは、諸国を巡業する際、一定の範囲内は、一般の相対《ありたい》賃銭より低廉な御定賃銭で人馬を雇うことができる大名家などと同様の特権を有していた。

大名抱えの相撲取　大名抱えの相撲取は戦国時代からみられるが、当初の目的は領内の力強き者を戦時に用いる、藩の武術奨励などであった。しかし一八世紀以降、興行が安定して開催されるようになると、他領出身者でも相撲を生業とする相撲取が抱えられるようになる。例えば信濃国小県郡大石村出身の大関・雷電為右衛門《らいでんためえもん》は、天明八年（一七八八）に松江藩松平家に抱えられている。なお文政一三年（一八三〇）における将軍徳川家斉の上覧相撲には二二四名の相撲取が出場し、大名抱えはその内の三〇名、全体のおよそ一三・四％であった。

抱えの相撲取も他の藩士と同様に、大名と主従関係を結び、藩の職制に位置付けられていた。松江藩の場合、家臣団の末端に位置する水主《かこ》として抱えられている。しかし抱えの相撲取が藩士として過ごす期間は限られ、主従関係は一時的なものであった。一方で相撲年寄とは師弟関係が結ばれており、その実態は興行に参加し、相撲を生業とする相撲取であったといえる。　　（土屋喜敬）

【参考文献】高埜利彦「相撲年寄」（塚田孝編『職人・親方・仲間』）吉川弘文館、二〇〇〇年。高埜利彦「抱え相撲」（森下徹編『武士の周縁に生きる』）吉川弘文館、二〇〇七年。土屋喜敬「文政一三年の将軍上覧相撲と道中の人馬賃銭について」（『相撲博物館紀要』一〇）二〇一一年。

歌舞伎役者

歌舞伎役者とは　歌舞伎役者は、江戸時代初期には弾左衛門の支配下にあり、その後も制度的差別を被ることもあった。しかし「千両役者」の言葉の通り破格の給金を得る者もおり、実体的には憧れのスターであった。

歌舞伎には、せりふを始め、見得、だんまり、立ち廻りなど歌舞伎独特の芸や代々伝えられてきた家ごとの型がある。多くの役者が子役より出発し厳しい稽古を重ね、芸が深まり人気が高まるにしたがい、新之助、海老蔵、団十郎（七代目団十郎の例。後に海老蔵に戻る）というように、一段階上の名跡を襲名していった。市川団十郎をはじめとした大きな名は、多くの場合、実子や養子などによって継がれてきた。しかし、三代目尾上《おのえ》菊五郎《きくごろう》のように、建具屋の息子でありながら役者となり、人気実力を兼ね備え、一代で菊五郎の名を大看板とした、という例もある。なお、歌舞伎の最大の特徴は、女性の役を男性が演じるという点であるが、女方の中には、女性としての仕草を体得するため、舞台を降りても女性として生活する者もいた。

役者同士は共演者でもあり競演者でもあるため、揉め事も多かった。三代目尾上菊五郎が七代目市川団十郎に断りなく市川家の芸である助六を演じたことから不和となり、数年間不仲が続いたという話や、三代目菊五郎の給金が高すぎて、他の役者が退座したという話など、個性的な主役級の役者同士の諍いは数多く伝わる。

江戸のアイドル　江戸時代、人気役者たちは、常に注目され、噂され、真似される存在であった。舞台上の役者の姿を真似た装いも流行し、市松模様、あやめ帽子、路考髷《ろこうまげ》、路考結《ろこうむすび》、瀬川帽子《せがわぼうし》など、役者名を配した文様やスタイルが巷で大流行した。歌舞伎役者の芸や人気に対しては、毎年のように評判記が出され、目の肥えた鑑賞者による位付けが行われていた。

また、役者たちは、江戸という大都市で発達した浮世絵版画の格好の画題となった。役者の絵は、役者の顔の個性を表現した似顔絵で描かれるようになり、舞台上の姿は勿論、ブロマイドのような「大首絵」、私生活風のものなど、さまざまなタイプの絵が絵草紙屋《えぞうしや》の店先を飾った。華やかな上、比較的安価でかさばらないため、役者絵は、参勤交代の武士や商人たちの格好の土産物になり、各地へ広まっていった。

嗜み　江戸時代の役者は、俳諧を嗜むものが多く、市村羽左衛門の何江《かこう》や家橘《かきつ》、市川団十郎の三升《さんしょう》や栢莚《はくえん》、尾上菊五郎の梅幸《ばいこう》や三朝《さんちょう》、松本幸四郎の錦升《きんしょう》といったように、皆、俳名を持っていた。尾上梅幸や、中村芝翫《しかん》のように、後に俳名が役者名となった例も少なくない。

俳諧にとどまらず、狂歌を嗜み、また著述を行うものもあった。特に五代目市川団十郎は文芸の才にも秀でており、白猿《はくえん》などの名で俳諧を、花道のつらねの名で狂歌を詠み、随筆も著している。五代目は、大田南畝《おおたなんぼ》や烏亭《うてい》焉馬《えんば》をはじめ、文人たちとも親しく交流していた。なお、焉馬はたいへんな五代目の贔屓で、談洲楼《だんしゅうろう》と号し、贔屓団体の三升連を組織したほどで、五代目の顕彰を主な目的として著した『歌舞伎年代記』は有名である。

役者と事件　正徳四年（一七六一）正月一二日、江戸城大奥の年寄絵島は、前将軍家宣の墓を代参し、その帰りに芝居を見物した。芝居見物の後、茶屋に寄り、人気役者生島新五郎らを招いて遊興をして、大奥の門限に遅れてしまった。絵島の門限遅刻の噂は広まり、大奥の女中と役者の密会が疑われたことからも、大問題となった。斬首や流刑を含め処罰対象者は五〇人に及び、各芝居小屋も廃座や改築という形で巻き添えとなるという、大事件に発展した。

また、嘉永七年（一八五四）八月四日、八代目市川団十郎が、大坂で自ら命を断った。華があり、美貌で知られ、世の女性からの絶大な人気を誇っていたが、父の五代目海老蔵とともに出演する予定であった大坂の芝居の初日、三二歳という若さで、遺書も残さず突然世を去った。八代目団十郎の謎の死後、追善の小説や二百種ともいわれる追悼の浮世絵が出された。江戸後期、人気役者の死に対しては追悼の絵が出されることが恒例化していたが、八代目団十郎については、その数は群を抜いている。

（湯浅淑子）

【参考文献】伊原敏郎『歌舞伎年表』岩波書店、一九五六～一九六三年。服部幸雄『絵で読む歌舞伎の歴史』平凡社、二〇〇八年。国立劇場調査資料課編『歌舞伎俳優名跡便覧　第四次修訂版』二〇一二年。

女義太夫

女義太夫とは　義太夫節を演奏する女性、あるいは女性が演奏する義太夫節のこと。義太夫節とは、貞享元年（一六八四）、大阪の竹本義太夫という男性が、近松門左衛門らが書いた人形芝居の脚本に独自の節づけをして確立した浄瑠璃《じょうるり》の名称。浄瑠璃とは、三味線を用いて物語を音楽的に語って聞かせる語り物の総称で、ほかに常磐津節、清元節、河東節、新内節等が現存する。しかし、義太夫節が一世を風靡したことから、浄瑠璃といえば義太夫節を指すことが多い。そのため、江戸期の女義太夫は、女浄瑠璃、娘浄瑠璃とも呼ばれた。明治・大正期は女義太夫、娘義太夫の呼称が主流となるが、昭和戦後期に現行の女流義太夫が定着した。略称は女義である。

義太夫節に合わせて演じられる人形芝居（人形浄瑠璃、現在は「文楽」という）は、二〇〇九年九月、「文楽」としてユネスコの無形文化遺産に登録された。「仮名手本忠臣蔵」「義経千本桜」等の名作は歌舞伎にも導入され、義太夫狂言として重要な位置を占めているが、歌舞伎・文楽の出演は男性に限られるため、女性は浄瑠璃の演奏のみ（素浄瑠璃という）を行って今日に至っている。

禁止令（取り締まり）　宝暦期（一七五一～一七六四）座敷で義太夫を聞かせた（座敷浄瑠璃という）のが女義の始まりである。安永期（一七七二～一七八一）には義太夫の稽古場を開き、寛政期（一七八九～一八〇一）以降は寄席に出演するなど活動が顕著になるにつれ、女浄瑠璃は取り締まりの対象となっていく。

禁じられたのは、夜間（のちに昼間も）の興行、出語り（姿を見せて演奏すること）、有料の興行、定期興行（のちに不定期興行も）等。更に、別料金でリクエスト曲に応じたり、小屋がけで興行するようなことは、町家の娘でありながら乞胸《ごうむね》非人《ひにん》に紛らわしい、中には売女同様との風聞もある、として文化二年（一八〇五）女浄瑠璃は全面的に禁止される。女師匠の稽古場に関しては、猥りがましい風聞もあるからと、男の弟子、特に帯刀の者（武士）に対する稽古が禁じられた。

しかし、出語り禁止に対しては、スダレや薄い布越しに演奏をする、定期興行がいけなければ、日時や場所を転々とさせる、有料興行が許されないなら「奉納」「稽古」「おさらい会」と称する等の対抗策を講じ、女浄瑠璃は文政期（一八一八～一八三〇）に大盛況となった。

錦絵（喜多川歌麿筆「江戸の花娘浄瑠璃」「当世娘浄瑠璃」）、評判記（「娘浄瑠璃芸品定」）、番付（ランキングの一覧表）類は、禁令下の女義人気の証しである。

天保の改革　天保一二年（一八四一）、三〇数名の女浄瑠璃が召し捕られ、一〇〇日間入牢の後、「咎メ手鎖」の裁きを受けた。厳罰に処したのは、度重なるお触れが「虚文」になるのを看過しては「御威光」にかかわるという町奉行側の面子と、見せしめのためであろう。

武士の集団が、仕事を放り出して娘浄瑠璃の後をついて歩く光景が俗謡（トッチリトン）に歌われている。たるみきった武士たちを統制する一手段として、女浄瑠璃を処罰したとも考えられる改革劇であった。

女浄瑠璃専門のものだけでも八六軒あった江戸市中の寄席は、老舗の一五軒を残して全廃になった。女浄瑠璃は職場を失った形になったが、芸名を替えるなどして密かに幕末を生き延び、明治二〇年代（一八八七～）、空前の娘義太夫ブームを迎えることになるのである。

働く女性　天保の改革では、女髪結いも召し捕られている。「髪結いの亭主」という言葉が示すように、彼女たちには稼ぎがあった。それは女義も同様である。随筆や人情本に、寄席と座敷に「出勤」し、稽古屋をして「おまんまを食べる」「母や妹を養う」「細き煙を立てる」と書かれ、老母養育のためと銘打った興行があったことからも、女義が芸で生計を立てていたことは明白であろう。従来、女浄瑠璃は「風紀・風儀を乱す」、そのために禁止されたと、一面的に捉えられてきた感がある。しかし、厳しい女浄瑠璃取り締まりの裏には、女性が経済力を持つことへの警戒心もあったのではないだろうか。

江戸の女義太夫にとって、義太夫は趣味でも遊びでもなく、仕事であった。技芸を身につけることにより、売女とは一線を画し、いち早く芸能という世界で働き始めた女たち、それが女義太夫である。

（水野悠子）

【参考文献】水野悠子『知られざる芸能史　娘義太夫』中央公論、一九九八年。同『江戸東京娘義太夫の歴史』法政大学出版局、二〇〇三年。西木浩一「江戸「女浄瑠璃」考」（『総合女性史研究第一六号』）総合女性史研究会、一九九九年。

乞胸

乞胸とは　近世都市社会の周縁には乞食・勧進層と称すべき人々が存在した。このうち江戸の乞胸は綾取（竹の房を付けた曲取り）・猿若（芝居狂言）・辻放下《つじほうか》（手玉・手妻）・浄瑠璃・物真似・操り・講釈といった芸能を家業とし、寺社境内や明地・広場、葭簀《よしずばり》張水茶屋の内などで見世物・芸を行い、見物人より銭を申し受ける存在だった。このような芸態が非人身分に抵触するとして、家業については非人頭善七の支配を請け、身分については町方人別に登録されていたのである。

芸能者として生きる　近世後期の江戸にはこうした身分的制約から離脱して芸能者として自立する道が開けていた。一つは寄席における噺家、落語家というあり方だ。彼らは乞胸・香具師の世界と密接に関わる存在だが、それだけに物貰いの芸とは違うという自意識を育んでいた。明治初年、東京から大阪に乗り込んだ橘家円喬は、木戸を設けず客が土間に下駄ばきで入る小屋掛けのような形態、噺の最中に投げ銭をする大阪の慣習を強く拒んだという。まさに江戸における非人・乞胸の芸態を峻拒したことになろう。また、香具師が組織して催される宮芝居においては、一部江戸三座に属す役者、湯島天神社その他の狂言座の役者と、乞胸＝猿若とが流動的・融通的に組み合わされており、役者として同一の職分を担う者としての人的交流がみられた。

辻勧進＝辻乞胸　その一方で乞胸の業態の中に辻勧進＝辻乞胸が含まれていたことを忘れてはならない。これは寺社境内、町々、所々において銭を乞う者、すなわち勧進・物貰そのものである。天保一三年（一八四二）の乞胸頭の書上げによれば、当時七四九人いた乞胸のうち三〇〇人以上が「妻子共極老衰」または「病身の者」で乞胸が乞胸頭に納付する月四八文の鑑札料を免除され、辻勧進によってぎりぎりの生活を成り立たせたのである。乞食・勧進層の生存保障機能をその集団の核に有したことが乞胸という身分集団の本質であった。（西木浩一）

【参考文献】 石井良助『江戸の賤民』明石書店、一九八八年。吉田伸之『身分的周縁と社会＝文化構造』部落問題研究所、二〇〇三年。

碁打・将棋指

碁打・将棋指とは　ここでいう「碁打」「将棋指」とは、江戸幕府から屋敷・禄が給付され、専業的に碁・将棋を修行することを許され、将軍が上覧する御城碁・御城将棋の出仕などを命じられた人びとをさす。身分は御用達町人で、寺社奉行支配下であった。本因坊家《ほんいんぼう》（五〇石一〇人扶持）・井上家（五〇石一〇人扶持）・安井家（二〇〇石一〇人扶持）・林家（三〇石）の四家を碁の家元とし、大橋家（大橋宗銀家二〇石一〇人扶持・大橋宗英家一五人扶持）・伊藤家（二〇石一〇人扶持）を将棋の家元とした（括弧内は文化四年（一八〇七）須原屋版「文化武鑑」）。このほかに一代限りで雇われた者もいる。

徳川家康の遊戯相手　彼ら家元たちの祖は徳川家康の遊戯相手として召し抱えられた者たちである。慶長一七年（一六一二）付の禄給付の文書写が存在している（「伝信録」本因坊家文書）。

幕府の運営にあまり益のない碁打や将棋差たちが重んじられた理由として、史料中では「権現様御数奇《すき》遊ばされ候」と説明されている（「伝信録」）。鷹狩の行事と同様、幕府は家康が碁や将棋を好んだ由緒を重んじた。また、将軍が上覧する御城碁・御城将棋の場が大名・旗本たちの文化サロンになったことを挙げる説もあるが、大名・旗本たちが御城碁・御城将棋の場に呼ばれた事例はさほど多いわけではなく、やはり家康の由緒から説明することが妥当と思われる。

家元制度のしくみ　碁・将棋は勝負事の芸であるため、家元制度は血縁では相続を維持することができなかった。家元は各地から実力のある者を門人として集め、最も優秀な者を跡継ぎとすることにより家を維持した。跡継ぎはほとんど「養子」という手続きで相続させたが、碁の本因坊家のみは「跡目弟子」という手続きで相続させた。本因坊家は師弟相続であるから、「本因坊」は苗字ではない。本因坊家だけが近代タイトル制度に移行することができたのはそのためである。（高尾善希）

【参考文献】増川宏一『碁打ち・将棋指しの誕生』平凡社ライブラリー、一九九五年。

穢多

穢多とは　「エタ」という史料文言は、一三世紀後半には確認でき、中世では「キヨメ（清目）」「河原者《かわらもの》」と称されることも多かった。早くから集落形成をしており、山城国では一四世紀末以来の清目集落が、そのまま近世の穢多村につながる例も確認されている。近世でも名称は多様で、なかでも「かわた（皮多・革多など）」と「長吏《ちょうり》」が、穢多の別名として著名である。穢多（およびそれと類似する存在）は全国的に分布しているが、集落の規模や生業、あるいは組織のありようなど、その実態については相当な地域差があり、注意を要する（本項では、研究が進んでいる畿内近国や関東の例を念頭に記述する）。史料集としては、関東では『鈴木家文書』、『下野国太郎兵衛文書』、『群馬県被差別部落史料』、畿内では『奥田家文書』、『河内国更池《さらいけ》村文書』、『和泉国かわた村支配文書』、『京都の部落史』、『大阪の部落史』、『奈良県被差別部落史史料集』などが有用である。

生業　穢多の仕事というと、死んだ牛や馬（斃《へい》牛馬）の処理が真っ先に頭に思い浮かぶかもしれないが、実際には、一般の百姓と同じく、農業と商工業、あるいは賃労働といった諸種の生業を、複合的に組み合わせて世帯経営をおこなう場合が普通にみられた。したがって、穢多村だからといって、その仕事内容を最初から「特殊」視する必要はまったくないが、一方で穢多ゆえに得意とする産業分野もあった。その代表格が、皮革業（太鼓屋も含む）と雪踏《せった》業であり、和泉国南王子《みなみおうじ》村などでは、大坂の履物商人とも分業しながら、雪踏表《おもて》づくりといった雪踏産業で大いに盛り上がっていた。なお、畿内近国や関東における斃牛馬処理については、穢多が斃牛馬を持ち主から無償で取得できる斃牛馬無償取得慣行が、穢多と百姓の相互了承のもと、展開していたことが知られている。

村政での立場　既述したように、穢多は中世以来、独自の集落を形成していたが、幕府や藩が掌握する行政村としては、付近の百姓村＝「本村《ほんそん》（本郷）」に政治的に従属する「枝村《えだむら》（枝郷）」として存在する場合が多く、行政村として一村独立していた例は極めて少ない（南王子村は、その数少ない例の一つ）。本村—枝村の関係は、一般の百姓身分の間でもみられたが、穢多村の場合、それが百姓—穢多の身分的上下関係に連動していたところに特徴があり、行政村の代表である庄屋の選出に関われない、あるいは村の寄り合いに呼ばれないなど、村落自治の一員たるうえで、諸種の不利益をこうむっていた。そのため一九世紀になると、そうした状況から脱却するため、分村独立運動に邁進する村も出てくるようになり、丹波国河原村のように、五〇年かけて本村である高屋村からの独立を果たした村もあった。

賤視と自己認識　穢多に対する賤視は、中世から存在しており、近世に入ってからも婚姻忌避をはじめとして、飲食の器をともにしない（別器）、火をともにしない（別火）など、日常生活における諸種の接触忌避がみられた。また一八世紀後半以降になると、暴力や暴言によって賤視を表現するという、深刻な事態も登場するようになる。これに対し、穢多側も抵抗を試みており、関東では、自分たちを「穢多」ではなく「長吏」と呼ぶよう求めたり、畿内近国でも、土地をもち年貢も払う「御百姓」として、自分たちを一般の百姓と同等にあつかってくれるよう訴える動きが看取される。ただし、そのときの抵抗の仕方は、賤視そのものを否定するのではなく、むしろ「賤視されてしかるべき穢多・非人らは別のところにいる」として、賤視を積極的に肯定しながら、自身の地位向上をはかるという、大変重苦しいものであった。加えて、百姓や町人ら平人《へいにん》との関係は、必ずしも賤視一辺倒だったわけではなく、雪踏産業で隆盛する南王子村に、大坂・京都の一般町人が公然と引っ越してくるなど、「差別する／される」という見方だけでは、とうてい理解できない現象も生じている。これは穢多のみならず、すべての賤民についてもいえることであり、賤視と交流が平気で共存（併存）してしまうような世界をどう理解すべきなのか、深く考えなければならない。

（木下光生）

【参考文献】斎藤洋一『身分差別社会の真実』講談社現代新書、一九九五年。畑中敏之『「かわた」と平人』かもがわ出版、一九九七年。木下光生「働き方と自己責任を問われる賤民たち」（荒武賢一朗編『近世史研究と現代社会』）清文堂出版、二〇一一年。

非人

非人とは　「非人」という用語は、一三世紀後半には諸賤民の総称として使用される場合もあったが、近世以降は、「乞食」の意味合いにほぼ一本化されていく。江戸・京都・大坂での研究が一番進んでいるが、非人は全国的に存在しているので、その実態差には十分注意すべきである。史料集としては、『部落史史料選集』、『京都の部落史』、『悲田院長吏文書』などが有用である。

組織　非人たちは早くから独自の組織を形成しており、近世に入ってからも、各地で非人組織の存在が確認される。なかでも江戸の車《くるま》善七ら非人頭（と弾左衛門）、京都の悲田院《ひでんいん》村、大坂の四ヶ所垣外《かいと》を頂点とする非人集団が有名である。

生業　物乞いのほか、各種の門付芸《かどつけ》や屑拾いなどにたずさわる場合もあった。また、村・町の治安維持を担う非人番（番非人）として、村や町に雇われることもあった。ただし、生計の比重がどこにあるのかは、都市と村、あるいは組織内の立場によって相当異なる。

賤視と自己認識　非人への賤視は、中世から存在しているが、一九世紀に入ると、独自の自己認識にたって、賤視の不当さを公言する者も出てくる。ただしその論法は、「穢多・非人之類」と一括りにされることを毛嫌いした大坂の垣外たちのように、他賤民への賤視を肯定するものであった。

非人に相成る　近世文書には、「物乞いの境遇に陥る」という意で、「非人に相成《あい》る」という表現がよくみられる。これは、他の賤民称にはみられない独特の用法で、それだけ物乞いという行為が、当時の人びとにとって身近な事柄であったことを示している。近世民衆が、「非人」という言葉に込めた、幅広い意味合いを汲み取る必要があろう。

（木下光生）

【**参考文献**】峯岸賢太郎『近世被差別民史の研究』校倉書房、一九九六年。塚田孝『近世大坂の非人と身分的周縁』部落問題研究所、二〇〇七年。木下光生「没落と敗者復活の社会史」（世界人権問題研究センター編『救済の社会史』）同センター、二〇一〇年。

おんぼう

おんぼうとは　おんぼう（煙亡・隠亡・隠墓・隠坊・御坊など、さまざまな当て字がある）とは、火葬・土葬・墓地管理を専門とした賤民の一種で、畿内近国では三昧《さんまい》聖《ひじり》の別名であった。「三昧聖」という史料文言は、すでに一四世紀後半には確認できるが、職掌など内実をともなうかたちで史料上登場するようになるのは、一六世紀初頭以降である（「おんぼう」という史料文言が頻出するようになるのも一七世紀以降）。三昧聖は、畿内近国にもっとも色濃く分布しているが、ほかにも津軽・江戸・尾張・備前・讃岐などで「おんぼう」と呼ばれる存在が確認されている。なかでも畿内近国の三昧聖が、一番よく実態がつかめているので、本項も同地域の三昧聖を念頭に記述する。史料集としては、『道頓堀非人関係文書』、『大阪の部落史』、『部落史史料選集』などが有用である。

生業　遺体の火葬・土葬と墓地管理が、もっとも三昧聖という身分を象徴する職掌であり、彼ら自身、そこに強烈な自負心をもっていた。また、一僧侶として葬式の場に臨み、そこで読経したり、年中行事的な無縁回向にいそしむなど、死者供養にたずさわる宗教者としての一面をみせる場合もあった（僧体となり、僧名を名乗る者もいた）。このほか、棺桶や輿・乗物《のりもの》・提灯・盛物《もりもの》など、葬列や墓地の飾り付けなどに用いる、さまざまな葬具の製造・販売・賃貸に従事する者もいた。一方、こうした葬送業という、「いかにも三昧聖」的な仕事だけでなく、田畑を所有して農業経営にいそしむ場合も普通にみられ、なかには葬送業にまったく関与せず、一般の百姓稼業だけで生活する者もいた。百姓身分と同じく、たとえ身分的には「おんぼう」や「ひじり」として宗門改帳などに登録されていても、日常的な生計の比重をどこにおいていたのかは、都市と村の差（担当する葬送の顧客数の差）や、三昧聖集落の世帯数差など、個々の事例や地域に即して、十分注意をはらうべきであろう。

仲間組織　三昧聖の組織として著名なのが、東大寺龍松院《りゅうしょういん》を頂点にすえた五畿内近江丹波の三昧聖仲間である。畿内の三昧聖は、すでに一六世紀末には独自の組織をつくりあげており、一七世紀末には元禄期の東大寺大仏殿再興をきっかけに、その再興事業を牽引していた龍松院を頂点とする五畿内三昧聖仲間を形成するようになる。また一八五〇年代には、近江・丹波の三昧聖も右の仲間に加入するようになり、その活動は、いわゆる「解放令」が発布される明治四年（一八七一）八月の直前、五月まで確認される。ただしこの五畿内三昧聖仲間が、外部に対して権益擁護を強力に訴える集団として明確に立ち現れてくるようになるのは、一九世紀に入ってからであった。加えて、同じ畿内近国の三昧聖といえども、仲間加入にまったく関心を示さなかったり、加入しても仲間の規律と距離をおく三昧聖も相当数いた。三昧聖たちにとって、仲間組織の存在意義とは何だったのか、柔軟に考えていくべきであろう。

賤視と自負心　仕事上、死者に直接触れる機会の多かった三昧聖は、死の穢れ（死穢《しえ》）におかされた者として、賤視の対象となっており、百姓や町人ら平人《へいにん》との婚姻が忌避されがちであった。しかしながら、三昧聖もそうした状況に唯々諾々としていたわけではなく、出版活動や訴願運動を通して、自分たちに降りかかる賤視を払いのけようとしていた。大坂の三昧聖が寛保三年（一七四三）に出版した『行基菩薩草創記』では、火葬という「聖《ひじり》の職掌」を穢れたものとみなす社会認識を批判するとともに、自分たちは尊敬されているからこそ、「聖」や「御坊《おんぼう》」と称されてきたのだ、と主張している。また、天明七年（一七八七）や明治四年の訴願運動でも、三昧聖を「恭敬《きょうけい》」の意が込められた「御坊」や「聖」ではなく、蔑視の意が濃い「煙亡（隠亡）」や「非寺里」と記す社会動向に嫌悪感を露わにして、その撤廃を要求していた。ただし、こうした賤視への抵抗運動は、穢多や非人ら他の賤民と一括りにされることを毛嫌いし、他賤民との差別化を声高《こわだか》に主張するものでもあった。そこには、かわた（穢多）や非人の解放運動と同じく、賤民自身が賤視を積極的に肯定し再生産するという、大変重苦しい事態が含まれている。

（木下光生）

【参考文献】木下光生『近世三昧聖と葬送文化』塙書房、二〇一〇年。西木浩一「江戸の社会と『葬』をめぐる意識」（『関東近世史研究』六〇）二〇〇六年。細川涼一編『三昧聖の研究』碩文社、二〇〇一年。

癩者

癩者とは　ハンセン病（一部他の皮膚疾患を含む）は「癩」と呼ばれ、その罹患者は古代においては「篤疾」とされながらも共同体的給養の対象だった。しかし、『今昔物語』には、一一世紀頃のこととして、他の僧侶をねたんで誹謗した僧がその報いを受け「白癩」となり、乳母からも「穢れ」として排除され、清水坂の非人集団に入るとの説話が収められる。中世の癩者は業病観と穢れ観念にもとづく差別と排除を極限的に被っていた。

近世の癩者の中には京都の物吉村や奈良北山十八間戸、信州善光寺の「道近坊」など中世以来の集団の系譜を引き、主に門付け勧進などを行う人々があった。しかしこうした中世系譜の集団は普遍的にはみられず、近世の癩者はイエや村・町からただちに排除されずに在宅のまま生きるという選択を可能にしていた。

家筋血筋観念　しかし、庶民レベルまでイエが成立していくにつれ、新たに癩が家筋・血筋に関わって発症するという差別観念が生じていった。このため、自らはイエに生きながら、それを次の世代に継承させたくないという願いから次第に癩者特有の葬送墓制が展開した。一八世紀後半、武蔵国比企郡での村境争論ではある老婆が境界地の馬捨場に埋葬されたことが争点の一つとなった。吟味によると、癩を病んだ老女は先祖の墓に埋葬されると癩病が子孫に伝わり百姓株が断絶するとして、自ら遺言して馬捨場に埋葬されたのだった。近年の考古学の成果が明らかにした墓地以外の境界領域で見出される「鍋被り人骨」（遺体の頭に鉄鍋や擂鉢を被せた埋葬）も、同様の意味を有する癩者の葬法と理解されている。

差別の重畳　近代国家の衛生行政の下、ハンセン病者は伝染性を根拠とした強制隔離の対象となる。その際、家筋・血筋にもとづく差別観と、近代国家のための健全な国民像の対極にハンセン病者を見る新たな差別感が重なり合い、これを下支えしていった。

（西木浩一）

【参考文献】藤野豊編『歴史のなかの「癩者」』一九六六年、ゆみる出版。江戸遺跡研究会編『墓と埋葬と江戸時代』（二〇〇四年、吉川弘文館。

吉原・島原・新地の女性

吉原・島原・新地の女性　統一政権の成立にともない、三都では、吉原・島原・新町に、遊廓が設置された。遊廓は、外部から遮断され、幕府の公認のもとで遊女屋が遊女に売春を行わせる場である。遊廓の女性には遊女や禿あるが、遊女のしつけ・監督をはじめ遊女屋の万端を引き受ける遣り手（遣り手婆）、女芸者のほか、中小遊女屋の経営者も少なくない。

江戸―新吉原の女性　江戸幕府開設後、庄《しょう》司《じ》甚《じん》右衛《え》門《もん》らの出願によって元和三年（一六一七）に吉原遊廓が創設され、明暦三年（一六五七）に浅草日本堤に移転した後は、新吉原と呼ばれて繁栄した。新吉原遊廓では、才色に優れた遊女を太夫とし、なかでも一八世紀前半まで七代にわたり源氏名が継承された高尾太夫は名高い。太夫以下の遊女は、格子、散茶などのランクに分けられたが、宝暦―天明期を境に太夫・格子は消滅し遊女の下層化が進んだ。『守貞謾稿』によると、弘化四年（一八四七）の新吉原には、呼びだし（八六人）、座敷持ち（二九一六人）、新造（七五四人）、小格子（七〇四人）、局（六五〇人）の区分があり、それぞれの中にも細かな序列があった。上級の遊女は高価な衣装や部屋を与えられたが、下級の局遊女などは、長屋に集住する局遊女屋のもとで、唐紙で仕切られ布団と鏡台を置くのがやっとという劣悪な場所で客を取らされた。新吉原の遊女が葬られた浄閑寺の過去帳によれば、二〇才前後で亡くなる遊女が多かったといわれる。遊女は、農村や都市下層町人の貧困を背景に、身売りによる年季奉公の形をとって遊廓に送り込まれた。食事代や衣装代等の名目で借金が嵩むしくみのため、身請けされる場合を除けば、奉公年限を超えても身代金が解消せず遊廓に拘束され続ける場合が多く、女衒の仲介による転売も盛んに行われた。遊廓に頻発する心中や放火、折檻を受け逃亡するなどの事例は、このような事実上の人身売買にたいする遊女たちの人間としての要求を反映するものといえよう。かしくという吉原の遊女のように、明治五年（一八七二）の芸娼妓解放令をうけて、「遊女いやだ」との思いから、遊廓からの解放を求めて遊女屋や新吉原町、東京府と対峙した例もあった。

いっぽう、一八世紀以降、新吉原の遊女屋は男芸者のほか女芸者も抱えるようになり、幕末には二〇〇名に及んだ。芸者は、遊女から芸能の要素が奪われるのにともなって生じた職業だと考えられる。吉原では、安永八年（一七七九）以降、検番大黒屋庄六に掌握され、「箱屋」などと呼ばれる男に監視される従属的立場にあり、維新政府は、明治五年（一八七二）の芸娼妓解放令で、芸者の解放も命じている。

京都―島原の女性　京都では、豊臣秀吉が天正一七年（一五八九）に二条柳町に遊女屋を集住させたのが遊廓のはじまりといわれる。その後、六条三筋町を経て寛永一八年（一六四一）に朱雀野に移り、島原遊廓となった。島原遊廓の代表的な遊女吉野太夫は、井原西鶴の『好色一代男』において、細やかな情と才知にあふれる名妓として描かれている。しかし、島原遊郭の最盛期は元禄年間（一六八八―一七〇四）頃とされ、その後は地理的不便さもあり、次第に祇園・二条・七条・北野などの黙許の遊里が繁栄をみた。

大坂―新地の女性　大坂では、難波原村が開発され、寛永六年（一六二九）頃には大坂の唯一の公認遊廓である新町遊廓が設置された。京都島原から大坂新町遊廓に移されたといわれる遊女夕霧（延宝六年没）は著名で、近松門左衛門の浄瑠璃『夕霧阿波鳴渡』に情けある名妓として登場する。大坂でも公認された新町遊廓以外での買春は禁止されていたが、元禄年間には茶屋に対して茶立て女設置が認められ、以後、黙認の買春の場として曾根崎新地、難波新地などが盛んになった。

このほか、三都や城下町の遊廓の遊女の外縁には黙認の娼婦である茶立て女、飯盛女や、違法とされた私娼（夜鷹、惣嫁、船饅頭など）が広く展開し、抑圧的な買売春のしくみが張り巡らされていた。

（横山百合子）

【参考文献】曽根ひろみ『娼婦と近世社会』吉川弘文館、二〇〇三年。塚田孝『近世大坂の都市社会』吉川弘文館、二〇〇六年。横山百合子「一九世紀都市社会における地域へゲモニーの再編」（『歴史学研究』八八五）二〇一一年。下重清『〈身売り〉の日本史―人身売買から年季奉公へ』吉川弘文館、二〇一二年。

宿場女郎

宿場女郎とは　街道の宿場で売春を行う女性を宿場女郎という。幕府は、一七世紀前半には宿場に遊女を置くことを厳禁していたが、交通の発達にともなって、旅籠屋などが飯盛女、飯売女、洗濯女などの名目で給仕・売春のための女性を置くようになった。幕府も次第に規制を緩め、享保三年（一七一八）には江戸十里四方内外の道中筋旅籠屋にたいし、準公認の娼婦として飯盛女設置を許可した。安永元年（一七七二）には、東海道品川三宿は一五〇〇人まで、板橋、千住も一宿一五〇人までとして規制を緩和し、遊里化した飯盛女付旅籠屋でにぎわう宿場が増加した。また、飯盛女の揚代の一部は飯盛女刎銭として宿駅財政に組み込まれたことから、宿役人や旅籠屋などが宿財政の補いを理由に飯盛女設置・増員を出願する事例も増えた。なかには、飯盛女による風俗悪化や若者への悪影響を恐れて、周辺農村から設置反対運動がおきた中山道熊谷宿のような例もあり、幕府も、元文五年（一七四〇）、寛政二・四年（一七九〇・九二）、文化一〇年（一八一四）と、飯盛女人数の厳守と取締りを命じたが、遊里化の勢いは押さえられなかった。

宿場女郎の生活　飯盛女は、貧農や下層町人出身女性の身売り奉公によるものが大半である。幼児期に売られる場合も多く、宿場や三都の遊廓などとの間での転売も頻繁に行われた。また、大坂枚方宿のように、一つの宿場の飯売女の大半を大坂の遊所に住む同一の口入れ人が供給する例も見られ、宿場旅籠屋における飯盛女の隆盛の背景には、飯盛女を供給する女衒・博徒などの広域のネットワークと組織的活動があったと考えられる。日光例幣使街道木崎宿の「客帳」によれば、飯盛女たちは、暴力的監視のもとで昼夜あわせて二〜六人ほどの客を日々取らされている。また、病気による早世、相対死なども多く、非人間的生活を強いられていた。（横山百合子）

【参考文献】宇佐美ミサ子『宿場と飯盛女』同成社、二〇〇〇年。屋久健二「近世後期枚方宿の旅籠屋と飯盛女」（『年報都市史研究』7）一九九九年。神田由築『近世の芸能興行と地域社会』東京大学出版会、一九九九年。

遊廓に生きる男たち

遊郭に生きる男たちとは　吉原は、遊女屋庄司甚右衛門が元和三年（一六一七）に公許を得て開設し、明暦三年（一六五七）、新吉原に移転した後も同職共住の江戸初期の町の姿が長く残った地域である。そのため当初は、甚右衛門をはじめとする遊女屋のなかから名主が選ばれていたが、一八世紀中頃、竹島仁左衛門家が江戸町一丁目名主を世襲するようになってから、名主は遊女屋経営から離れ専業となった。名主とともに遊廓運営の中心にあった遊女屋は、天保改革直前の天保一三年（一八四二）で二一三軒と言われ、中下層の遊女屋には女性経営者も散見されるが、多くは男性である。また、これらの遊女屋や茶屋の奉公人には、下男のほか、路次番、防《ふせぎ》、妓夫《ぎゆう》（牛・牛太郎）などと呼ばれ、遊女を監視し遊廓の暴力装置としての役割を担う者も含まれていた。遊女屋・茶屋の経営規模には大きな差があり、江戸町一丁目などの大籬《おおまがき》とよばれる代々続く有力な遊女屋のほか、防の地位から遊女屋にまで成り上がった、幕末の新吉原京町二丁目杵屋清吉の父熊次郎のような者までさまざまであるが、京町や揚屋町《あげやまち》などの小格子《こごうし》遊女屋、局《つぼね》遊女屋など下層遊女屋には、零細な経営が多かった。

売春の演出をになう男たち　遊廓には、文化的な業種によって売春をデコラティブに飾り演出する業務・役割を担っていた男たちもいた。彼らは、自ら廓を彩る文化的な活動に参加し、遊廓の文化的虚飾を創り出していった。「吉原細見」（吉原のガイドブック）や遊廓文芸の板元となった蔦屋重三郎は、蔦唐丸《つたのからまる》を名乗り四方赤良・山東京伝らと狂歌・戯作に携わったことでも著名である。安永年間、検番として新吉原の男女芸者を統括する家となり、幕末には年間九千両の収益を得るに至った大黒屋庄六は、茶の湯、俳諧、能狂言に熱中して幕府から奢侈を咎められている。男芸者は、享保年間から幕末まで、数名から三〇余名の幅で推移し、二〇〇名を超えることもある女芸者に比べ人数は少ないが、宴席に侍るだけでなく、廓内に居住して音曲の指南・演奏を担い、廓外の歌舞伎芝居にも出演した。「吉原細見」によると、享保期に「三味せんしなん《（指南）》」「義太夫ふししなん処」を営む男たちが数名見られ、明和六年（一七六九）以降、細見の巻末に女芸者とならんで「男芸者」として書き上げられるようになった。その中には、河東節家元三世十《ま》寸《す》見蘭州《みらんしゅう》のように遊女屋経営を兼ねる者のほか、義太夫、声色、人形、座持などの肩書きを持つ者、義太夫節の豊竹嶋太夫、常磐津節の常磐津造酒太夫など、流派の創始者や門流の家元的な地位にある者が多い。しかし、幕末には廓に居住する音曲指導者は減り、櫻川姓や松の家姓を名乗りかっぽれや物まねなどを行う幇間と呼ばれる男芸者の割合が増加した。

遊廓で儲ける男たち　近世の遊廓は近世社会の性売買産業の中核に位置し、幕末の江戸町奉行所への新吉原、深川、根津の年間上納金は一万五千両（同役所収入の一二％）を超えていた。前述の新吉原京町二丁目杵屋清吉の父熊次郎のように、遊女屋のなかには、他地域の支配名主と組んで高利貸し業の口入れ（斡旋）を行うなど、金融活動をおこなう者もあった、また、遊廓自体も外部からの投資の対象であった。新吉原の西隣りに位置する京都浄土真宗本山仏光寺末の西徳寺は、御門跡貸付所として新吉原遊女屋・茶屋を対象とする名目金貸付を行い、貸付所には数名の寺役人が常駐して債務の貸付・取り立てに励んでいる。融資を受ける遊女屋・茶屋も、相互に債務保証を行うなど、同貸付所は遊廓の日常的な金融の場として機能したが、同寺の名目金貸付の原資は全国からの投資に拠っていた。北信濃上・下高井郡の幕領代官所掛屋山田家や郡中代坂本家など、豪農層は投資グループを組んで同貸付所に投資し、子弟を同所に勤務させて金融・商売の実地訓練の場としていたことなども明らかになっている。

遊廓は近世社会に深く根を下ろし、男たちはそこに生業を求めていった。その背景には幕府の遊廓公認政策があり、その総体が、債務奴隷的環境のなかでの遊女たちへの性的搾取を許していたといえよう。（横山百合子）

【参考文献】吉田伸之「遊廓社会」（『身分的周縁と近世社会4　都市の周縁に生きる』）吉川弘文館、二〇〇六年。前原恵美「音楽史料としての「吉原細見」」（昭和音楽大学『研究紀要』二六）二〇〇七年。拙稿「遊女を買う」（吉田伸之・佐賀朝編『シリーズ遊郭社会1』）吉川弘文館、二〇一三年刊行予定。

第一部　第五章

宗教を生業にする人びと

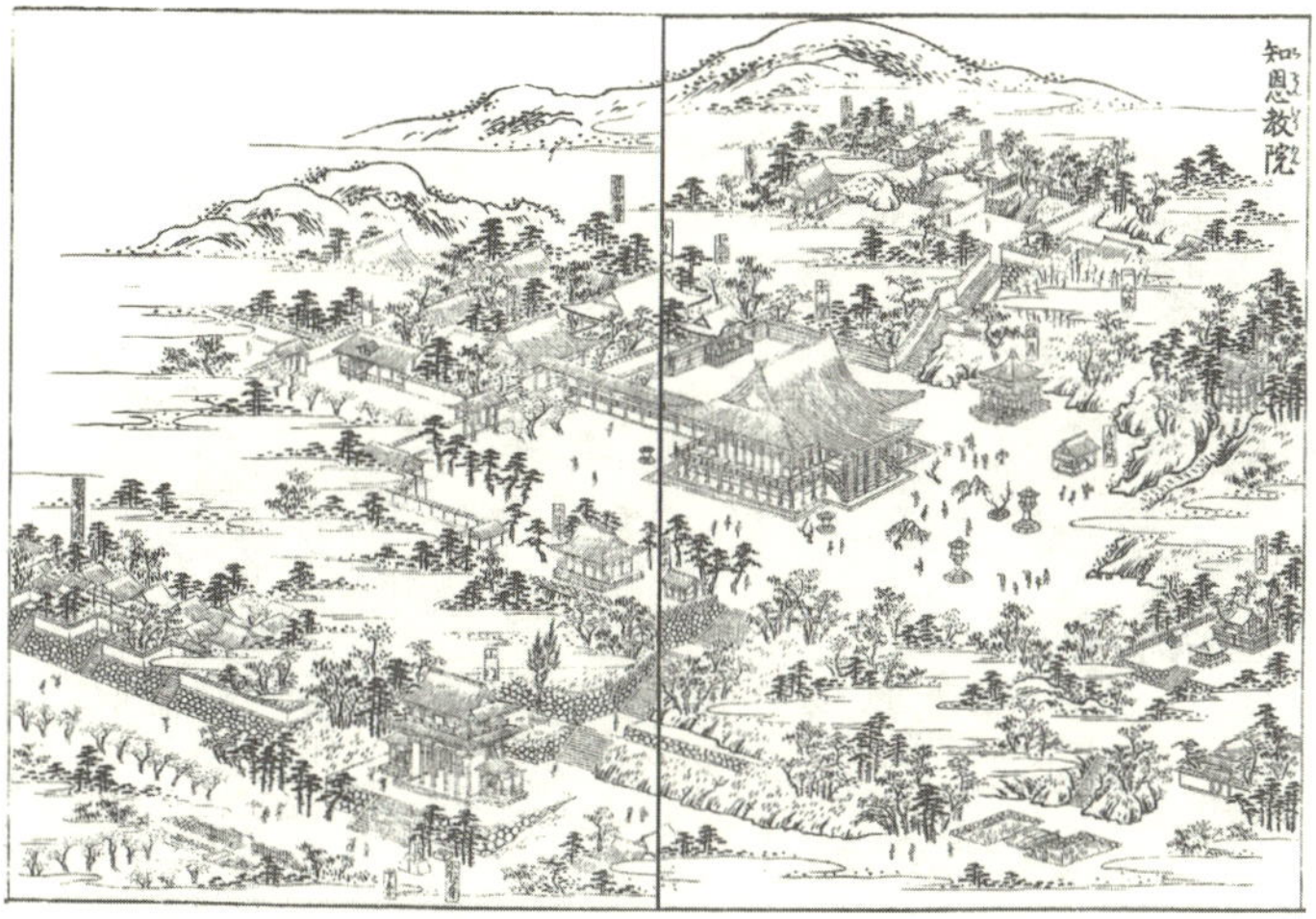

『都名所図会』巻之三　知恩教院（知恩院）

権力との結びつきが強い大きな寺社から村社会の小さな寺社にいたるまで、近世には多くの宗教施設が存在した。そして、そこでは近世人と密接な関係をもつ宗教者が活動していた。それに加えて、近世社会には民間宗教者も少なくなく、多様な宗教活動が行われていた。本章では、宗教を生業にして暮らしていた近世の宗教者を紹介する。

在地の宗教者は、権力の一翼を担う本山・本所の宗教者によって統制を受ける一方で、近世人の宗教的願望を支えた。図は、安永九年（一七八〇）刊行の『都名所図会』に描かれた浄土宗総本山、知恩院である。

本山の僧侶

本山の僧侶とは　本山の僧侶とは、全国に拡がる末寺の頂点として、宗派の祖師を日常的に顕彰する、住職を始め山内の塔頭・子院に所属する僧侶のことをいう。彼らは本尊・祖師の仏事・勤行を専らにするのが第一の勤めだが、本山維持のために幕府や領主など上級権力との交渉や末寺を管理するための事務にも従事する。本山が最も集中している場所は京都である。享保年間に作成された『京都御役所向大概覚書』中の「洛中洛外諸宗本寺之事」によると、浄土宗八ヶ寺、禅宗九ヶ寺、法華宗一六ヶ寺、時宗五ヶ寺、真言宗三ヶ寺、律宗一ヶ寺が本山として挙げられている。全ての本山を網羅することはできないので、ここでは京都における徳川家菩提寺である浄土宗総本山知恩院を取り上げることとする。知恩院には慶長一二年（一六〇七）に門跡設置が決定し、住職と知恩院宮が並立していたが、以下述べるのは住職を頂点とする知恩院に属する人々についてである。

本山の機能としては、教学上において、①一宗の最高儀礼の執行、②教学の伝授、③僧侶の資格認定、④伝道布教の監督などの権限、宗制上において、⑤宗規寺法の制定、⑥宗派内事件の裁判、⑦末寺住職の任免、⑧末寺への経済的賦課などの権限がある。

このうち浄土宗では教学の伝授権を関東十八檀林が持っていたため、僧侶の資格を得るためには、関東での修学が必要であった。しかしそれ以外の権限は知恩院が持っていた。例えば①でいえば、毎年正月一八日から二五日まで開催される宗祖法然の忌日法要である御忌がそれにあたる。特に元禄一一年（一六九八）のそれは、当時知恩院住職であった白誉秀道にとって年来の願望であった大師号が、増上寺住職貞誉了也や側用人柳沢吉保らの周旋により徳川綱吉の了承を得て勅許が下った記念すべきものであった。その他の⑤・⑥・⑦・⑧は実務にあたる役者日記に詳しく記されている。⑤は全国の末寺に知恩院住職名で出され、⑥・⑦の最終的な権限も住職にあった。また⑧では、三年に一度の御報謝金上納が「浄土宗諸法度」で明文化されていた。

このように知恩院における権限と財政の全ては住職に収斂するのである。住職は増上寺をはじめとする関東の檀林から将軍によって任命されて上洛してくるのを常とする。朝廷からの綸旨は上洛途上で発給されており、将軍の追認であり、形式的なものであった。

住職を支えるひとびと　住職の回りには弟子・小姓衆や侍衆などの側近がいたが、京都に不案内な住職を支えるのが役者である。知恩院の役者には二種類あった。ひとつは山内塔頭《たっちゅう》で構成される山役と、もうひとつは主に京都門中一九ヶ寺の中から、六人が住職によって任命される（後には選挙となる）六役である。この一九ヶ寺は、応仁の乱で途絶えそうになった御忌法要の勤行を助けた功績により、他の末寺が香衣の綸旨を知恩院で住職から受け取るのに対し、この一九ヶ寺だけは直接参内することができる特別な存在であった。この由緒寺院から選ばれる六役は、元和元年（一六一五）に家康から与えられた「浄土宗諸法度」のなかに「役者として諸沙汰を致すべし」と規定されているが、当初は条文通りには機能しなかった。どうしても日ごろから住職の身近にいる山役の方が実務的に機能していたのである。元禄年間には役者と言えば山役のことで、六役は末寺間の訴訟など重要事案の時のみ、最終確認のために山役の招集に応じて知恩院に参集する状況であった。通常業務はすべて山役が処理しており、六役はほとんど関与していなかった。本来本山の諸沙汰を処理するはずの六役にはそれが不満であったため、六役は正徳四年（一七一四）七月に町奉行に訴え、その裁許で六役が主となり、山役がそれに加わるように改められている。

六役と山役はその後も度々両者の役割分担をめぐって争っており、その度に詳細な規定が制定されている。例えば安永六年（一七七七）四月には、一九ヶ条にわたって六役と山役の遵守すべき内容が定められた。祖法の遵守、伽藍の護持、質素倹約、年中法要の執行、末寺からの訴訟の裁許の他に、六役は、月番と加番の二名が毎日御前八時から午後二時まで勤務し、夜は役院に宿直すること、また山役は毎日定員二人のうち一名が、繁忙時には二名が出勤することになっている。そして役所での内容を漏らさないことを、行者《あんじゃ》や右筆にも血判をして誓わせたり、寺領や門前の支配に私曲がないよう納所・代官・勝手役人に指揮することが求められた。ここからは役者の下部に、寺内のことを管掌する行者・右筆、寺外のことを管掌する納所・代官・勝手役人がいた。

この他にも御影堂《みえどう》・大方丈《おおほうじょう》・衆会《しゅえ》堂など重要な建物には管理者が置かれていたが、正徳三年（一七一四）四月、米蔵番をしていた澄順が西山派の永観堂禅林寺に移り、そこの常念仏堂寮坊主になっている。彼らは寺院間を移籍するような、所属が緩やかな存在であったといえよう。また寺内のことを管轄する行者は純粋な僧侶ではないが、正月の惣礼にも参加し、知恩院門跡にも御目見得が許されている正式な構成員である。定員は三名であったらしく、欠員が出ればその子息が補充されたように、世襲されていた。跡を継ぐときには本堂で剃髪出家し、新八などという俗名から、片山土佐などと受領名を名乗るようになる。学問を修めた正式な僧侶だけではなく、こうした僧侶でも俗人でもない人物も存在した。彼らは香衣の綸旨発給の際の礼銭である官銭を禁裏に納める際には必ず山役に随行したり、住職不在の際の宿直を山役とともに務めたり本堂や天井の掃除をしたりと、山役を補佐する存在であった。

末寺との関係　末寺が本山と関係を持つ最も多い機会は住職交代の際である。本寺は末寺の住職任免権を持っており、いつでも末寺住職を交代させることができた。弟子を育成できる規模の大きい寺院の場合、弟子が師匠の後を継いで住職になるのが一般的だが、その場合でも師匠が健在の間に、本山に弟子を引き連れ住職に御目見えすることが必要とされた。それがなされないうちに住職が不慮の死を遂げると、弟子が継承できない場合もあった。弟子を育成できない規模の小さな寺院の場合ではどうであったのだろうか。住職が死亡したり病気で住職の勤めを果たせない場合は、檀家が承認の上、本山に退任の申請をする。それが認められると無住となるため檀家は本山に次期住職の派遣を要請する。例えば享保二年（一七一七）知恩院では、弟子譲りの場合以外には「旦那懇望の僧は御大法にて」認められず、人選は本山で行われたことが確認できる。人選の基準のひとつに「好《よし》身《み》」がある。実態はよくわかっていないが、字義通り解釈すると本山住職との親近性と考えられる。「好身成り」という言葉もあり、「好身」グループから優先的に人選されたようだ。次期住職が決定すると末寺から本山に「御礼」がなされた。御礼の額は寺格によって定まっていた。知恩院の場合は、「極大寺」「大寺」「中寺」「小寺」「極小寺」などと区別され、それぞれ規定の額があった。御礼には住職入寺の場合だけでなく、隠居や弟子御目見、領主に提出する本寺証文発行の場合にも必要であった。こうした収入も本山経済の大きなウエイトを占めていた。

領主としての知恩院　知恩院は香衣綸旨《こうえりんじ》執奏権を梃子に、元禄年間段階で全国一七〇〇余ヶ寺の直末を傘下に収める本山であるとともに、慶長八年に徳川家康から与えられた七〇三石余の領地と門前を支配する領主でもあった。所領のうち五〇〇石は方丈領として住職のためのもので、残る二〇三石を役者分として、山内塔頭（元禄一一年段階で一八ヶ寺）が、二九石余の源光院から三石余の先求院まで分け合っていた。なお伽藍堂舎は全て幕府の負担で修復することになっていたので、ここには伽藍の修復費用は含まれていない。その理由としては、家康が三河以来浄土宗信者で、その一族から知恩院住職を輩出していること、家康・秀忠・家光が伽藍の大拡張をしていること、また家光が家康と秀忠の御影を祀る東照宮御影堂を建立していることなどが挙げられる。知恩院の伝承では、本堂に安置している家康の御影は、西国鎮護のためだという。このように徳川家と因縁浅からざる知恩院は、歴代将軍の位牌が祀られ、葵紋の使用も認められた「御寺」であり、毎月十四日と月末には京都所司代や京都町奉行の参詣が恒例であった。

八町ある門前は代官二名を通じて知恩院が支配していた。門前では奉行所の検断権よりも知恩院の寺法が優先された。門前で発生した事件の吟味と処罰は、奉行所ではなく領主である知恩院が主体であった。

知恩院は住職と役者が本山機能の中枢を担い、全国の末寺とそこから上がってくる上納金を支配・管理していた。宝蔵に蓄えられたそうした金銀は、末寺や門前住人の求めに応じて貸し付けられて運用されていた。そうしたことを示す史料群が多数残されている。末寺は本山運営には関与できず、住職と役者といった小数の僧侶に権限が集中していた。

（伊藤真昭）

【参考文献】『知恩院史料集　書翰・日鑑編』総本山知恩院史料編纂所、一九七四年〜。藪内彦瑞編『知恩院史』知恩院、一九三七年。中井真孝『法然伝と浄土宗史の研究』思文閣出版、一九九四年。

在地寺院の僧侶

在地寺院の僧侶とは　文化一三年（一八一六）に成立した武陽隠士《ぶよういんし》著『世事見聞録』は、当時の僧侶を批判的に記している。僧侶はもともと苦行を積み道徳を備えていたために尊敬されてきたが、当時は欲深く安楽な生活を送り、身の程をわきまえず高慢になっていたようである。このように僧侶はたびたび批判にさらされていたが、近世において贅沢な暮しを批判されたのは僧侶だけではなく、こうした批判が行なわれること自体、仏教が世俗化し社会のすみずみまで浸透していたことを示すものだろう。在地寺院の僧侶は地域社会の一員であり、世俗から隔絶した存在ではなかったのである。

浄土真宗の僧侶以外、原則として子孫を残さないため、寺院の住職を特定の家が勤め続けることはなく、必然的に他の属性から移ることによって僧侶となることができた。一家を形成して子孫を残すことはできなくなるため、いずれも大きな決断であっただろう。例えば、福沢諭吉は『福翁自伝』の中で、父の中津藩士福沢百助が封建制度の中では名をなすことができないために、諭吉を僧侶にしようとしていたことを記している。僧侶となることは、世俗の身分にとらわれず名をなすための一つの手段であったようだ。歌人として著名な良寛のように、生涯住職になることもなく暮らす者も多数おり、僧侶になる動機は様々であったが、他の属性と同様に生きていくための選択肢の一つであった。

江戸幕府の宗教統制　仏教は六世紀に伝来し、中世には顕密仏教（南都六宗・天台宗・真言宗）が融合的に大きな勢力を形成していたが、民衆のための寺院建立が大幅に増加したのは一六世紀から一七世紀にかけてである。当初は、武士や有力農民が屋敷内に設けた持仏堂や、地域の人々が共同で設けた惣堂であった。民衆のために葬祭の方法が整備され、いわゆる鎌倉仏教も密教的要素を取り入れて急速に社会へ浸透した。

中世における王法と仏法が相互に依存する状況は、織田信長や豊臣秀吉など武家権力による厳しい弾圧や統制により、王法の仏法支配が確定した。その際に、中世では顕密仏教から排撃されてきた宗派も公認され、諸宗派が併存することとなった。江戸幕府は諸宗派の本山を定め、寺院編成の権限を与えた。本山の許可なく勝手に寺院を建立することは禁じられ、本山は本末帳の作成などを通じて本末関係の固定化を図ったため、間接的にではあるが、諸国の僧侶は幕府によって統制された。

一方で、僧侶には葬祭の独占が認められ、幕府が禁じたキリスト教や日蓮宗不受不施派などを信仰していないか確かめる宗門改め（宗判）を担う者と位置づけられた。宗門改めは寛文年間には全国で行なわれるようになった。修験者や陰陽師などの宗教者と比べて、僧侶は保護された存在であったと言える。僧侶が「諸寺院条目」や「宗門檀那請合之掟」という偽文書を利用するなど寺檀関係の維持に努めたため、幕府の政策として離檀（檀家が葬祭寺院を変えること）は禁止されなかったものの、実際には困難となることもあった。寺院の安定的な経営のためには、葬祭檀家数一五〇軒程度が必要で、祈祷檀家の場合はその二倍から四倍の檀家が必要であった。領主に与えられた寺領や葬祭・祈祷のみで経営を成り立たせることのできない寺院の僧侶は、出開帳や勧化を行なうなど積極的に寄付を集めたり、農耕などの非宗教的な活動を行なったりした。檀家組織や寺院所在村の人々もその維持に努めたが、無住となる寺院も少なくなかった。

宗派意識の形成　近世初期に幕府から各宗派に出された寺院本山法度では、教学の研鑽が重視されて修行年数などが規定された。たとえば曹洞宗僧侶の場合、法幢地に指定された寺院で夏と冬に行なわれる安居への参加が必要で、二〇年修行して初めて江湖頭（安居の首座）となり、さらに五年修行して転衣（本山で一日住職を勤め、その後京都へ行き朝廷から綸旨を得る）ができ、さらに五年を経ると自ら法幢を立てる（安居を主催する）ことができた。住職になることは決して容易ではなく、武蔵国高麗郡に所在する寺院のある僧侶は、五歳で得度して以後修行に励み、三六歳で初めて住職となり、四三歳・五〇歳・六四歳でそれぞれ別の寺院へ移転している。

寛文五年（一六六五）の諸宗寺院法度では、第一条でそれぞれの宗派の儀式や宗規を乱さないこと、第二条で宗派の儀式や宗規を熟知しない僧は住職として任用しないことが規定された。各宗派で僧侶養成の学問所が設けられ、帰属する宗派の教学を専修するようになった。中世のような諸宗派の兼学は少なくなった。宗祖の教えが再考され、師弟関係を持つ法然と親鸞を宗祖とする浄土宗と真宗の間でも宗論によってその境界を明確化させるなど、宗派内外での論争に発展することもあった。

真宗の内で最大の宗論は三業惑乱《さんごうわくらん》である。宝暦一三年（一七六三）西本願寺学林の平乗寺功存《へいじょうじこうぞん》が『願生帰命弁』を著して三業帰命説（身は阿弥陀仏を礼拝し、口は助け給えと唱え、心は往生を願うことによって往生する）を唱えた。寛政年間、能化《のうけ》となった智洞《ちどう》が積極的にこれを説くと、他力本願を根幹とする真宗において、三業帰命説は自力主義となるとして、在地寺院の僧侶から批判が起こり、門徒も交えて争論となった。文化三年（一八〇六）に寺社奉行の裁許により三業帰命説が否定されることで一先ず決着した。自力の排除という真宗教義の根幹が近世後期に新たに生み出され、それが宗祖以来の教義として措定されていった。

他にも例えば曹洞宗では、寺院を相続するにあたり自らの法系から離れて寺院の属する法系に移ることが広く行われていたが、元禄期の争論により一師印証《いっしいんしょう》（一人の師匠からのみ嗣法できる）が確定した。嘉永期には、僧侶の袈裟をめぐって永平寺・總持寺の両本山が争論を繰り広げており、真宗同様に他宗派と異なる独自性を確立させていった。

地域社会の一員　在地寺院の僧侶と地域社会の人々との日常的関わりはどのようなものであったのだろうか。一八世紀中葉の紀伊国伊都郡慈尊院村（現、和歌山県九度山町）を事例に見ていきたい。

同村は古義真言宗の本山である高野山金剛峯寺の寺領であった。村内の阿弥陀寺の僧侶は、村民の葬祭を執行するだけでなく、祈祷にも従事し、日照りの続いた時には雨乞いのため大般若経を読誦した。寺では座講・陀羅尼講・彼岸講など様々な講や僧侶の説法が行なわれ、詩歌の会や『中庸』を読む会が催されるなど、村民が寺を訪れる機会は多かった。寺は寄り合いの場所でもあったのだ。また、僧侶が郷士など村内の個人宅を定期的に訪れて仁王経を読誦したり、村民に四書五経など書物を譲ったりすることもあった。隣接する入郷村の横庵寺でも、空海の詩文集『性霊集』を読む会が催されたり、法談が行われて民衆に最勝王経や地蔵経、光明真言などを伝授したりした。伝授された民衆は、病気回復を祈願する際に最勝王経を読誦しており、経典は知識としてではなく実践的な教えとして伝授されていたようだ。

このように、僧侶が民衆の生活と深く関わり、信仰を獲得している事例は、真宗篤信地域において数多く確認できる。本山は近世に盛んになった出版活動を通じて公認の教えを流布させたが、在地寺院の僧侶は、それらを説法によって民衆に伝えるとともに、独自に法令の遵守や一般的な道徳を説いたり、時には本山が公認していない教えを説いたりした。

一方で、僧侶の中には宗門改めを梃子に収奪を図る者もいて、檀家が不正を糾弾して住職の交代や離檀を願い出る事例も数多く確認できる。例えば、慶応四年（一八六八）相模国高座郡小谷村（現、神奈川県寒川町）では、檀家一同が曹洞宗福泉寺に押し込み、葬祭と宗門改めを差し止める僧侶は不要と申し立て、住職を追放した。住職も引きさがらなかったが、結果的に住職の隠居と新住職の就任が決定した。葬祭と宗門改めの執行は、民衆にとって僧侶の最も重要な役割であり、それを怠る場合には強硬な手段も辞さなかったようだ。

宗門改めがあるため、民衆は寺院に属さねばならず、離檀は寺院経営を悪化させるため、個人の望み通り寺院を変更できることはなかったものの、檀家の承認なしには僧侶も寺院を維持できないため、一方的に檀家から収奪できたわけではない。ただし、僧侶は本末関係に基づき本山・本寺への上納金を課されており、負担を檀家に転嫁することなく経営維持できないため、強引な収奪を図る場合もあった。

地域社会において、僧侶は宗教面以外にも様々な役割を果たした。近世の慣習として、救済を求めて寺院へ駆け込む行為（入寺）が広く行なわれており、僧侶は紛争解決の仲裁者となって駆け込んだ者を救済した。また、僧侶は仏教書以外の書物も素養として身につけ、村落随一の知識人であることが多く、特に村落では寺子屋を開いて教育の主要な担い手となったり、医書に精通して薬を配布したりした。

（佐藤　顕）

【参考文献】圭室文雄『日本仏教史　近世』吉川弘文館、一九八七年。高埜利彦『近世日本の国家権力と宗教』東京大学出版会、一九八九年。末木文美士『近世の仏教』吉川弘文館、二〇一〇年。

上級神職

上級神職とは　寛文一三年（延宝元年、一六七三）南都春日社の正預富田延知《とみたのぶとも》、権預大東延種《おおひがしのぶたね》、京都郊外下鴨社の祝鴨脚秀政《いちょうひでまさ》が三位に叙せられた。この事実は、上の上級公家の職員録である「公卿補任」の記載から知られる。彼らは公卿となったのである。「公卿」とは、概ね三位以上の位階を有する人を指し、摂政・関白・太政大臣を筆頭とする朝廷の高官を占める人々である。三位に叙せられた春日社の二人の神職と下鴨社の神職は、これら上級公家と同格に位置づけられたことになる。江戸時代の神職に、上級神職という区分があるわけではないが、公卿に列する神職の存在は、そのような範疇が設定しうることを意味する。彼らのような、上級公家に匹敵する位置を与えられる神職と、一般の在地神職を同列に扱うことはできないからである。では、上級神職とは、具体的にどのような神社に奉仕する人々と考えればよいのか。今少し「公卿補任」を繙いてみることにしよう。

上七社　彼ら三人の名が記されて以降、「公卿補任」には神職の名がしばしば掲載されるようになり、一八世紀後半期には二〇人を超えることが常態となった。ただ、奉仕する神社でみれば、春日社・下鴨社のほかに伊勢神宮・上賀茂社（下鴨社と併せて一社とみなす）・松尾社・伏見稲荷社・平野社の都合六社にほぼ限られていた。これらは、天皇の祖先神を祭る伊勢神宮と、京都近郊に所在する大社で、古代において朝廷の崇敬を受けた二十二社の上位を占める「上七社」の構成要素であった。上七社は、近世においても国家祭祀の中心的存在として重きを置かれた神社である。公卿に列するような上級神職が奉仕するのは、上七社に代表される国家祭祀の対象社であった。これらの神社には多く朝廷の役職として特定の伝奏（神宮伝奏・賀茂伝奏・南都伝奏、あるいは神祇伯白川家〔松尾社・伏見稲荷社〕）があって、朝廷と神社の間を取り持った。なお、上七社を構成するあと一つの要素は石清水八幡宮だが、同社は僧侶が支配する神社であったため、神職の地位は低かった。

社職　寛文一三年に三位に昇った富田延知は春日社の正預、大東延種は権預であった。ただ春日社では、このほかにも多くの社職があった。正預を頂点とする預系の社職（正預・神宮預・権預・次預・新預・加任預）のほかに神主を頂点とする神主系の社職（神主・権神主・新権神主）および若宮神主があり、正預と神主は両惣官と呼ばれる社職中の最高位だった。このように複数の社職によって神社運営がなされる状況は春日社に限らず、上七社に共通していた。上賀茂社の場合、本社に奉仕する神主・禰宜・祝・権禰宜・権祝のほかに片岡・貴布禰・新宮・太田・若宮・奈良・澤田・氏神の八つの摂社にそれぞれ禰宜・祝の職があり、合計二一の社職があった。松尾社には、本社に奉仕する正神主（社務）・正禰宜・正祝・権神主・権禰宜・権祝のほか、月読社・櫟谷社に各々奉仕する禰宜・祝の十の社職があった。当社には徳川将軍の朱印状によって社領（朱印地）が許されており、社職の最高位にある正神主には、その差配も任されていた。つまり上級神職は、小領主としての側面を兼ね備えていた。

社家　これらの社職には、望めば誰でも就任できたわけではない。就任を許されるのは、「社家」の者に限られた。かかる実態は、社家が祭神の子孫だとか、神社創建当初から奉仕したなどの由緒によって正当化されていた。上下の賀茂社に奉仕し得たのは、祭神の子孫とされる賀茂氏のみであり、松尾社・伏見稲荷社の神主はその地に神を祭った秦氏に限られた。だが、これらの氏族は時代の推移に伴って多くの家に分立し、それらの氏族であれば誰もが神に奉仕する立場に就任することは難しくなった。賀茂社の場合をみると、祭神の子孫とされる「氏人」は、江戸時代には上賀茂社で一五〇家、下鴨社で五〇家以上に分かれていた。鴨脚家もその一つである。このように多くの家が分立すると、その間には序列が生じ、それは就任できる社職と家の関係として具体化する。寛文四年（一六六四）には、本社と片岡・貴布禰両摂社の社職には、松下・森・鳥居大路・林・梅辻・富野・岡本の七家以外の家からの就任が認められなくなった。これら社職と家の対応は、江戸時代の前期までに公権力による裁許を経て固められていった例も多い。

社家間の格差　松尾社の場合、正官（正神主・正禰宜・正祝）には、東家と南家の嫡系が交互に就任し、彼らのみが三位に叙せられた。それ以外の社家は、決して正官に就くことも公卿の列に加わることもできなかった。東家傍流で寛延三年（一七五〇）権神主に就任した東房豊は、以来この社職を務め、天明六年（一七八六）六三歳の時、正四位下に叙せられた。かたや彼の実弟相崇は、東家本宗に養子に入って元文四年（一七三九）正神主となり、明和七年（一七七〇）には従三位に叙され、公卿に列していた。房豊は社職の面でも、位階の面でも大きく弟に水をあけられて神社に奉仕してきたのである。そんな房豊は、七〇歳を越えた寛政五年（一七九三）、これまで実直に神勤してきたことを訴えて、三位への昇叙を神社伝奏白川家に訴えている。しかしこの願いは退けられ、寛政七年に再出願した三ヶ月後、願いを叶えられることなくこの世を去っている。その後も房豊の系統は、正官に転じることも三位に昇ることもなく明治維新に至っている。

社家間の平等　一方で、社家間の平等原則が堅持される神社もあった。春日社では、常陸から遷移した祭神に随伴したとされる大中臣氏と中臣氏の門葉が社家を構成した。江戸時代、大中臣氏の系統には中東家を本家とする都合八家が、中臣氏の系統には辰市家を本家とする一二家があった。大中臣氏の系統は神主系の社職に、中臣氏の系統は預系の社職に就任したが、就任の順序は「氏人」として社職就任資格を承認された時期（臈次）の先後によって決定され、本家・分家などの家格は斟酌されなかった。伏見稲荷社でも春日社同様、社家間の平等原則に則った社職の就任方法が採られていた。

非蔵人　社職に就任できる家柄が固定してくると、当然、社職に就任できない家が現れてくる。そのような家の者は「非蔵人」として宮中に奉仕を許されることがあった。非蔵人とは本来、蔵人所に勤める役人の研修生のことであるが、江戸時代には宿直・清掃など宮中の雑務を担当する役職の称であった。戦国期に中絶していたが、京都近郊にある大社の神職家の衰微を嘆いて慶長十一年（一六〇六）に再興された。賀茂・松尾・伏見稲荷の社家から、多く非蔵人の家が分かれ出ている。

社職補任　上七社の神職は、位階はひとしく天皇からこれを授かった。しかし社職は、その職によって、天皇の勅任、もしくは神祇官長官からの補任と、取扱に差違があった。松尾社の場合、社職の最高位にある正神主は勅任、すなわち天皇直々の任用で、他の社職は神祇官長官で当社の伝奏も勤める神祇伯白川家が、神祇官として補任した。上賀茂社は二十一の社職全てが勅任、伊勢神宮も上級の社職である祭主・大宮司および十名から成る正禰宜は全て勅任であった。このように、天皇もしくは神祇官から社職の補任を受ける点でも、上七社は一般の神社と異なる取扱を受けていた（春日社司は藤氏長者宣による補任）。ただ、このような補任は必ずしも上七社のみに限られるものではなく、二十二社のうち上七社より下に位置づけられる神社にも認められる場合がある。中五社の一つ大原野社は、神主以下の社職が神祇官からの任用であり、下七社のうち吉田社の預（神主）は、堂上公家の吉田家による世襲であることも与ってか、勅任であった。このようなことを勘案すると上級神職という範疇は、上七社に準じる神社に奉仕する神職までを含めることが妥当なように思われる。国家規模の臨時祈祷に与った地方大社の神職を上級神職の範疇に組み込むことも大きな飛躍ではないだろう。

地方大社の神職　近世日本において国家規模の臨時祈祷に与った地方大社としては、出雲・宇佐・鹿島・香取など、古代以来、国家的、あるいは当該地域の公権によって崇敬を受けた神社が挙げられる。恒例祭祀や祈祷に与らなくても、出雲・宇佐などと同様、当該地域の神社秩序の頂点にあり、在地神職に身分を承認する機能を果たした神社もある。かかる神社（筑後高良社・肥後阿蘇社など）の神職も、国家祭祀に与った神社に準じて上級神職とみなし得る。いずれの神社にも複数の社職があり、それらが独占的な奉仕を正当化する由緒を有する特定の社家によって占められていた点も、上七社と同じである。ただ、江戸時代には、これらの神社社職の補任を天皇や朝廷が行うことは近世中期以後の宇佐を除いてなく、独自の慣例に則って行われた。したがって朝廷の役職としての特定の伝奏は存在しなかったが、多くが特定の公家と結んで位階を得たり受領を許された。神社によっては徳川将軍家への謁見の主体となることで、神社を代表する社職の確保を図ることもあった。

（井上智勝）

【参考文献】井上智勝「社家（神社世界）の身分」（堀新・深谷克己編『権威と上昇願望』）吉川弘文館、二〇一〇年。

在地の神職

在地の神職とは　江戸時代の在地神職が体験した最も大きな環境変化とは何であろうか。兵農分離政策によって武士の城下町集住が始まると、在地の神社は次々と庇護者を失うことになった。その後、村落農民が神社運営の中心へと成長すると、中世以来の有力神職が有していた領主的性格も希薄化を余儀なくされた。しかし、右のような変化以上に大きな要素は、京都吉田家が神職の本所《ほんじょ》として徳川幕府の公認を得たことである。

京都吉田家の勢力拡大　そもそも吉田家は、卜占の技術で朝廷に仕える下級貴族であった。しかし、『日本書紀』などの古典研究に秀でることで発言権を強め、職掌としても神祇大副《じんぎだいふ》（神祇官の次官）にまで昇進し得る家筋となった。吉田家の影響力をさらに強化させたのが、室町時代の吉田兼倶《よしだかねとも》である。兼倶は、唯一神道を唱えた人物として有名であるが、神道裁許状というライセンスを私的に発給し、在地神職の任命権掌握を画策したことも見逃せない。このような兼倶の活躍により、吉田家は神祇伯《じんぎはく》（神祇官の長官）として上位に位置するはずの白川家をも圧倒する勢力へのし上がっていった。

諸社禰宜神主法度《しょしゃねぎかんぬしはっと》と在地神職　江戸時代以前に吉田家から発給された裁許状は、私的なものであったが、徳川幕府が寛文五年（一六六五）に発布した諸社禰宜神主法度は、吉田家の在地神職支配に公的な認可を与えることとなる。というのも、この法度の第三条では、無位の神職が白張《はくちょう》以外の装束を着るためには、吉田家の裁許状を得なければならないと規定されたからである。

白張とは、白布の表裏に強くのりを引いただけの狩衣《かりぎぬ》であり、古来貴人の従者が使用するものであった。この衣装のみで宗教者としての威厳を保ち、祭祀を執行することはきわめて困難である。つまり、諸社禰宜神主法度の発布によって、多くの在地神職は吉田家の支配下に入らざるを得なくなったわけである。

徳川幕府の宗教政策　膨大な数にのぼる在地神職の身分統制権を、京都の一公家に付与した徳川幕府の宗教政策は、現代の我々からすれば少々違和感を抱かされるものである。しかし、江戸時代に全国横断的な宗教者統制権を有したのは、神職の本所＝吉田家ばかりではない。僧侶についていえば、門跡《もんぜき》・准門跡として朝廷につながる仏教諸本山が統制権を掌握していたし、陰陽師《おんみょうじ》についても、京都の公家である土御門《つちみかど》家が本所として全国横断的な支配を行っていた。社会的に大きな影響力を持つ宗教者の身分統制にあたって、徳川幕府は、本山・本所という伝統的な権威にその一翼を担わせたといえる。

僧侶にとっての本山・神職にとっての本所　さて、それでは江戸時代を通じて、本山・本所による宗教者支配はどのように展開したのだろうか。仏教諸本山についてみると、その権威確立は、自立的な田舎本寺《いなかほんじ》と過度にパーソナルな師資相承《ししそうしょう》関係とを、否定する方向で進められた。中世段階では、周辺寺院を末寺として独自に支配する自立的な田舎本寺が、各地に多数存在した。そのような地方割拠的状況下で濃密な師弟関係が築かれると、往々にして弟子は直接の師匠を誰よりも崇敬することとなり、本山法主《ほっす》の権威確立は阻害されがちであった。

　ところが、江戸時代になると、仏教諸本山は、末寺への寺号下付権や本尊授与権を独占掌握し始め、田舎本寺をも自らの本末支配に取り込んでいった。また、檀林《だんりん》・学林といった僧侶養成機関も整備され、パーソナルな師弟関係に依存することなく、本山発の教えが末寺僧侶へ均質に流布していくこととなった。

　同様の変化は、在地神職と本所吉田家の間でも、ある程度確認することができる。福山藩領を例に取ると、中世段階でこの地域の神職を統制していたのは、備後一《いちの》宮《みや》の吉備津《きびつ》神社である。備後の神職たちは、「一宮官」という独自の官位を授けられ、吉備津神社を頂点とする地域秩序を形成していた。

　しかし、備後吉備津神社は、江戸時代になると急速にその権威を失墜させる。在地神職への裁許状発給権を吉田家が独占掌握することで、吉備津神社も周辺の神職と同じくライセンスを受ける側へ転落したからである。

　しかも、福山藩領は江戸時代の幕開けにあたって、毛利輝元から福島正則へ、さらに水野勝成へと、めまぐるしい領主交代を経験しており、これが在地神職にも大きな影響をもたらした。元和五年（一六一九）備後に入部し、新たに福山城を築いた水野勝成は、城北の地に八幡宮を遷座し、城下町の守護神としたが、同社の神職池田氏は、代々福山藩領の注連頭《しめがしら》に就任することとなった。領主権力のバックアップで注連頭となった池田氏は、吉田家からもいち早く神道裁許状を取得し、いわばその名代として藩領内の神職を統率する存在に成長していった。

吉田家による在地神職支配の遅れ　さて、福山藩領を事例として、中世以来の在地秩序が崩壊し、全国横断的な本所支配が確立する様子を確認してみたが、このような動向が、全国一律に展開したわけではない。

膨大な数の在地神職を支配下に取り込んでいくには、本所吉田家の組織力はあまりに脆弱なものであった。中世以来の地域的な神社組織に吉田家が上乗りするかたちで、かろうじて本所支配が保たれている地域も多かった。また、地方大社の強固な抵抗にあい、吉田家の在地神職支配が遅々として確立しない地域も時に存在した。比較的均質に本山支配が浸透した仏教諸宗と比べてみると、吉田家の場合、地域の実情に即して本所支配の浸透度に如実な差異が見出せる。領主権力によるバックアップの有無、地方大社による抵抗の有無などに左右され、吉田家と在地神職の関係は多様に展開していた。

僧侶身分と神職身分　もちろん、個々の神職がおかれた環境も吉田家との関係に大きな影響を及ぼす。最後に、地域の独自性を考慮しつつ、神職がなぜ本所支配を必要とし、また必要としなかったのかを考えてみたい。

在地神職が神道裁許状を取得しようとする際、最も大きな障害となるのは、吉田家への上納金や上京旅費といった金銭面での負担である。一般的な在地神職の場合、氏子の支援を引き出せるだけの信頼や、地域社会の経済発展など諸条件が整わない限り、たとえ自ら望んでも吉田家の支配下に入ることは不可能であった。

以上のような理由により、祭祀奉仕者でありながら吉田家の裁許状を持たない者は、江戸時代後期に至るまで少なからず存在した。他方で、費用が足りないため本山の許可を得ず活動する在地僧侶というのは、神職ほど一般的ではない。このような両者の差異は、どこから生じたものなのだろうか。

江戸時代の僧侶は、宗門改《しゅうもんあらた》めという「公務」の担い手であり、檀家《だんか》のみならず領主権力にとっても不可欠な存在であった。他方、在地の神社で祭祀を執行する専業神職は、江戸時代の人々にとって必ずしも不可欠ではなく、地域によれば修験《しゅげん》や僧侶で十分に代行できた。このような宗教者身分としての不安定性も、吉田家による本所支配が容易に浸透しない原因だったといえる。

在地の利害と本所の権威　さて、右のように神職にとっては厳しい状況下で、それでもなお彼らが強く吉田家の権威を希求したのは、いかなる場合であろうか。

　信州や奥州は、諸社禰宜神主法度の発布以前から、吉田家が在地神職の求めに応じて裁許状を発給している地域だが、そのきっかけとなったのは、先達職《せんだつしき》をめぐる修験と神職の争論であった。先達とは、霊山・大社へ参詣者を導く宗教者であるが、彼らが特定の檀那から案内料として礼金を受け取る権利（＝先達職）は、一種の財産とみなされ、譲与・売買の対象にもなっていた。この先達職を修験と奪い合うなかで、信州や奥州の神職は、本所吉田家とのつながりを深めていった。というのも、同地の修験は、聖護院《しょうごいん》門跡を本山と仰ぎ、その権威に頼ることで争論を優位に進めようとしたからである。在地の権益が危機にさらされた時、神職は上位権力の保護を求め、吉田家の支配を受け入れたわけである。

　在地神職に吉田家への接近を促したのは、他の宗教者との争いばかりではない。畿内を中心とする宮座《みやざ》の影響力が強い地域では、俗人による排他的な神社管理が行われていた。そうした状況下、在地神職が宗教者としての自立を目指し、裁許状の取得を願い出るケースも多い。神職の側が、地域の実情に促されて働きかけた時、吉田家の本所支配は初めて急速に浸透したといえる。

　もっとも、こうした権威確立の一方で、吉田家が仏教諸本山の檀林・学林に匹敵する神職養成機関を最後まで樹立できなかったことも見逃してはならない。在地神職は、あくまで官位や装束の許可により自らを権威付けてくれる存在につながりを求めたに過ぎなかった。事実、宝暦年間（一七五一～一七六四）に神祇伯白川家がもう一つの本所として在地神職の取り込みを活発化させ、徳川幕府もその動向を容認すると、吉田家の本所支配は著しい動揺をみせることとなった。仏教諸本山と異なり、神職の本所吉田家は、教えを独占して在地神職を強くつなぎ止める存在ではなかったのである。

（引野亨輔）

【参考文献】高埜利彦『近世日本の国家権力と宗教』東京大学出版会、一九八六年。井上智勝『近世の神社と朝廷権威』吉川弘文館、二〇〇七年。

修験者

修験者とは　一般に修験道の教えを信じ実践する宗教者のことを修験者（修験・山伏ともいう）と言うが、平安時代以降、山岳修行によって験力を獲得した者の意味として理解される。修験者の理想的な存在として役小角（役行者）が知られるようになり、修験道の開祖として仮託されていく。開祖としての仮託は、江戸時代以降も続き、年忌の開催などを契機に修験のなかに広まっていくことになる。

江戸時代における修験は、本山派（聖護院）や当山派（醍醐寺）などに組織編成を受けることになる。本山派や当山派は、たとえば慶長一八年（一六一八）の徳川家康裁許により、それぞれの本山としての地位が認められた。また本山派の場合には、各地に年行事とよばれる役職の修験などが組織機構をまとめ、組織化が図られていった。この他、地方霊山とも評される東北羽黒山の羽黒派、九州彦山の彦山派が容認され、日光山の輪王寺宮下に編成された日光修験の例もある。これら組織編入が進展する背景の一つには、宗教活動をめぐって神主と対立した南奥州や信州の例が知られるが、修験がその活動の正当性を確保するために組織に編入していく状況をみておく必要がある。また、先述した役行者の開祖としての仮託は、組織編成を捉える上でも注目される。

地域社会と修験　地域社会における修験のあり方は、「里修験」という用語に象徴されるように、じつに様々な活動を行う存在である。主な活動としては、全般的に祈祷活動にあたるが、それも時代状況や地域事情に対応したものであった。たとえば人々が伊勢や熊野へ参詣する際の祈祷、葬祭の後の清め祓い、「病気治し」に伴う祈祷など、また祭事の関与などが認められる。この他、教育レベルの問題にも関与する事例も確認できる。このようなあり方は、修験の聖教類からもうかがえ、修験は地域社会において様々なニーズに臨機応変に対応できる存在であった。一方、その存在状況をみてみると、これも様々である。武州を例にとると、一八世紀半ばにおける秩父郡では「一代修験」と称する僅かの檀家をもちながら活動する修験、村役人を担うにいたった例、さらに村の開闢とかかわる修験、一九世紀に入っても曹洞宗寺院との共存関係を保っている修験、常陸（仙台藩領龍ヶ崎村）では藩の御林を管理する修験の例が確認でき、山林管理者としての立場も認められる。なお、このような多様なあり方に関連して、修験は検地帳上に名請人として確認できることが多い。一方、都市的な場である江戸の稲荷社などの別当として、都市的な場に展開する修験も認められる。また、修験の活動を支える人々も認められる。日光修験の例では、日光山中を峰入りの場として（古峰山入峰）、山中の「深山巴の宿」で勤行修行などが実施された。日光山中には、その峰入りを補佐する「前鬼」・「後鬼」が居住していた。大峰山などの修験のあり方が地域へ伝播・定着していくことで、新たな修験の展開がみられる。近世においても、各地の山中と修験のあり方は、捨象できない問題となる。

幕末の修験　このような地域展開をしていた修験であるが、十九世紀以降の活動は相対化して捉えられる傾向にある。それは明治初期の修験道廃止の問題があるためであろう。しかし嘉永二年（一八四九）は、役行者千五百年忌にあたり、多くの修験が役行者の顕彰を試みているように、幕末期にいたっても修験自体の相対化は認められない。むしろ修験自体が、当該期において復古的な思考をもちあわせながら存立しており、特に十九世紀以降の攘夷思想の興隆に関連して、祈祷活動を試みている例も認められる。このことは、幕末期における神主の動向とあわせて考えてみる必要がある。この他、新たに木曽御嶽信仰などへコミットする修験の事例もみられる。十九世紀の修験は、地域レベルにおいて、これまで形成してきた活動を継続しつつ、新たな時代状況に応じて、その存在感を顕在化させる例も認められるのである。幕末維新期におよぼした修験の影響は、人々の生活レベルの問題から、政治問題にも絡むものとして評価を与えていくべきであろう。

（菅野洋介）

【参考文献】　高埜利彦『近世日本の国家権力と宗教』東京大学出版会、一九八九年。菅野洋介『日本近世の宗教と社会』思文閣出版、二〇一一年。『修験道事典』東京堂出版、一九八六年）。『修験龍蔵院聖教典籍文書類目録』国立歴史民俗博物館、二〇一〇年。『鹿沼市史　通史編近世』鹿沼市、二〇〇六年。

陰陽師

陰陽師とは　近世には正月の札配りや占い・家祈祷などの呪術的職能をもつ民間宗教者が各地に存在した。そのなかで陰陽道本所である土御門《つちみかど》家に貢納金を納め、職分・衣装・呼名の許状を得た者が陰陽師とみなされた。彼らの在地での呼称は「唱聞師《しょうもじ》」「院内」など多様であり、居住地・身分・階層も多岐にわたった。

土御門家役所の掟書には陰陽師の職分は「判はんじ、神道行事、地祭り家堅、四季ノ祓・荒神祓札守、暦・年筮配、秘符まじない・矢除守、日よみ十二神・神馬札、千寿祝文・巫女職」とある。実際にはこの一部のみに携わる者も陰陽師の許状を持った。こうした職分は修験など他の民間宗教者と重複するため、呪法や祈祷の内容によって陰陽師固有の属性を定義することは難しい。そのため、近世の陰陽師は職業内容ではなく、陰陽道組織への帰属という形式的な基準で区別せざるを得ない。

近世の陰陽道組織と沿革　安倍晴明の後裔で陰陽道を家職とした公家の土御門家は、貞享改暦を契機に、天和三年（一六八三）に天皇綸旨及び将軍朱印状を得て陰陽道への支配権を公認され、陰陽道本所としての地位を確立した。とはいえ、神道組織に比べると権限は弱く、強制力を欠いたため、当初の加入者は、尾張の万歳や備中の陰陽師など西日本の民間宗教者集団に限られていた。陰陽師編成は、営業免許である職札の発給とその対価である貢納料の徴収によって成立した。本所役所でもあった京都梅小路村土御門邸のほか、関東触頭が関東以北の陰陽師を統括する江戸役所も置かれた。

大都市江戸にあって寺社奉行の訴訟にも関わった江戸役所は、他地域に先駆けて、訴訟で争われる職分の明確化や、流入する都市下層の宗教者の増加という課題に直面した。そのため、明和以降は占考の職分に関わる修験や神職、易者らを「売卜組」として積極的に組織した。京都の本所でも、天明四年（一七八四）の役所改革で専業の役人を補充し、人別掌握・組織管理に関する新条目を発布するなど、職分支配を強化する路線に転換した。寛政三年（一七八一）には幕府の都市政策を背景に、陰陽師支配の触が全国に発布されたことで、加入は事実上義務化された。元治元年（一八六四）の「諸国触頭名前仮留」では、山陰や南九州を除くほぼ全国に「触頭」「取締」という地域毎の統括者が分布していた。

一方、教義や経典・呪法の伝授や統制が行われなかったことも陰陽道組織の特徴である。一時的に天社神道としての祭祀の体系化や家塾設置が試みられたものの、組織的な伝授や体系化には至らなかった。

存在形態の変遷　陰陽師としての活動実態が比較的明確であるのは、町人や公家を檀家とした京都の古組陰陽師の事例である。一七世紀迄は集住街区を形成し、離散後も、檀那場の相互保証など職能共同体としての機能を維持していた。祭祀、祈祷などの活動記録も残る。また、奈良の陰陽師は暦の発行・配布とともに、祈祷も行っていた。正月に江戸などで門付芸を行った三河・尾張の万歳も陰陽道組織の一員であった。かれらはいずれも居住地・職能を同じくする身分共同体的な小集団を形成しており、比較的早期より土御門家と関わりをもった。領主側の身分把握では基本的に百姓・町人とされたものの、枝郷の陰陽師村が在地で習俗的差別の対象となる地域もあった。こうした村にとって、土御門家への帰属は座席争論などでの有利な証拠であり、身分上昇の手段ともなりえた。なお、集住型の陰陽師村には中世の声聞師集落に遡る例もみられるが、近世後期迄に自然消滅した村も多い。

一方、一八世紀後半には、個人の職分に即して組織に属する都市在住の宗教者が多数を占めた。さらに都市での人別管理が厳しくなると、各地を流浪して占いや祈祷を行う無宿の陰陽師も現れた。なお、これは人口の流動化という当時の状況から生じた現象であり、中世以来の「遍歴民」なる系譜によるものではないことに留意したい。また、修験や医師との兼職者や易占を学ぶ村役人のほか、幕末期には暦算を契機に土御門家に入門した和算家が陰陽道組織に関わった例もある。こうした属人的支配から職分支配へという本所の支配論理の転換が、陰陽師像の拡散をもたらしたといえる。

（梅田千尋）

【参考文献】林淳『近世陰陽道の研究』吉川弘文館、二〇〇五年。西田かほる「無宿の陰陽師守屋安芸をめぐって」（『近世の宗教と社会1』）吉川弘文館、二〇〇八年。梅田千尋『近世陰陽道組織の研究』吉川弘文館、二〇〇九年。

御師

御師とは　御師の起源は祈禱を専らとする「御祈禱師」に求められ、平安中期の寺院に始まり、その後神社にも発生するに至ったとされる。貴族などの寺社参詣者と御師との関係は、当初は臨時的なものに過ぎなかったが、次第に恒久化し、師と檀那との間で取り結ぶ「師檀関係」として固定された。吉川孔敏氏によれば、こうした「御祈禱的御師」が、次第に参詣者の宿坊《しゅくぼう》も兼ねるようになり（「宿坊的御師」）、一方で修験道とも結び付いた（「修験的御師」）とされる。「御祈禱的御師」は祇園・石清水・賀茂・松尾・平野・北野・日吉など、「宿坊的御師」は伊勢・熊野・出雲・多賀社など、「修験的御師」は熊野・羽黒山・富士山・豊前彦山など、それぞれ各所に見られた。とりわけ近世には、伊勢信仰および参詣の全国的展開を支えた伊勢御師（伊勢に限り「おんし」と読む）の活動が顕著であった。外宮《げくう》の鳥居前に成立した山田を拠点とした外宮御師は、享保九年（一七二四）の段階で六一五軒を数え、これに内宮《ないくう》御師を合わせると八〇〇軒を越えていたとも推測される。

御師集団の歴史的個性　一口に「御師」と言っても、各寺社に属する御師集団ごとに特徴があり、総括的に論じることは難しい。富士山の場合、近世に登拝のために利用された登山口はそれぞれ甲州上吉田村・川口村、駿州須走《すばしり》村・須山村・大宮・村山といった集落と接しており、大宮・村山以外には各集落の浅間《せんげん》神社に奉仕する富士山御師が集住していたが、御師集団のあり方は集落ごとに異なっていた。吉田村の御師は、戦国末期か近世初期には坊号数が三六坊あり、宝暦一三年（一七六三）には七一軒となっている。川口村では一七世紀に一二坊が確認され、宝暦一〇年には一〇〇軒を越えている。須走村の御師は一八世紀半ば頃、領主（小田原藩）によって一七軒と認められ、近世を通じて変化しない。また富士山御師は、それぞれの領主から神職と認められていたが、身分的には百姓兼帯という立場にあった。各御師は神職としての確立を目指して京都の吉田家や白川家と関係を築くが、上吉田村の御師は当初吉田家に入門し、次第に白川家に入門する者が増加した。川口村では宝暦期の争論を経て、神道裁許状《しんとうさいきょじょう》を吉田家から、神道行事を白川家から得ることになった。須走村の御師は早い者は寛政期、多くは文化期に吉田家から神道裁許状を得た。

御師の生業　各寺社の御師にとって、①師檀関係にある檀那の参詣時に宿坊を世話して祈禱や神楽奉納などを行うこと、②各地の檀那を定期的に巡回して配札・祈禱や初穂《はつほ》徴収などを行うこと（檀那廻り）、という二点が主な職分であることは概ね共通する（御祈禱的御師を除く）。富士山御師の場合は、さらに富士登山の世話や、浅間神社への奉仕、富士山内の諸堂社・小屋の経営・管理などがこれに加わる。檀那は師檀関係にある御師宅に泊まるのが原則であり、御師にとっては固定した宿泊客層でもあった。御師は宿泊料・神楽料や初穂などを重要な収入としており、檀那との関係維持に努める必要があったため、檀那廻りには多くの土産物を持参した（伊勢御師の場合は伊勢暦、伊勢白粉、帯、茶、鰹節、海苔、のし鮑など）。さらに川口村の富士山御師は檀那に対して、本来は陰陽師の職分である姓名判断を行うこともあった。一方で、御師は檀那を一種の家産と見なしており、御師相互間で借金の抵当や売買・譲渡の対象としていた。また御師は、参詣者を現地へ盛んに勧誘しており、その手段として寺社や霊山を「名所」として整備し宣伝することもあった。近世後期の富士山における「女人登山禁制」に反する女性の登山の増加と禁制の弛緩化の背景にも、女性という新たな客層を開拓しようとする御師の勧誘活動が存在した。

幕末・近代の御師　慶応四年（明治元年、一八六八）、官軍が江戸へ進発したことを契機として、各地で神職や郷士が草莽《そうもう》隊を結成したが、ここに御師が参加する動きが見られた。たとえば駿州駿東郡の神職により結成された駿東赤心《すんとうせきしん》隊には須走村や須山村の御師が、甲州の真禊《しんけい》隊・隆武《りゅうぶ》隊には川口村の御師が、同じく蒼龍《そうりゅう》隊には上吉田村の御師が参加している。明治四年（一八七一）に御師制度は廃止され、かつての御師たちは他の生業に移っていった。

（青柳周一）

【参考文献】吉川孔敏「祇園社御師顕詮に就いて」（『國史學』四六）一九四三年。青柳周一『富嶽旅百景』角川書店、二〇〇二年。高埜利彦監修・甲州史料調査会編『富士山御師の歴史的研究』山川出版社、二〇〇九年。

芸能的宗教者

芸能的宗教者とは　これまで民間宗教者、雑芸能者、雑種賤民などと称されてきた、在地の陰陽師、万歳、簓《ささら》、夷《えびす》職、神事舞太夫、梓《あずさ》神子、鉢叩《はちたたき》、盲僧《もうそう》、願人《がんにん》坊主などを統一的に理解するために用いた分析概念である。

近世における神職は除地（あるいは黒印地、朱印地）に建つ宗教施設で神事をおこなう者であり、僧侶は幕府の認める仏教諸宗派に属し師資相承を得た者である。芸能的宗教者は以上の条件を満たさず、公家や大寺社を本所として免許状や職札あるいは由緒書などを得ることにより職分を保証された。例えば、陰陽師は公家の土御門家、簓は近江国関蝉丸神社別当三井寺近松寺、夷職は摂津国西宮神社、神事舞太夫・梓神子は江戸浅草三社権現神職田村八大夫、鉢叩は山城国空也堂を本所とした。本所による芸能的宗教者の編成は一七世紀末から進展し、その身分を保証するものとしても機能した。本所を持たず領主権力や慣習によって職分を保持する芸能的宗教者も存在したが、本所による編成が進むにつれ、その活動を維持することは困難になっていった。

職分と旦那場　芸能的宗教者の職分は、祓、祈禱、配札、占考、舞、説教あるいは口寄など多様である。本来これらは宗教者および芸能的宗教者に共通するものであるが、本所から免許状を取得するに及んで、一八世紀以降、職分の分化・明確化が進んでいった。そのため神職や修験あるいは芸能的宗教者間で、職分をめぐる争論が多発した。また、芸能的宗教者はそれぞれ旦那場などと称されるテリトリーを有した。一年の大半をかけて全国各地の旦那場を廻る者もいれば、居住する村の近隣数十ヵ村の範囲を旦那場とする者もあった。

在村の芸能的宗教者　芸能的宗教者の大半は百姓身分であった。しかし宗門人別帳の末尾に記載されたり、別帳にされたりするなど、百姓とは異なる存在と認識され、差別を受けていた。行刑・警護役や、見廻りなど居住する村の下役を担い、旦那場における勧進を行う点で、被差別民との共通性も認められる。そのため、しばしば穢多や非人との間で、互いの序列や旦那場における勧進権をめぐって争論がおきた。芸能的宗教者が本所による編成を望む背景には、地域社会における差別からの脱却と職分の保証による身分の確立があった。

芸能的宗教者が居住する村には、多くの場合複数の職分の者が混在する。異なる本所に編成されつつも、全体として多様な職分を保持していた。芸能的宗教者の起源は中世に求められるが、近世初期の実態は明らかではない。近隣に中世来の大寺社がある場合は、それらに附属する者であったと考え得ることや、大規模な開発地や河川、交通の要所がある場合は、大地の鎮めなどの役割を担う者であったと考えられている。

また、江戸などの都市における芸能的宗教者としては願人坊主などがあげられるが、それらは都市下層民や非人などと共通する存在形態であった

虚無僧　虚無僧は一五・一六世紀に存在した尺八吹奏を専業とする乞食芸能者が、一七世紀初期に普化禅師に帰依する仏教僧侶となったものである。一七世紀末には幕府から普化宗として認められ、本末組織を整える中で虚無僧としての身分を確立させていった。これは虚無僧の脱賤化の意向と、幕府の身分統制策の一致によるものであり、芸能的宗教者が宗教者として認められていく一つの形でもあった。

芸能的宗教者の終焉　芸能的宗教者は、近世後期になると全体的に数が減少していく。また本所からの免許状は職分保障の意味合いを強くし、身分保障の機能を薄めていった。例えば土御門家からの占考免許状は陰陽師のみならず、神職や御師などにも数多く発給された。

明治になると、神道重視政策や啓蒙思想の導入によって、神仏分離、淫祠邪教の禁止、民俗信仰の弾圧がすすむ。明治三年に土御門家の免許が禁止され陰陽道が廃止されると、翌年には虚無僧が禁止、同六年には梓神子なども禁止された。同八年には元青蓮院配下の盲僧が天台宗の所管となるなど、芸能的宗教者の存在が次々と否定されていくのである。

（西田かほる）

【参考文献】『身分的周縁』部落問題研究所、一九九四年。『シリーズ近世の身分的周縁』一・二、吉川弘文館、二〇〇〇年。大熊哲雄ほか編『旦那場』現代書館、二〇一一年。

「日本人は無宗教」か？

「宗教」の意味　「宗教」という語はもともと究極の真理を意味する仏教語で、前近代の人びとにとって馴染みのある語であったとはいえない。近世人にとっては、寺請けや葬儀の執行機関としての寺院の宗派を表す「宗旨」「宗門」のほうが一般的で、これらの活動は近世人の日常生活に溶け込んでいる慣習的な意味合いが濃かった。神仏習合という環境も信心を特別に意識する感覚を希薄にさせた。

そのような状態のなか、一九世紀半ば以降、欧米諸国との本格的な交流のなかで、キリスト教とどのように向き合えばよいかの模索が始まった。ある特定の神聖なものを特別に信心するという「宗教」のイメージとその語の定着が進むのは、この過程においてである。

モデルはキリスト教　明治政府は当初、キリスト教禁止という江戸幕府の宗教政策を引き継いだうえ、神道を国教化しようとした。その根底には、欧米の精神的支柱となっているキリスト教に対抗するという意識があった。その後、そもそもそれぞれの地域における個性ある神観念を統一して国教にするのはかなりの無理があったのと、それにともなう神仏分離・廃仏毀釈に対する抵抗などにより、神道の国教化は断念されたが、神道の優位性まで放棄されたわけではなかった。その延長線上に、形式的には宗教とは見なされない国家神道が成立する。

一方、文明開化が推進されていく過程で〝religion〟の訳語が模索され、キリスト教をモデルに「宗教」の語が選ばれることになる。それだけに、「宗教」の語の定着は民間信仰のような慣習的な神仏信仰を非文明的なものとして貶めていくことを同時に意味した。つまり、現代人の「宗教」イメージは近代以降欧米諸国との交流のなかでキリスト教をモデルに、近世人の慣習的な神仏信仰を排除して成立したものなのである。

（大橋幸泰）

【参考文献】阿満利麿『日本人はなぜ無宗教なのか』筑摩書房、一九九六年。磯前順一『近代日本の宗教言説とその系譜——宗教・国家・神道』岩波書店、二〇〇三年。

第一部　第十六章

琉球・蝦夷地に生きる人びと

「三國通覧圖説」（国立国会図書館所蔵）

林子平がロシアの脅威と蝦夷地の開発を主張するために著した「三国通覧図説」（天明六年（一七八六）刊行）の付図であり、三国とは朝鮮、琉球、蝦夷地を指す。地図中央には「朝鮮琉球蝦夷并ニカラフトカムサスラツコ嶋等数国接壌ノ形勢ヲ見ル為ノ小図」と記載され、琉球と蝦夷地（カラフトやカムチャッカ、ウルップ嶋を含む）が朝鮮と同様に「異国」として位置付けられている。また、松前藩が支配していた松前地（和人地）が蝦夷地とは明確に切り離されている一方、サハリン島は大陸と陸続きに描かれているなど、近世人の世界観の一端をあらわしている。

本章では、アイヌや松前家・琉球王府など「琉球・蝦夷地に生きる人びと」を紹介する。

松前家

松前家とは　近世日本において蝦夷地を「支配」した松前藩は、同時に松前地（和人地）の領主でもあった。松前地は松前（現松前町）を中心とした渡島半島南部であり、松前地と蝦夷地の境界は西在熊石《くまいし》（現八雲町）と東在小安村《こやす》（現函館市）であったが、一九世紀初めには東在山越内まで拡張した。松前地と蝦夷地の境界が明確となったのは寛永年間であり、巡見使が寛永一〇年（一六三三）に松前地へ派遣された際、里程の測量や「絵図」作成のための調査が行なわれた。いわゆる「鎖国」体制が構築されていくなかで、境界以北の蝦夷地はまさしく「異国」として位置付けられた。境界には番所が設けられ、和人やアイヌの通行は厳しく制限された。黒印状によって幕府が松前藩に認めたのは、松前地の支配（所領）とアイヌとの交易権の独占であり、アイヌに対する「非分」の禁止、すなわち「介抱」であった。

松前家の由緒　松前家の由緒は一五世紀半ば、津軽十三湊《とさ》を拠点とした安東氏が、南部氏との戦いに敗れた結果、渡島半島へ渡海した時点までさかのぼる。その後、安東氏は男鹿半島に再渡海したが、一族や蠣崎《かきざき》氏を渡島半島の「守護」に任じた。長禄元年（一四五七）のコシャマインの戦いは、安東氏の渡島半島支配に対するアイヌの蜂起であったが、この戦いで功績を挙げたのが蠣崎季繁《すえしげ》の客将武田信広が、その功績により蠣崎季繁の娘婿となった。蠣崎家の家督を相続した信広と長子光広の時代に、蠣崎氏は安東氏の代官として、渡島半島における唯一の現地支配者の地位を確立した。一六世紀末には豊臣秀吉の奥羽仕置に対応するため、蠣崎慶広《よしひろ》は天正一八年（一五九〇）に聚楽第で秀吉に謁見、豊臣政権下での大名家としての地位を得た。秀吉の死後には徳川家康に接近し、慶長九年（一六〇四）には、黒印状が発給され所領を安堵された。この時期に蠣崎から松前に改称し、幕藩体制下において蝦夷地を「支配」する大名である松前家が成立した。

松前地の支配　松前藩は年貢収入を藩財政の基盤として持たない無石高大名であり、収入源は蝦夷地におけるアイヌとの交易が中心であった。そのため、蝦夷地への和人の通行は厳しく管理された。アイヌの松前地への渡海も、初期には自由であったが、寛永期以降制限された。蝦夷地から本州へと渡海する和人船は全て松前・江差・箱館に寄港し、沖之口番所での検査や、松前藩に対する口銭（関税）の支払いを義務付けられた。この体制は厳格に運用され、近世後期の請負商人からの運上金と合わせて、松前藩の財政を支えた。また、和人の蝦夷地への定住化は禁止された。松前地での稲作も元禄期以降に試みられたが、松前地での需要を満たすまでには本格化しなかった。

蝦夷地の「支配」　松前藩による蝦夷地でのアイヌ交易は、初期の城下交易制から、商《あきない》場《ば》知行制、場所請負制へと変化した。近世初期には、アイヌが松前に出向き、和人と交易を行っていた。しかし、寛永年間には松前藩主が蝦夷地の商場を家臣に知行地として与え、家臣団が商場でのアイヌとの交易権を独占する体制へと変化した。城下交易制がアイヌによる松前藩主や藩士への御目見得という形式をとることからウィマム型と呼ばれるのに対し、商場知行制では松前藩主や藩士が商場へ出向いての交流儀式という形式からオムシャ型と呼ばれる。城下交易制から商場知行制への変化によって、交易相手の限定化や交易価格の和人による一方的設定など、アイヌは交易における主体性を喪失した。近世初期に見られた津軽海峡を渡海するアイヌの交易活動は規制され、アイヌの蝦夷地への封じ込めが行なわれたのであった。このような商場知行制に対するアイヌの反発が寛文九年（一六六九）のシャクシャインの蜂起であった。さらに、一八世紀の前半には、松前藩士が和人商人に対して、運上金と引きかえに、知行地でのアイヌ交易権を請け負わせる体制が定着した。この場所請負制下において、商場での交易を独占した和人商人は、さらに出稼ぎ和人やアイヌを労働力とした漁場経営を本格化させた。同時に和人商人に雇用された支配人や番人によるアイヌに対する苛酷な使役も行われるようになった。

（檜皮瑞樹）

【参考文献】田端宏『街道の日本史・二　蝦夷地から北海道へ』吉川弘文館、二〇〇四年。榎森進他編著『北海道の歴史・上』北海道新聞社、二〇一一年。

アイヌ

アイヌと「蝦夷」　アイヌとはアイヌ語で人間を意味するが、それは単なる生物としての人間ではなく礼節をわきまえた存在としての人間を指す。一方、近世和人はアイヌを蝦夷と呼んだが、この呼称は前近代東アジアの四夷観を反映したものである。

居住地域および周辺国家との関係　日本近世の時代のアイヌの居住域は南サハリン、千島列島、北海道、北東北にかけての地域に広がっており、言語・風俗の上でも地方差がある。

樺太アイヌは南サハリンに居住し、一八世紀前半に清の辺民制度に編入され、朝貢交易を行った。この交易は「サンタン交易」と呼ばれ、樺太アイヌは直接大陸へ渡ったり、樺太へ交易にきたサンタン人（現在のウリチャニヴフにつながる人々）と交易を行ったりした。貞享年間（一六八四～八）に松前藩が北海道最北端のソウヤ場所を設置すると、樺太アイヌも交易に訪れた。寛政二年（一七九〇）には樺太に白主場所が設置される。文化四年（一八〇七）同場所が幕府直轄になり、幕府がサンタン交易を統制下におくと、樺太アイヌは清朝との結びつきを弱めていく。白主場所は文政五年（一九二二）には松前藩領に戻り、サンタン交易は幕末まで続けられた。

北海道アイヌは松前藩と交易関係にあり、その形態は古くは松前における城下交易であった。寛永一〇（一六三三）年頃、蝦夷地と和人地の間の通行が制限され、藩主から交易権を知行された藩士の手船が蝦夷地へ赴いて交易するようになる（商場知行制）。アイヌが松前を訪れて行う交易は一時中断されるが、寛文九年の戦い（一六六九）の後、「御目見」の名のもとに再開される。享保年間以降、和人による商業的漁業が開始され（場所請負制）、アイヌは経営協力者、取引相手、漁業労働者としてかかわった。ロシアの接近が問題化すると寛政一一（一七九九）年に東蝦夷地が、文化四（一八〇七）年に西蝦夷地が幕領となった。幕府はアイヌの有力者を乙名、脇乙名、小使、土産取などの役に任命して把握し、「御目見」の頻度や時期、式次第などを定め、儀礼として整備した。この「御目見」をアイヌ語で「ウイマム」とよぶが、その意味は「交易」である。同じ儀礼を指す日本語、アイヌ語それぞれの呼称は相互に異なる両者の認識を表している。

千島アイヌは、一般にウルップ以北の千島列島の住人を指す。その定住地はシュムシュ島、パラムシル島、ラショワ島で、猟漁のためにカムチャツカ南部から千島列島の中部まで出稼ぎをし、エトロフのアイヌとの交易を通じて日本製品を入手していた。一八世紀初頭、ロシアのコサック隊が北千島に初めて到達し、北部四島のアイヌをヤサーク（毛皮税）貢納民とし、一八世紀後半までにはウルップ島までのアイヌがロシア人との交易関係に入った。天保元年（一八三〇）以降は露米会社の管理下に入った。一八世紀中葉以来、ロシア正教の布教、ロシア語の教育が行われたが、アイヌの伝統的な信仰と言語は保持された。

本州アイヌは唯一、近世日本領域内に存在したアイヌである。津軽藩、南部藩は御目見などの儀礼を通してアイヌを異民族として処遇する一方、「狄」役を課すなどして身分制のなかに編成した。一八世紀半ば以降、異民族政策は廃止されたが、その後も少なくとも一九世紀初頭までアイヌ独自の風俗は維持された。

社会組織　アイヌは国家を形成せず、コタンとよばれる一ついし複数の集落からなる社会が共同体の単位であった。この他に父系親族集団で、熊送りを行う単位であるシネ・イトクパ集団、同じ川筋のコタンからなる川筋集団などのまとまりがあるが、これらには恒常的な統括者はおらず、有事に際して全体をまとめるリーダーが現れる。コタンにはコタンコㇿクㇽ（村長）がいたが、これは政治的権力者ではなく、コタン内の規律や村人たちの生活を見守る世話役で、重要事項は老男子による合議が行われた。コタンコㇿクㇽはコタンで最も有力なイトクパ集団の長がなる。原則として世襲であるといわれるが、能力のある者がなった場合もある。

生業　民族誌的なアイヌの生業は、男性の仕事としての狩猟漁撈と、女性の仕事としての採集、農耕からなる。【狩猟】ヒグマについては春先に穴グマ猟、夏にアマッポ（仕掛け弓）猟が行われた。エゾシカはサケと並ぶアイヌの主食で、一年を通じて獲られた。その他キツネ、ウサギ、クロテン、カワウソ、アザラシ、オットセイ、ワシなどが主に冬に獲られた。【漁撈】川では春から夏にかけてマス類やウグイが捕られ、秋にはサケ漁が行われた。海ではカレイ、カジカ、メカジキ、鯨、海藻、貝類などが捕られた。【採集】春にはギョウジャニンニク、ツチマメ、ニリンソウ、フキ、ワラビ、アサツキなど、夏にはクサイチゴ、ハマナス、ハスカップ、クワの実、ウバユリ、エンゴサクなど、秋にはヤマブドウ、クルミ、クリ、キハダの実、ヒシの実、キノコ類などが採集された。【農耕】ヒエ、アワ、キビなど穀類、ダイズ、アズキ、ササゲなどの豆類は古くから栽培されていた。馬鈴薯、大根、ネギ、カボチャなどの野菜も和人から伝えられ、栽培されていた。

文献史学では、一八世紀以降の場所請負制の下でアイヌが漁場の下層労働者となり、伝統的な生業から切り離されていくとされる一方で、自分稼ぎによる狩猟漁撈の産物を会所や運上屋と交易していたアイヌの存在が幕末まで確認されている。狩猟については、熊などの特定の獲物を対象とした猟が会所の管理下におかれたとされる一方、その対象とならない猟もあった。アイヌによって生産された海鼠、鮑は長崎貿易における俵物として重視され、ニシンやイワシの〆粕（魚肥）は日本の農業に欠かせないものとなった。毛皮や熊胆は領主階級の献上品・贈答品として用いられた。アイヌの伝統的な衣料品であるアットゥシは速乾性が高く、船頭などの労働着として利用され、和人向け輸出品としても生産された。

以上を総合すると、幕末までのアイヌは、労働力として消耗されていった人々が存在した一方で、和人の経済とは別に狩猟・漁労・採集・農耕からなる複合的な独自の生業を維持していたと考えるのが妥当であろう。

信仰　アイヌは動植物、自然現象などに霊魂が宿ると考え、人間の生活に必要なもの、人間の力の及ばないものをカムイ（神）とした。神々はそれぞれ異なる役割を負って人間の国に降ろされており、神々の間に固定的な上下関係はみられず、火の神、水の神、山の神（クマ）、海の神（シャチ）など重要な神々は一様にパセ・カムイ（重い神）として敬われる。神には善神と悪神があるが、その境は流動的で、例えば疱瘡神は疱瘡を流行させる悪神であると同時に流行を防ぐことのできる善神でもある。クマ神は位の高い善神である一方、中には人間に危害を加えるものもある。悪神が心を改めて善神になることもある。神々は神の国では人間の姿をしており、人間の国へ降りてくる際にそれぞれの扮装をしてくると考えられた。人間が動物を捕える行為は、動物神が人間のもとを客として訪れたものと考えられた。肉や毛皮は神から人間への贈り物であり、人間は返礼としてイナウ（木幣）や酒、煙草、食物などを土産に持たせ、神の魂を神の国へ送り返す。これが送り儀礼とよばれるもので、この最も知られたものが飼い熊に対して行うイオマンテ（熊送り）である。

自然神の他に、アイヌに生活の仕方や神々の祭り方などを教えた文化神がある。北海道南西部ではオキクルミ、北海道のその他の地域ではサマイェクルと呼ばれる神である。両者は兄弟で、前者が弟、後者が兄といわれる。近世～近代の和人の間ではこの二人の神を義経と弁慶とする付会の説が流布した。

口頭伝承　日本近世の時代、アイヌは文字を用いない口頭伝承の社会であり、公用語はアイヌ語であった。近世に蝦夷通詞などが編纂した蝦夷語彙集や、蝦夷地に関する民族誌の中に口承文学の要約や断片がわずかに残っているが、アイヌの伝承が本格的に記録されるようになったのは明治期後半からである。

近代的学問編成においてアイヌ口頭伝承は、総じて「文学」に分類されるが、アイヌ口承文学には諸ジャンルがあり、「過去の事実」と認識されたジャンルもあった。主要ジャンルに英雄叙事詩、神謡、散文説話がある。英雄叙事詩は主に男性が、儀礼や来客のあったときなどに口演し、内容的には超人的な英雄や神々の戦いを描く長大で荒唐無稽な物語が多い。神謡、散文説話は主に女性が、家族や友人に聞かせるものであった。神謡は主に神々が主人公の神話で、神々を祭る由来や神々と人間の関係などが語られる。散文説話には神々の散文説話と人間の散文説話があり、後者には日本近世の時代のアイヌ－和人関係を髣髴させる物語も多い。それは明治以降のアイヌにとって先祖の時代を知ることのできる媒体であり、アイヌ語文化的教養における「歴史」であった。

（坂田美奈子）

【参考文献】坂田美奈子『アイヌ口承文学の認識論―歴史の方法としてのアイヌ散文説話』御茶の水書房、二〇一一年。アイヌ民族博物館監修『アイヌ文化の基礎知識』草風館、一九九三年。

松前地・蝦夷地に暮らす和人

松前地の和人とは　周知のように近世の蝦夷島は、大きく分けて松前地と蝦夷地とに区分される。このうち松前・江差・箱館の三湊《さんみなと》を中心とする松前地は、しばしば「奥州松前」、「陸奥国松前附村々《づき》」などと記され、国郡制の及ぶ範囲と認識された。この範囲は百姓の住まう地である。村請《むらうけ》制や宗判《しゅうはん》寺檀制が機能し、漁業や商業に従事し年貢・諸役を負担する百姓・町人が、城下の武家を支える松前地（松前藩領国）の主要プレイヤーである。村々に菩提寺や鎮守の社が存在するのも、海峡を挟んだ南部地・津軽地と変わらない。

民俗学の成果によると、松前地の百姓・町人の年中行事は和風のそれである。アイヌ出来《でき》のアットゥシ衣の利用がみられる等の地域性はあるが、それは津軽地・南部地にも共通した風俗である。方言学の成果によると、旧松前地のそれは日本語本土方言のうち東北方言を構成しており、海峡を挟んだ百姓世界の双方向性を反映している。いずれにせよ、松前地の百姓世界は、和風文化の一ヴァリエーションを示している。なお、松前地のアイヌは「夷人夫役《いじんぶやく》」の負担はあるが百姓としての年貢・諸役が課されない「蝦夷」とみなされ、化外《けがい》視された。

無判之者　幕末南部藩の百姓一揆指導者三浦命助の松前移住論を見るまでもなく、漁業と商業を主な生業とした松前は、不作による飢饉とは無縁の地であった。ただし、奥羽の百姓が自由に松前へ流入できたわけではない。

松前藩では松前地入域に際して沖《おき》の口《くち》改めと称する関を設け、株仲間商人（問屋・小宿《こやど》）による身元保証と入域税とを義務付けるとともに、蝦夷地入域・越年《おつねん》に際してもさらに役銭をかけた。無制限な百姓の流入を規制したのである（規制の緩和は幕末の開港後となる）。一方、それをかいくぐっての南部地・津軽地百姓の不法入域は繰り返され、「無判之者」としてしばしば摘発されている。その背景に、彼らを受け入れるだけのキャパシティが同地にあったことにも目を向けておく必要がある。

蝦夷地の和人とは　翻って蝦夷地である。松前藩では日本海側は熊石《くまいし》村、太平洋側は小安《こやす》村（一九世紀以降は山越内《やまこしない》）に関所を設け、それ以奥の蝦夷地との通行を厳重に規制した。蝦夷地への和人入域は一時的な「旅人」とされ、役銭を負担すれば越年を認められたが、蝦夷地に人別を置くことは許されなかった。蝦夷地には村請制に立脚した近世村落は成立し得なかったのである。ただし、鯡《にしん》漁で栄えた西蝦夷地南部には、越年を繰り返す者が続出し、事実上の集落が形成された。それは、奥羽地方を襲った天保飢饉以降顕著であり、なかには世代を重ねて居住するケースもあった。場所請負人の手代・雇人（支配人・帳役・通詞・番人・稼方）とは異なった利害を有する彼らの集落は「浜中《はまちゅう》」と称され、浜中惣代を押し立てて交渉するケースもみられる。

浜中は、出稼《でかせぎ》と雇《やとい》とに二分される。出稼は独立自営漁民で、場所請負人の運上家に二八役《にはち》（入漁権利金）を納め、漁獲物を販売した。ために「二八取《にはちとり》」とも呼ばれる。雇は出稼に雇用された存在で、いわば単純労働者である。〝ヤン衆〟にイメージされる零細漁民は、出稼ではなく雇の姿が投影されたものといえよう。このほか、鯡《にしん》漁の最盛期には「南蛮売《なばうり》」と呼ばれる小売商が越佐《えっさ》方面から江差を経て蝦夷地へ入域した。幕末期には煮売《にうり》屋《や》や茶屋が組合を結んでもいる。

文化の複合状況　蝦夷地の漁場《ぎょば》年中行事には、和風とアイヌ風の習俗が組み込まれた。石狩川の鮫神信仰のように、両者が習合した形跡すら確認される。開港後には蝦夷地内国化政策の下、浜中が公認され、浜名主が置かれ、僧侶・神職の在住も許される。成熟した和人のコロニーが先住のアイヌ社会とともにある社会が、独自の習俗を形成しつつ、とくに西蝦夷地日本海岸にあって恒常化したのが、近世蝦夷地の姿であった。

なお、蝦夷地に武家が常駐するのは、寛政年間の「蝦夷地改正」により松前藩勤番所が常置されて以降である。以後前期幕領期・松前藩復領期・後期幕領期を通じて、勤番武家・場所請負人手代・出稼人とその雇人・アイヌ集団が併存する独特の場が近世蝦夷地の在地社会には形成されたのである。

（谷本晃久）

【参考文献】矢島睿編『北海道の研究七　民俗・民族編』清文堂、一九八五年。石垣福雄『北海道方言辞典』北海道新聞社、一九九一年。菊池勇夫編『蝦夷島と北方世界』吉川弘文館、二〇〇三年。

琉球王府

琉球王府とは　琉球王府とは、琉球国の統治機構の総称であり、琉球国王と王府役人によって構成された。琉球国は、一四二九年に三山（北山・中山・南山）を中山王尚巴志が統一したことによって成立し、一八七九年に明治政府の「琉球処分」によって解体されるまで継続した王国である。その支配地域は、沖縄本島とその周辺島嶼を中心とし、一六世紀には奄美大島（一六〇九年以降は薩摩藩へ割譲）から先島（宮古島・八重山島）まで拡大した。

琉球・沖縄史では、時期区分として琉球王府時代を古琉球と近世琉球とに分けている。近世琉球は、一六〇九年の島津氏琉球侵入から一八七九年の「琉球処分」までの時期を指し、日本史の近世史とほぼ同時期となる。

琉球国王と外交使節派遣　近世琉球における国王の王権は、日本《ヤマト》および明・清朝との外交関係が密接に結びついていた。近世琉球は、島津氏の軍事侵攻によって日本《ヤマト》の支配領域に組み込まれながらも、明・清朝との冊封《さくほう》・朝貢関係を維持していた。このような日本《ヤマト》および明・清朝との関係は、琉球国王の派遣する外交使節によって維持されていた。近世琉球の特徴は、日本・中国との対外関係が国内の政治・経済・文化と深く結びついていた点にあり、この対外関係において国王の派遣する外交使節の役割が大きかったのである。

琉球国王が日本《ヤマト》へ派遣する外交使節は、将軍に対する使節と薩摩藩主に対する使節とに大別される。将軍へ派遣する使節は、将軍襲封を祝賀する慶賀使と、王位継承の御礼としての謝恩使がある。江戸城へ向かう慶賀使・謝恩使は、「江戸上り」「江戸立」と称された。将軍にとって、琉球国王から派遣される慶賀使・謝恩使は「来貢」として捉えられ、将軍の「御威光」を示す国家的儀礼として位置づけられていた。

琉球国王が薩摩藩主への外交使節を上国使者と総称する。上国使者は、毎年派遣される年頭使（藩主への年頭祝賀）や、唐之首尾御使者（進貢使の大陸情勢報告）、島津氏の冠婚葬祭に関する使者や、薩摩藩との交渉・報告に関する使者、異国船来航など急報を告げる使者など多様な名目で派遣された。上国使者は鹿児島城において「唐装束」を身につけ「国翰」を奉じ、外交儀礼によって薩摩藩主への服属関係を示した。

琉球国王は明・清朝皇帝との間で、冊封・朝貢関係を維持していた。冊封とは中国皇帝が朝貢国の国王を任命することで、琉球では、王位継承時に琉球へ冊封使が渡海し首里城での冊封儀礼によって琉球国中山王に封じられた。さらに琉球国王は、二年一貢という貢期の規定に従い、二年ごとに北京へ進貢使を派遣した。進貢使は進貢船（二隻）で福州へ渡海し、北京で朝貢儀礼をおこなうと、翌年に福州から接貢船（一隻）に乗船し帰国した。このように琉球国王は、進貢船・接貢船を合わせて毎年渡唐船を派遣していたのである。

近世琉球の身分制と王府役人　近世琉球の身分は、「士」身分と「百姓」身分とに分かれる。士・百姓に分かれる近世琉球の身分制は、一六八九年の系図座設置によって制度化された。琉球王府は、王府役人の各家から提出された家譜（系図）を系図座において管理し、王府役人を家・家筋によって把握したのである。その結果、家譜を所持し「系持《けいもち》」と称される士と、家譜の所持を許されず「無系《むけい》」と称される百姓という身分が形成された。

系図座の設置は、琉球王府と王府役人との関係にも影響を与えた。それまで王府役人は辞令書によって編成されたが、次第に家・家筋が重要とされていった。そのため上級層役人は地頭職に任じられ、相応の役職につくことができた。一方で、実務を担った中下級層役人は、科《こう》試という官吏登用試験を受けながら、経済的利益が保証される蔵役・旅役などを目指した。

近世琉球の行政組織　王府役人によって構成された近世琉球の行政組織は、古琉球期の組織を継承しつつ整備された。一七世紀前半、薩摩藩は琉球王府の独自の制度を解体せず、それまでの王府組織を通じて支配政策をすすめた。古琉球期からの行政組織を改革したのは、摂政・羽地朝秀である。一七世紀後半の「羽地仕置」と称される改革は、行政組織の改革と共に伝統的祭祀の転換・財政の再建・農村支配の強化なども図られ、その影響は琉球社会全体に及んだことから近世琉球の転換点として評価されている。

一八世紀頃の琉球王府の行政組織は、琉球国王を頂点としつつ、摂政・三司官が実質的に統括した。摂政・三司官の下には申口方《もうしくちほう》と御物《おもの》奉行方が置かれ、各執行機関である諸座諸蔵を管轄していた。琉球王府における中枢機関として評定所が置かれた。評定所は、摂政・三司官で構成される「上の御座」と、申口方と御物奉行方の「表一五人」によって構成される「下の御座」があり、両者の協議を経て国王に上奏され、国王の裁可を仰いだ。

王府による両先島統治　宮古・八重山諸島は、近世琉球では両先島と称された。沖縄本島から離れた両先島の統治方法は、沖縄本島および周辺島嶼とは異なっていた。両先島には島行政の中枢として蔵元が設置され、首里の王府から派遣される在番が島の統治全体を監督し、実務は在地の島役人層が担っていた。また両先島は、沖縄島や周辺島嶼のような地頭領有制からも除外されていた。

旅役制度と乗間制度　王府役人は、内政だけでなく日本《ヤマト》・中国との対外交流を支える官僚でもあった。近世琉球の外交関係は、日本《ヤマト》（将軍・薩摩藩主）と中国皇帝への外交使節派遣によって維持されていたことから、王府役人は恒常的に派遣される外交使節員としての役割を担っていた。また琉球王府は、外交使節の滞在施設として、中国には福州琉球館（柔遠駅）、薩摩には鹿児島琉球館（天明三年まで琉球仮屋）を置いていた。福州琉球館と鹿児島琉球館は、琉球王府の外交・貿易の重要な拠点でもあり、その運営も王府役人が担っていた。

外交使節派遣と外交・貿易拠点の運営のために、琉球王府では「旅役」という独自の制度が設けられていた。旅役は、派遣先によって地下旅（先島）・大和旅（江戸・鹿児島）・唐旅（北京・福州）の三つから構成された。この旅役を勤めた回数が琉球国王への奉公の度合いの基準のひとつとされた。また旅役を果たす際、王府役人は琉球国王から「乗間」と言われる貨物積載権を位階・役職によって配分され、派遣先での個人貿易を保証された。琉球国王による外交使節派遣は、旅役制度と乗間制度によって琉球王府の内部構造と密接に結びついていたのである。

貿易主体としての王府役人　琉球国王が派遣する外交使節のなかで、中国への渡唐使節と薩摩への上国使者は相互に連関していた。毎年、上国使者は六月頃に薩摩へ派遣され、一〇月頃に那覇へ戻った。そして上国使者の帰国と同時期に、中国福州へ進貢船・接貢船が出発した。近世琉球では、日本《ヤマト》と中国とを結ぶ外交使節ネットワークを形成していたのである。

　このような外交使節の往来のなかで、派遣先での個人貿易を保証された王府役人は、貿易においても重要な役割を担った。王府役人は、薩摩へ渡海する場合、自ら調達した琉球産物（黒砂糖・鬱金）や唐物を持ち渡り、鹿児島琉球館で日本《ヤマト》商人へ売却した。また王府役人は煙草・茶などの琉球国内で消費される嗜好品や、渡唐船貿易の輸出品などを鹿児島城下で購入し琉球へ持ち帰った。旅役として各地へ渡海する王府役人たちは、貿易主体として琉球国内の市場・生産地域と日本《ヤマト》・中国市場とを結びつけていたのである。

文化の担い手としての王府役人　近世琉球の王府役人は、首里城を中心とした王朝文化の担い手であり、その教養は対外交流と関連するものであった。王府役人にとって、日本《ヤマト》・中国への渡海は二つの文化的側面があった。ひとつは学問・芸能を習得する機会である。例えば琉球王府における文書行政や薩摩藩との公文書の往来のために、王府役人は日本《ヤマト》の書札礼を鹿児島城下で習得した。王府役人たちは、行政官僚として日本《ヤマト》の書札礼を習得していくなかで日本《ヤマト》の「御家流」の書風を身につけ、さらに「御家流」を基調としつつ中国の書風も取り入れていった。

　もうひとつの側面は、琉球文化や自らの教養を披露する機会である。とくに海外渡航を禁じられた日本人は、異国文化に触れる貴重な機会として王府役人たちに書・画・詩文などを求めた。王府役人は、「和様」に対する「唐様」文化を示すために中国文化を学ぶことも必要とされた。

　王府役人の教養は外交儀礼でも必要とされた。琉球の伝統楽劇である組踊は、冊封使の接待芸能として発展した。また慶賀使・謝恩使は江戸城で将軍に音楽を上覧するほか、諸大名の前でも書・画を披露した。対外交流に関わる王府役人にとって、教養は「琉国之誉」とされ奨励されたのである。

（深瀬公一郎）

【参考文献】　豊見山和行『琉球王国の外交と王権』吉川弘文館、二〇〇四年。田名真之『沖縄近世史の諸相』ひるぎ社、一九九二年。真栄平房昭「琉球における家臣団編成と貿易構造」（藤野保編『近世九州史研究叢書三　九州と藩政（Ⅱ）』）国書刊行会、一九八四年。

琉球に生きる人びと

琉球に生きる人びととは　弧状に連なる島嶼とその周辺海域に生きる琉球の人びとは、各島の地形・土壌の特徴を利用した農耕をおこない、また島を囲む海を漁場や海上交通として利用し暮らしていた。このような島嶼社会の特性を前提としつつ、近世琉球は農業・海運業など様々な産業が発展した時代でもあった。

農業に生きる人びと　近世琉球は、琉球王府の国家事業として農業の振興が図られた時代である。一七世紀後半、琉球王府は仕明地《しあけ》（開墾地）政策によって耕作地を拡大していった。一八世紀になると乱開発の弊害から開墾を規制し、林野資源の保全・育成が図られたが、耕作する百姓に対しては農耕を奨励し続けた。

琉球王府の国家的事業として推進された農業であったが、耕作する百姓たちは、島嶼社会のなかで独特の方法で農業経営をおこなっていた。沖縄本島・周辺諸島では、百姓（地人《じーんちゅ》）が定期的に共有耕作地を割り替える地割《じわり》制度を基本として運営されていた。

島嶼の地形的特徴は農業経営に大きく影響を与えた。小高い山のある島では河川があり水田耕作が可能であったが、低地が続く島では水源の確保が難しいことから畑作を優先した耕地となった。そのため近世八重山の場合、島外に存在する耕地へ百姓が「通耕」する場合もあった。また必ずしも農業に適した土壌を持たない琉球の島々では、百姓は農耕に専業化するのではなく漁労や商い・手工業など複数の生業を兼業していた。

海に生きる人びと　近世琉球では島嶼間を結ぶ海上交通が発展した。一八世紀以降、海上交通の中心となったのは中国ジャンク船型の馬艦船《まーらん》であった。馬艦船は民間によって運営され、その運航範囲は沖縄本島周辺海域だけでなく両先島や薩摩まで広がっていた。馬艦船は、王府役人や貢納品を運び、また日用品や各島の産物、中国・日本《ヤマト》の品々も諸島へ流通させた。

島嶼社会の琉球では、馬艦船の他にも大小様々な船舶が往来していた。クリ船など船足の早い小型船は、異国船来航など薩摩藩への緊急の報告・連絡時に飛船として利用された。また渡唐船（進貢船・接貢船）や、薩摩へ渡海する楷船には大型のジャンク船が使用された。渡唐船・楷船や小型の飛船の船頭・水主として活躍したのは久高島の人びとであった。久高島の人びとは、船頭・水主として活動するだけでなく、広範囲の海域を移動する漁労にも従事していた。例えばエラブウミヘビ漁獲のために、奄美諸島から八重山近海までの広範囲に出漁している。エラブウミヘビの薫製は食用として珍重されたため、琉球王府に貢納されたほか、渡唐船貿易によって中国へも輸出されていた。

町に生きる人びと　近世琉球の特徴のひとつに、町方と呼ばれる都市部の形成がある。町方は沖縄本島では首里・那覇・久米村・泊村からなり、琉球の人口の約二割が都市部に住んでいとされる。町方には王府役人のほか農民・職人・商人・船乗り・医者・貸家業・高利貸し・遊女など多様な職種の人びとが暮らし、都市特有の生産やサービスが提供された。

消費地となった町方は、商品流通や海運業の結節点となっていく。町方では周辺農村に限らず両先島や日本《ヤマト》・中国の品物も取り引きされた。那覇を訪れた外国人たちは、豚肉・野菜などの食料品や扇・傘・櫛などの日用品が取り引きされている市場の賑わいを記録している。

琉球の女性たち　近世琉球では、女性たちも様々な生業に従事していた。那覇の市場では女性たちも商いに従事しており、町方に暮らす女性のなかには商行為や金融業を営む者もいた。

琉球国内で生産された布は、将軍・薩摩藩主への献上品となり、琉球王府の外交における重要な品物であった。その生産に従事したのは女性たちであった。近世八重山の場合、王府から上納布・御用布として課せられ、蔵元から各村へ負担が割り当てられた。女性たちの労働は糸紡・織り・仕上げまで多岐にわたり、女性の労働負担を大きくしていた。

（深瀬公一郎）

【参考文献】　豊見山和行編『日本の時代史一八　琉球・沖縄の世界』吉川弘文館、二〇〇三年。高良倉吉「琉球王国の展開」（岩波講座『世界歴史一三　東アジア・東南アジア伝統社会の形成』）岩波書店、一九九八年。那覇市総務部女性室編『なは・女のあしあと　前近代編』琉球新報社、二〇〇一年。

信仰とユタ

ユタとは　沖縄の宗教的世界を代表する存在には、ノロとユタがある。ユタは心霊と交流して託宣を行う呪術的・宗教的職能者で、私的な依頼を受けての祭祀や、判示・証（託宣）を行う存在であった。一方、ノロは、村落の御嶽などを中心とした公的な祭祀を司る女神官で、首里王府の女神官組織に組み込まれていた。

史料に見えるユタ的存在　首里王府の正史『球陽』（一七四五年）の一六七一年の項には、「赤田神」と称された女性のことが記されている。首里赤田村に仁徳という者があり、その妻は巫術をもって人々を惑わし、自ら称して神となった。人々はこれを信仰して、赤田神と呼んだ。後日になると、女は妄りに鬼神のことを言い、世の中を惑わすこと甚だしかった。これにより、夫婦は捕らえられ、斬罪に処された。この赤田神の記事は、ユタ的存在の実態を述べたものとして、最も古い。

王府中枢の裁定審議記録である『琉球評定所詮議』には、次のような事例が記録されている。石垣村に住むマラヤという女性は、保理与人の内女「なべ山」に対して生霊を仕り、同女を殺害した。王府による審理の結果、マラヤを死刑に処すべきとする判決が下された（一六七六年一〇月）。同じく八重山の川平村に、ヒサという女性がいた。ヒサは生霊を用いて、前平田与人とその弟を殺害した。八重山在番奉行による調査の結果、ヒサは以前にも三人の人物を生霊によって殺害しており、五・六人の人々を生霊を用いて殺害しようとした。かかる悪事を働いた者であるため、村々引き回しの上、死罪とした（一六八七年一〇月）。以上の事例には生霊という言葉が散見するが、王府の刑事訴追規定である『糺明法条』（一七八六年）によれば、琉球において巫女の類は一般に生霊を自由に操る存在だと信じられており、病気は生霊の悩ますところから起こるとされていた。

ユタという語の初見は、「時よた科定」（一七二八年）である（トキは、日の吉凶を選ぶことを担当した役職）。トキ・ユタは往古から存在し、王府でも用いてきたが、近年特にその数が増え、世の中の妨げになっている、と記されている。一七二八年は、蔡温《さいおん》が王府の要職である三司官に就任した年であり、「科定」は蔡温の意見で公布されたものであった。蔡温は、琉球社会におけるトキ・ユタ及び迷信の流行を、社会発展を妨げるものとして問題にし、その除去を国政の課題として、時の国王尚敬に進言したものと考えられる。

近世琉球におけるユタ信仰『琉球評定所詮議』・『糾明法条』から、①近世琉球の人々は、トキ・ユタは生霊などを操る能力を持つ存在だと信じていたこと、②病気は生霊の悩ますところのものであり、その治療にはトキ・ユタ的な能力が必要だと思い込んでいたこと、③実際に生霊を用いた殺人が可能であると信じており、生霊による殺人が事件として裁かれていたこと、④生霊による殺人が王府期間である評定所において裁かれ、処罰が下されていたことが分かる。このことから、トキ・ユタに関する信心は民衆に留まらず、役人・王府首脳のレベルにまで及んでいたと言える。一八世紀初期の琉球では、民衆から王府首脳に至るまで、社会の大半の人々がトキ・ユタ的所業及びそれを支える迷信を信じていた。蔡温は、そうした事態に対して規制を加えたが、事態は思惑通り進展しなかった。『与世山親方宮古島規模帳』（一七六八年）によれば、当時の宮古では「科定」の規定が全く守られず、トキ・ユタ的な所業の者が村ごとに多数おり、人々をたぶらかし、いたずらな出費をさせていた。「科定」に違反する者が後を絶たず、罰金を課そうとすると農民から役人まで全てを対象にしなければならない状況であった。王府にとっては迷信に過ぎないトキ・ユタ的所業は、近世琉球社会に暮らす人々にとって、精神生活の不可欠な一部であったと言えるだろう。

首里王府は、トキ・ユタ信仰を根絶できなかった。シマと呼ばれる集落を母体として、共同体的な生活を営む琉球民衆が求める精神生活は、王府の主導する儒教的思想のような理念的なものではなく、伝統的な迷信に依拠したものだったのであろう。

（矢野美沙子）

【参考文献】田名真之「ノロとユタ」（『歴史手帖』一四四号）一九八五年。高良倉吉「ユタ問題の構図」（琉球新報社編『新琉球史―近世編（下）―』）琉球新報社、一九九〇年。

ロシアの接近と蝦夷地支配

帝政ロシアの極東侵出　帝政ロシアは一七世紀末にカムチャツカに進出、さらに一七三〇年代には、ベーリングを中心とした第二次カムチャツカ探検隊の別働隊として、シュパンベルグが千島列島の地理調査と日本への航路探索を行なった。一七三九年（元文四）の調査ではシュパンベルグと仙台藩士との会見も行なわれた（元文の黒船事件）。その後も、一八世紀を通じてロシアの勢力は千島列島を南下、一七七〇年（明和七）にはプロトジャーコノフ商会一行がウルップ島に来航しエトロフ島アイヌ数名を射殺、翌一七七一年（明和八）にはその報復としてアイヌがロシア人を殺害するという事件が発生した。また、安永七年と八年（一七七八・七九）には、シャバーリンが根室に来航し、松前藩士に対して交易開始を要求した。

ラクスマンの来航と大黒屋光太夫　帝政ロシアが幕府に対して初めて派遣した正式な使節がラクスマンであり、その背景には漂流民大黒屋光太夫《だいこくやこうだゆう》の存在があった。伊勢国若松（現在の三重県鈴鹿市）に生まれた光太夫は、天明二年（一七八二）十二月、江戸への航海途中に遠州沖で大時化に遭い太平洋を漂流、アリューシャン列島のアムチトカ島に漂着した。現地のロシア人に救助された光太夫はイルクーツクに送還され、キリル・ラクスマン（博物学者、アダム・ラクスマンの父）の仲介によって帝政ロシアの都であるペテルブルグに赴いた。光太夫は女帝エカテリナ二世に謁見し、帰国の請願も認められ、寛政四年（一七九二）遣日使節アダム・ラクスマンに伴われ、同じ漂流民の磯吉らとともにネモロ（根室）に帰着した。幕府は老中松平定信を中心にロシア使節への対応を評議した。翌寛政五年（一七九三）、幕府の派遣した宣諭使石川忠房《いしかわただふさ》・村上義礼《むらかみよしあや》とラクスマンとの交渉が松前で行なわれ、幕府は光太夫等の帰国を認めたものの、ラクスマンが持参したエカテリナ二世の親書受け取りを拒否した。また、通商をめぐる交渉開始のためとして、信牌（長崎への入港証）を交付し、ラクスマンは帰国した。幕府は、以後大規模な蝦夷地調査を継続して行うとともに、寛政十一年（一七九九）一月には、東蝦夷地と南千島の仮上知を実行した。

レザノフの来航と第一次蝦夷地幕領化　文化元年（一八〇四）九月、ニコライ・レザノフ（ロシア宮廷侍従長、ロシア領アメリカ会社総支配人）が、ラクスマンに交付された信牌を持参し長崎に来航した。対応にあたった長崎奉行は「鎖国」が幕府の「祖法」であり、新規の通信・通商関係も祖法によって禁じられているとして、皇帝親書の受け取りと交易開始を拒絶した。幕府の対応に憤慨したレザノフは、部下である海軍士官フヴォストフらにサハリン島や南千島の攻撃を命令した。フヴォストフは文化三年（一八〇六）九月にサハリン島のクシュンコタンを襲撃、翌文化四年（一八〇七）四月にはフヴォストフとダヴィドフがエトロフ島を襲撃、津軽・南部両藩の守備隊三百名を敗退させ、次いでサハリン島と利尻島を襲撃した。幕府は既に享和二年（一八〇二）に東蝦夷地を永久上知したが、フヴォストフの事件が報知される以前の文化四年三月にはロシアとの軍事衝突に備えて全蝦夷地の上知を決定し（第一次蝦夷地幕領化）、松前藩は陸奥国伊達郡梁川等九千石に転封された。

蝦夷地の軍事的緊張　フヴォストフの襲撃事件以後、幕府は北方への危機意識を強め、文化四年十一月にロシア船打払い令が布告された。エトロフやクナシリ、サハリン島を中心とした蝦夷地要地に、津軽藩・南部藩・仙台藩・会津藩の兵力三〇〇〇名余りが配置されるなど、蝦夷地の警衛体制が強化された。文化八年（一八一一）には、千島調査の途中トマリに上陸したディアナ号艦長ゴロヴニーンを幕府側役人が捕縛するという事件が発生し、その後ゴロヴニーンは二年以上松前に監禁された。これに対しロシア側は、文化九年（一八一二）に幕府のエトロフ開発の責任者であった高田屋嘉兵衛を拿捕し、カムチャツカに連行した。その後、両者の返還交渉が行なわれ、文化一〇年（一八一三）五月に嘉兵衛がクナシリ島へ送還され、同年九月にはゴロヴニーンが箱館からロシアに帰国した。この事件の解決によって幕府・ロシアの軍事的緊張が緩和された結果、文政四年（一八二一）に松前地・蝦夷地は松前藩に復領となった。（檜皮瑞樹）

【参考文献】秋月俊幸『日本北辺の探検と地図の歴史』北海道大学図書刊行会、一九九九年。榎森進他編著『北海道の歴史・上』北海道新聞社、二〇一一年。

ヨーロッパの接近と琉球王府

ベイジル・ホールのみた琉球　一八一六年、イギリス船ライラ号・アルスト号が琉球に来航した。このときライラ号船長ベイジル・ホールは、琉球を武器も貨幣もない牧歌的な国として航海記に記した。しかし、ベイジル・ホールのみた琉球は隠蔽された姿であった。現実の琉球では貨幣が流通しており、厳重な管理下で武器も保管されていた。イギリス船の対応にあたった王府役人も隠蔽された姿であった。例えば今帰仁朝英は偽名を名乗り、臨時職である布政大夫として活動していた。このように琉球王府は虚構の役人を設置し、琉球の実情を隠蔽していたのである。ベイジル・ホールが「琉球は貿易船の航路からも外れ産物には価値がない」と航海記の最後に記しているように、琉球王府の隠蔽によってヨーロッパの琉球への関心は牧歌的なものでしかなかった。

虚構の異国船迎接体制　一八四〇年代になるとヨーロッパ諸国の東アジアへの進出が強まる。一八四〇年から始まったアヘン戦争により、イギリスは中国への進出を本格化していた。これに対しフランスもインドネシア方面を中心に進出拠点の確保を図っていた。ヨーロッパ諸国にとって、琉球はすでに牧歌的な対象ではなく、中国・日本を視野にいれた東アジアの進出拠点とみなされていたのである。一八四六年にフランス艦隊提督セシューが琉球へ来航し、琉球王府へ通商条約の締結を迫った。これに対し琉球王府は、総理官・布政官・地方官という虚構の王府官制をつくり、偽名の王府役人たちが対応にあたっていた。セシューとの交渉の場において虚構の王府役人には決定権がなく、交渉は進展しなかったため、セシューは交渉を断念した。

このような臨時的に設定する虚構の異国船迎接体制は、異国船の漂着など一時的な滞在においては有効な手段であった。しかし、一八四三年・四五年にはイギリス船サラマン号が琉球海域で測量をおこなうなど、琉球への異国船の来航は続いていた。また琉球王府はヨーロッパ人宣教師への対応にも苦慮していた。一八四四年には宣教師フォルカードが来琉し、一八四六年には宣教師ベッテルハイムも布教活動を試みていた。幕府のキリシタン禁令に抵触する宣教師の布教活動に対し、琉球王府はその動勢を監視し、薩摩藩へも報告しなければならなかった。琉球王府の異国船・異国人への対応と監視は恒常的となり、臨時的な対応には限界があった。

一八五三年、アメリカのペリー艦隊が琉球へ来航し、翌年には琉米修好条約が締結される。さらに一八五五年にはフランスとの間で琉仏修好条約が締結された。偽名を使う臨時職の王府役人による外交は、ただ現実性を欠いたものとなっていった。琉球王府は異国船迎接体制の虚構性をようやく廃止し、総理官・布政官に三司官を任じ、偽名ではなく実名を名乗らせる。

隠蔽政策と琉球王府　フランスの提督セシューとの交渉において、琉球王府は「トカラとの通交」を理由に通商を拒んでいた。これは虚構を設定し隠蔽する琉球王府の外交が、一九世紀の異国船対策に始まったものではないことを示している。一七世紀後半、清朝への警戒から薩摩藩は琉球王府に対して日琉関係の隠蔽を指示していた。この隠蔽政策では「宝島（トカラ）」いう虚構の舞台が設定され、日本《ヤマト》は「宝島（トカラ）」と称されていた。琉球王府は、清朝に対する日琉関係の隠蔽を、冊封使の来琉時だけでなく、偶発的に発生する漂着事件への対応まで徹底し、国内に浸透させていく。さらに琉球王府は、隠蔽政策の徹底を理由に、薩摩藩の琉球王府への干渉を制限していった。日琉関係の隠蔽は、琉球の国家構成原理の中に制度的に内在化していたのである。異国船の来航に対して、琉球王府が虚構の異国船迎接体制によって隠蔽化を図ろうとした背景には、近世琉球の国家的特質があった。

隠蔽政策は、日本《ヤマト》と清朝との関係を安定させ、琉球王府の自律的な運営・維持を可能としたが、欧米諸国との外交には対応できるものではなかった。さらに琉球が近代外交の論理に置かれたとき、今度は「所属」問題という新たな矛盾を生み出すことになる。

（深瀬公一郎）

【参考文献】ベイジル・ホール著・春名徹翻訳『朝鮮・琉球航海記―一八一六年アマースト使節団とともに』岩波文庫、一九八六年。渡辺美季『近世琉球と中日関係』吉川弘文館、二〇一二年。田名真之「王府の異国船迎接体制」（琉球王国評定所文書編集委員会編『琉球王国評定所文書　第十四巻』浦添市教育委員会、一九九八年。

近世社会の異国観・異域観

異国・異域とは　幕藩体制下において、蝦夷地や琉球王国、朝鮮王朝は異国・異域であり、アイヌ民族や琉球の人々、朝鮮に人々は「異国人」として認識されていた。多くの〈日本人〉は彼ら「異国人」を直接に目にする機会は非常に限られていた。朝鮮通信使や琉球使節は、東海道などの主要な街道を行列し、彼らを見物し直接に接触した人もいたが、それは例外的な存在であった。一方で、様々なメディア―絵巻や屏風などの絵画類―を通してアイヌ民族や琉球の人々に対する異国観・異域観が創出された。このようなメディアに描かれたアイヌ民族や琉球の人々とは、彼らの実態をそのまま反映したものでないことは当然である。〈日本人〉が持った一方的なイメージに過ぎないことは当然であるが、イメージが共有されていたからこそメディアにおける表象が成立したという点は重要である。同時に、メディアの流布を通じて、異国「異国人」イメージは再生産された。

アイヌ絵と琉球使節絵巻　アイヌ絵はアイヌ自身によって描かれたものではない。あくまで〈日本人〉の一方的なイメージと作為によって描かれたものである。有名な蠣崎波響《かきざきはきょう》の「夷酋列像《いしゅうれつぞう》」も、描かれたアイヌの首長がロシア風の衣装を纏い、和人風の武具を身に付けるなど、実態とは程遠いものである。一方で、被髪長鬚《ひはつちょうしゅ》や左衽《さじん》などの夷狄イメージや、三白眼による凶相イメージが強調されている。このような夷狄イメージは、中華思想に基づく野蛮的表象であり、近世におけるアイヌ表象の特徴でもある。また、琉球使節に関しては、実態として使節が清国風の衣装を身にまとったこと以上に、琉球使節を描いた絵巻においては使節の描き方において異国イメージが強調された。ほかにも朝鮮通信使を描いた絵巻や書物なども広く流通した。近世社会では、異国からの使者を直接目にする機会に加え、メディアを通じて虚実織り交ぜた多様な異国イメージが形成された。

（檜皮瑞樹）

【参考文献】大阪人権博物館『描かれた「異国」「異域」』二〇〇一年。

第二部　第一章

朝廷につながる人びと

『都名所図会』巻之三　八瀬の里人

京都から若狭に抜ける街道中の光景。「弁慶の背競《くらべ》石」と背丈を競ったり、腰を下ろして一服する旅人の前にさしかかったのは、京都に柴薪を運ぶ八瀬村の人びと。『都名所図会』の著者は、古俗を伝えるその出で立ちに注目するが、彼らは幕府からの諸課役を免除されていた点でも、当時の一般の人々とは異なっていた。課役免除の理由の一端は、禁裏料民（天皇家領民）として天皇・朝廷に奉仕する現実にあった。江戸時代の天皇の日常は、禁裏料からの貢租に経済基盤を置くだけでなく、彼らの勤労奉仕や献上品によっても支えられていた。

本章では、これら禁裏料の人びとや、江戸時代の天皇・朝廷を統制した江戸幕府の役人、天皇・朝廷の権威を求めて群れ集う人などの「朝廷につながる人びと」を紹介する。

所司代・京都代官・禁裏付武家

京都所司代とは　禁中及び公家の統括と上方役人に対する指揮監督や、畿内及び近国の公事訴訟を扱った。慶長五年（一六〇〇）徳川家康は、関ヶ原の戦いで勝利すると、京都の治安維持のために奥平信昌《おくだいらのぶまさ》を初代の所司代に任命し、その後、板倉勝重・重宗《しげむね》父子が半世紀にわたりその任に就いた。二条城に隣接した屋敷に在住した所司代は、幕府の職制上、老中につぐ格式をもつ重職で、役知として一万石が与えられ、与力五〇騎・同心百人が付けられた。

寛文・延宝期、所司代の就任時には将軍の書付が与えられ、非常事態には所司代の判断で処理することが許されたが（「戸田《とだ》忠和《ただまさ》文書」）、寛文期に京都町奉行が設置され、町奉行の体制が確立すると、所司代の管轄していた市中の公事・訴訟等の業務が京都町奉行や京都代官・伏見奉行などへと分掌されていった。天和期には老中連名の条目として一通の勤方心得（「土屋家文書」）が、貞享期にはさらにもう一通の心得書が、それぞれ新所司代に渡され（「柳営《りゅうえい》日次記《ひなみき》」）、そこには、禁中及び公家の統括や所領の公事の管轄、禁中および上方役人に対する指揮監督などの職務が明文化されることとなった。そして享保期には、新所司代の勤方心得が、禁中・公家・門跡の掌握を規定する一通（三か条）と、禁中及び上方役人に対する指揮監督とを規定する一通（一一か条）とに形式が整えられ（「松平家文書」）、畿内及び近江・丹波・播磨の八か国（享保八年以降は山城・大和・近江・丹波の四か国）の公事訴訟を京都町奉行が扱い、これを所司代が統括することとなった（「御黒印并下知状覚書《おぼえがき》之留《のとめ》」）。

京都代官とは　寛永一一年（一六三四）、徳川家光の最後の上洛が行われると、五味豊直《ごみとよなお》と小堀政一《こぼりまさかず》が代官奉行となり、畿内および近江・丹波・播磨という広い範囲にわたる公事・訴訟を管轄したほか、所司代を助けて京都行政にかかわり、さらには天領や禁裏料・仙洞料などの支配も行った。禁裏料は、山城・丹波に限定された散在知行で、当初は、禁裏御代官衆という公家たちを中心に朝廷によって支配されていたが、京都代官がこれを受け継いだ。

寛文期には、代官奉行から京都代官が分立となり、鈴《すず》木《き》重辰《しげとき》がその初代の任に就いた。そして鈴木のあとは五《ご》味《み》豊旨《とよむね》が務め、延宝八年（一六八〇）に小堀正憲《こぼりまさのり》が就任すると、小堀氏が代々世襲して京都代官の職を務めた。また小堀氏は、領主関係の錯綜した村々を支配し、多種多様な禁裏御用を務めたほか、京都の財政を管轄して勘定方の役割を担った。京都代官の知行高は六百石、役料は千俵であった。京都代官は二条城の西に陣屋を置き、天保期の手付・手代の数は五八名であった（「県令集覧」）。

禁裏付武家とは　寛永二〇年（一六四三）、明正《めいしょう》天皇の譲位・後光明天皇の践祚《せんそ》にあたって、幕府は老中支配のもと天野長信《あまのながのぶ》・高木守久《たかぎもりひさ》の旗本二名を禁裏付武家に任命した。二名は月番交替で毎日参内、武家伺候間《しこうのま》の中ノ間を詰所とし、与力五騎・同心三〇人が付けられたうえ、役高一〇〇〇石、役料一五〇〇俵が与えられた。

禁裏付武家の役職は、寛永二〇年の禁裏付役人令条（『教令類纂』）の規定からうかがことができ、そこでは、禁中のことは長橋局《ながはしのつぼね》や武家伝奏《ぶけてんそう》と連絡・相談を行い、所司代の指揮を仰ぐこと、官位の執奏など表向のことは干渉せず、禁門の警備並びに奥向《おくむき》及び口向《くちむけ》（金銭の出納、備品の調達、調理・配膳など）の賄役人等を監督し、会計帳簿を所司代に提出して監査をうけること、禁裏の入用は京都代官から禁裏付武家の手形をもって受け取ること、公家・女中方・地下《じげ》諸役人の中で何か異変が起きた場合には所司代や江戸に報告をすること、などが規定されていた。このように、禁門の警備と朝廷の財政部門の監察が中心的な業務であった。安永二年（一七七三）、口向諸役人の不正事件が起こると、幕府は賄方、勘使方の役人を処分し、付武家を通じた朝廷財政の監督を強化した。

（田中暁龍）

【参考文献】奥野高廣『皇室御経済史の研究　後篇』中央公論社、一九四四年。『京都の歴史　四・五』学藝書林、一九六九・七二年。藤井譲治「江戸幕府の成立と天皇」（『講座前近代の天皇　第2巻』）青木書店、一九九三年。石川和外「禁裏付武家」（高埜利彦編『朝廷をとりまく人びと』）吉川弘文館、二〇〇七年。田中暁龍『近世前期朝幕関係の研究』吉川弘文館、二〇一一年。

禁裏の実務担当者

禁裏の実務担当者とは　「禁裏の実務担当者」にも、多様な人びとがいた。具体的には、大外記をはじめとした地下官人（朝廷の下級官人）や、堂上公家衆、奥の女官などであり、それぞれが、さまざまな実務、―すなわち諸文書の発給や諸儀式の管理、「禁裏小番」と呼ばれる宿直など―、を担っていた。彼・彼女らについても、当然言及すべきであるが、本書の中で別に項目が立てられている。ここでは、口向に焦点をあてていこう。

口向役人　禁裏は、表・奥・口向の三つに分けられるが、このうち口向は、朝廷の勘定方ともいえる、もっとも実務的な部署であった。時期によって変遷はあるが、基本的には、幕臣である二名の禁裏付が統括し、その下に取次・賄頭・勘使などの口向諸役人がいた。

口向諸役人は、大きく「侍分」と「下部（もしくは仕丁）」に分けられ、前者は取次（執次）・賄頭・勘使・買物使・修理職・賄・板元吟味方・板元・鍵番・奏者番などの総称であった。一方、後者は、根来同心・六門番といった門番・使番の若党などを指した。

彼らは、天皇らの食事の用意（板元ら）や諸品の購入（勘使ら）、建物の簡単な修復（修理職）、その他の勘定業務など、さまざまな日常生活に関するものを中心とした諸実務を担った。彼らの多くは、洛中洛外から御所に通い、地下官人を兼ねる者も間々いた。

口向役人不正事件　さて、この口向諸役人について述べるうえで外せないのが、安永二（一七七三）・三年の口向役人不正事件（あるいは「安永の御所騒動」とも呼ばれている）である。これを契機に、口向のあり方は大きく変化することになった。

この事件は、帳簿の操作など、口向役人の不正を幕府が摘発したものである。安永二年一〇月、京都町奉行所にて取調べが始まり、翌年八月に、賄頭田村肥後守、勘使服部左衛門尉ら四名が死罪、仙洞の取次高屋遠江守ら五名が遠島など、多くの口向役人に処罰が下された。そのほか、京都代官小堀邦直や関係した多くの商人なども罰せられた。

事件の背景と勘定所　この事件の背景には、朝廷関係の支出増大を問題視し、口向に対してより強い監督を加えようとした幕府、とりわけ勘定所の意向があった。それがもっともよく表われているのが、賄頭・勘使の人事である。

賄頭は労務管理や会計の総轄などを職務とし、勘使は物品購入などのことにあたっていたという。また、彼らは、多くの勘定帳面や受取手形に署名・捺印もしており、口向の実務上級職ともいえる立場にあった。

事件前、賄頭は幕臣から一名、地下官人らから一名で構成される規定になっていたが（実際は地下官人らのみが勤仕していたことも、しばしばあったようである）、事件後は、幕臣一名が勤めることになった。

一方、勘使と買物使は、前者が三名、後者も同数程度で、すべて地下官人らが勤めることになっていたが、事件後は勘使買物使兼四名ほどとなった。買物使を勘使が兼ねるようになり、かつ上座の二名が幕臣によって占められるようにもなったのである。

つまり、幕臣が賄頭を単独で勤め、勘使の半分も占めるようになったわけであるが、賄頭・勘使に任ぜられた幕臣は、すべて勘定所系列のものであった。

たとえば、このとき賄頭に任ぜられた坂野高孝の前職は支配勘定であり、後職は勘定、後に、勘定組頭になった。また、勘使に就任したのは、高橋八十八と山本郡七であったが、前者は普請役元締から勘使となり、御所の出納の監査を職務とする京都入用取調役を経て、勘定となった。一方、山本は、勘定吟味役下役からの就任であった（のち勘使病免）。

事件後の口向　こうした傾向は以後もつづいており、事件後の口向は、幕臣である禁裏付の統轄の下、実務上級職である賄頭と勘使の半分を勘定所系列の幕臣が固める、という構成になった。口向が、幕府財政の一部局と化したかのような顔ぶれになったのである。（佐藤雄介）

【参考文献】　奥野高廣『皇室御経済史の研究　後篇』中央公論社、一九四四年。佐藤雄介「十八世紀の朝幕関係と朝廷財政」（藤田覚編『十八世紀日本の政治と外交』）山川出版社、二〇一〇年。平井誠二「江戸時代の公家の流罪について」（『大倉山論集』二九）一九九一年。

禁裏料の人びと

禁裏料とは　禁裏とは、天皇の住居、ひいては天皇その人を意味する。したがって禁裏料とは、天皇あるいは天皇家の領地のことである。江戸時代には、土地を分配する権限は徳川将軍家が掌握していたから、天皇といえどもその承認を得なければ、土地を領有できなかった。徳川家康は、関ヶ原合戦に勝利した翌年である慶長六年（一六〇一）年、天皇に一万石余の地の領有を認めた。次いで元和九年（一六二三）には徳川秀忠が皇女誕生の祝儀として一万石を進献し、宝永二年（一七〇五）徳川綱吉はさらに一万石余を増献、翌年にも微増をみた。この三万石余が、江戸時代の禁裏料である。家康が承認した禁裏料が「本御料」、秀忠進献分が「新御料」、綱吉増献分が「増御料」と呼ばれた。天皇は、徳川家に征夷大将軍の官職を授ける点においてその主君の立場にあるが、領地だけをみれば当初は極小大名並み、綱吉の加増後も小大名と同列に止まった。禁裏料の貢租の徴収など支配の実務は、幕初期を除いて朝廷側ではなく幕府の京都代官が、訴訟については京都町奉行所が担った。貢租も一旦は二条城に納められ、改めて禁裏に送られるようになってゆく。

禁裏料の設定地域　禁裏料は、丹波国桑田郡山国郷七ヶ村を除けば、すべて山城国内の村々に設定されていた。ただ、山国郷は山城国に隣接し、かつて修理職領の杣山として朝廷の官司領であったから、禁裏にはゆかりが深い。山城国内の禁裏料のうち主なものを挙げると、愛宕郡岩倉村（九五〇石余）・八瀬村（六〇石余）宇治郡山科郷十七ヶ村（約六三〇〇石）、綴喜《つづき》郡宇治田原郷十六ヶ村（三五二〇石）、相楽郡和束郷十四ヶ村（約三六四〇石）・甕原《みかのはら》郷四ヶ村（一四五〇石余）などがある。甕原郷は九ヶ村から成っていたが、うち五ヶ村は承応二年（一六五三）に伊勢・日光例幣使料に定められ、毎年一定の貢租を禁裏に納め、両社への奉幣のための経費として使用された。

禁裏への奉仕　禁裏料の村の人々は、毎年の貢租納入によって、禁裏の経済を支えた。だが、彼らと禁裏の関係はそれに止まらない。毎年正月・八月に村々から禁裏へ総代が挨拶に参上したほか、仕丁として勤仕したり、諸門を警衛したり、臨時の用や災害時に労働力を提供して貢献した。また、和束郷からは干柿、宇治田原郷からは茶、岩倉村からは松茸、八瀬村や山国郷からは鮎、といったように、特産物を献上する村があった。大嘗祭や新嘗祭などの祭儀に必要な用材や物品も山国郷などから多く献納された。禁裏への奉仕は、山科郷からの奉仕者が「郷士」として苗字帯刀を許されていたように、在地での優位性の根拠となった。八瀬村には江戸時代、諸役を免除する綸旨《りんじ》が代々の天皇から出され、京都所司代もこれを認めていたことはよく知られている。また禁裏への奉仕は、臨時課役の免除を求める際の楯となるなど、現実的な生活防衛のためにも有効であった。このように江戸時代の禁裏料民にとって、天皇との関係性は日常の中にあった。彼らと天皇の間には、距離的な近さだけでなく、精神的な親近感も存在したはずである。東京奠都は、天皇の絶対化を目指す維新政府が、このような京都周辺における禁裏料民と天皇との密接な関係を清算する上でも有効であった。

幕末の農兵隊　禁裏料民の中には、幕末・維新期に勤皇隊を編成し行動する者も現れた。山国郷民の中には「山国隊」を結成し、鳥取藩に属する官軍の一隊として戊辰戦争に参戦する者があった。同様の禁裏料における農兵隊としては、山科郷民による「山科隊」も知られる。「山科隊」の場合、情勢の緊迫に伴って「郷士」のみならず一般の郷民をもこの隊に組み込もうとしている。これは、禁裏への奉仕により在地での優位性を保つ「郷士」たちが在地の主導権を掌握していたことを示すとともに、禁裏料においてもその恩典に与れない多数の民が存在したことを浮き彫りにしている。禁裏料の村々と禁裏との関係は、在地の有力者が自身の立場を盤石たらしめるために機能したのであり、その下にあって従属を余儀なくされた人々には、自己を抑圧するものでしかなかった。

（井上智勝）

【参考文献】　奥野高廣『皇室御経済史の研究　後篇』中央公論社、一九四四年。仲村研『山国隊』学生社、一九六八年。『京都の歴史　五・七』學藝書林、一九七二・七四年。高木博志『近代天皇制の文化史的研究』校倉書房、一九九七年。宇野日出生『八瀬童子歴史と文化』思文閣出版、二〇〇七年。

仙洞付武家

仙洞付武家とは　寛永二〇年（一六四三）、幕府は明《めい》正《しょう》天皇の譲位にあたって、明正上皇の仙洞御所に対して、榊原元義《さかきばらもとよし》・中根正次《なかねまさつぐ》ら二名の旗本を仙洞付武家として任命した。寛永二〇年九月一日付の仙洞付武家に対して出された役人令条（『教令類纂』）によれば、所司代の指示を仰ぎ、禁裏付や女院付、さらには院伝奏《いんのてんそう》と連絡をとりつつ、仙洞御所の警備や運営を監督することが定められた。また、仙洞御所の口向《くちむけ》（金銭の出納、備品の調達、調理・配膳など）を管掌することが規定され、安永二年（一七七三）、口向諸役人の不正事件が起こると、幕府は禁裏および仙洞御所の口向役人を大量に処分し、仙洞付武家を通じて朝廷財政の監督を強化した。

仙洞料の設定　近世では、後陽成・後水尾《ごみずのお》・明正《めいしょう》・後西・霊元・東山・中御門・桜町・後桜町・光格院の一〇代の上皇を数え、譲位に際してその度に、仙洞御所とともに仙洞料が設定された。仙洞御所では院伝奏や院《いんの》評定《ひょうじょう》などの役職が設けられ、天皇が幼少の場合は朝廷政務の処理に仙洞御所が関与することがあった。所司代は、禁裏と同様に、仙洞付武家を介して仙洞御所の統制を行う一方、幕府との交渉については、あくまでも武家伝奏が窓口となることを基本方針とした。

京都代官は、禁裏と同様に仙洞料の支配を行った。後水尾上皇には三〇〇〇石の御料が与えられたとされ、寛永一一年（一六三四）の家光上洛時には七〇〇〇石の増献があり、都合一万石となった。その後、仙洞料の石高は上皇により相違がみられるが、享保二〇年（一七三五）中御門天皇が譲位した際には一万石が献じられたが、幕府は、上皇並立の場合を想定して仙洞料の額を定め、院御料は一万石、新院御料は七〇〇〇石と設定した。

（田中暁龍）

【参考文献】奥野高廣『皇室御経済史の研究　後篇』中央公論社、一九四四年。山口和夫「近世史料と政治史的研究」（『歴史と素材』）吉川弘文館、二〇〇四年。

仙洞の実務担当者

仙洞の実務担当者とは　仙洞にも禁裏同様、（仙洞への）出仕、宿直を義務付けられた堂上公家衆がいた。「仙洞小番」などと呼ばれる小番に属した彼らは、「院参衆」（光格上皇の頃には「伺候衆」）といった。彼らや、院伝奏などとして仙洞に参仕したほかの堂上公家衆、奥の女官らもまた、「実務担当者」と評せるだろうが、禁裏同様、口向役人に関して詳述する。

口向役人とは　仙洞にも勘定方ともいえる部署である口向があった。ここを統括していたのは、幕臣である仙洞付二名であり、時期による変遷はあるが、その下に取次、禁裏の賄頭にあたる勘定頭、勘定、以下口向諸役人がいた。具体的には、賄・板元・日記役などであり、やはり「侍分」と「下部」に分けられた。

その役割は、これも禁裏の口向と同じく、食事の用意、営繕、諸品の購入、その他勘定業務などであり、朝廷の下級官人である地下官人を兼ねる者も間々いた。

口向役人不正事件の影響　「禁裏の実務担当者」で述べたが、安永二（一七七三）・三年の口向役人不正事件（「安永の御所騒動」）で、禁裏の賄頭と、勘使のうち半分が、勘定所系列の幕臣によって占められるようになった。

一方、仙洞の口向では、そのようなことはなかった。この事件では、仙洞の口向役人も処罰されたが、その後に幕臣が入り込むことはなく、地下官人らが勤めた。

その訳は、全体的にいえば処罰された者達の罪が、禁裏のそれと比べて軽かったためと考えられているが、この口向の顔ぶれにこそ禁裏のそれとの大きな違いが認められる。ただし、後に禁裏の賄頭が仙洞の口向などの「見廻」を行っており、その意味で勘定所のより強い監督は、禁裏ほどではないにせよ仙洞にも及んでいた。

（佐藤雄介）

【参考文献】　奥野高廣『皇室御経済史の研究　後篇』中央公論社、一九四四年。佐藤雄介「十八世紀の朝幕関係と朝廷財政」（藤田覚編『十八世紀日本の政治と外交』）山川出版社、二〇一〇年。村和明「近世院政の組織と制度」（『論集きんせい』二四）二〇〇二年。

仙洞料の人びと

仙洞料とは　仙洞料とは、上皇の領地のことである。上皇が出家した場合は法皇と称され、その領地も法皇料と呼ばれるが、ここでは両者を区別しない。

仙洞料は上皇が存在する場合のみ幕府から進献されるため、存在しない時期もあったが、反対に上皇が複数人いる場合にはそれぞれに領地が献じられるのが基本的なあり方であった。上皇不在の場合、仙洞料は中世には禁裏料に編入されたが、江戸時代には幕府が管理する「御除料」となった。慶長一六年（一六一一）に譲位した後陽成上皇〔元和三年（一六一七）没〕に江戸幕府が二〇〇〇石を進献したのが、江戸時代における仙洞料のはじめである。次いで、寛永六年（一六二九）上皇となった後水尾上皇〔延宝八年（一六八〇）没〕は、はじめ三〇〇〇石を寄せられたといい、同一一年将軍家光の上洛に伴って七〇〇〇石を加えられ、一〇〇〇〇石を領した。寛永二〇年（一六四三）明正天皇〔元禄九年（一六九六）没〕が、寛文三年（一六六三）には後西天皇〔貞享二年（一六八五）没〕が譲位し、出家していた後水尾法皇を合わせて三人の上皇が併存することになった。明正上皇には現米が給付されただけで領地は認められなかったが、後水尾法皇の領地はそのままに、後西上皇に五〇〇〇石の領地が寄せられた。貞享四年（一六八七）霊元上皇〔享保一七年（一七三二）没〕は、はじめ七〇〇〇石、宝永三年（一七〇六）三〇〇〇石を増献され、一〇〇〇〇石を領した。宝永六年（一七〇九）東山天皇が譲位すると、七〇〇〇石を献じることが決定されたが、同年崩御した。享保二〇年（一七三五）中御門天皇の譲位に際し、幕府は一〇〇〇〇石を進め、以後の仙洞の並立に備えて、新院（後から上皇となった人）分を七〇〇〇石と決定した。しかし以後、複数の上皇が立つことはなく、一〇〇〇〇石が仙洞料の基準となった。禁裏料同様、仙洞料も京都代官らの武家が実務に当たった。仙洞料もまた、山城国内やそれと隣接する丹波・摂津の内に定められた。幕初期からほぼ一貫して仙洞料であったのは、山城国葛野郡小野郷、久世郡寺田村、丹波国桑田郡並河村などであった。

小野の供御人と菖蒲役　山城国葛野郡小野郷と仙洞の関係は古く、寛治年間に主殿寮領小野山の一部を仙洞の続松領に割いたところに濫觴を持つ。小野山には平安後期以降、主殿寮に隷属する小野山供御人があって、炭・松明の貢進、火炉師役、菖蒲役などの公役を勤仕した。菖蒲役とは、端午の節句の前日に禁裏に参向して殿舎・廻廊・門の屋根に菖蒲を葺く役儀である。菖蒲には邪気を払う力があると考えられていたから、鬱陶しい梅雨の時期にこのような行事がなされるのである。中世には、小野山供御人は主殿寮官人に率いられてこの役を勤めていた。小野山は天正一四年（一五八六）まで主殿寮領として推移したが、同年豊臣政権によってその関係を解かれ、供御人もその身分を止められたため、松明の貢進などは停止した。その後しばらく当地の領有関係には不明な点が多いが、遅くとも寛永一一年（一六三四）には仙洞料となっている。小野山供御人の後進たちは、主殿寮への公役をとどめられてもなお、菖蒲役だけは勤仕し続けた。それは、領有関係が確認できない、豊臣・初期徳川政権下においても、ほぼ間断なく続けられている。小野山供御人による公役の勤仕は、中世には供御人身分の確保による諸役免除の獲得を目的に行われた面が強いが、近世においても国役免除などの根拠とされている。また、在地における優位性を正当化するためにも利用された。つまり、小野山供御人は中世の在地社会において支配的な立場にあり、従属的な立場にある人々とは公役の勤仕の有無によって峻別されていた。公役の勤仕者には帯刀も許されていた。彼らが菖蒲役を勤仕し続けたのは、かかる立場を正当化するためであった。元禄期の経済構造の変化により、そのような立場が動揺してくると、彼らにとって菖蒲役の勤仕はいっそう重要性を増した。それゆえ、近世を通じて菖蒲役は勤仕され続けるが、明治維新に際して廃止された。

（井上智勝）

【参考文献】　奥野高廣『皇室御経済史の研究　正・後篇』畝傍書房・中央公論社　一九四二・四四年。『京都の歴史　五』學藝書林、一九七二年。井上智勝「元禄の「供御人」」（『日本歴史』五八一号）一九九六年。

受領職人

受領職人とは　江戸時代前期の京都の陶工、野々村仁清は播磨国の国司であった。そんな馬鹿な、と言う勿れ。彼はその作品に「播磨大掾《だいじょう》」と播磨国の判官の官名を記しているのだ。とはいえ、江戸時代には国司が政務を執る国衙はとっくに廃絶している。ただ、国司を含む律令制の官職は形骸化しながらも命脈を保ち、社会の秩序づけに一定の役割を果たしていた。仁清の官職もまた、国司としての役務を伴わない、文字どおり名ばかりのものであった。このような国司の官職を持つ職工は、実は仁清のみならず、江戸時代に多数存在した。上方狂歌師の代表にして大坂の菓子屋の主人鯛屋《たいや》（永田）貞《てい》柳《りゅう》は山城国の国司（山城大掾）、奈良墨の老舗古梅園の当主は和泉国の国司（和泉掾）であったように、である。このように職工が国司の官職に任じられることは、国司を「受領」と呼ぶことに由来して、職人受領と呼ばれた。だから、当該職工は受領職人と呼べよう。国司以外の官職への任官や、僧位の叙位も職人受領に含めることが一般的である。例えば、大坂の画家大岡《おおおか》春卜《しゅんぼく》は、享保二〇年（一七三五）法眼に叙されているが、これも職人受領と見なされる。

受領職人の職種　職人受領は、どのような職種の者にも許されたわけではなかった。概ね、刀鍛冶・筆師・墨師・鏡師・楽器師・鋳物師・菓子師など特定の物づくりに携わる職種の者に官職が授けられ、医師・絵師・仏師・連歌師などに僧位が与えられた。鯛屋貞柳の弟で、浄瑠璃作者の紀海音《きのかいおん》は元文元年（一七三六）法橋に叙せられた。この叙位がいかなる立場においてなされたかについては、狂歌師・俳諧師・菓子師の諸説があったが、実は医師としての叙位であった。菓子師では僧位に叙されることはなく、連歌師は良くても、狂歌師・俳諧師では受領は認められなかった。人形浄瑠璃の太夫は、多く人形の小細工師として受領を許された。江戸時代中期の大坂の著名な義太夫節の太夫で豊竹座を創設した豊竹越前少掾は享保十六年（一七三一）「小細工師」として受領している。

職人受領の手続き　職人受領は、公家を通じて天皇の裁可を得て行わされるのが正式経路だが、永宣旨《えいせんじ》を根拠に門跡寺院が行う場合も多かった。大岡春卜は仁和寺門跡から法眼位を受けている。職種によっては、叙任の希望を公家へ取り次ぐ家が決まっている場合があった。刀工の場合は日本鍛冶宗匠・禁庭公儀御鍛冶所を標榜した三品金道《みしなかねみち》家が、鋳物師の場合は蔵人所小舎人として燈炉供御人を統括する立場を継承していた真継《まつぎ》家がその役を果たした。そのため、彼らは多くの刀工ないし鋳物師を支配下に置き、掟を定めるなどして統制を図った。なお、職人同様、僧侶・神職・陰陽師などの宗教者でも、官位を望む者があれば、同様の手続きを経てこれが授与された。特定の伝奏家を持たない神職は神祇管領長上吉田家が、陰陽師は土御門家が取り次ぎを行った。

職人受領の意義　職人受領の始原は、平等院鳳凰堂の阿弥陀仏を制作したとされる仏師定朝が、法橋さらに法眼に叙せられたように古代に遡るが、それが量的に増大したのは江戸時代である。職人受領は、名工の証と認識されていたことに加え、営業上の有利を得る場合もあったから、朝廷の所在地である上方のみならず諸国の多くの職人から希望があった。もとより、官位の叙任には天皇をはじめとする関係者への謝礼が必要であったため、その盛行は衰微した近世の朝廷を支える一支柱となった。

職人受領の規制と終焉　受領名を名乗る職工の中には、一度叙任を受けて看板に名を記し、代替わりしても継目を怠る者や、正規の手続きを経ず私称する者もいた。自らも官位によって武家の序列化を図っていた江戸幕府は、これを社会の秩序を乱すものと見なして規制を加えているが、この背景には正規の手続きを経させることで朝廷の威厳を保ち、謝礼の増大を狙う公家の思惑もあった。当初、「守」や「掾」などの「下司」を付さない「呼名」には規制がなかったが、明和三年（一七六六）かかる動向の中で禁じられている。職人受領は明治二年（一八六九）全廃された。

（井上智勝）

【参考文献】　間瀬久美子「近世の民衆と天皇」（藤井駿先生喜寿記念会編『岡山の歴史と文化』）福武書店、一九八三年。山口和夫「職人受領の近世的展開」（『日本歴史』五〇五）一九九〇年。安田富貴子『古浄瑠璃』八木書店、一九九八年。

陵長・守戸

陵長・守戸とは　長（陵長）・守戸は、宇都宮藩戸田家による文久の修陵事業の後、天皇陵の日常的な管理と祭祀を担う管理者として設置された。文久の修陵は、坂下門外の変で幕府との関係が悪化した宇都宮藩が状況打開のため、文久二年（一八六二）閏八月、公武合体策として修陵を建議し、幕府が許可することで始められた。家老戸田忠至《ただゆき》は、朝廷・幕府双方から山陵奉行に任命され、事業を主導した。修陵経費は幕府が拠出したが、普請は朝廷の指示を受けて進められた。

陵長・守戸の設置と身分問題　文久三年の神武天皇陵の完成後、約一〇〇ヵ所の陵墓に順次五〜七名の長・守戸が置かれ、慶応二年（一八六五）朝廷・山陵奉行から正式に任命を受けた。在地社会では豪農商層・村役人層を中心に、守戸任命や普請請負を願う動きが多数みられた。これは陵墓とその管理が、朝廷との出入関係をもたらすと考えられたためである。任命に際しては勤役時の苗字帯刀が許され、朝廷から給銀が渡されたが、朝廷による苗字帯刀の許可は幕府内で問題となった。朝廷・山陵奉行はこれを押し切ったが、身分問題を理由に任命を拒む大名家もあり、在地社会でも役威が問題となった。また、山陵奉行は、領主毎に身分の取扱いが異なることを問題とし、翌年には幕府に常苗字帯刀を認めさせた。朝廷・山陵奉行は陵墓に政治的意味を付与したが、在地では身分や普請等の利益を引き出す対象として受け止められたのである。こうした朝廷・山陵奉行の意図とのずれや、在地の事情で長・守戸の人事が左右される状況の克服が山陵奉行の課題となった。

維新後は、神祇官内の諸陵寮や、それを引き継いだ教部省が陵墓と長・守戸を管轄した。明治七年（一八七四）には長・守戸が廃止され、代わって各陵墓を一・二名で管理する府県官吏の陵墓掌丁が設置された。これは、管理者の削減と在地社会の規定性の払拭、管理からの寺院の排除を目的とするものであった。　（上田長生）

【参考文献】上田長生『幕末維新期の陵墓と社会』思文閣出版、二〇一二年。

公家の家来になった百姓―三浦命助

諸業民の地域　命助は、文政三年（一八二〇）に盛岡藩領の太平洋側（三閉伊通り）の上閉伊郡栗林村で、肝煎になることのできる家格の百姓の分家に生まれた。命助は、実父も本家当主も死んだため、若い時から母・妻・五人の子供と、本家の家族も養った。耕作の外に、浜方の村で海産物を仕入れて岡方で売り、そこで仕入れた農産物を浜方で売り歩く荷駄の商いで生計を立てた。農耕に諸稼ぎを加えて暮らす地域だったが、それだけに惣百姓の意識の強い地域で、鉱山業や流通業も盛んであった。一〇万石の盛岡藩は、蝦夷地警備の軍役のために二〇万石に増封され、負担も増えた。財政難の盛岡藩は収益増大のために、経済活動の活発な太平洋側の諸村に対し、臨時の御用金を課した。盛岡藩は一揆多発藩だったが、藩政策に対抗する一揆も少なくなかった。その中で、弘化四年（一八四七）と嘉永六年（一八五三）の二度の「三閉伊一揆」は、前後にない大規模な一揆になった。

仙台藩領への逃散・越訴　命助は、二度目の一揆で指導者の一人として活躍した。一度目の一揆は藩主の重臣が住む遠野に直訴し、取りなしの約束を得たが、藩はそれを無視し、一番の指導者を牢舎で処刑した。二度目の一揆で、命助は、参加した大槌通り八か村の指導者として活動した。一揆勢は、隣接の大藩仙台藩領への逃散・越訴という行動を選び、八〇〇〇人をこえる百姓が同行した。仙台藩は一揆百姓の賄いを領内の村々に命じた。仙台藩が代表の居残りだけを認めたため、四五人が残って交渉を続けた。要求は五〇箇条以上に及んだ。盛岡藩が種々の新税・新負担を工夫したため、居村や生業や階層によって要求が異なり、項目が多数になったのである。一揆勢は、それらを惣百姓の立場で要求し、さらに別に三箇条を願い出た。それは、藩主の交替。三閉伊通りにいる百姓の救済。三閉伊通りを公儀領化にする。できなければ仙台藩領に支配替えという、大胆なものであった。仙台藩の力で、指導者には一切咎なしの約束を盛岡藩から取り付け、多くの要求項目が認められた。

出奔して里修験に　帰村した命助は村役人（老名役）に撰ばれたが、やがて村内の意向との食い違い、金銭上のトラブル、大槌代官所の尋問などで事態が暗転していった。身の危険を感じた命助は、家族を残して、剃髪して出奔した。仙台藩領に入り、時折は自宅に密かに舞い戻り、命助は義乗と名乗り、やがて明英という僧名で修験当山派（本山は京都醍醐三宝院）の東寿院の後住に認められ、村中の信用も得て、病気や祭りの祈祷と農作で暮らした。やがて命助は当山派の修験として正式に院号や錦地を取得するために京都へ向かい、その望みを達した。命助は醍醐三宝院家来の紹介で、五摂家の中の二条家の家来になることを願い出て認められた。経緯から見ると、盛岡藩へ戻り、朝廷の権威を借りて立場を弁明しようとしたと考えられる。安政四年（一八五七）、命助は大小を帯びて、藩境に現れ、盛岡で永牢となった。

永牢と家族への手紙　命助は牢内で、安政六年（一八五九）に三冊、文久元年（一八六一）に一冊、合計四冊の「帳面」を書いた。内容は、残された家族への助言、遺言的な自分の感懐などである。命助は、屍は牢屋に残されても、魂は帳面に籠もって、末代までも家族の守り神になるから、帳面どおりに対処してほしいと頼んでいる。帳面の内容の大枠は通俗道徳である。どの百姓にも見られるものだが、獄死を覚悟している分だけ、命助の道徳意識はより徹底する。どれだけ借金ができても悪い心を起こしてはならないと戒めるが、命助は、どれだけ借金があっても田地も家財も持っている物をいっさい渡してしまう積もりでいるなら、何も恐れることはないと言う。さらに命助には稼ぎの生活感覚が生きており、田地がなくても毎日働けば暮らしはなりたつから、貧乏を少しも恐れることはないと言う。そして、田畑を惜しんで、かえって自分が出奔する羽目になった者を幾人も知っているが、これはまったく大きな誤りである。人間は三〇〇〇年に一度咲く優曇華である。それと比べれば田畑といえども石くれ河原と同じである。人間を粗末にするのは、石くれの河原を惜しんで優曇華を棄てるのと同じだと助言する。命助は、元治元年（一八六四）、獄中生活六年と八ヶ月、四五歳で死んだ。

（深谷克己）

【参考文献】深谷克己『南部百姓命助の生涯』朝日新聞社、一九八三年。安丸良夫『日本の近代化と民衆思想』青木書店、一九七四年。

朝廷の経済

紙幅の関係上、おもに禁裏を事例に見ていく。

禁裏料と取替金　戦国時代、朝廷は非常に窮乏していたが、織豊期に一定程度回復した。その後、慶長六年（一六〇一）に、徳川家康が禁裏料一万石強を確定し（「本御料」）、元和九年（一六二三）には秀忠が「新御料」一万石をあらたに定めた。さらに綱吉によって、「増御料」として宝永二年（一七〇五）には一万石弱が、翌年には山城国和束郷のうち約九八石が増やされた。禁裏料は三万石強となり、幕末まで変化はなかった。

江戸時代当初の禁裏のおもな収入は、この禁裏料からの物成などと将軍家・諸大名・諸寺社などからの献上金品であった。前者（物成など）は、禁裏付（幕臣）が統轄した勘定方ともいうべき部署、口向で、後者（献上金品）は女房である長橋局が統轄した奥で取り扱われた。

定例の食費や日用品の購入費、年中行事の費用などは、基本的には口向から出された。一方、定例外の食費や諸道具の購入費、寺社への祈祷料などは、奥から出されたが、御所の造営や大規模かつ重要な神事・儀礼などの費用は、幕府が別に負担することになっていた。

さて、禁裏においては徐々に支出が増大し、不足が目立つようになった。そのため、享保年間（一七一六〜三六）のおそらくは後半頃から、幕府は、「取替金」と呼ばれる無利子の貸付けを禁裏に対して恒常的に行い、不足を補った。この取替金は本来、返済を必要としたが、実際にはほとんど行われなかった。幕府も当初はそれをさほど問題視しなかったものの、明和八年（一七七一）の幕府財政悪化をひとつの契機に、取替金に対して、徐々に厳しい態度を見せるようになった。

口向役人不正事件と定高制導入　その中で、安永二・三年（一七七三・四）には、口向諸役人の不正を幕府が摘発した、口向役人不正事件が起きた。

この事件を契機に、朝廷の経済にも勘定所のより強い監督が加えられるようになり（「禁裏の実務担当者」参照）、安永七年度からは、幕府諸役所ではすでにひろく取り入れられていた、定高制が導入されることになった。これは取替金の年額に上限を設けた制度であり、以後、口向の年間予算は口向定高銀七四五貫目（禁裏料からの物成などと取替金の合計）、奥のそれは諸所からの献上金品などと奥定高金八〇〇両を合わせたものとなった。

定高制改正とその後　しかし、その後も支出が定高を上回ることが多々あった。そのため寛政三年（一七九一）には、定高制改正が禁裏に申し入れられた。その内容は、①取替金の未返済分は帳消し、②従来の定高の取替金分は、以後貸付けではなく、無償での提供とする（「進切」）、③そのかわりに定高以上の金銭は基本的には出さない（御所造営などは除く）というものであった。

また、この時期には、予備費である備銀などの諸制度や、人件費に関するものを中心とした諸規定も創設・改正された。つまり、改正された定高制を軸としたあらたな枠組みが整備され、その中でのやりくりが禁裏には求められた。その後、貨幣改鋳による物価高騰などによって支出は増大し、文政年間（一八一八～三〇）半ばには、この枠組みは均衡を失うことになった。これに対して幕府は、枠組み内でのやりくりに固執はせず、かならずしも枠組み内のものとはいえない金銭をも用いることによって、禁裏に一定水準の保障・支援を行いつづけた。

在京幕府役人と禁裏の経済　このように禁裏の経済は、幕府からの保障や支援によって成り立っていたが、その仕組みを機能させていたのは、おもに在京幕府役人であった。たとえば、禁裏料の管理は、当初は朝廷側が行っていたが、その後、遅くとも寛永一一年（一六三四）までには代官奉行（後京都代官）が担うようになった。

また、定高の主要な財源は、禁裏料からの物成と「京都代官預諸渡銀」であったが、後者も京都代官管理であった。さらに、京都町奉行・代官取扱いの貸付金の利息も定高などの財源であった。禁裏付が口向を統括し、その下で実務を担っていた賄頭や勘使（の半分）が、前述の不正事件後は勘定所系列の幕臣であったことも含めて考えると、在京幕府役人は、禁裏の経済を支える役割をおもに担っていたといえる。

（佐藤雄介）

【参考文献】　奥野高廣『皇室御経済史の研究　後篇』中央公論社、一九四四年。佐藤雄介「十八世紀の朝幕関係と朝廷財政」（藤田覚編『十八世紀日本の政治と外交』）山川出版社、二〇一〇年。藤井讓治「江戸幕府の成立と天皇」（『講座・前近代の天皇　第二巻』）青木書店、一九九三年。

暦をめぐる朝幕関係

時の支配と天皇・朝廷　江戸時代において、天皇・朝廷の掌中に残された権限は、①官位叙任　②年号制定③暦制定に限定され、それすらも江戸幕府の強い統制下にあった、といわれる。ただこのことは、年号と暦という「時」の支配は、形式的には天皇・朝廷の側に留保されていたことを意味する。年号の決定には、幕府がとやかく容喙したといわれるが、暦についてはどうだったのか。暦が制作される過程から、江戸時代の朝廷と幕府の関係を垣間見てみよう。

朝幕の協業　前近代の暦は、正月から十二月に至る各月に属する日付が記載されるだけのものではない。それぞれの日の吉凶などを詳細に注記した暦註も重要な要素であった。暦では上段に日付を記し、中・下段に暦註が配されている。江戸時代には、緻密な計算によって日食・月食を正確に予報する作業を伴う日付部分を江戸幕府の天文方が担い、暦註部分の制作には陰陽寮の官人で暦道を家職とする賀茂氏（幸徳井家）が当たるという分業体制が取られていた。陰陽官人が関与するのは、律令制下において造暦を担ったのが中務省被官の陰陽寮であったためである。このように、江戸時代の暦は幕府と朝廷の合作であった。完成に至るまでの過程は、次のとおりである。まず天文方で作った日付部分の原稿が陰陽寮長官（陰陽頭）土御門家に送致され、幸徳井家が暦註を加えて土御門家へ返送、同家から天文方に還送し、天文方が草稿を作成して再度幸徳井家に送付された。その後、幸徳井家から原稿が京都の大経師に入稿され板を起こし、天文方の最終点検を受けて各地の暦師に原稿が配布された。さらに各地の暦師が作った初稿が天文方に送られて、相互に齟齬がないかの点検を経て、ようやく発行が許可された。このように暦の発行は江戸幕府による厳しい統制を受けていた。江戸幕府は、暦の統制を行う見地から、暦を摺る暦師やこれを売買する暦問屋を指定していた。暦の印刷・発行を認められていたのは、京都の大経師のほか、伊勢・奈良・会津・江戸・三島の暦師・暦問屋だけであった。

貞享暦　幕府天文方が日付部分を担当するのは、貞享元年（一六八四）、幕府の碁師安井《やすい》算哲《さんてつ》（渋川《しぶかわ》春海《はるみ》）によって、新しい暦法に基づく暦が完成させられたからである。それまでの日本では、貞観四年（八六二）から使用した唐の宣明暦という暦法によって暦が制作されてきた。しかし八〇〇年余りにわたって使用されてきた中国の暦法は、もはや実態にそぐわなくなっていた。天文にも造詣が深かった春海は、中国の元の時代に開発された暦法「授時暦」を学んで自ら観測を行い、日本の実態に即した暦を作成した。ここに日本で初めて独自の暦が登場した。これは採用時の年号を冠して「貞享暦」と呼ばれた。この功績により、幕府は天文方を新設して春海を当該組織の役人に据えた。以降、暦法に基づく緻密な計算を必要とする日付部分の制作は、幕府天文方が専管することになる。

協業の内実　貞享の改暦は渋川春海の功績であり、その後の天文方の職掌もその余慶であった。しかし、春海や天文方の役人がどれほど推歩（計算）の才に恵まれていようとも、彼らは陰陽寮の前に跪くことを余儀なくされた。春海は陰陽寮長官（陰陽頭）土御門泰福《やすとみ》の門人となり、自らが編み出した暦法を土御門家から伝授された形をとらなければならなかった。貞享暦について、天皇から改暦宣下を受けたのは、春海ではなく、土御門泰福であった。さらに天文方の役人は陰陽寮に属して専門知識について教授を受ける「天文生」として位置づけられた。天文方は幕臣であったため、実質的な支配を伴わなかったが、いかに実力で優れていても律令制の枠組みによる掣肘を甘受しなければならなかった。このような状態は、暦法の改訂が海外情報と密接な関連を有してくる寛政改暦以降変化するが、暦制作における天文方と陰陽寮の協業はその後も続く。相変わらず推歩という宗教性・呪術性を伴わない部分に関しては、幕府天文方の役人が担い、暦註という宗教性・呪術性を伴う部分は陰陽寮の官人が担っていた。もっとも、推歩はもともとは未来を知るための技術として占いと同列にあったが、江戸時代には誰もが活用しうる技術となっていた。宗教性・呪術性にかかわる領域は、最後まで幕府には担い得なかった。

（井上智勝）

【参考文献】渡邊敏夫『日本の暦』雄山閣、一九七六年。梅田千尋『近世陰陽道組織の研究』吉川弘文館、二〇〇九年。

第二部　第二章

武家につながる人びと

『江戸名所図会』巻之一　天枢之部「元旦諸侯登城の図」

武家の家臣団には儒者や絵師をはじめ、養蚕や新田開発の技術を持つ者など、技芸によって登用された者も存在していた。そのほか、非常時に備えて、日常的に郷士を制度化していた大名家もある。武士は身分制社会の頂点に位置しているものの、その地位は必ずしも保証されていなかった。主従関係は主君から召し抱えられることで成りたち、召し放ちによって解消された。武士を支える武家奉公人もまた、譜代のみならず一時的な契約関係の者により成り立っていた。本章では、これら「武家につながる人びと」を紹介する。図は、元旦に江戸城へ年賀の挨拶におもむく大名の行列を描いたものである。挟箱持、鎗持、立傘、打物などのほか、馬の口取りや若党など供廻りの姿もみえる。武家を支える人々の多様な一面である。

浪人

浪人とは　近世初期から前期にかけて、主人から離れ浪人となった武士や武家奉公人の存在が、大きな問題となっていた。その浪人対策として早くに出された全国法令に、教科書でも取り上げられる身分統制令がある。

豊臣秀吉が天正一九年（一五九一）に出したこの法令は、かつて、武士が新たに町人・百姓になることなどを禁じていることから、身分の固定化をはかり近世身分制の基礎をつくった法令と評価されてきた。しかし、その後、条文のなかの「侍」が、武士一般ではなく武家奉公人の若党のことであることが明らかにされ、法令も、朝鮮出兵にむけて武家奉公人の確保を目的とした時限立法であるとする見解が出されて、修正が迫られた。侍を若党とすることへの異論はないが、近世身分制との関連性については、積極的に認める意見と慎重な意見がある。

豊臣政権の浪人政策　この身分統制令の第二条は、奉公をせず田畑も耕さない浪人となった武家奉公人を、村や町に置くことを禁じている。乱暴・狼藉をはたらく浪人も多く、取り締まる必要があったのだ。こうした浪人払いは、帰村せず都市に滞留して治安の悪化を招く浪人への対策として、江戸幕府にも引き継がれる。

第三条は、武家奉公人が勝手に新たな奉公先に移る行為を禁じ、新たに奉公する際に「請人」（身元保証人）を立てるよう命じている。下剋上の機運のなか、立身出世のため、実力ある主人を求め渡り歩く武家奉公人も多かったが、容易に浪人できないようにしたのである。

泰平の世と浪人　一七世紀前半までは大きな戦乱がおこり、武士や武家奉公人は戦場で活躍したが、島原の乱を最後に戦乱は途絶える。四代将軍徳川家綱の時代には泰平の世が確固たるものとなるが、それまでの戦乱で敗者となったり法令違反したりするなどして改易された大名の旧臣たち浪人は、乱世が遠ざかるにつれて奉公の機会を失っていった。そして、乱世の再来を期待する浪人の存在は、幕府にとって大きな問題となった。

慶安事件と浪人　慶安四年（一六五一）に三代将軍徳川家光が没し、将軍不在のなかで発生した慶安事件は、そうした浪人らの不満を背景に、由井正雪が幕府転覆を謀り失敗に終わった事件だが、幕府にあたえた衝撃は大きかった。幕府は、大名が死の間際に相続人を願い出る末期養子を認めてこなかったが、これを緩和して五〇歳未満の大名に認め、大名家を存続させて改易を減らし、浪人の発生を抑えた。緩和する傾向は事件前からみられたが、幼将軍家綱を擁する幕府が代替わりに善政を示す必要もあり、事件を契機に成文化したとの指摘もある。

新参家臣となった浪人　大名の改易が多かった近世初期から前期に浪人は大量に発生したが、この時期は譜代藩が多く新設されたこともあり、その家臣団として召し抱えられた者も多かった。一方、伝統ある旧家の外様大名家は、家臣団を早くに固定させていたとして、従来、浪人の受け皿として注目されてこなかったが、盛岡藩主南部重直（一六〇六～六四）は、奉公先を求め江戸に集住して武芸や学問を身につけるなどしていた、全国各地に出自をもつ浪人やその子弟のなかから、旗本の周旋を得るなどして、有能な者を数多く召し抱えていた。

新参家臣の大量流入は、「譜代」としての自己認識を鮮明にした譜代家臣から反発を招いたが、新たな支配秩序が形成され、藩政の確立に邁進するなか、即戦力となる人材が求められた。新参家臣は、「武」に重きを置く譜代家臣から「遊芸の士」と蔑視されたが、藩政の主要な役職に就いてその能力を発揮した。砲術や筆道、医術など、新たな知識・技術をもたらし、弟子を育てて定着させた。地方への文化の伝播に果たした浪人の役割は注目される。

近世浪人のゆくえ　一七世紀後半に各藩で家臣団が世襲・固定化すると、浪人の仕官の機会はさらに減少した。浪人やその子弟は、仕官を期待しながらも、かつて武士身分として持っていた権利を留保したまま、武士や町人・百姓へ武芸や学問を教えるなどして一生を終えるか、仕官を諦め武士身分の権利を捨てて、別の生業で身を立てていくことになる。そして、身分秩序が大きく揺らぎ、近世が終わりを告げる幕末維新期に、浪人は再び注目される存在として浮上するのである。

（兼平賢治）

【参考文献】　高木昭作『日本近世国家史の研究』岩波書店、一九九〇年。兼平賢治「近世前期における牢人（新参家臣）の一生と近世武家社会の転換（上・下）」（『岩手史学研究』第九〇・九一号）岩手史学会、二〇〇九・一〇年。

郷士

郷士とは　郷士とは、文字通り「郷」＝村に住む武士のことである。その実態は地域ごとに多様であり、統一的な基準を定めることは難しいものの、大別すると、①中世から近世への移行過程で土豪・地侍から郷士に取り立てられた者、②近世社会の変容・解体の中で、由緒や献金などの功績を理由に百姓から新たに郷士に取り立てられた者、の二者に分けることができる。

郷士の誕生　中世社会には、大小を問わず多くの領主が存在した。その領主たちは、領主同士の主従関係も含め、多数の家臣を抱える。家臣の中には、村に住みながら力をつけた土豪・地侍なども多かった。

こうした状況が、近世社会の成立過程で大きく変容していく。大小の領主とその家臣団は解体され、一部の者は新たな領主として登場した近世大名や旗本の家臣団の中に再編成されたものの、大部分の者は帰農を余儀なくされた。しかし、かつての土豪・地侍でその後も各地域で強い影響力を保持していた帰農者を、軍事要員の確保、新田開発への利用、あるいは地域社会の円滑な支配のために、在村したまま家臣団の末端に取り込んでいこうとする動きが一部の地域で出てくる。薩摩藩の「外城士」、相馬藩の「在郷給人」、津藩の「無足人」、肥後藩の「在中御家人」、それに土佐藩、水戸藩の郷士などは、呼称こそ異なるものの、すべてこうした背景の中で成立した。

苗字帯刀　郷士と一般の百姓とは、どのような点で異なっていたのか。主取り＝知行の有無や人別帳からの分離といった点が特徴としてあげられる場合もあるが、いずれも地域によりその実態は多様で、共通した特徴とするのは難しい。明確なのは、苗字帯刀が藩や幕府の奉行所から公認されていたことである。中世社会では武士・百姓を問わず苗字帯刀が広く一般に行われていたが、近世社会の成立過程で、それらは武士以上の身分の者の特権となっていく。帯刀は軍事のための武器というよりは、武士としての身分標識という側面を強めていった。ただし、軍事要員という郷士の性格は潜在的には近世期を通じ維持されていたようで、津藩の無足人などは当主が病気の際は軍務を果たし得ないとして継目願いを行わなかったという。なお、神事祭礼や目付の巡見の際に限り苗字帯刀が許された者たちもいたが、当人やその子孫たちの自意識はともかく、彼らは郷士ではない。

郷士の増加　近世に入り苗字帯刀が武士の特権となった以後も、百姓は私的に刀を所持し続け、村の内部で苗字を使用し続けた。しかし、それゆえにこそ、生業は同じでありながら公の場での苗字帯刀が許された郷士たちは、百姓にとっては憧れであると同時に、権勢を振るう厄介な存在でもあった。かくして、一七世紀後半以降、富を蓄積した新興の百姓たちを中心に、由緒の獲得、あるいは献金などの功績を重ねることで、郷士への「身上り」を求める動きがあらわれる。一方、領主の側も、有能な人材の確保、財政の立て直しといった目的のために、百姓の側からの要請に積極的に応じていった。土佐藩では郷士職の売買が公的に認められていたという。こうして、新たな郷士が世間に登場することとなり、その数は近世期を通じ増加し続けた。

明治維新と郷士　明治維新により、近世の身分制度は解体される。郷士については、明治五年（一八七二）二月の太政官布告第四四号により「家筋由緒有之候者」の士族への編入が決定された。しかし、由緒の査定に明確な基準が存在しなかったがゆえに属籍の判定は混乱し、平民籍への編入に不満を持つ者たちによる士族編入運動が、その後、全国で起こされることとなった。

自称「郷士」の出現　「郷士」を自称する者が登場するのも、明治維新後の特徴である。その多くは近世期に郷士への「身上り」を願うも果たせず、維新の混乱に乗じ願望を既成事実化しようとした者たちであった。京都の大原で惟喬親王との由緒を主張した者たちは、維新直後より自らを「大原郷士」と自称しはじめ、明治一八年（一八八五）に士族への編入を果たしている。地域ごとにその実態は多様で、呼称すら一様ではなかった村に住む武士たちが、「郷士」として広く世間に知られるようになった一つの要因は、こうした自称「郷士」の登場にあったといえる。

（吉岡拓）

【参考文献】吉田ゆり子『兵農分離と地域社会』校倉書房、二〇〇〇年。藤木久志『刀狩り』岩波新書、二〇〇五年。

かぶき者

かぶき者とは　「かぶき」という言葉は「傾《かぶ》く」、すなわち「派手な身なりをして異様な言動に及ぶ」に由来している。「あぶれ者」「男伊達」「奴かたぎ」なども同じ部類の人間を指す言葉として使われている。彼らは大刀や大脇差、皮袴やビロードのえりがついた衣服、絹製の下帯など、贅沢で派手な風体をして人目を引いた。

かぶき者は若党や中間などの武家奉公人を主体としていたが、近世初頭には下層の幕臣や公家の家来にもみられた。彼らが問題視されたのは、華美な衣装に金を費やして軍役を負担できず、辻斬りなどの粗暴な行動で治安を乱す可能性があったことによる。かぶき者は誓詞と盃によって兄弟契約を交わし、徒党を組んで乱暴狼藉に及んでいた。慶長期には京都でかぶき者が豪商の女房に狼藉を働き、かぶき者集団の荊《いばら》組と皮袴《かわばかま》組が逮捕されている。猪熊教利《いのくまのりとし》は在原業平以来の伊達男と言われた公家のかぶき者で、公家衆と禁中女中との乱行騒ぎの中心人物だった。当代随一のかぶき者大鳥居一兵衛は、江戸で一兵衛組を作り、辻斬りや喧嘩に明け暮れていた。仲間には幕臣の子も含まれていた。

幕府は寛永期以降かぶき者規制を強め、刀・脇差の寸法や髪形を守らない者を不穏な者とみなした。しかし、明暦期には旗本奴の水野十郎左衛門が町奴の幡随院《ばんずいいん》長兵衛を殺害し、万治～寛文年間には六方組が闊歩しており、大がかりなかぶき者逮捕がなくなるのは、貞享期に大小神祇組が一斉逮捕されてからである。

かぶき者の評価　これまで、かぶき者には下克上の論理、体制からの逸脱、面目・一分などの内面的特徴がみられるとして、彼らを歴史上に位置づけようとする試みがなされてきた。しかし、かぶき者は戦国時代からすでに出現しており、正統に対する異端として明確な政治的主張を持っていたわけではない。かぶき者の規制は、その狼藉禁止に眼目があったと考えられる。

（谷口眞子）

【参考文献】 北島正元『近世史の群像』吉川弘文館、一九七七年。横倉正志「かぶき者と幕藩社会」（『五浦論叢　茨城大学五浦美術文化研究所紀要』）七号、二〇〇〇年。

同心

同心とは　「同心」は同意・協力する者、目的を同じくする者をさす語で、戦国期には大名の家臣団編成において、主家へ一致団結して軍役を務める下級武士を意味していった。その後江戸時代になると、幕府の下級役人のほか、各藩にも設置された。

幕府職制における同心　同心はいずれも御目見以下の御家人身分で、町奉行所・書院番・大番・先手組・百人組・持筒組や、京都所司代・大坂城代・遠国奉行所などに与力とともに配置されているほか、普請方・作事方定普請同心・浅草御蔵門番同心・油方同心・書物同心・細工所同心・小石川御薬園同心など、与力不在の職掌も存在した。彼ら同心は基本的には都市行政の末端にあって、庶務・警備などにあたったが、その一方で在地には郷士身分の八王子千人同心が配置されていたことが知られている。しかし、一般に「同心」といった場合、南北町奉行所に配置された属僚をさす場合が多い。

町奉行所の同心　同心は蔵米取りで、年功や役格によって多少の増減があるが、三〇俵二人扶持を基準としていた。人数は寛文二年（一六六二）に増員されて南北一〇〇人ずつとなり、その後時期により増減があるものの、十八世紀頃以降は各一二〇人の体制が長く続いた（『江戸町鑑』）。なお安政六年（一八五九）には、同心の次男・三男など部屋住の者を仮抱えして南北各二〇人を増員している。同心は一～五番組に分けられ、各組四・五名の与力の下に二二～二三名が配属される形式になっていた。元来同心は一代限りの抱席だが、実際には一三～一四歳頃から見習として出仕し、父の隠居後はそのあとを引き継ぐ形式をとっており、他に転出することは稀で、事実上世襲に近かった。役格は細かく分かれており、年寄・増年寄・年寄並・物書・物書役格・添物書・添物書役格・本勤・本勤並・見習・無足見習の一一段階があった。

また同心には与力と同様に多くの掛《かかり》があって、一人でいくつかの掛を兼ねたほか、数多くの出役があった。与力と同心とは職務上明確な上下関係があり、「三廻り」

など同心のみで構成される一部の掛を除いては、担当与力のもとに下役として同心が配属する構成である。この「三廻り」とは、隠密廻り・定廻り・臨時廻りの総称で、こればかりは町奉行に直属し同心のなかで最重要の掛であった。三廻り筆頭の隠密廻りは江戸市中の風聞・風説などの探索、定廻りは江戸市中の風俗取締、そして臨時廻りは定廻りの補助を主な職務とした。

在方出役《ざいかたしゅっやく》　定廻り・臨時廻りは江戸から地方へ逃亡した犯人を捕縛するため、しばしば地方に出張することがあった。これを在方出役といい、北町奉行所臨時廻りの山本啓助（一八一九～九二）の記録によれば、在方出役は定廻り・臨時廻り各一名の体制を基本とし、出張範囲は基本的には関東であるが、重要な案件の場合には遠国にも赴いている。まず犯人の逃亡先の情報を収集し、潜伏先の目星がつくと、正式に出役する前に年番与力の許可を受け、犯人の逃亡先と思われる土地へ「飛脚」と呼ばれる手先（目明し）と犯人を知る「見知人」を派遣して潜伏先を探索する。潜伏先が確認されると、正式に在方出役が命じられ出張するのである。そして彼らは犯人の逃亡先によって宿役人・藩役人、幕府直轄地の役人などに犯人逮捕の協力を得ながら捕縛・護送にあたった。

八丁堀組屋敷　町奉行所の与力・同心は、享保四年（一七一九）以降は八丁堀の亀島町・北島町・岡崎町辺り（現中央区日本橋茅場町一～三丁目、同八丁堀一～三丁目）に組屋敷を構えていた。安政三年（一八五六）に幕府の屋敷改が作成した「諸向地面取調書」によれば、与力の組屋敷は南が合計八、五五一坪余、北が六、八九七坪余とあって、一軒あたり三〇〇坪前後である。また同心の場合は組屋敷とはいわず、「大縄町屋敷」に各八〇～九〇坪ほどであった。また、幕末の八丁堀の切絵図をみると、彼らの屋敷はけっして整然と並んでいたわけではなく、南と北、与力と同心の屋敷が複雑に入り組んでいることがわかる（尾張屋版「八町堀細見絵図」）。

なお、町奉行所の同心のほとんどは、与力とともに維新後、市政裁判所勤務を命じられている。（滝口正哉）

【参考文献】『原胤昭旧蔵資料調査報告書（1）～（4）―江戸町奉行所与力・同心関係史料―』千代田区教育委員会、二〇〇八～一一年。滝口正哉「町奉行所同心の犯人探索道中記」（西海賢二編『山岳信仰と村落社会』岩田書院）二〇一二年。

代官手代

代官手代とは　代官手代とは、幕領陣屋（代官所）で租税徴収や裁判等の地域行政を行った幕府役人をいう。代官手代という存在は一七世紀前半からあったが、当時の代官の多くが土豪から取り立てられた者だったため、彼らの家来が手代となった。一七世紀後半になると幕府は土豪代官をやめて、旗本から任じた代官を地域行政に投じた。新たな代官は浪人らを金銭契約で雇用して代官手代としたが、手代の不正事件などが発生し、幕領支配の混乱も見られた。一八世紀に入ると、享保期と寛政期に大きな幕領改革が実施され、その一環として代官手代の統制や職分の規定が行われた。これらを経てようやく一九世紀に、幕府官僚の一員としての技術と自覚を持つ新しい代官手代が登場するようになる。

職分と技術　代官手代の第一の任務は年貢・諸役を徴収することである。しかし、年貢等の安定的確保のためには社会基盤の整備や行政のシステム化が不可欠であり、幕府はそれを担う総合的な地域行政官としての役割を代官手代に求めるようになっていった。一八世紀後半から代官手代は、刑事・民事事件の処理や用水・堤防等の土木行政、村況調査や人別の管理、助成金制度の運用など様々な実務を本格的にこなしていくようになる。扱う代官所文書の多様化と絶対量の増加に対応するうちに、手代はそれらを作成・管理するより高度な官僚的技術を具えていった。

役人意識と身分　幕府は、幕領支配の安定には代官手代の資質の向上が必要だと認識していた。しかし代官は手代の人選に力を入れず、手代の側も待遇が不安定であるために地域行政に対する熱意を持ち難かった。この問題に対応するため寛政六年（一七九四）に導入されたのが代官手附《てつけ》制度である。手附は幕府御家人の役職で、手代と同一の職務に従事するが、幕府の直臣という立場で地域行政にあたる点に手代との最大の相違がある。代官手代らは代官所で手附と協同して職務を進めるうちに、自己認識を手附の幕府役人意識に近づけていった。実際のところ、手代は幕末まで「幕臣ではないが幕府役人の一員」という宙ぶらりの身分のままであったが、手附に触発されて芽生えた役人意識はますます強くなっていった。代官が離職しても他の代官の手代に再就職してキャリアを継続する方策が定着し、また有能な手代が幕臣の手附として取り立てられる道も拓けたことから、意欲ある手代は専門知識を学び、自己を律して職務に励むようになった。なお、一七世紀の来歴から手代は江戸の町人を身元保証人とする慣行を残していた。天保一三年（一八四二）、伊豆韮山代官の江川英龍《えがわひでたつ》は、配下の手代が幕府役人としての技術や自覚を有するにも関わらず武士身分の扱いを完全に受けられないのを残念に思い、待遇改善を幕府に申し出ている。代官自ら、手代が幕府役人としての実質を持つことを後押ししたのである。

望んで手代になる時代　代官は手代の採用を自己裁量で決定でき、幕府へは届け出さえすればよかったので、どのような出自・身分の人物であっても手代となれる可能性を有した。そのため一九世紀には、教養を身に付けた百姓や町人が望んで代官手代となる例が見られるようになった。越後国頸城《くびき》郡岩手《いわで》村出身の佐藤半治は、故郷を出て江戸へ行き、代官手代に採用された。越後国新潟の商家に生まれた館雄次郎《たちゆうじろう》は学問を志して向かった江戸で手代の職を得た。代官のもとには、手代に取り立てて欲しいと売り込みに来る若者が後を絶たなかった。武士になりたい百姓にとって、農村を知っているだけに代官手代は絶好の第一歩だったのである。

学芸と手代　学識ある代官は、身分を問わず才知を具えた人材を好んで代官手代に採用した。手代は職務柄、江戸役所と支配地の陣屋を数年おきに移り住む生活を送ったので、江戸で流行する学問・芸術を地域社会に伝える媒介者としての役割を果たすことになった。その学問・芸術は、支配地の豪農や村役人と友好関係を築く上での潤滑油ともなった。手代館雄次郎のもう一つの顔は江戸漢詩壇で知られた館柳湾《たちりゅうわん》であったし、陸奥国の地域狂歌界の有名作者として活躍した手代尾崎大八郎や、飛騨国高山で郡代の文化政策を支えつつ地域文芸の一翼を担った菊田泰蔵の事例も発掘されている。

（戸森麻衣子）

【参考文献】仲田正之『近世後期代官江川氏の研究』吉川弘文館、二〇〇五年。高橋章則『江戸の転勤族』平凡社、二〇〇七年。

武家奉公人

武家奉公人とは　武士と百姓・町人との身分的な境界領域におかれた奉公人のことを武家奉公人と総称している。武家奉公人は、直属奉公人と家中奉公人からなるが、こうした二重の構成は、江戸城大奥に勤めた武家奉公人である大奥女中における、「直の奉公人」と「又者」の区別と全くパラレルであった。

直属奉公人　直属奉公人は、戦国期に急速に普及した鉄砲の威力によって幕府や藩の末端に大規模に組織化された経緯をもつ。具体的には、足軽、小人、中間、小者などといった名称で存在し、主に持砲隊、持弓隊、持鑓隊などの武具をもった戦闘部隊として編成されていた。

江戸時代初期の直属奉公人は、一代限りを原則とし、正式な武士身分ではなかった。しかし、一七世紀を通じて、武士同様に家督を相続するようになり、イエとしての成熟がみられるようになると、事実上の武士身分へと変質していった。単に武家奉公人といえば、家中奉公人のことを意味する場合が多いが、それは直属奉公人の武士化をうけたものであった。また武士身分の末端に位置づけられた足軽層は、生活苦に直面することも多く、持参金付きの養子という形態をとって、その地位が合法的に売買されるようになった。こうした武家株の売買の結果、豪農層など、非武士身分の有能な人々が、子息を養子にして、武士身分を買得し、やがて能力が認められて世に出る機会を得るケースが多くみられた。直属奉公人は、はからずも硬直化した武士身分を活性化する役割を果たし、有為の人材を登用する途を開くこととなった。

家中奉公人　家中奉公人は武士に仕える家内奉公人のこと。若党、鎗持、草履取、中間、小者などがあり、下女も含まれていた。将軍や藩主からみれば、家臣に仕える家臣であり、いわゆる又者であった。家中奉公人が果たしていた役割には、主人である武士の戦闘行為の補佐と家内における狭義の家事労働に分けられた。戦闘行為の補佐とは、主人の武具や草履を運んだり、馬を連れたりするもので、主人の外出時の供も広い意味での戦闘行為の補佐に連なる性格のものである。本来の家事労働は多岐にわたるが、このうち馬の飼育や薪割り、水汲みなど、一部の雑労働を家中奉公人が担った。

家中奉公人の存在は、江戸時代を通じて武士の身分的な名誉を体現する機能を果たし続けた為、一人でも多くの家中奉公人を召し連れようとする風潮は、法令による制止にもかかわらず容易に止みがたいものがあった。

一七世紀初期における家中奉公人は、屋敷内に住居していた譜代者と軍役や普請役の負担時に、必要に応じて領地から徴発される人足に大別された。譜代の奉公人は、主家の家族として位置づけられ、主人との人格的な身分関係で結ばれ、無給を基本とした。これとは反対に、人足に対しては労働の対価が支払われ、武士と人足の関係は経済的な対価の取得を目的とする雇用関係に近かった。一七世紀を通じて兵農分離制が定着し、武士が在地社会から遊離して都市に集住するようになると、領地から人足を徴発することが困難になり、譜代者も出替奉公人に代替され姿を消していった。こうして家中奉公人は、都市の人宿から調達される出替奉公人によって占められるようになっていった。

人宿の成立　一七世紀後半以降、社会が安定し、都市の下層社会にも様々な生業のチャンスが生まれると、武家に住み込みで働く家中奉公人は、次第に奉公から離脱し、裏店層となって都市の下層社会に定着してゆく者が増加していった。やがて享保期には家中奉公人の不足が顕在化するようになった。当時、家中奉公人を雇用する場合、身元引受人である請人の連署が必要であった。雇用する武家の方からしても、全く見ず知らずの者を奉公人として屋敷内に住まわせるのであるから、人選は慎重にならざるを得ない。しかし、江戸に流入してきた者のなかには、請人を確保できない者も多かった。そこで、請人を代行して対価を得る商人、人宿が登場することになった。人宿から武家に派遣された奉公人は、試し奉公の上、採用が決まると、人宿経由で給金を受け取り、人宿は手数料を取得した。家中奉公人の不足が給金の高騰をもたらすと、人宿が取得する給金も高くなる傾向にあったが、その一方で派遣した奉公人が主家に損害を与えた場合、請人としてその損害を補償する義務を負った。

（市川寛明）

【参考文献】　南和男『江戸の社会構造』塙書房、一九六七年。
松本良太「人宿」（『日本通史第15巻』）岩波書店、一九九五年。

技芸によって召し抱えられる者

技芸によって召し抱えられる者とは　前近代の権力のほとんどは、暴力によってその座を勝ち取り、暴力によって権力を維持しているかに見える。しかし暴力だけでは権力を維持できない。その権力を正当化し、あわせて正統化する見えざる力が不可欠なのである。それを権威という。その見えざる力こそ、宗教であり歴史であり、伝統文化である。とくに最高権力は、真・善・美のすべてを独占することで、配下の臣や人民に威厳を示し畏敬の念を持たせることが不可欠だからである。人民の前では、あらゆる面で常に「天下一」であらねばならなかったのである。そのため最高権力や、それに倣う下級権力は、種々の芸術家集団を掌握し、権力によって庇護し続けることが宿命となる。「お抱え」しなければ権威と威厳を保持できなかったからだ。芸術家もまた芸術活動の場の永続的な保証と、美を求める人々への「御用」という権威づけこそが、集団の安定をはかる最大の手段だったから、進んで「御用」に応じ召し抱えられた。

では日本近世の最大の権力は、真・善・美の具象化を何に求めたのだろうか。それは豪壮な装飾美術だけではない。古代以来の王朝文化の復活と中世武士社会に生まれた書院文化を浸透させることである。それによって「風雅」をもまた独占する。それゆえ近世に入るや将軍自身が「源氏物語」などの古典文芸を活字化＝出版し、「御成り」と称して将軍が出向し、書院造りの生活空間での枯淡な「風雅」を味わう行為を強制した。その文化空間に風雅の雰囲気を醸し出したのは、ほかでもなく「お抱え」の茶人である。だから「御用」は芸術活動のあらゆる分野に及んだ。なかでも権威の可視化をはかる点で御用絵師の役割はきわめて大きかった。

御用絵師狩野家の成立と永続　その点で、近世の最大権力徳川幕府は、天皇という伝統的権威が神道をバックボーンにしたのに対して、その創始者を仏教と神道の双方を融合させた宗教的権威として神格化させ、その具現化が不可欠となった。それが東照大権現であり、鎮座する東照宮は、権力の頂点に相応しい文化的・芸術的荘厳さを示す必要があり、それゆえ最高の芸術的表現をもって他を圧倒しなければならなかった。そこで幕府作事方大棟梁や幕府絵所狩野探幽一門など、当時最高レベルの建築や芸術家集団を総動員したのだ。そして探幽筆『東照宮縁起絵巻』で神格化の過程を歴史的に裏付けた。

　こうした芸術的表現を可能にする条件は、すでに蓄積されていた。それは戦国末期、とくに織豊期の大名による城郭などの巨大建築の造営によって生まれる大空間を装飾するために動員された絵師と、その下に統括された絵師集団が、関が原の役後、御用絵師として幕藩権力によって抱えられ、城郭や寺院などの障壁と呼ばれる内部空間の装飾に大きな役割を果たしてきていたからである。

　なかでも絵師狩野永徳が確立した大画様式が織田信長に認められ、以後長子光信や次男孝信、そして門弟の山楽らが、時代の変化に合わせた繊細な画風を生み出し、豊臣秀吉、徳川家康らに仕え、次々造営される巨大建築の内部装飾に集団として参加し一門を形成するに至る。当然最高権力の拠点が東国江戸に移れば、彼らも京を離れ江戸に移り、孝信の長子探幽が家康によって御用絵師に任ぜられ、以後探幽を中心に弟尚信・安信の三兄弟が二条城、名古屋城上洛殿の障壁画を制作し、画風も武士の生活感情に適合した瀟洒で淡白な探幽様式に統一され、狩野一門を磐石にした。まもなく探幽は幕府から鍛冶橋門外に、尚信は竹川町（後木挽町へ）に、宗家を継いだ安信は、中橋に屋敷を与えられ、それぞれ町名を冠した狩野家を名乗った。それに木挽町狩野家の二代目常信の次男岑信《みねのぶ》が分家し浜町狩野家を興したので、この江戸狩野四家が後に奥絵師として若年寄配下に組み込まれ、知行二〇〇石、旗本格、世襲と帯刀が許された。

　そしてさらに奥絵師の分家や門人の家系から、これを支える表絵師と称する絵師集団を生み出した。それは探幽の養子洞雲《とううん》益信《ますのぶ》を初代とする駿河台狩野家など一五家に及ぶ。市中にあって絵師の養成に務めつつ、時に奥絵師の仕事に動員された。禄高は二〇人扶持以下で御家人格を与えられた。しかし帯刀は許されず一代限りを原則としたが、永続した。

　そのうえに京都には山楽に始まる京狩野家が存在した。山楽は豊臣家に恩を感じて江戸に移らなかったので、以後二代山雪から九代永岳まで京にあって、大和絵風に四条派を溶融させた新画風を生みだした。

この他江戸市中にあって画業を営む「町狩野」と呼ばれる狩野派系の絵師たちが多数活動し多くの門人を育成していた。また諸藩のほとんどが狩野派の絵師を採用したので、狩野派は近世画壇のあらゆる場に、狩野諸家で学んだ絵師を送り込み、組織的にも全国画壇の実権を掌握していった。

画壇君臨の正統性証明と画法永続の手法　そして狩野家の絵師たちは、自らが画壇で君臨する正統性を証明する画史の編纂にも着手した。前述の京狩野家三代永納《えいのう》が著した日本最初の絵画史『本朝画伝』（後に本朝画史）はその証明のための史書である。また江戸狩野の画論（制作態度）も明示した。宗家中橋狩野家の安信が著した『画道要訣《ようけつ》』がそれである。一人の天才的資質（「質画」）を重んじるよりも、探幽でさえ行った優れた古画を模写する「学画」を重視する。つまり古人の画法を徹底して身につけることで、狩野派の画道を永続させ得るという理念からである。

こうした模写の技法を身に着ける粉本主義に固執したため、その後狩野派の絵師は、一定の画域にまでは到達するが、創造性や独創性に富む作品を生み出し得なくなり衰退していったと言われている。その傾向は、江戸狩野家が、天明八年（一七八八）の京都大火で焼失した内裏再建造営の障壁画の制作がらはずされたり、文化八年（一八一一）対馬での朝鮮通信使易地聘礼のさい贈呈する屏風絵数の極端な減少に端的に現れていると言う。

狩野派画風の変容と画法開放の功績　しかしはたしてそうだろうか。近世末期に刊行された見立番付に『本朝画工鑑』（版元不明）という絵師番付がある。勧進元探幽、差添人円山応挙の名で近世に活躍した絵師たちの力量をランクづけした摺物だが、全六段の上三段と下三段がそれぞれ別のジャンルの絵師に分かれる珍しい番付で、上三段には、狩野家と土佐家・住吉家の御用絵師や門人が一一八名が紹介され、下三段には、近世中期以降に流行する文人画・写生画などの絵師八五名が登場する。それぞれ最上段に登場する絵師だけ、氏名の上に年号が記されている。年号は没年に近く、番付刊行時の彼らの作品価格がランクづけの基準になっていると見てよい。そこで上の上段の御用絵師のみを次頁に紹介する。

これが当時の文化人間で御用絵師とそこで学んだ絵師たちの人気度を示す摺物だとすれば、東西の大関・関

東			西		
大関	寛文	自適尚信（木挽町狩野祖）	大関	元禄	土佐光起（土佐家再興・宮廷絵所）
関脇	正徳	養朴常信（同右二代）	関脇	天和	久隅守景（鍛冶橋狩野門人）
小結	元禄	一蝶信香（英・中橋狩野門人）	小結	同	岩佐又兵衛（絵所土佐家系？）
前頭	宝永	土佐光成（絵所土佐家二代）	前頭	貞享	永信安信（中橋狩野八代）
前頭	享保	諸方光琳（尾形・鍛冶橋狩野門人）	前頭	明暦	対青宗達（俵屋・絵所土佐家系？）
前頭	元禄	洞雲益信（駿河台狩野初代）	前頭	宝永	海北友雪（宮廷・幕府御用）
前頭	同	住吉広通（幕府奥絵師住吉派祖）	前頭	寛延	如川周信（木挽町狩野三代）
前頭	天明	栄川典信（木挽町狩野六代）	前頭	明和	土佐光芳（絵所土佐家四代）
前頭	享保	住吉広澄（幕府奥絵師住吉派二代）	前頭	寛政	洞春美信（駿河台狩野四代）
前頭	享和	養川惟信（木挽町狩野七代）	前頭	文化	土佐光貞（絵所預土佐家分家初代）
前頭	天保	素川章信（猿屋町代地狩野六代）	前頭	文政	伊川兼信（栄信？木挽町狩野八代）
前頭	文化	田中訥言（絵所土佐家門人）	前頭	寛政	屠龍嵩谷（高・英一蝶孫弟子）
前頭	宝永	土佐光祐（絵所土佐家三代）	前頭	明和	住吉広行（幕府奥絵師住吉家五代）
前頭	天明	祐清英信（中橋狩野一一代）	前頭	天保	探信守道（鍛冶橋狩野七代）
前頭	元禄	一陽永納（京狩野三代）	前頭	享保	探鯨守美（鍛冶橋狩野門人）

脇・小結・前頭の上位陣には、だれが見ても納得する著名な絵師が揃っている。しかし前頭四枚目以下になると、意外や天明・寛政・文化・天保と近世後期の江戸狩野家の御用絵師の名がずらりと並ぶのに驚かされる。

　これは何を物語るのか。世は文人画に写生画、洋風画など新画風が次々と流行していたが、狩野家の絵師たちはそれを黙視していなかった。東前頭五枚目の栄川典信《みちのぶ》は、狩野家本来の漢画の魅力を取り戻し、西前頭八枚目の伊川兼《なが》（栄？）信は、水墨画に新境地を開いて鍛冶橋狩野家を復活させ、東八枚目の素川章信は、軽妙洒脱な画風で巷間に人気を得ていた。番付上段にそんな名が並ぶのは時の文化人らが彼らの画力を認めていたことを物語る。しかしそれでも江戸狩野家のかつての栄光は戻らない。そこですぐれた絵師の育成に門戸を開くことになるが、それは秘伝の画法が外部への流出を意味する。この結果狩野諸家に入門し基礎的画法を教えこまれた門弟から、伊藤若冲、円山応挙、司馬江漢、谷文晁、など、近世後期の絵画の各分野で独自の画風を大成させ、近世画壇を代表する絵師が現れる。こうした絵師が番付『本朝画工鑑』の下三段上位を独占しているのだ。狩野家の徹底した基礎教育システムが生んだ現象である。その裾野の広さを見逃してはならない。

（青木美智男）

【参考文献】青木美智男編『決定版　番付集成』柏書房、二〇〇九年。武田恒夫『狩野派絵画史』吉川弘文館、一九九五年。武田庸二郎他編『近世御用絵師の史的研究』思文閣出版、二〇〇八年。細野正信『江戸の狩野派』至文堂、一九九八年。松島仁『徳川将軍権力と狩野派絵画』ブリュッケ、二〇一一年。

奇兵隊—百姓は武士になれたか

臨時の遊撃部隊　文久三年（一八六三）五月一〇日の攘夷期限以降、長州毛利家は下関海峡を通行する外国艦船に無差別砲撃を加え、六月五日フランス艦隊の報復攻撃により、大損害を受けた。当主毛利慶親の命に応じて、高杉晋作は、正規家臣以外による臨時の遊撃部隊として「奇兵隊」の結成を提案、承認を得た。その意図は、正規家臣団の兵力不足を補うこと、ついで赤間関海防総奉行（家老役）の指揮下にある正規家臣団とは別系統の、高杉自身が総督として独自に指揮権を持てる部隊を創設することであった。毛利家は、この時期に二六〇〇人の兵力を在京させており、領内の兵力不足は明らかだった。編成は六月六日から進められ、六〇人程度の規模に達した。構成員は足軽・中間・陪臣・他国浪士などで、百姓身分出身者は確認できない。会計方を勤めた廻船問屋白石正一郎は町人。隊士には月俸が支給された。

士庶混成の非正規軍　翌元治元年（一八六四）八月初め、英仏蘭米四ヵ国連合艦隊との下関戦争の時も家臣団主力は七月一九日禁門の変から敗走帰国の途上で、奇兵隊などが主体となって応戦した。この時点までに、百姓身分が相当数、入隊していたことは「奇兵隊日記」記事から確認できる。百姓・町人であれ、家督の者や嫡子の入隊は原則禁止。必然的に次三男などが多かったと考えられる。下関戦争後、保守党との元治の内乱を経て、奇兵隊以下の諸隊九隊は、毛利家内部に定着した。奇兵隊の実権は、軍監（副総督）山県有朋が掌握。隊内の編制も、銃砲装備の近代的な軍事組織として完成させた。慶応二年（一八六六）の四境（第二次征長）戦争、二年後の戊辰戦争でも主要戦力として活躍。明治二年（一八六九）一一月、山口藩の常備兵精選のため諸隊はすべて解散した。奇兵隊士延べ人数約六四〇名のうち、四〇％程度が百姓出身といわれるが、山口藩士族と認定され、家禄を給付された事例は確認できない。奇兵隊は身分解放のシステムとして機能したのではなかった。（青山忠正）

【参考文献】青山忠正『高杉晋作と奇兵隊』吉川弘文館、二〇〇七年。

新選組

江戸尊攘派清河八郎　奉勅攘夷で動揺する幕府へ浪士組の献策をしたのは、東国攘夷派として江戸で活動していた庄内浪士清河八郎であった。仲介したのは尊攘派幕臣山岡鉄太郎（鉄舟）、決定に預かったのは幕府最高権力として公武合体を志向する松平春嶽・山内容堂、老中板倉勝静《かつきよ》、同格小笠原長行《ながみち》であった。

浪士組・新選組・新徴組　選抜された浪士組は、将軍家茂の在京中警護を大義名分として上京した。が、英国軍艦が江戸湾に来航する報が入り、江戸防衛のため朝廷に帰府を願い出て許可された。これに対し、芹沢鴨・近藤勇《いさみ》・土方歳三《ひじかたとしぞう》ら少数は京都の天皇や将軍の警護が最優先であると京都残留を決め、壬生《みぶ》浪士組（のち新選組）を組織した。帰府した大多数は、清河が暗殺されるなど粛正されて新徴組に再編され、小普請方伊賀者次席の格式と三人扶持・金二五両の禄高で幕臣に登用された。同組は元治元年（一八六四）庄内藩委任を経て、組士は庄内藩士に移籍され、江戸の治安維持部隊として活躍した。京都の新選組は文久三年会津藩の預となり、慶応三年（一八六七）近藤は旗本格、その他は御家人として幕臣に登用された。この間、文久三年八月十八日の政変、元治元年の池田屋事件・禁門の変で軍事行動を起こし、町奉行所が機能しない京都・大坂の治安維持活動と尊攘・討幕派志士の摘発・捕縛にあたった。戊辰戦争では伏見奉行所を本拠として戦い、帰府後は甲陽鎮撫隊を組織した近藤が新政府軍によって逮捕・処刑された。新選組は土方に率いられて宇都宮・会津と転戦し、箱館五稜郭で土方が銃弾に倒れるなどして降伏するまで、旧幕府軍として徹底抗戦した。

幕末期草莽志士の受け皿　新選組・新徴組は反幕府でない限り、尽忠報国を理想とする全国の草莽志士を結集する受け皿として機能した。なお、隊士の人物像は伝承や時代小説類の創作・演出の域にとどまる。（西脇康）

【参考文献】宮地正人『歴史のなかの新選組』岩波書店、二〇〇四年。西脇康『新選組・新徴組と日野』日野市、二〇一〇年。

第二部　第三章

村につながる人びと

「絹本着色二宮尊徳坐像」（部分、報徳博物館所蔵）

近世の村には、村を越えて活動したり、村を越えたさまざまなネットワークをもつ人々がいた。また、百姓に生まれても身分を変えたり、百姓でなくなっても村を往来し、村と関わって生きる人々もいた。本章では、このような村を越え、往来し、身分を変えたりしつつも、「村につながる人々」を紹介する。

図は、天保一三年（一八四二）夏、裃を着用し帯刀する武士姿の二宮尊徳（一七八七～一八五六）である。このとき彼は小田原藩士だったが、直後の一〇月、幕府勘定所の普請役格に登用され、幕臣となる。彼は百姓から小田原藩士、幕臣へと身分を変えていくが、武士となった後も、ほとんどを報徳仕法の実践のため村に居住し、生涯を通して村につながる生き方をした。

在郷商人

在郷商人とは　近世村落において商売や加工業を行う者のことで、豪農的性格を持つことから、在方小商い・職人とは区別される。多くが土地を集積し、地主経営と商業経営を並行して行う。潤沢な資金を元手に、生産者農民に原材料費などを貸し与えて生産物を独占的に買い付ける前貸し支配を行う場合も多い。また、肥料商や質屋など多角的に経営を展開する点も特徴である。近隣村だけに留まらない幅広い営業圏を持ち、町場へ出店する者も多い。以下、在郷商人の具体例を二例紹介する。

上州下仁田町桜井家　下仁田町は、中山道の脇往還下仁田道の主要な荷継宿であり、信州米や周辺で生産された麻・絹などを扱う市が立つ場所であった。特に西上州の麻は良質で、江戸時代初頭から近江高宮布の原料として近江商人による流通が行われていた。さらに、元禄期（一六八八〜一七〇四）以降になると、生産地問屋商人である在方麻荷主も登場する。ここで取り上げる桜井家も麻荷主の一人である。遅くとも一八世紀中葉には麻などを扱う荷主に成長しており、質屋も兼営していた。明和五年（一七六八）〜天明七年（一七八七）における商業資産の蓄積状況は、三九両余から三〇五四両余へと大幅に増加しており、この時期の商業経営は順調に展開していた。

桜井家の商業経営　桜井家は、麻・絹・糸・繭などの地域特産物の取引のほか、米・肥料商や金融を行っていた。ただし経営の主軸は特産物商売であり、中でも麻が大部分を占める。麻の集荷形態を取引相手別に区分すると、①生産者からの直接買付け、②仲買人・荷主、③市、の三つが確認できる。また、販売先は九九％が近江・江戸・名古屋・大坂などの遠隔地であった。このうち都市問屋向け麻荷は江戸の船積問屋に送られ、名古屋・大坂へはそこから移送された。近江向けの麻荷は、近江持下り商人による売買のほか、近江高宮布生産地の仕入問屋との直接取引もあった。桜井家は、仕入問屋を通じて麻布生産地の市場情報を絶えず入手し、手代を現地に派遣するなど精力的な販売活動を行っていた。この結果、同家の麻仕入高は寛政九年（一七九七）に六一五〇貫目以上を記録するが、その後は減少傾向に転じる。この要因としては、麻布生産地の麻仕入問屋が、桜井家のような荷主を介さずに仲買人や生産者から直接買付けを行うようになった可能性が考えられる。

信州東《ひがし》江《え》部《べ》村山田家　信州の巨大地主として知られる山田家には、集積した土地から得る自作米・小作米や、皆石代納制《かいこくだいのうせい》を背景とした買入米といった大量の米が毎年もたらされた。この米を活用するため、山田家は穀物商売や酒造経営を行っていた。宝永期（一七〇四〜一一）において、同家が村々から買い入れた米の用途は、約二割が販売用、残りが酒造用であった。販売については、米だけでなく大豆も扱っている。販売相手には須坂町などの商人が見られ、委託販売を行っていたことが分かる。須坂町は九斎市が立つ場所であり、商人は山田家から荷請した穀物を市で換金した。比較的近い位置にある中野・小布施の穀市を利用するのではなく、須坂町の商人に委託していた理由は相場の違いにあった。東江部村が属する中野幕領は、町場が小規模のため米穀消費量が小さく、さらに近隣私領が領内米価の高水準維持を狙って穀留政策を行っていたため、米穀が供給過剰となり米価が低かった。そのため山田家は、幕領内の中野・小布施ではなく、高価格で販売できる須坂へ移出したのである。また、端境期を狙った穀物売却も確認でき、市場動向をふまえた販売を行っていたことが分かる。酒造経営については、遅くとも寛文期（一六六一〜七三）には、酒株二株・合計酒造高四八石で開業している。その後、一旦は酒株一株を休株にして規模を縮小するものの、享保元年に二株、同一〇年に一株を入手し、経営を拡大していく。これと並行して、醸造した酒の販路を温泉地に求め、沓野村への請酒屋出店を画策している。沓野村は渋・湯田中温泉の湯治客が往来する地であった。天保八年（一八三七）には同村の温泉旅籠を担保にした家質契約を結んでおり、これも販路拡大を狙ったものである。この他、質屋も営んでおり、多角的に経営を展開していた。

（宮坂新）

【参考文献】井上定幸『近世の北関東と商品流通』岩田書院、二〇〇四年。国文学研究資料館アーカイブズ研究系編『近世・近代の地主経営と社会文化環境　地域名望家アーカイブズの研究』名著出版、二〇〇八年。

在方小商い・職人

在方小商い・職人とは　近世村落では、農耕と農耕以外の諸稼ぎを組み合わせて経営を成り立たせるのが一般的であった。その中には、商人や職人を兼ねる百姓もおり、農業よりもそれら「余業」を経営の中心に据える場合もあった。これら在方小商い・職人は、地理的条件などによっても異なるが、一八世紀後半以降に質・量ともに拡大していく傾向が見られる。この背景には、百姓の消費活動の活発化、米価の下落による生業志向の変化（離農）、流通ルートの多様化などがあった。なお、在方の商人・職人は、農業等閑や治安悪化をもたらす恐れがあるとともに、新たな課税の対象にもなりうることから、領主による把握・規制が行われた。各地で実施された調査の書上帳により、近世村落にさまざまな商人・職人が存在していたことを知ることができる。

さまざまな小商い　具体例として、武州徳丸本村《とくまるほん》の様子を紹介しよう。寛政六年（一七九四）の書上帳によれば、同村の総家数は一五〇軒で、そのうち商人は一二軒（八％）であった。業種・取扱品目は、居酒屋・酢・醤油・水油・草履・草鞋・小間物・線香・抹香・豆腐・菓子・木綿・材木が挙がっている。このうち草履・草鞋・線香・抹香は、居酒屋・菓子屋・小間物屋でも販売品目として挙げられており、軒先にさまざまな商品を売り並べていたのだろう。また、居酒屋と菓子屋はともに二軒ずつ存在しており、消費需要の高さがうかがえる。これらの業種が、宿場や町場ではない一般的な村落に存在している点は、村人たちの消費活動が活発であったことを示している。

さまざまな職人　続いて、同じく寛政六年の書上帳によって職人の種類を見ていこう。書上げられた職人は一〇軒で、総家数の約七％にあたる。業種は、桶屋が二名、杣が五名、屋根屋が二名、木挽が一名である。桶屋・屋根屋は、日常生活に必要不可欠な業種と言える。また、他年度のデータでは大工の存在も確認できる。

存在形態①――磯右衛門家の場合　これらの商人・職人たちが持つ意識や能力・資質は多様であるが、参考として徳丸本村における二事例を挙げておく。磯右衛門家は、享保一一年（一七二六）に商売を開始しており、これは同村で開業年が判明するうち最も古い。さらに、明治三年（一八七〇）の時点でも営業を行っており、四〜五代に渡って商売を継続していることが分かる。業種は居酒屋のほか、菓子・雑貨・醤油を販売しており、酒・醤油は江戸旅籠町の商人から仕入れていた。また、下練馬村の質屋から資金の融通を受けて送り質屋を営んでおり、利子の一部が取分となった。近世後期における同家の持高は五石前後であり、村内の平均的な層に属していたが、居宅の間口は八間半と広く、さらに表通りに庇を設けることを出願している（文政元年）。これは居宅兼店舗に対する設備投資と判断できる。磯右衛門家は村一番の老舗であり、生活必需品を扱うよろず屋であった。これら信頼性・利便性と、設備投資に見られる積極的な経営が、長期間に渡る継続を可能にしたのだろう。同家は、生計補充や土地集積の手段としてではなく、商売を主軸となる「家業」と意識して、代々相続していたものと思われる。さらに、江戸の商人や隣村の質屋と経済的関係を結んでおり、このような能力も備えていた。

存在形態②—与次右衛門家の場合　与次右衛門家では、少なくとも文政九〜天保九年（一八三八）の間、当主が菓子屋を営んでいた。同時期、家督相続前の子は大工を行っており、その開始時期は遅くとも文政一〇年である。この息子は、弘化元年（一八四四）〜嘉永三年（一八五〇）の間に家督を相続しているが、その後も大工を継続している。つまり、同家では同時期に父と子が異なる業種を営んでおり、ここに小商い・職人を家業とする意識は見られない。大工は専門的な知識・技術の習得が不可欠であり、恐らくこの息子は家督相続前に奉公先などで大工の技術を習得したのだろう。さらに、嘉永五年には宮大工職許状を吉田家に願い出ている。近世後期の同家の持高は一〜二石と村内下層であり、大工技術の習得は生計を成り立たせるために大いに役立ったものと推測できる。

（宮坂新）

【参考文献】深谷克己・川鍋定男『江戸時代の諸稼ぎ—地域経済と農家経営—』農山漁村文化協会、一九八八年。平野哲也『江戸時代村社会の存立構造』御茶の水書房、二〇〇四年。宮坂新「江戸周辺農村における「余業」経営者の存在形態」（『風俗史学』第三五号）二〇〇七年。

出稼ぎ人

出稼ぎ人とは　酒造の杜氏に代表されるように、農閑期に居村から離れた地域へ出稼ぎを行うことは広く行われた。積雪地帯である越後や信濃国では、一〇月から三月頃まで多くの者が出稼ぎに出た。これには給金を得るだけでなく、その期間の口減らしという意味もあった。このような農閑期の季節労働に加え、一八世紀後半になると、現金収入を求めた町場への出稼ぎが増加していく。背景には、村よりも町の方が楽に稼げるという意識や、米価の下落、町場の社会風俗への憧れ、町場における奉公人需要の拡大などがあった。出稼ぎの盛行は、村人の生計補充となる反面、手余り地の増加や農業奉公人の不足による賃金上昇を引き起こした。

江戸への出稼ぎ　江戸には、武家・町方の奉公人が多数存在していた。この中には運搬や工事の人足など力仕事や重労働も多く、その担い手として「田舎者」つまり質朴で重労働を厭わない地方出身の出稼ぎ人が歓迎された。冬奉公人は、集団で来て集団で故郷に帰る姿から「椋鳥《むくどり》」と揶揄されもしたが、江戸における貴重な奉公人供給源だった。これらの職種は、特別な技能が無くても従事することができ、さらに人宿など職業を斡旋する業者も存在した。このような受入れ態勢に加え、「その日稼ぎ」で生きていける江戸の自由で便利な暮らしは出稼ぎ人を魅了し、そのまま居つく者も多かった。

在町への出稼ぎ　大都市だけでなく地方の町場にも出稼ぎ人は多数存在した。下野国鹿沼町では、宝暦期（一七五一～六四）以降店借人が増加するが、彼らの出身地は国内だけでなく、陸奥・出羽・上野・常陸・越後・越中・越前なども見られた。宿場・河岸場など交通の要所における駄賃稼ぎや、城下町での武家・町方奉公人、さまざまな日用稼ぎなど、在町にも就労機会は多数あり、これを目指して人々が集まった。

（宮坂新）

【参考文献】平野哲也『江戸時代村社会の存立構造』御茶の水書房、二〇〇四年。藤田覚「江戸庶民の暮らしと名奉行」（同編『日本の時代史17　近代の胎動』吉川弘文館）二〇〇三年。

陸上交通に従事する人びと

陸上交通とは　近世の陸上交通には大きく分けて二つの体系がある。幕藩権力に基づく御用での移動や御用荷物を運送する公用交通と、自分荷物や商人荷物を運送する私的な交通だ。

公用交通に従事する人びととは　公用交通については、近世初期から、五街道のように通行ルートが定められ、街道の要所には宿駅が設置され、その宿駅を順番に継いでいく宿駅制度が幕藩権力によって整備された。各宿駅には伝馬役が課され、公用交通に対応する人馬を一定数そろえる必要があった。また、宿駅の伝馬人足が不足したときに周辺の村落（＝助郷役を課された助郷村）から人馬を徴集する助郷制度がつくられた。すなわち、公用交通に従事する者は、伝馬役・助郷役負担者といえる。

しかし、実際には役を課された者が直接荷物の運送を行ったわけではない。近世後期になると、両役とも貨幣に代えて納めることが通例となり、徴収した役金で人馬を雇うことによって伝馬人足をそろえた。そのため、宿場には伝馬役の請負を渡世とする馬士や人足が多数存在し、彼らは宿場内の借家層や、無宿者（雲助）であった。

また、東海道藤沢宿の札馬のように、特定の周辺村落に伝馬専用の馬を仕付けることもあった。この札馬は、享保年間に成立し、問屋場が札馬を管理する札元から札を買い、札馬は継立を行ったときにその札を受け取って、札元から換金するというものだった。この事例は、伝馬役を請け負うことが周辺村落の稼ぎになっていた実態を表している。藤沢宿では、札馬のほかにも周辺村落に伝馬役を農間駄賃稼ぎとした馬持が存在し、宿場の周辺にも伝馬役や助郷役を請け負うことで駄賃稼ぎをしていた馬士や人足が多数存在した。

私的な交通に従事する人びととは　宿駅制度や助郷制度は公用交通のために整備された制度であり、私的な交通については必ずしも宿駅を順に継いでいくというルールに則る必要はなかった。むしろ、いちいち宿駅で荷物を継ぎ替えることは、運送上効率的ではない。そのため、自分荷物や商人荷物の運送には、荷物を付け替えない付通しでの運送が行われ、この運送形態を専業とする駄賃稼ぎの集団が存在した。代表的なものには、信州の中馬稼ぎ、甲州九一色郷の馬稼ぎ、中奥街道（会津若松—今市間）の中付《なかづけ》・駑者《どちゃ》などがある。

これらの私的な運送について、その発達を信州の中馬稼ぎを事例に見てみよう。信濃は地形的に山間部の小盆地に集落が発達し、その集落間の運送は大部分を陸送に頼っていた。また、通行ルートには宿駅制が未発達な脇街道が多く、荷物を運ぶためには私的な手段をとる必要があった。そのため、近世初期から、百姓自らの持馬や駄賃馬による運送が行われ、城下町などの市場には、一人で複数の馬をひく馬方が商品を売りに来た。彼らははじめ農間に自身の持馬で自分荷物を運搬する農民であったが、次第に商人荷物の運送を行う業者となり、一七世紀後半には伊那郡を中心とした信濃南西部の農民は、信濃を超えて甲斐、三河、さらには尾張、江戸、相模までを活動範囲とする運送業者集団となった。

この事例を見るように、私的な交通に従事した者は街道沿いの村々の農民であり、農間の運送が安定した収入源となって専業化した。また、私的な運送の発達には、農業だけでは再生産を維持できない山間部という環境も関係している。

渡《わたし》　陸上交通に従事した人々には、渡の存在も挙げられる。近世の街道には、防衛上の観点から架橋が許されない、あるいは財政事情によって架橋できない河川があり、これらの河川を通行するときは渡船か人足で渡るしかなかった。このような渡を必要とする河川には、川会所や船会所が設けられ、船頭や水主、人足が詰めた。

彼らは世襲で渡を勤め、専業稼業としていた。一方、通行量が多く、船会所に詰めている渡船では対応しきれない場合は、寄せ船といって周辺の村落から船を集めた。いわゆる渡船における助郷だが、隣接する村々だけでなく遠方の地域からも船を集めていたことが、東海道新居宿の今切渡船の事例から確認できる。寄せ船は指定された村が船を出せないことがあり、伝馬役や助郷役のように請負が行われることもあった。

（大石三紗子）

【参考文献】豊田武・児玉幸多編『交通史』山川出版社、一九七〇年。渡辺和敏『近世交通制度の研究』吉川弘文館、一九九一年。大石三紗子「東海道藤沢宿はどこから馬を集めたか」（『郷土神奈川』第四九号）二〇一一年。

水上交通に従事する人びと

水上交通とは　水上交通には海上と河川の交通があり、近世においては、どちらも領主の年貢米輸送（廻米輸送）のために発達した。流通形態の発達状況にもよるが、近世初期の廻米輸送は課役によって担われた。領内において廻船業が発達していない藩は、藩の手船である藩船を造船した。藩船の乗組員は、領内の浦から徴用する船頭と水主であり、彼らは百姓とはいえ扶持米を支給され、町同心と同じような扱いを受けた。このほかに補助乗組員を臨時に課役として徴用することがあった。

廻米輸送に従事する人びととは　河川における廻米輸送については、領主による川船の統制と荷物の上げ下げを行う河岸の創設によって整備された。川船はもともと商船であり、領主に対して運上を納め、廻米の輸送に従事した。代官によって慶長期には河岸が創設された利根川では、当初、流域の村内における有力農民（名主層）が転化したと考えられる船持が、年貢米の輸送を担った。船持の下には船頭と水主がおり、彼らが実際に輸送を行った。船頭や水主は、船持に従属する下人などの隷属農民であったと考えられる。寛文期になると、船持は商荷物の輸送増加などを背景に河岸問屋へ成長した。

廻米輸送は領主による特権的な輸送であり、藩船の船頭と水主のように身分上昇ともとれる待遇を受けることもあった。しかし、この輸送の独占は、商荷物の輸送の増加による民間輸送の発達によって変化した。一七世紀後半頃から、藩船での輸送は商人請負の雇船に移行し、河岸問屋は新しい勢力として台頭した新問屋や新河岸としばしば対立した。

廻船仲間　廻船業は造船のための財力と航海技術が求められるため、基本的には専業で行われる商売である。廻船業を営む船主は、同業者集団として仲間組織を形成した。幕府の公認を得た菱垣廻船集団、樽廻船集団が有名だが、民間廻船においても仲間組織が形成されている。北前船には寛政八年（一七九六）頃に結成された「船道会《ふなどうかい》」があり、水主の不正行為を統制する目的があった。なお、船主は、身分的には上位に位置しない場合もある。例えば加賀藩において水呑百姓を意味する頭《あたま》振《ふり》は、廻船業で稼いでいる者が多く、無高とはいえ相当な富を得た者もいた。

北前船　廻船業は、船を持つ船主、航海の音頭を取る船頭、航海上の労働力となる水主の三者から構成される。この三者の関係を北前船の事例から見てみよう。

北前船では船乗りを「水主」と呼び、職務によって、船頭、知工《ちく》、表《おもて》、親父、若衆《わかいしゅ》、炊《かしき》等の役職があった。船頭は船の最高責任者であり、船主が務める場合と他人を雇う場合とがあった。知工は事務長にあたり、表は航海士、若衆は船員であり親父によってまとめられていた。炊は雑用に従事した。

水主は船主に雇われる労働者であり、原則的に地元の者が雇われた。北前船の水主は先に紹介した役職に見合った賃金体系を持ち、実力に応じて昇進した。北前船の右近家の事例を紹介すると、一九世紀前半には、初めは炊として雇われ、二年ほど勤めた後に平水主へ昇進、さらに、手伝から三役（知工、親父、表）へという昇進ルートがあった。炊から平水主への昇進は勤続年数に応じ、昇給率も高かったが、その後の昇進には個人差があり、実力主義であったことがわかる。

河岸に集まる人びと　河川交通は領主によって創設された河岸を中心に発達し、河岸には船荷の輸送を中心として、ひとつの町が形成され、さまざまな職業に従事する者が集まった。ここでは、一八世紀後半以降の下総国猿嶋郡境町に位置する境河岸の事例を挙げる。境河岸には、河岸問屋をはじめとして、船の運送に従事する船持、河岸と内陸間の輸送に従事する馬持、荷物の上げ下げに従事する小揚という人足、そして船荷を目当てに集まった商人や旅籠屋業を営む者がいた。船持の下には廻船業と同様に、船頭や水主がいた。水主や小揚等は地借、店借層と考えられ、日雇人足も多く存在した。

利根川では、商品流通の活発化や川の浅瀬化を理由として、幕末に小船持と呼ばれる船持が台頭するが、彼らは農間船稼ぎが専業化した者、あるいは河岸問屋の下で働く船頭が独立した者と考えられる。

（大石三紗子）

【参考文献】豊田武・児玉幸多編『交通史』山川出版社、一九七〇年。川名登『近世日本水運史の研究』雄山閣出版、一九八四年。斎藤善之「水主」（斎藤善之編『身分的周縁と近世社会2　海と川に生きる』）吉川弘文館、二〇〇七年。

村を訪れる浪人

村を訪れる浪人とは　村々を徘徊しながら合力銭や止宿を求め生活する浪人（浪士）が、江戸中期以降増加していた。路銭の蓄えも無く困窮し来村する者もいたが、日暮れや病気、空腹などさまざまな理由をつけては金銭や止宿を強要する者も多かった。中には来村した浪人どうしで喧嘩を仕組み、よけいに合力銭を得ようとする者さえいた。このような浪人らの行為は社会問題の一つとなり、幕府は明和五年（一七六八）以降、これらを取り締まる法令をたびたび出すことになった。一方村々も、領主支配の枠を超えて近隣の村々どうしで組合村を組織し、浪人への合力銭や宿の提供の禁止あるいは制限、浪人らの暴力行為への対処などを申し合せた。関東においては、文政一〇年（一八二七）、幕府により寄場《よせば》組合の編成が指示され、あらためて浪人への合力銭や宿の提供が禁止された。

徘徊する浪人の実態　合力銭や止宿を求めて徘徊する浪人らは、単独あるいは少人数で行動しており、中には妻子連れの者もいた。浪人らの一部は徘徊する中で離合集散的に集団化し、ときには一〇人以上で来村する場合もあったが、その結びつきは脆弱であった。浪人らの集団化は、彼らにとって死活問題である合力銭の確保のためであったと見られる。浪人らは次第に宿村の旅籠屋などを定宿とし、ここを徘徊の拠点とするようになり、定宿で集会を開き、さまざまな情報交換を行った。浪人らの間には、奥州や関東をそれぞれ徘徊の場とする「奥州浪人」や「関東浪人」という意識が見られ、お互いの棲み分けがなされていた。

村と契約を結ぶ浪人　関東では、一九世紀前葉の文政後期頃から、合力銭を確保するために村との間に契約を結ぶ浪人があらわれた。契約は、特定の浪人集団が年間に金一分から三分程度の金銭を村から受け取ることにより、他の浪人を村に立ち入らせず、合力銭や止宿の要求をさせないというものである。契約金は、「仕切金」や「世話料」などと称され、浪人が年二回「合判帳面」を持参し回収した。浪人らは、彼らの定宿である宿村の旅籠屋などを契約の引受人とすることで、契約の信用度を高めようとした。契約締結により、浪人は一定額の金銭を確保できるようになり、契約を結ぶ村を増やすことが収入増につながった。村にとっては、契約金が従来の年間の浪人への合力金額よりも割高であったが、浪人の突然の来村を回避できるという利点があった。

このような契約を広範囲に展開し、その内容を確実に実行していくためには、徘徊浪人に対する統制力や影響力を持つ浪人の存在が不可欠となる。村との契約に関わった「浪士仲間」は、徘徊浪人を束ねる力量のある有力浪人を核として一部の「関東浪人」が結束し集団化したものと考えられる。この「浪士仲間」の成立は、合力銭を求めて関東に流入するようになった「奥州浪人」への一つの対抗措置であったと見られる。

徘徊を続ける浪人たち　村と浪人の契約は、浪人自身による契約金の前借りや契約締結の強要、幕府の取り締まりの強化などにより、一九世紀中葉の天保後期までには衰退し消滅していった。その後、関東を徘徊する浪人らは、武蔵・上野・相模の三か国を持ち場とする「武州組」と、下野・常陸・安房・上総・下総の五か国を持ち場とする「野州組」の二つの集団に分かれるようになった。両組には「頭取」はいないとされているが、村との契約を展開したような有力浪人が存在した可能性は高い。彼らはお互いの持ち場に立ち入らないことを申し合せていたが、「武州組」の浪人がこの取り決めを破ったことから両組は対立する。浪人らは、合力銭を確保する場が侵害されることについては敏感であった。この両組の対立表面化を契機に、安政三年（一八五六）には関東取締出役による徘徊浪人の一斉捕縛が行われた。

幕末における治安悪化が進む中、徘徊浪人が関わる暴力事件や強盗事件はたびたび発生し、幕府もその対応に苦慮した。このような状況にあって、徘徊浪人の中には宿村に定着し何らかの生活の糧を得ようとする者も見られたが、多くは明治初期まであてのない廻村を続けざるを得なかった。

（川田純之）

【参考文献】 川田純之「下野における徘徊する浪人と村の契約」（『地方史研究』二四八）一九九四年。同「徘徊する浪人の実態とその社会」（『栃木県立文書館研究紀要』一）一九九七年。同「徘徊する浪人による契約の展開とその限界」（『栃木県立文書館研究紀要』一一）二〇〇七年。

民間の「地方巧者」の登用

「地方巧者」とは　民政に詳しく、また新田開発や治水、利水といった地域開発に必要な技術を持った人物を言う。天正一八年（一五八〇）、関東に入国した徳川家康はその領国経営において、検地を行い、道路を整備し、そして河川の改修や用水路の開削など地域開発を積極的に行った。その担い手となったのが、当時代官頭であった伊奈忠次や大久保長安、彦坂元正、長谷川長綱らである。彼らは自らも地方巧者であり、さらに同様の技術者を多くその配下において、地域政策を推進した。特に伊奈忠次は、関東での治水・灌漑事業を促進し、その技術は伊奈流（関東流）と称された。

享保期における民間からの登用　八代将軍吉宗によって推進された享保の改革における政策の柱の一つに、幕府財政の再建があった。このために新たな税制を採用するとともに、積極的な新田開発を行っている。そしてその中核を担ったのが、当時町奉行を勤め「地方御用」を兼務した大岡忠相であった。大岡は各地における新田開発や治水、灌漑を積極的に進めるため、多くの人材を登用し、自らを「御頭」と仰ぐ地方巧者の集団を形成した。その中には、いわゆる武士という身分ではなく、百姓の出身でありながら農政の知識や土木技術をもっていたことで民間から登用された人物もいた。たとえば武蔵国多摩郡押立村の農民であった川崎平右衛門定孝は、飢饉の際に私財を投じて飢民を救済したことから抜擢され、武蔵野新田の開発に携わり、その後宝暦四年（一七五四）に代官に任じられている。また猿楽者の家の出身である蓑笠之助正高は、享保一四年（一七〇一）に登用され、やはりその後代官になっている。この正高について『徳川実紀』には、土木技術以外に勧農にもすぐれた知識を有していた、と記されている。そして正高の義父に、川崎宿の本陣を勤め、その後荻生徂徠に経世学を学び、やはり地方巧者として大岡グループの一人でもあった田中休愚（丘隅）がいた。彼らはいずれも自らの知識と技術をもって、幕府の官僚機構の一員となり、幕臣としての身分を付与されたのである。

田中休愚の出自　本姓は窪島氏で、多摩郡平沢村（現東京都あきる野市）の出身である。天和二年（一六八二）頃に、川崎宿の本陣を勤めていた田中家の養子となり、宝永元年（一七〇四）に本陣職を継いだ。その後名主や問屋役も兼務し、宿場財政が疲弊したなかで六郷渡船の川崎宿請負に奔走し、同六年にその権利を獲得し歳入を得ることで財政の立て直しを図った。その一方で五〇歳になると本陣職を子に譲り、自らは江戸に遊学して荻生徂徠に入門、そこで経世学を学んだ。

『民間省要』の献上　徂徠の下で学んだ休愚は、五九歳の享保五年（一七二〇）に『民間省要』を書き始め、翌年六〇歳の時に脱稿したと考えられている。本書は乾之部七巻、坤之部八巻の全一五巻から構成され、その内容は民衆の立場から幕府の農政に対し意見し、その具体的是正策を提言した献言書となっている。そして民衆の意見を大いに受け入れ、地方巧者がいればその身分に関わらず積極的に役人として登用することも提唱している。また記述された項目は、地方に育ち宿場の本陣職を勤めて得た経験に基づいた、休愚独自の経世論が展開されている。本書は同七年に、同じ徂徠門下であった奥坊主成島信遍《なるしまのぶゆき》（道筑）を通じて、将軍吉宗に献上された。

田中休愚の登用　『民間省要』の将軍上覧の後、休愚は御勘定井沢弥惣兵衛の下で荒川や多摩川の川除御普請御用を命ぜられ、一〇人扶持が給される。これは幕府内において、『民間省要』が評価された結果としての登用であったと思われる。さらに同一一年には酒匂川の治水工事を命じられ、そのほか用水管理などでも大きな功績をあげた。これにより同一四年大岡配下の支配勘定格に任じられ、三万石の領域を管轄するようになった。しかし就任わずか五ヶ月にして、休愚は六八歳で没する。老境に至ってからの登用であったが、『民間省要』で提言した民間の地方巧者の登用について、休愚自らが先駆的にそれを成し遂げたといえるだろう。さらに休愚亡き後も、子である喜乗、また孫の喜道と世襲で代官に就任している。休愚個人ではなく「地方巧者の家」に対し幕臣としての身分が付与されたものといえるだろう。

（望月一樹）

【参考文献】深谷克己『講座日本技術の社会史　人物編近世』日本評論社、一九八六年。村上直『江戸近郊農村と地方巧者』大河書房、二〇〇四年。

農兵

農兵とは　農兵とは、近世後期に領主によって組織された、百姓を武力の担い手とする在地の武装組織のことを指す。津藩《つはん》の無足人《むそくにん》や小田原藩《おだわらはん》の村足軽《むらあしがる》といった、近世前期に設定された、郷士や在村鉄砲の持ち主を臨時の戦力とするものは含めない。なお、農兵は、組織する幕藩領主ごとに、目的や規模、農兵の構成要員である農兵《のうへい》人《にん》の募集方法や農兵の構成、装備品や調練方法などが異なっていることが多い。

農兵設置をめぐる幕府内の議論　幕府で農兵設置が本格的に議論され始めたのは、文政七年（一八二四）である。異国船来航に備えて永続可能な沿岸警備制度を検討する中で、沿岸部に軍勢を駐留させると経費がかさみ、屯田《とんでん》制を行うには耕地が足りないため、両者よりも財政負担の軽い農兵設置が幕府内部で提案されたのである。農兵設置は弘化・嘉永年間にも議論されたが、百姓の武芸を禁じる方針と矛盾するなどの理由で、採用に至らなかった。文久元年（一八六一）、世襲の韮山《にらやま》代官江川英《えがわひで》敏《とし》は、海防よりも在方の治安維持に力点を置いて農兵設置を建議し、子の江川英武《ひでたけ》の時代の文久三年一〇月、江川代官領に限り農兵設置が許されることとなった。翌月には関東の他の代官領でも設置が許可された。

江川農兵とその活躍　韮山代官所によって組織された江川農兵は、武蔵・相模の江川代官領では改革組合村を基本的な単位として設置され、翌元治元年（一八六四）一一月から取り立てが開始された。農兵人にはゲベール銃が貸与されて調練が行われ、慶応二年（一八六六）六月に発生した武州世直し騒動を江川農兵が武力鎮圧すると、他代官領でも農兵設置が相次いだ。

農兵の構成と出《い》で立《た》ち　江川農兵の構成や出で立ちは各農兵組合に任されていた。以下、武蔵《むさし》国蔵敷《ぞうしき》村を中心とする蔵敷村農兵と、日野宿《ひのしゅく》を中心とする日野宿農兵を例にとってみてみたい。蔵敷村農兵では、農兵組合内の村々に高割《たかわり》で農兵人を割り当てていた。一方の日野宿農兵は高割りではなく、日野宿農兵組合二三ヶ村のうち日野宿と柴崎《しばさき》村の二ヶ村で農兵人の約七割を出している。特に日野宿は全体の半数近くの農兵人を出しており、日野宿農兵は、日野宿役人であり農兵のまとめ役でもある佐藤彦五郎《さとうひこごろう》の影響力が強い農兵といえる。彼は天《てん》然理心流《ねんりしんりゅう》近藤勇《こんどういさみ》の門人であり、土方歳三《ひじかたとしぞう》の義兄にあたる。近藤勇が新選組《しんせんぐみ》に参加した後は、自宅に天然理心流の道場を開き、道場の弟子たちは日野宿農兵に参加している。両農兵はそれぞれ隊旗を作り、蔵敷村農兵は揃いの白い綿の鉢巻きを、日野宿農兵は揃いの羽織を隊のユニフォームとしていた。こうした出で立ちは、農兵としての一体感を高めるとともに、自分たちと他の百姓を区別するためのものでもあり、農兵人としての自覚がうかがえる。日野宿農兵では幹部用の割羽織《わりばおり》も作られ、幹部と一般農兵人の差異化もはかられている。

武州世直し騒動時の対応　ただし、同じユニフォームでも、鉢巻きと羽織では費用が異なる。この差異は両農兵の熱意の違いであり、そのことは武州世直し騒動時の行動にも反映している。蔵敷村農兵では、出動前に実弾と同時に空砲も農兵人に支給している。蔵敷村農兵は、必ずしも騒動勢の殺傷を意図していなかったのである。蔵敷村農兵は、周辺の見廻りを行い、騒動勢と遭遇することなく騒動鎮圧を迎えた。一方、日野宿農兵は、銃に実弾を装填してから出動しており、当初から騒動勢の殺傷を意図していたといえる。騒動勢と対峙した日野宿農兵は、ゲベール銃と刀で騒動勢を殺傷し、武力鎮圧した。

日野宿内の温度差　武州世直し騒動鎮圧時の佐藤彦五郎を鎮圧勢の一人として現場で見ていた息子は、後年その活躍を「其快《そのここち》よさ言《いわ》んかたなし」と述べている。一方で、農兵人ではなかった日野宿の人物は日記の中で事実を淡々と記し、困窮から打ちこわしに参加して日野宿農兵に殺傷された騒動勢を憐れんでいる。殺傷を伴う治安維持を農兵にゆだねた人々は、人を殺傷する後ろめたさから解放されていた。農兵の出動がなければ日野宿が打ちこわされたかもしれないという危機感も薄く、同宿の農兵人とは温度差があったのである。

（中西崇）

【参考文献】上白石実「農兵をめぐる議論と海防強化令」（『日本歴史』七一九）二〇〇八年。中西崇「武力を担う百姓の意識」（『人民の歴史学』一八二）二〇〇九年。須田努『幕末の世直し　万人の戦争状態』吉川弘文館、二〇一〇年。

在村鉄砲

在村鉄砲とは　火縄銃というと戦国合戦の印象が強いと思われるが、火縄銃が活躍したのは戦国時代だけではない。江戸時代には、百姓が日々の生業の中で火縄銃を発砲していたのである。その用途は、田畑を荒らす猪や鹿、人を襲う狼などを撃退するために威《おどし》鉄砲として実弾を込めて使用する、いわば獣害対策と、猟師が狩猟に使用する猟師鉄砲の二つが中心であった。また、郷士などが領主の臨時の戦力となる目的で所持している事例や、寺社などが自衛のために用心鉄砲として所持している事例も散見される。このような、村にある鉄砲のことを総称して在村鉄砲という。

盗賊・浪人対策の鉄砲　近世初頭の在村鉄砲は、盗賊や浪人などから村を守る役割に重きがあった。武装している彼らに対抗するべく、百姓たちは鉄砲を武器として用いたのである。やがて治安が安定し、盗賊や浪人などによる村の襲撃がおさまると、在村鉄砲の武器としての役割は後景に退き、代わりに獣害対策や猟具、すなわち道具としての役割が前面に押し出されてくることになる。

幕藩領主の規制・把握政策　在村鉄砲が村を守る武器ではなくなってくると、幕藩領主は在村鉄砲の規制に本腰を入れ始める。関東では延宝四年（一六七六）から、幕府による本格的な在村鉄砲規制・把握が開始される。その主眼は、①村での生活に必要な鉄砲以外は没収する、②必要な鉄砲については、鉄砲の持ち主＝使用者を特定して領主から鑑札を与える、の二点である。この幕府の方針は、綱吉政権期の貞享四年（一六八七）に命じられた諸国鉄砲改めによって全国の領主へも伝播された。これ以降、領主ごとの規制の強弱はありながらも、全国的に在村鉄砲の規制・把握が行われることとなる。

村における役割の変化　近世初期には、在村鉄砲の持ち主は個人に特定されず、一族で一挺の鉄砲を所持していたり、村が金を出して鉄砲を購入したりしていた。在村鉄砲は、複数の百姓で共有し、各自が適宜使用することが多かったとみられる。しかし、幕藩領主による在村鉄砲把握政策の結果、在村鉄砲の持ち主は一挺一人に限定されることとなった。そのため、在村鉄砲の持ち主は、鉄砲を自分の所持品にできる代わりに、村のために鉄砲を使用する役目を与えられたといえる。村に鉄砲がない場合には、村で鉄砲撃ちを雇うこともあった。

在村鉄砲の増加とその影響　在村鉄砲は害獣対策に極めて有効な道具であったため、次第にその数を増やしていった。村から領主に申請して合法的に在村鉄砲を増やすこともあったが、幕藩領主側が常々在村鉄砲を実見して確認していたわけではないため、領主の許可を得ずに勝手に鉄砲を購入している場合が大半であった。幕府はこうした隠し鉄砲の所持を禁じる法令を出すものの、隠し鉄砲は跡を絶たなかった。在村鉄砲の増加は、在村鉄砲の持ち主の負担を軽減する反面、彼らの村内の地位を低下させることにも繋がった。それは、鉄砲が百姓にとって特別な道具から、ありふれた日常の道具と化していくことでもあった。一八世紀末頃には、百姓たちは実弾を込めた鉄砲で射的ゲームを行うようになっていた。

近世後期の在村鉄砲　しかし、増えていった在村鉄砲が、百姓一揆や打ちこわし、百姓同士の争いなどに武器として使用されることはなかった。だが、一九世紀初め頃から、長脇差や鉄砲などで武装した無宿などが集団化し、あるいは一揆勢が幕藩領主の手に負えない程に大規模化し、あるいは海防問題が生じてくると、領主が在村鉄砲の持ち主を治安維持や沿岸警備に動員するようになってくる。さらに幕末期になると、村々の側でも、非常用心のために在村鉄砲の持ち主を地域防衛の戦力とする動きがみられるようになる。近世前期に武器から道具へと性格を変化させた在村鉄砲は、近世後期になると、再び武器としての性格を持つようになってくるのである。

在村鉄砲の持ち主たちは、地域防衛に出動する場合には、自分たちの生命や財産を守るという納得のいく目的があり、意欲を持って活動しているが、遠方に派遣される場合には、村から離れ百姓の生業を離れる不安感や、命の奪い合いをする現場に放り込まれる恐怖感が強く、志気はなかなか上がらなかった。

（中西崇）

【参考文献】塚本学『生類をめぐる政治』平凡社、一九八三。武井弘一『鉄砲を手放さなかった百姓たち　刀狩りから幕末まで』朝日新聞出版、二〇一〇年。中西崇「鉄砲を持つ百姓と地域防衛」（『近世南関東地域史論』）小田原近世史研究会、二〇一二年。

無宿――博徒「小川の幸蔵」と地域社会

無宿とは　無宿とは、宗門人別帳（いわゆる〝戸籍〟）の人別記載から除かれ、家の構成員（家が所属する身分）から除外された者をさす。このように人別帳から外されることを帳外《ちょうがい》という。

無宿の処分として多いケースは、日頃の行状が悪く、犯罪に手を染めるおそれのある行方不明の「不身持者」を、家の方から予め帳外にして、縁を切った状態にしておく場合である（目上の者から縁を切る行為を久離《きゅうり》という）。このようにすると、もしその者が処罰されたとしても、村や家族に類が及びにくくなる。また、追放刑に処せられた者も、同様に無宿の処分がなされる。

一般的に、無宿＝博徒・通り者（長脇差などをさして歩き回り、暴力的言動や博奕行為を繰り返す者たち）というイメージがあるのは、このためである。近世後期になると、博徒・通り者が増えて、無宿が増加した。

無宿の歴史的意義　彼らが好んで求める博奕などは、領主支配の目線からは「奢り」がましい「分不相応」な生活であるのかもしれない。しかし、それは、領主支配のイデオロギー・身分制社会そのものへの挑戦といえなくもなかった。刀を差して歩き回ることにしても、身分制社会に矛盾する行為であった。

彼らは生活能力の高い者も多く、「現状への不満から生活環境を変えようと試みて、家業を捨てて飛び出し」『家』や『町』や『村』の束縛から離れ」ようとした者たちであった（阿部昭）。

博徒「小川の幸蔵」の無宿生活　武蔵国多摩郡小川村には小山幸蔵（一八三三～一八八四）という博徒がいる。渡世名を「小川の幸蔵」という。「小金井の小次郎」（本名関小次郎）とともに、多摩郡でもかなり名の通った博徒で、喧嘩などの時には五〇人ほどの子分を動かした。父の小山幸八も、博徒で、遠島に処せられている。親子二代の「積悪之家」であった（小川家文書）。

安政三年（一八五六）、幸蔵は、多摩郡野口村における天王社という神社において、酒に酔って野口村の百姓と諍いをおこし、人を害した廉で村預けになった。その後、預け先を脱走して行方知れずとなり、永尋《ながたずね》（無期限の捜索）となっている。その時に無宿となった。

しかし、永尋中であるはずの彼は、小川村に堂々と居着いていたようである。小川村名主小川九一郎の日記に、居住区画の名前とともに「幸蔵」の名前がみえるからである（つまり、彼は「無宿」といいながら、生活実態としては無宿ではなかったのである。このような例は他にもあり、珍しくはなかったようである）。また、慶応二年（一八六六）の武州世直し一揆の時には子分五〇人を率いて鎮圧側にまわり、小川村の近隣柳久保村に迫った一揆勢を、農兵隊とともに粉砕している。その功で正式な〝帰村〟（宗門人別帳への再記載）が許された。

このように、宗門人別帳に記載されていない無宿で、しかも、領主から行方を捜索された者であったとしても、堂々とその地域に居着いてしまう事例もあった。それは、彼が縄張りの地域から遠く離れることが不都合であること、多くの子分を従えて簡単に領主も手を出せない武力をもっていることなどによって、他地域へ動かなかったのではなかろうか。

彼が一揆鎮圧を行った理由は定かではない。村の富裕層からか、幕府側からか、何れかに鎮圧を頼まれたのかもしれない（実際にそのような例が存在している）。普段の彼は、小川村という街道沿いの貨幣の集まる地理を生かして、強固な縄張りを築き、そこで強烈な脅しなどをも行う、紛れもない「悪党」であった。しかし、地域社会や領主の利害に沿って動く、したたかな一面ももっていたのである。明治二年（一八六九）、韮山県から悪徒取締りの御用を命じられるが、これも一揆鎮圧の功を県が認めたことによるものであろう。

明治二九年（一八九六）一一月　地元の小川寺《しょうせんじ》に総勢五九名の名を刻む「侠客小山幸蔵之碑」が建てられる。揮毫した人物は調布の自由党代議士中村克昌《なかむらかつまさ》である。この「侠」という文字からも、「悪党」でありながら、しかし地域社会からまったく遊離していたわけではない、彼の特異な性格が浮かび上がるのである。


（高尾善希）

【参考文献】　阿部昭『江戸のアウトロー　無宿と博徒』講談社選書メチエ、一九九九年。高尾善希「博徒『小川の幸蔵』とその時代」（北原進編『近世における地域支配と文化』）大河書房、二〇〇三年。

在村文人

「在村文人」とは　「在（＝村）」で生活を営み（村に在り）ながら多様な文化活動に携わった人物で、地方文人、地域文人とほぼ同義である。在村文人によって展開された文化を在村文化といい、それに対置されるものが中央文化、都市文化となる。在村文化の特徴は、全国の農山漁村に存在した直接生産者である民衆が創り享受した文化であり、生産や技術と深く結び付いていた点で都市文化と大きく異なる。そこでは、「家」や地域社会の維持・繁栄のために尽力し、農事日記などの記録や編纂物による経験〈知〉、書物の受容を通じた書物〈知〉により、地域独自の〈知〉の蓄積・活用を図ることで合理的な経営が目指された。また、その基本姿勢は「余力学文」であり、日常的な生業を第一義とした上で、余力があれば人間的教養を深める文化活動に力を注ぐというものであった。そのため、在村文化は日常的な生業に成功した人々の文化的営為となり、担い手の多くは村役人、豪農、在方商人ら上層の人々となる。「文人」とは本来、中国において官吏を辞し、世俗から離れた世界で文雅に生きた人々を指し、このような文人世界に近世日本の知識人らは憧れを抱いていた。在村文人は退隠後も財政的な基盤を有しており、幅広い文化活動が可能であり、多岐にわたる成果を挙げている。その点で、中国の文人に最も近い存在ともいえよう。

在村文人の登場　徳川政権の領知支配は、兵農分離体制に基づく村請制を基盤としており、村落社会における一定の文字文化の普及を前提としている。近世初期より、村役人などの上層農民のほか、医者や手習塾師匠、浪人や僧侶・神官といった知識人層が存在しており、地域行政や民衆教化を支えるとともに、幕藩政治を相対化する能力をも有し、俳諧や和歌・儒学・医学・算学なども嗜んだ。戦国期に地域を掌握した武将や土豪層らによる文化活動や彼らの土着に近世以降の萌芽を見いだせる地域も少なくない。諸芸・学問の大衆化とともに担い手層も拡がり、近世後期に刊行された文雅人名録を見ると、収録された文人の大部分が村や町に生きる在村文人であることがわかる。儒学・漢詩文、和歌・国学、俳諧、狂歌、謡、茶花道、剣術などが、経済活動や地域運営の場における交際手段として重視され、教養・嗜みとして身に付けられた。特に、芭蕉風の確立以後の俳諧は、容易に風雅を表現できるものとして、全国各地へと急速に広まり定着し、在村の主要な文化として嗜まれた。

在村文人の意識　例えば、信濃国中野領東江部村（長野県中野市）の山田松斎《やまだしょうさい》は、持高一二ヶ村七五二石にものぼる信州最大級の地主であるとともに、漢詩・書・琴などを嗜み、現在確認できるもので二〇〇冊を超える蔵書を有する在村文人である。明和五年（一七六八）生まれの松斎は、家督時期にはほとんど文化活動を行わなかったが、江戸の儒学者・亀田鵬斎《かめだほうさい》の来訪を機に文人意識を高め、四七歳で隠居してから本格的な文人生活に入った。師・鵬斎の著作を自家蔵版で刊行するとともに、鵬斎学を引き継ぐ自著の著述・刊行も行った。ただし、農事や地域秩序の回復など、松斎の関心は自らが生きる地域社会にあり、書物などで鵬斎との思考の差異としてあらわれている。そこからは、地域に根ざす在村文人ならではの文化活動を見ることができる。在村文人のなかには、三都や城下町、広範な地域との結節点となる者も多い。都市文化を受容する窓口となるが、地域の実態を踏まえた主体的な取り込みにより、地域特有の文化を創り出すことに大きな役割を担ったのである。

在村文人の広がり　寛政期頃を画期として、下層への学問や諸芸の普及がみられる。一方、上層農民は一般村民との家格の差異を維持するため、読み書きだけではない教養を身に付ける必要性を意識し、俳諧が下層まで広まると俳諧をやめて漢詩へ移るといったように、階層間に一定の文化的緊張関係も有していた。幕末期になると、上層農民だけではなく、国定忠治のようなアウトロー、貧農層、菅野八郎といった地域から逸脱する存在など、多様な〝在村文人〟が簇生することとなった。

（工藤航平）

【参考文献】青木美智男「地域文化の生成」（『岩波講座日本通史』第一五巻）岩波書店、一九九五年。工藤航平「幕末期江戸周辺における地域文化の自立」（『関東近世史研究』第六五号）二〇〇八年。二〇〇一年。杉仁『近世の在村文化と書物出版』吉川弘文館、二〇〇九年。

百姓の「身上り」願望――菅野八郎

「身上り」とは　近世百姓の上昇願望には、武士身分をめざす士分化願望だけでなく、百姓身分として村や一族内で抜きん出ようとする家格上昇願望もあり、これらはひろく「身上り」願望と規定できる。とくに政治経済秩序の動揺が激しい幕末期には、様々な「身上り」が試みられた。陸奥国伊達郡金原田村の菅野八郎はそうした「身上り」を試みる百姓の先鋭な例といえる。

ペリー来航を利用した地域での「身上り」　菅野八郎は文化一〇年（一八一三）に生まれた。父和蔵や自家への意識が強く、弘化五年（一八四八）二月には、堰改修への父の功績を無視した堰世話人を糾弾し、嘉永六年（一八五三）九月には自宅近くに菅野家の開祖五五〇回忌を記念する石碑を建立して、自家が菅野家総本家であることをアピールした。翌嘉永七年二月、ペリー来航の情報を得た八郎は、夢で東照宮神使が説いた海防策を献策するため、江戸に出て老中阿部正弘に駕籠訴した。献策は採用されなかったが、幕府の対応が丁寧であったことを誇り、後に幕府から連絡がくることを期待し、この駕籠訴を「自満（慢）」の一つとした。安政三年（一八五六）、八郎は「自満之始」として先祖の由来を説き、自家を菅野家嫡流と位置づける『菅野実記　第一』を著し、安政五年には父和蔵を理想の地域指導者として描く『菅野実記　上』を著した。そこには和蔵が間引き禁止の発令を求めて老中戸田氏教らへ駕籠訴し、和蔵の「威名」が近村に広まったという逸話が記されており、八郎の老中駕籠訴は和蔵を意識した行動であったことがわかる。堰世話人糾弾・開祖碑建立・老中駕籠訴・『菅野実記』著作といった八郎の行動は、地域や一族における地位上昇・威信高揚を企図した「身上り」運動であったといえる。

水戸藩を利用した士分化の試み　その後、八郎は水戸家への奉公＝士分化を試みる。その契機は、安政四年一二月に金原田村小前百姓が同村脇屋《わきや》泰助《たいすけ》の領主陣屋への出入停止を求めた争論であった。泰助は領主松前家への奉公を出願しており、小前らは泰助の士分化が彼の営む不当な金融活動の増長につながることを恐れたのである。しかし、翌年には脇屋家を取り立てた菅野家の恩義を泰助は弁えていないと憤慨して八郎も争論に加わった。そして同年夏、彼は義弟の水戸藩士太宰清右衛門を通して水戸家奉公を出願した。八郎の士分化運動には松前家奉公を出願した泰助に対抗する家格意識があった。

安政の大獄の連座　安政五年一一月、八郎は幕吏によって捕縛され、のち八丈島に流罪となった。政治批判を記した彼の著作が太宰宅で押収され、水戸藩尊王攘夷派太宰の協力者として幕府の嫌疑を受けたのである。これにより八郎の士分化運動は挫折した。江戸で取調べを受けた彼は、百姓である自分が安政の大獄に連座したことを「自満」に思いつつも、死罪の可能性に恐怖した。そして、その恐怖を前にした自己の弱さの根源を「百姓」であることに求め、「百姓」身分を強く意識し、これまでの政治的言動を「百姓」の「分限」を超えたものと反省した。また、八丈島の流人生活では、故郷の家の相続を憂慮し、子孫に向けて「百姓」としての孝行や家業出精を説く『八老十ヶ条』などを著した。

帰郷　元治元年（一八六四）九月、八郎は赦免され帰郷した。しかし、彼の故郷は代官・豪農・博徒らの結託により荒廃していた。八郎は、剣術組織をつくり、博徒らの行動を掣肘するが、慶応二年（一八六六）六月、信達騒動が発生すると、騒動の頭取の嫌疑を受け梁川陣屋に入牢した。八郎は騒動への関与を否定するが、老中駕籠訴など数々の「自満」・「手柄」が地域社会における自己の名声を高め、八郎頭取説が生まれたと意識した。こうした自意識に押し出されて八郎は「士民」としての政治的行動の正当性を主張するようになった。

幕末の「身上り」願望と政治意識　菅野八郎は百姓としての家格上昇、士分化による身分上昇を試み、士分化挫折後も自己の名声の高揚を意識した。彼は強烈な「自満」意識、「身上り」願望を抱いていたが、そこには対外危機意識や国政・地域政治批判など政治意識も張り付いていた。それは自己の「身上り」を正当化するものでもあるが、「身上り」運動を家や村を超えた社会や国家の問題解決への貢献・介入に向かわせる契機にもなった。ここに幕末百姓の「身上り」の特徴がみられる。　（早田旅人）

【参考文献】　深谷克己『江戸時代の身分願望』吉川弘文館、二〇〇六年。須田努編『逸脱する百姓』東京堂出版、二〇一〇年。

二宮尊徳―その身分の変遷

二宮尊徳　二宮尊徳は天明七年（一七八七）、小田原藩領相模国足柄下郡栢山《かやま》村の百姓の子として生まれた。幼少期に父母を亡くし、洪水で田畑も失うが、独自の才覚で一家復興を成し遂げた。その後、小田原藩の分家宇津家の領地下野国芳賀郡桜町領復興の人材として登用され、自ら創始した報徳仕法で復興を果した。以後、各地の領主や村々に乞われて財政再建・荒村復興に従事、さらに幕臣に登用され、幕領や日光神領の復興にあたったが、安政三年（一八五六）、任地の下野国都賀郡今市宿で没した。この生涯で彼の身分は大きく二度変遷した。

小田原時代の尊徳と登用　文化三年（一八〇六）、二宮尊徳は一家再興の第一歩として、かつて父が手放した土地を請け戻した。彼はこの時の感慨から、自分と同様の「艱難《かんなん》」を抱える他者を「厚く世話」してやりたいとの思いを抱いた。この思いはまず一族の家政再建として実行された。しかし、文政三年（一八二〇）以降、尊徳は、年貢米を量る升の改正や藩への貸金の利子を年貢に振替える手段金制度、低利融通の八朱金制度を献策するなど、一族・村を超えた活動を展開する。この時期、小田原藩は財政難から民意・民間資金など民間活力に依拠した藩政改革を進めており、領民に献策を呼びかけていた。尊徳の他者へ「厚く世話」してやりたいとの思いは、かかる藩の呼びかけで一族・村を超えた。その後、尊徳は桜町領復興に登用されるが、これも財政難に悩む藩が宇津家支援を米金提供から領地復興の支援に転換し、民間（尊徳）の知恵を必要としたことによる。尊徳の一族・村を超えた社会事業や登用は、彼の生い立ちによる他者を世話したいとの思いと、財政難から民間社会への依存を深める領主行政の貧困によるものであった。

桜町仕法での尊徳　文政六年、尊徳は一家で桜町領に赴任した。彼は桜町領の復興仕法を請負うにあたり、年貢勘定の取扱いなどの権限を与えられたが、身分は百姓のままであった。桜町陣屋には小田原藩から派遣された藩士が詰めており、尊徳は彼らの下で仕法を実施した。しかし、文政九年、彼は「御組徒格」として士分に取り立てられた。この時、陣屋詰めの藩士が江戸へ異動したため、「右代り」として尊徳が士分に取り立てられたのである。ただ、士分としては低い身分であり、藩士となったことで、その後の各地での報徳仕法の実施に藩の許可が必要になるなどの制約も生じた。

幕臣登用と尊徳　天保一三年（一八四二）、二宮尊徳は天保改革における幕領の荒地開発・荒村復興の人材として老中水野忠邦に着目され、幕府勘定所の「御普請役格」に登用された。報徳仕法の幕領での展開や波及が期待されたが、水野の失脚により活躍の機会を失った。その後、勘定所附御料所を預かる山内総左衛門の手附として野州幕領の開発事業に従事するが、山内から他領の報徳仕法実施地域の人足の使用や私領の仕法への関与を牽制された。山内は正式の代官ではなく、支配勘定の身分で幕領を支配しており、彼は自己の裁量による報徳仕法の実施が勘定所で問題視されることを恐れていた。結局、尊徳の門弟らによる勘定所幹部への内願により、部分的ではあるが報徳仕法の正式実施が認められ、山内も代官に昇任し、幕領での報徳仕法を実施することができた。しかし、尊徳は幕臣に登用されたことで私領の仕法への関与が制約され、報徳仕法全体としてはかえって後退した。そのため、尊徳は事あるごとに隠居を申し出ていた。

二宮尊徳とその身分　二宮尊徳の身分は、百姓から小田原藩士、次いで幕臣へと変遷した。ただ、彼は自ら登用を望んだことはなく、役に就くことが報徳仕法の障害となるなら隠居さえ望んだ。荒村復興という領主支配の一端を担わせる幕藩領主層の都合で登用され、士分化させられたといえるが、士分としては最下層の身分であり、登用されたがゆえに仕法の展開が制約される矛盾も生じた。小田原藩でも幕府でも尊徳の登用は抜擢であり、登用時における領主層の村落荒廃や財政難に対する切迫感がうかがえる。また、勘定所幹部には尊徳の身分が実務に比べて不相応に低いと認識する者もいた。にもかかわらず彼にその実務相応の身分を与ええなかったところに当該期の身分制社会の問題がみられよう。

（早田旅人）

【参考文献】　松尾公就「小田原藩政の展開と二宮尊徳」（『地方史研究』二八三）二〇〇六年。早田旅人「二宮尊徳の出現」（小田原近世史研究会編『近世南関東地域史論』）岩田書院、二〇一二年。早田旅人「報徳仕法と幕府勘定所」（『日本歴史』七七四）二〇一二年。

第二部　第四章

町につながる人びと

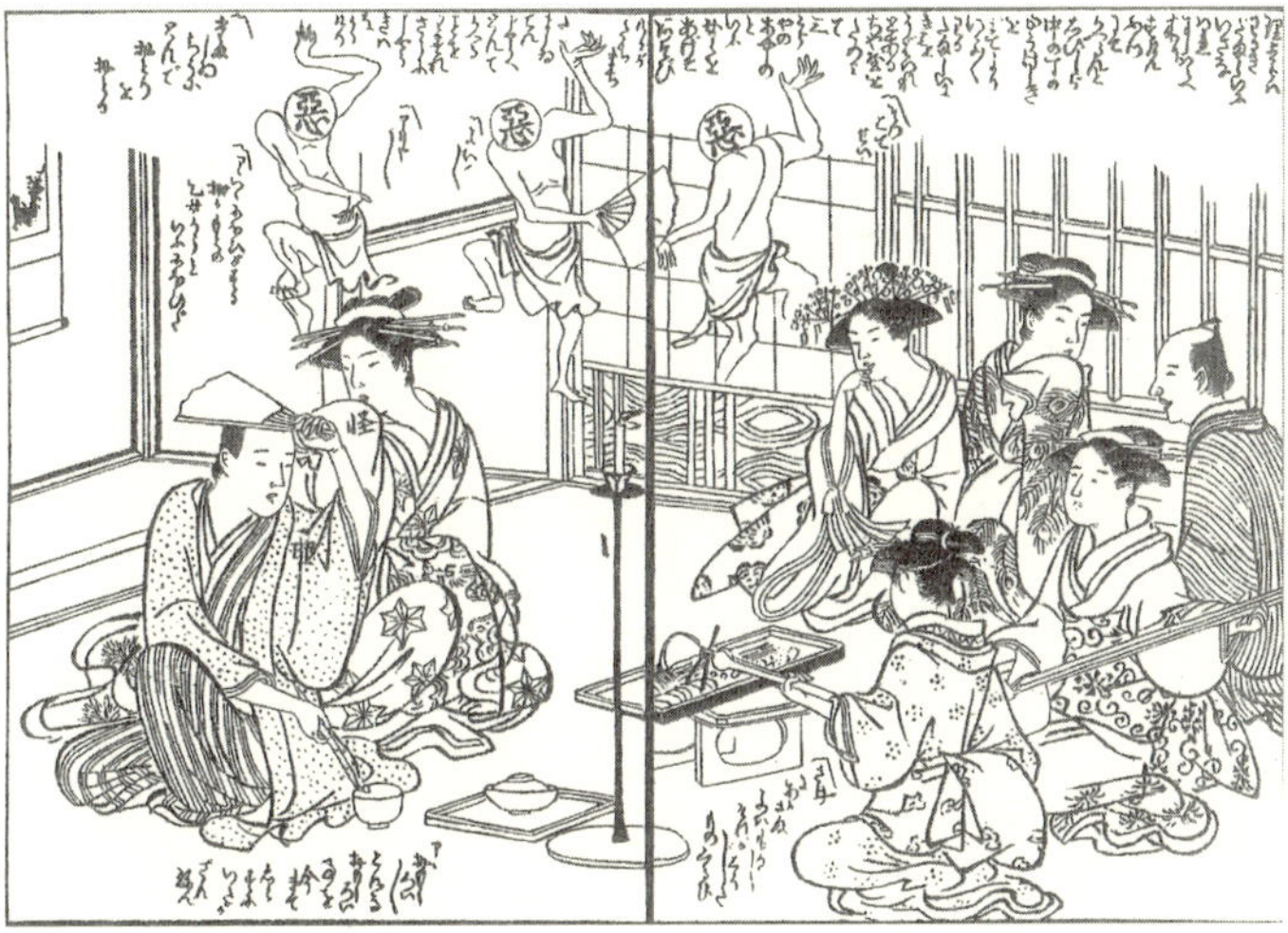

山東京伝『心学早染草』

近世の都市にはさまざまな職分や身分の人々が暮らし、交差し合っていた。そうした中から、町を拠点としつつ固定的な身分制の枠を超えて活動をする個性的な存在が次々と輩出していった。商いの成果をもとに自ら文化活動を展開し、またパトロンとして新たな文化人を支える男。村に生まれながら活躍の場を江戸に求め、生き馬の目を抜く江戸の大商人たちを牛耳った剛腕の持ち主。武士や上層町人から、都市民衆層にまで幅広く受容された文化プロデューサー。この章ではそんな個性的な生き方のいくつかを紹介しながら、活力にあふれた都市の様相に触れていこう。

山東京伝

山東京伝とは　山東京伝は、本名岩瀬《いわせ》醒《さむる》、俗称京屋伝蔵という江戸町人で、宝暦一一年（一七六一）八月一五日、深川木場で質屋を営む岩瀬伝左衛門信明の長男として誕生した。

当時江戸では、文芸を嗜むさまざまな「会」が数多く存在し、武家・商人・遊女・役者などが身分を超えて盛んに交流していた。このような「会」に顔を出し、絵師としても、作者としても名をなした京伝は、寛政改革で筆禍を被りながらも、文化一三年（一八一六）に没するまで、江戸文芸の場で一時代を築いた。

絵師北尾政演　京伝の絵師としての名は北尾政演《きたおまさのぶ》といい、一五歳の頃より、北尾重政に浮世絵を学び、安永七年（一七七八）刊の黄表紙『開帳利益札遊合』の挿絵などが初作として知られる。天明元年（一七八一）、黄表紙評判記において、早くも上位に格付けされるが、その後、黄表紙挿絵、浮世絵、また「会」を通してまとめられた『狂文宝合記』『たなぐひあはせ』、『吾妻曲狂歌文庫』をはじめとした狂歌絵本など、絵師として多くの作品を残した。しかし、寛政元年（一七八九）、田沼一派の失脚に取材した黄表紙『黒白水鏡』が、処罰の対象となってしまい、作者石部琴好《いしべきんこう》は手鎖の上江戸払い、絵師北尾政演も過料を申し付けられた。寛政二年・三年刊の山東京伝作（自作）の黄表紙以降、絵師北尾政演の名は見られなくなる。

作者山東京伝　作者山東京伝の名は、安永九年（一七八〇）刊の自画作の黄表紙に登場する。当時、黄表紙作者としては、恋川春町《こいかわはるまち》や朋誠堂喜三二《ほうせいどうきさんじ》など、武士身分の者が活躍していたが、天明二年（一七八二）の『御存商売物』や同五年の『江戸生艶気樺焼』などが成功し、一躍、町人山東京伝も人気作者に名を連ねるようになった。特に『江戸生艶気樺焼』の主人公、獅子鼻の「艶二郎」は、吉原で自惚れ男の代名詞とされるほど大流行した。さらに、天明五年（一七八五）より、遊里を舞台とした洒落本の著作を始めたが、同七年の『通言総籬』以降、洒落本作者としても第一人者となった。また、寛政二年（一七九〇）刊の京伝作の黄表紙『心学早染草』は、寛政改革のもと、心学講釈が流行していたことを背景に制作されたが、擬人化された「善玉」と「悪玉」で人の心中の葛藤が表現されていた。この趣向は大当たりとなり摺を重ね、追随作も出版されたほか、浮世絵にも描かれた。さらに町触にも、善玉悪玉の提灯を販売することなどを禁じたものがあり、町人作者京伝が、江戸の流行を創り出すような存在であったことがわかる。

しかし寛政二年（一七九〇）、風紀上好ましくない出版物に対する取締が強化され、同三年、『仕懸文庫』など京伝作の三種の洒落本が、処罰の対象となる。版元蔦《つた》屋《や》重三郎《じゅうざぶろう》は身上半減、京伝は手鎖五〇日を課せられ、以後、京伝の名は、洒落本作者としては確認できない。

二度の筆禍は、逆に京伝の名を世に知らしめ、京伝は一線級の作者であり続けた。寛政一一年・享和元年（一七九九・一八〇一）には、江戸読本の嚆矢である『忠臣水滸伝』が刊行され、京伝作の合巻、黄表紙同様、人気を集めていた。さらに、晩年には、近世初期風俗の研究をまとめ、考証随筆『近世奇跡考』と『骨董集』を著している（『骨董集』は未完）。

商人京屋伝蔵　一八世紀末まで、黄表紙や洒落本などは、別に本業を持つ者が余技として著しており、作者が「潤筆（原稿料）」を受け取るということはなかった。京伝は、洒落本の筆禍を契機に、作者としても筆を折ることを考えたようであるが、版元たちは、京伝に「潤筆」を支払い、作者として執筆を続けさせようとした。しかし、京伝は、書画会の収益を元手に、寛政五年（一七九三）暮れ、京橋銀座一丁目に紙製のたばこ入れの店を開いた。京伝は人気作者らしく趣向を凝らした引札を作り、自作の黄表紙などに店の宣伝文を入れた。京伝自身、当代随一の作者という立場を利用して宣伝を行っていたのであるが、京伝の商売開始は、「自分は一介の江戸町人である」という、京伝の自己主張であると指摘されている。店の開店以後、京伝は、「潤筆」は得ていたものの、専業の作者とされることを良しとせず、商売の余技という形で、合巻や読本の作を行った。（湯浅淑子）

【参考文献】小池藤五郎『山東京伝の研究』岩波書店、一九三五年。水野稔『山東京伝年譜稿』ぺりかん社、一九九一年。佐藤至子『山東京伝』ミネルヴァ書房、二〇〇九年。

木村蒹葭堂

木村蒹葭堂《けんかどう》とは　親友は殿様。絵も描けば詩も詠じ、煎茶を嗜み、腕前は斯界のプロをも唸らせる。本草学にも精通し、漢籍はさらなり、洋書も所持して世界情勢にも明るい。蔵するところの書籍は万巻に余る。しかも珠玉の珍籍多数。連日、諸国より慕い来る名家貴紳は引きも切らず、名は遙か朝鮮国にまで轟く。斯様なる御仁、さぞ高貴なご身分ならんと思いきやさにあらず。大坂北堀江で酒屋を営む一介の町人、坪井屋吉右衛門その人である。吉右衛門の本名は、木村孔恭《こうきょう》。古歌にある浪速の芦を表す蒹葭の堂号を以て世に知られていた。

旦那《だんな》衆《し》の町・大坂　「天下の貨、七分は浪華にあり」と称された近世の大坂は、日本の中央市場であり、大名の蔵元や掛屋を務め藩財政を牛耳る大商人がひしめく、当時の日本で最も豊かな町であった。旦那衆と呼ばれた商家の当主の中には、有り余る富を背景に、商売を番頭以下に任せ、自らは趣味に興じる者も多かった。中には遊興に身を窶《やつ》す者もあったが、学問や芸術に傾倒する者もあり、自らその道を究めたり、資金に困る学者・芸術家の経済的支援者となる者もあった。長堀富田屋町の質屋、十一屋五郎兵衛こと間重富《はざましげとみ》は、趣味が昂じて最新の天文学を極め、ついには幕府から江戸へ呼ばれて寛政改暦の立役者となっている。彼は大坂の邸内に天文台を設けて観測を行ったが、そこで使用する観測器具は職人を丸抱えにして、逐一指示を与えて製作されたという、富と情報収集力を駆使して日本に数部しか存在していなかった最新の天文漢籍を入手したり、近所で傘の紋書きをしていた若者が記憶力に優れているのを見出し、資金を与えて江戸の大槻玄沢《おおつきげんたく》のもとへ遊学させたりしている。その若者は、日本の電気学の先覚者と称される蘭学者となる橋本宗吉《はしもとそうきち》である。学問でも趣味でも、没頭したら金に糸目はつけない。文化を担う人材も育てる。それが大坂の旦那衆であり、豊かな町人文化の担い手であった。

蒹葭堂の活動　坪井屋吉右衛門こと木村蒹葭堂も、そのような大坂の旦那衆の一人だった。彼の経済基盤は酒造業であるが、自身で経営したのではなく、人に設備などを貸与して行わせていた。そのほか四カ所に及ぶ貸家経営によって趣味に没頭できる金銭的・時間的環境を整えていた。その活動は初めに記したように多種・多様である。蒹葭堂は、大坂の文化人の同人会「混沌社」の中心構成員として詩文を詠じ、池大雅や鶴亭から文人画を学び自らも筆を執るほか、画論の出版も手がけた。煎茶にも造詣が深く、煎茶道の祖売茶翁《ばいさおう》の死後、その遺愛品を承伝している。かかる文人的活動のみならず、蒹葭堂は多数の標本・図譜・書籍などを蔵した博物学者としても著名である。その収集品は同好の士に惜しみなく開陳されたというから、奇品・珍籍を一目見ようと、蒹葭堂のもとには諸国から多くの人が集った。大坂城代などの役務で赴任してくる大名やその従者にとっても蒹葭堂は関心の的であり、身分を越えた交流がなされていた。

伊勢逼塞と没後　寛政二年（一七九〇）蒹葭堂は酒の過醸の罪で摘発される。天明七年（一七八七）老中首座に座った松平定信が寛政改革の一環として発した酒造制限令に抵触したためであった。蒹葭堂自身が直接酒造に携わっていたわけではないが、酒造株と道具一式を没収され、長年務めた町年寄役からも身を引くことを余儀なくされた。そんな失意の蒹葭堂に手をさしのべたのは、ともに趙陶斎《ちょうとうさい》に書を習った伊勢長島藩主増山正賢《ましやままさかた》(雪斎)だった。正賢は自身の領内にこの友を招き、蒹葭堂はしばらくの間伊勢の川尻村で過ごすことになる。寛政四年（一七九二）帰坂した蒹葭堂は、往時と変わらず文化人との交流を楽しんだが、享和二年（一八〇二）年病没した。蒹葭堂が残した万巻の蔵書や標本類については、没後間もなく大坂町奉行所の命令によって書き上げが作成され、その多くが献上という形で、下賜金と引き替えに幕府に収公された。それらは寛政九年（一七九七）官学として成立した昌平坂学問所や同所内に設けられた地誌調所・記録調所に移され、活用された。蒹葭堂が蒐集した、海外情報を含む和漢の珍籍は、未だ十分な蔵書を持たなかった昌平坂学問所にはきわめて有用であり、系譜・史書・地誌の編纂など、この時期の幕府事業にも寄与するところが大きかったのである。現在これらは国立公文書館内閣文庫に引き継がれている。

（井上智勝）

【参考文献】水田紀久『水の中央に在り　木村蒹葭堂研究』岩波書店、二〇〇二年。大阪歴史博物館編『木村蒹葭堂　なにわ知の巨人』思文閣出版、二〇〇三年。

杉本茂十郎

杉本茂十郎とは　文化一〇年（一八一三）の夏の頃より、日本橋の西の方角に怪しい猛獣が出現して人民を悩ませた。杉の木の本に現れるというこの猛獣は金銀を見ては笑い、不作飢饉を悦び、人々が脂汗を絞って得た金銀を狙う。このような猛獣が天下の城下町江戸にいては金銀米穀を思いのままとし、四民の憂いは非常なもので、あたかも幕府転覆を企てた由井正雪・丸橋忠弥にも匹敵しよう。退治しないわけにはいかない。このように記す風聞記録「文化中町方留書」には猛獣の絵も書き留められている。人面・四つ足の猛獣には針があって下を突き落とし、尾はまむしで金銀ある人を刺すといい、鳴く声は「御用金・御用金」といったという。

この猛獣にはモデルがいる。杉本茂十郎その人である。ではこの人物は文化年間の江戸でなぜこれほどの怨嗟の念を向けられなければならなかったのか。ここで改めて杉本茂十郎のプロフィールをまとめておこう。

杉本茂十郎の活躍　安永元年（一七七二）甲斐国夏目原村に生まれる。寛政一〇年（一七九八）、江戸の定飛脚問屋大坂屋茂兵衛の養子となり翌年家督を相続。大坂屋の経営建て直しに奮闘するとともに、飛脚運賃の値上げをめぐり十組問屋との交渉に当たり辣腕を発揮した。その活躍は相手方の十組問屋側にも評価され、文化五年（一八〇八）に起こった砂糖問屋と十組問屋仲間の争論では十組問屋が彼を担ぎ出し、紛争調停に力を発揮した。これによって次第に発言力を増し、菱垣廻船の再建と流通機構再編に尽力していく。同年、家業を義弟に譲り茂十郎と改名。翌年、三橋会所の設立が認可されるとその頭取に就任した。この会所は大坂からの下り商品の運送を行う菱垣廻船の復興と、それらの商品を扱う問屋仲間の利益を図る目的で結成され、そのかわりに大川筋の三つの橋の架け替えや修復を請け負ったことから三橋会所と呼ばれた。この時各問屋から徴収される冥加金が三橋会所を通じて幕府に年々上納されることになった。さらに会所で運用する差加金を諸問屋から集金し、大坂・江戸で大量の買米を行い、幕府の米価調節にも協力している。

反感と怨嗟　こうした功績により茂十郎自身は文化六年、三人扶持・苗字御免・肩衣着用・地割役次席を許され、翌七年には町奉行所御用達を任じられる。また文化一〇年四月には株数を固定した特権的株仲間の地位保障が実現している。しかし、町年寄樽与左衛門らと結んだ強圧的な会所運営と、度重なる多額の出金強要は、菱垣廻船の復興や株仲間の特権認定という成果にもかかわらず有力問屋商人らの反感を招き、他方、この特権に与ることのできなかった商人らからの恨みは言うをまたないところで、江戸の情報空間には杉本茂十郎や樽与左衛門への怨嗟の声が充満したのであった。

茂十郎の思想と「顕元録」　文化六年正月、茂十郎は三橋会所設立に向けて諸問屋を呼び出し、多額の冥加金を強要するが、その際自作の「顕元録」という書物を読み聞かせた上で「感服せよ」と冥加金を求めた。当時、茂十郎には「感服先生」とのあだ名がついていた。この「顕元録」は、心学者志村天目《しむらてんもく》の影響下茂十郎が著したもので、仁義礼智信の五常を守り、東照神君はじめ御上様の御恩沢、国恩に報いることを強調するが、その際、耕作して年貢を納める百姓と違い、町人は御国恩のありがたきことを忘れ、自分の才覚で裕福になったとばかり心得、心儘に増長していると批判する。

村と家からみた茂十郎の人生　夏目原村に生まれながら三男故に家を継ぐことができず江戸に出た茂十郎。彼は江戸での活躍の最中、実家の借財を解消し質地請戻しを実現したり、菩提寺に眠る先祖代々の法名に院号を加えるなど、家と村に思いをはせ続けた。幕府への貢献から身上がりを果たした茂十郎はやがて失脚し、文政二年（一八一九）には扶持・特権をすべて剥奪され、その三年後の文政五年、五十一歳で亡くなる。堅固な身分制の社会という常識的理解からかけ離れた波乱に富んだ生涯であった。その一生は江戸の視線からとらえれば成り上がりと凋落の過程でしかないかもしれない。しかし、江戸で培った才気と気概をもとに苛烈な人生を生きた茂十郎の思想の基盤には、自らがそこを離れざるを得なかった家と村への思いが終生変わらず存在していたのである。

（西木浩一）

【参考文献】弦間耕一『近世甲斐の諸相』矢野出版、二〇〇七年。『東京市史稿』産業篇第四九、東京都、二〇〇八年。

近江商人

近江商人とは　近世の流通業において重要な地位を占めた近江商人。古来より近江は列島の交通の要衝であり、歴史上でも様々な影境を与えてきた地域である。中世、またそれ以前から豊かな生産力を背景に各地と交易を行い、それに従事する商人たちの活躍があった。とはいえ戦乱がおさまり、列島全土が産業振興に力を注いだ近世社会では格段に人と物の流れが多量化、多様化し、近江に出自を持つ商人たちが成功を収めたのである。

その多くに共通する要素には、全国各地に出店をもち、近江や上方と出店先の産品を相互に行き来させた、いわゆるのこぎり商売、産物回しを得意とする一方で、営業規模が拡大しても従業員の雇用では近江出身者にこだわり、質素倹約に基本をおき、家族や店員の融和、神仏への篤信を大切にする家訓や店則をもとに、代々の盛業を確かなものとしようとしたことなどがあげられる。また年功を重ねた者には独立を認める別家制度や近代の簿記にも通じる各種帳簿の調製、リスクを分散する多角化なども特色である。

地域的特徴　一方、近江を細かくみると、活躍者を多く生み出したのが湖西の高島、湖東の八幡・日野・五個荘といった地域であるが、八幡商人は江戸時代前期から江戸を中心に、関東、東北、蝦夷地という遠隔地で活動したことが知られており、五個荘商人の活躍は中期以降の起業の成功が多い。また日野商人については小規模ではあるが出店数の多さが目立ち、とくに関東周縁部では他を圧倒しているというような地域差もうかがわれる。出自的にも、中世の市や港津などの商業地から近世都市や周辺に活躍の場を移した商家が多くを占めるわけではなく、大名や土豪の家臣、城下町建設に従事した下級武士や職人からの転身を由緒とするなど、様々なヴァリエーションがみられる。

社会的貢献　ここでは個別の商家の盛衰やその経営分析について立ち入る紙幅はなく、近江商人の人となりにかかわって現代でいう企業の社会的貢献に対する近江商人の意識の高さに注目したい。

「近江泥棒伊勢乞食」とは、近世期の流通で二大勢力となった近江と伊勢に出自を持つ商人たちを揶揄したものであり、自らの手で物を産みだすことなく、もっぱら他人様が手塩にかけた産物を動かすことで利益を得る商人の社会的地位を高くみることのない、近世社会の儒教的価値観の色濃い表現である。しかし商人の多くは自身や家の損得のみにこだわるのではなく、飢饉の際に都市部で多くみられた施行や災害むけの備蓄物に大金を拠出していることが知られている。そして、より広く全体に益する社会資本の整備の事例として文化年間に行われた、日野商人中井家による東海道逢坂山越えの車石（荷車の車輪溝を刻んだ石）の設置と瀬田の唐橋修復事業があげられる。とくに後者は修復後の維持管理費用にも充てられるよう寄進額は三〇〇〇両にも達している。

近江商人の理念　近年、ビジネス書などでは近江商人の公益志向の象徴として「売り手よし買い手よし世間よし」の三方よしが多く引き合いに出されているが、明確に江戸時代の近江商人の言葉として典拠を確定することは難しく、当時においては家訓などでも漢語的な表現が通常であった。代償や評価を求めるのではなく、人には見えないところで、喜ばれる良いことを積み重ねることを説く「陰徳善事」なども近江商人の理念とすることができよう。

近江商人と文化　近江商人について、ともすれば見落とされたり過小評価されがちな文化面での貢献について最後に触れておきたい。

近江商人は近世の新しい輸入学問である黄檗宗に強い関心を寄せ、各地の黄檗寺院の設立や鉄眼版一切経の普及に尽力した。また寛政年間に当代一の文章家、歌人とも評された伴蒿蹊と一つ年下で漢学者、漢詩人として名をなした天台宗の学僧六如はともに八幡商人の伴家、苗村家の流れをひいている。出店先の福島で本居宣長の養嗣子本居大平の弟子となり、みちのく社中を率いた内池永年も八幡商人である。商人たちは近江と出店先を結ぶネットワークの中で商売のみならず、文化や学問の情報に触れ、趣味にとどまらない業績をあげ、地域に根づいた活動を展開していたのである。

（亀岡哲也）

【参考文献】上村雅洋『近江商人の経営史』清文堂　二〇〇〇年、『近江八幡の歴史　第五巻　商人と商い』二〇一二年、『近江日野の歴史　第七巻　日野商人編』二〇一二年

第二部　第五章

多様な宗教に生きる人びと

歌川広重『伊勢参宮宮川の渡し』

厳しいキリシタン禁制政策のもと、近世人は檀那寺による寺請によってキリシタンでないことを証明した。こうして、確かに近世人は特定の寺院に深く関わっていたといえるが、彼らの宗教的活動は必ずしも檀那寺の活動で完結していたのではない。同一人物が複数の宗教活動に関わることは、決して珍しくはなかった。本章では、近世人が多様な宗教活動に関わっていたことを紹介する。

図は、安政二年（一八五五）に歌川広重が描いた『伊勢参宮宮川の渡し』である。このような伊勢参りをはじめとする寺社参詣のほか、在地での民間信仰、流行神、義民顕彰、異端的なさまざまな宗教活動に、多くの者が関わっていた。

民間信仰

伊勢参りの旅から　文化十二年（一八一五）五月、養家との折り合いが悪かった御家人勝小吉は出奔し、伊勢参りの旅に出た。ばくち打ちや乞食に入り交じっての旅であったが、その末に伊勢路に入ったときに病気になって苦しんだ。伊勢参りへの施しを頼りにしていたが、火で炊いた物をもらえずに生米をかじっているために一向に体調が回復しない。仲間と困り果てていると「伊勢では火の物は太神宮様が外へ出すのを嫌う」と言われて、施しを求めて街道から外れた村にまで足を伸ばすことになった、と述べている（『夢酔独言』三〇）。

近世の伊勢参りをめぐる習俗は近世の宗教と庶民生活との双方にさまざまな問題を提起する。この伊勢の神が火を通したものを外に出すのを嫌う、という感覚もその一つである。あまりに多い伊勢参りの群衆に対する言い訳、あるいは施しをするにも手間を省くための説明とも考えられるが、そうであったとしても神が火を通したものを惜しむという言い方に民間信仰のかたちで堆積してきた宗教的な感覚を見いだすことができる。神への供物は土地ごとにさまざまに異なるというだけではなく、その調理の有無、供え方に文字記録には残されにくい神仏を祀る慣習的な伝統が溶かし込まれている。ここで火を通したものを外に出さないという禁忌は、神への供物およびその様式と表裏一体であり、その民俗的な表現であると言えよう。そしてそれを納得する感覚が近世の生活における信仰の姿に他ならない。

近世のシャーマニズム　勝小吉の『夢酔独言』には、かげ富に際して、寄せ加持をするという場面もある（同七六）。これをおこなったのは殿村南平という怪しげな人物で、稲荷を拝ませたり、病人祈祷をしたりする他に、富くじの当たりを知ることもできるとして試みたものであった。その様子は護摩をたき、女を中座《なかざ》にして幣束を持たせて、神おろしをするというものであったという。宗教者自身に神仏が憑依するのではなく、依坐《よりまし》をあらかじめ設定してその人物に憑依させるという方法は、信州木曽の御嶽信仰において行われてきているものと同工であり、民間で広く知られていたものらしい。

これらは、シャーマニズムの近世的な展開として位置づけられる。シャーマニズム自体は超越的な存在と交流交感するための技法として、日本列島に限らず広く人類社会において普遍的なもので、記録と慣習とのはざまに見いだせるものである。民俗研究の成果としては地蔵つけと称して、子どもや青年たちの遊戯的なものとして近現代にまで伝承されていたことが明らかになっており、この『夢酔独言』の記事をはじめ、近世期の記録にも同様に解釈できるものが少なくない。シャーマニズムと単純に断ずるだけではなく、時代ごと、地域ごとの様相に目を凝らし、その顕現の具体的な様相をとらえることが必要なのである。

共同体という単位　民間信仰を取り上げようとする場合、どの時代においてもその非体系性や重層性が指摘できる。その一方でその混融や表出の様相に時代ごとの特色があることも明らかであった。近世においては幕藩権力による宗教教団の統制や管理、寺請制度を軸とした宗教と生活との近接、交通の隆盛による遠隔地への参詣行動など、地域に基盤をおきつつも、地域を超える多様な宗教的要素が生活のなかに渾然となって存在していた。総じて宗教というよりも近世の生活のさまざまな場面における慣習的な言動や意識のかたちで表出するものといえよう。

そうした近世の信仰を考える際に、それらが家や村落といった地域の共同体に支えられ、その枠組みのなかで展開していく面があることは重要である。なぜならばそうした近世期に成立し一般化した共同体の規制が、その後の日本人の信仰生活の基盤となり、単位となって、その後も継承される面があるからである。屋敷地内において信仰の対象となる小祠や屋内における盆や正月などに代表される周期的な祭祀のかたちで継承され、村落においては同族集団の祭祀の展開、氏神・鎮守・産土《うぶすな》と呼ばれる地域社会の神仏祭祀、遠隔地の顕著な利益をもたらすとされる神の勧請などが広く見られるようになった。地域社会における宗教的な施設や遺物などは近世後半にほぼ出揃ったといってよい。

近世における変化と創出　しかし、そうした信仰を具体的に示す遺物や施設、祭式や祭祀組織などが共同体に組み込まれた当初の姿でそのまま維持されてきたのではない点にも注意が必要である。地域共同体の祭儀も村落の秩序の動揺や再編に伴って神仏習合が堅持される場合もあれば、吉田神道などによる解釈に基づく強力な改変が行われる場合もあった。それらのなかには時に復古的なイデオロギーによって記録や祭式をより古いものへと遡らせる力学が働いた場合もあった。

家屋のなかでも竈《かまど》や囲炉裏とその周辺に祀られている火の神は比較的古層に属するが、それらは、近世に呼称が改められたり、祭祀が理由づけられたりした。仏教起源の荒神《こうじん》あるいは陰陽道起源の土公神《どこうじん》の名が与えられ、盲僧や修験による祭祀が行われるようになったのはその一例である。さらに座敷など畳敷の空間に設けられる仏壇や神棚は、近世において新たに成立したものである。その基底には盆と正月という年に二回の祭祀リズムがあり、他にも神仏を臨時に祭る年中行事があったのであり、そうした行事・儀礼のたびごとに作られていた祭祀のためのしつらえが仏壇・神棚といった装置に集約されたと考えられている。その普及の過程では真宗における神棚おろしのようなラディカルな運動も起きた。このこと自体、近世宗教が生活共同体のなかでの信仰として受け止められ、組み込まれていく状況になっていったことを示している。

都市型社会と流行神　一方で、近世に成立した都市型の社会のなかでは突発的に流行する神仏が大きな特色となっていった。そこには事件や変革に際して、神仏への熱狂的な信仰というかたちでの民衆の意思表示や批評を見いだすことができる。そしてそれを支え、記録化にあたっては印刷技術の発展や識字能力の充実が果たした役割が重要である。こうした情報の流通と受容、発信を可能にする社会とその変化が準備されたのである。

こうした流行神は一時的に支持され、一定の時間が経過すると沈静化する。その選択の背景には日常的な神仏の知識があり、さらに多くの場合、それらを巧みに利用する宗教者の活動があった。都市型社会における流行神の形成には神仏の選択を可能にする日常があり、人々の願望や祈願を地域の神仏が丸ごと引き受けるのではなく、個々の悩みや祈りに即して受け止める多種多様な神仏の存在とそれに関する情報があったのである。機能的な信仰が近世において高度化することで、こうした流行神は繰り返し登場してきたということができる。村落や家とは異なる共同性が信仰現象においても普遍的なものとして形成されてきたのが近世であった。

多様な史料への着眼　そうしたなかで民間信仰を抽出するためには史料も宗教関係の統制や宗教組織・施設等に関する制度面のものばかりではなく、さまざまな私文書や集団での書き継ぎ文書、あるいは随筆や日記、金石文といった類にまで広く目配りする必要がある。こうした多様な性質の諸史料と場合によっては近現代にまで継承されてきた祭祀や儀礼の実態をも参照することで民間における信仰の様相が明らかになっていくのである。

近世社会を宗教ではなく、信仰という位相でとらえようとするならば、民衆と接し、その需要を知る末端の宗教者の個別の実践にも着目する必要がある。その場合も、近世の宗教教団とその組織面からの把握にとどまらず、共同体や個人の側の願望や期待に添うかたちでどのような宗教的な知識が利用され、取り込まれたのかといった検討が必要になろう。

家や村落においておそらく古代・中世から連綿と引き継がれてきた生活感覚に基づく信仰は、近世を経て現代に至るまで継続している側面を持つ。そうした重層性・持続性に充分に留意しながらも、近世における信仰の独自性が解明されていかねばならない。近世期には宗教教団の働きかけや当時の理性に訴えるかたちで、古い祭祀様式や神仏の扱いに改変が加えられていった。こうしたいわゆる混融の過程を丁寧にとらえていくことが民間における信仰を定位することにもつながっていくであろう。

（小池淳一）

【参考文献】 竹田聴洲『日本人の「家」と宗教』評論社、一九七六年。宮田登『民俗神道論―民間信仰のダイナミズム―』春秋社、一九九六年。大島建彦『道祖神と地蔵』三弥井書店、一九九二年。引野亨輔「近世真宗における神祇不拝の実態」（『地方史研究』五一巻三号）二〇〇一年。

寺社参詣

寺社参詣とは　近世は文化の大衆化が達成された時代である。なかでも芸能や旅を多くの人々が享受することが可能となった。とくに後者については、宿駅制度や街道の整備、庶民の定住化とその生活の向上、貨幣経済の浸透といった諸社会的条件の上に、御師等の宗教者の積極的な檀家廻りによって寺社と結びつく契機を与えられることで発達した。参詣する側も参詣講や代参講などを結成して費用を捻出し、且つ安心感を獲得していた。

近世の旅は多くは寺社参詣の形態をとった。一般的には物見遊山化の趨向は免れ得なかったものの、一方では聖的側面を大切にしたものであった。山岳信仰では別火《べっか》や禊・水垢離《みずごり》など厳格な儀礼を伴うものが多く、また物見遊山の代表的な存在である伊勢参宮であっても、緩やかに聖性を高め、緩やかに終息させていくという全体的な儀礼構造の中に、俗性を併存させるものであった。

旅の階層差　近世の旅を考える際に基礎的な史料となるのが、紀行文と道中日記である。書き手がどちらの形態を取るか否かで、そこにある程度文化的な階層差を認めることができる。つまり、前者は先行する和歌や紀行文による定型的な風景観・名所観の制約を受ける文人層による旅であった。後者は社会共同体を背負う旅であり、後世の指針とすべく筆を執っているという点で必ずしも個人の思念だけで行動するわけにはいかない旅であり、村落の指導者層に多かった。

先行文献の咀嚼——〈知〉の連鎖　さて東北を事例にすれば、古くから奥羽を対象とした数多くの和歌や紀行文があった。それは能因法師であり、西行であり、藤原俊成であった。近世の紀行文の書き手は、当然彼らを意識していた。また近世には、松尾芭蕉『奥の細道』、長久保赤水『東奥紀行』、橘南谿《たちばななんけい》『東遊記』、古川古松軒『東遊雑記』など、紀行文の出版が相次いだ。東北地方自体にも近世の紀行文が各地に残るが、それらも右の和歌や紀行文を意識した記述が多数見受けられる。

例えば文政一〇年（一八二七）、田中愛という出羽国鶴岡領大山の女流歌人が従姉の田中杵と数名の伴を連れて伊勢参宮に出かけた。この紀行文は『万葉集』・『伊勢物語』・『新古今集』・『金槐集』などの和歌集が引用され、実に歌人らしい作品である。この旅の最後に松島を訪れ、その帰路多賀城跡に行く道と、塩釜を経て「野田の玉川」「末の松山」「沖の石」などの著名な歌枕を訪れる道とがあった。彼女たちは、どちらに行くべきか悩んだ挙げ句、それぞれ別の道を行き、後で互いに見てきたままを詳しく語り合うという結論に達した。愛はどうしても多賀城の石碑を見みたいとして多賀城跡へ向かう道を選択し、再会を約して別れた。いずれかを捨て去ることができないところに彼女達の「歌枕」への執念に近い思いが滲み出ている。

これに対し、陸奥国白岩村（現福島県本宮市）の住人による文久二年（一八六二）一一月の金華山・松島参詣や、文政八年（一八二五）六月の上総国奈良輪村（現千葉県袖ヶ浦市）の一行二八名による出羽三山参詣の帰路の松島参詣では、この三つの歌枕を訪れた痕跡が全く見られない。実に対照的である。

新たな紀行文の出現　その一方で新たな形態の紀行文が登場してきた。長久保赤水の『東奥紀行』（宝暦一〇年の紀行、寛政四年刊）の序で、当時異学の禁直後の湯島聖堂にあった儒者柴野栗山《しばのりつざん》が、「松島は天下の名勝でこれを書こうとする者は皆その景勝を上手に描こうと苦心している。それは評価できる点もあるが、これを参考に旅をしようとする者は煙霧のなかに墜ちるようなものである。いかに文章が優れていても何の役に立つだろうか」と言っている。これは『奥の細道』を意識しての文言であろう。『奥の細道』は旅路の順を追った紀行文ではあるが、旅の参考となるべき道中における実用的な事実はほとんど記されていない。

そして赤水が地理に長け、これまで地図や地誌を数々手がけていることを述べた上で、これから奥州を旅する人にとってはこれ以上のものはないとしている。つまり『東奥紀行』の単なる自己満足の文学ではない実用性を賛美している。事実『東奥紀行』には旅における苦労など後世の目を意識した記述が散見される。またやはり地理に長けた古松軒の『東遊雑記』は、この『東奥紀行』の補充を目指したものであり、同じ系譜に連なる。

地誌の機能　知識人層にとって、旅は歴史的知識の再構築の場であった。彼らの歴史的知識は、通常『吾妻鏡』『太平記』などの歴史書や軍記物で形成され、浄瑠璃・歌舞伎・講談などの芸能などで補完された。しかし、旅にあってはそのような受動的態度は許されなかった。何故なら、それぞれの名所における歴史的知識は、各自の断片的な知識を取り出し、自分で紡がなくてはならなかったからである。つまり知識を操る高度な技術が必要であった。その際に便利なものが、近世初期には寺社の縁起や紀行文であり、近世後期には高度に発達した地誌が加わった。橘南谿の『東遊記』（東北への旅は天明八年、寛政七年刊）がよく引用される要因もそこにあった。『東遊記』は、筆者自身の旅を順序立って書き留めるというものではなく、どちらかと言うと奇談・噂話を収載する随筆集に近い性格を持ち、必ずしも地理的に因果関係のない名所ごとに情報を物語風にまとめたものである。そのため地誌として機能を果たし得た。

近代的なまなざし　旅は又、歴史的知識の再構成・再確認だけでなく、地誌、歴史書の記述を実際に自分の目で見て確かな史実であるか否かを見極めるフィールドワークの絶好の機会でもあった。

古川古松軒は天明八年に訪れた壺《つぼ》の碑《いしぶみ》（多賀城碑）について、長久保赤水の考えに従い、碑文に記された距離が実際と合わないとして、その要因を元々は胆沢郡に多賀城があり、現在の地へ移されたこと、本当の壺の碑は千曳《ちびき》八幡（現青森県東北町）にあるが現在はこの多賀城碑を指すことなどを考証している。現在でも「歌枕」の「つぼのいしぶみ」がいずれであるか確証はなく、多賀城碑には偽作説もあり学問的には確定していない。これについては古松軒と同年の七月五日に菅江真澄が千曳八幡を訪れて、距離の問題から南部の碑が「つぼのいしぶみ」であろうと推測している（『いわてのやま』）。

ちょうど寺社参詣の旅が大衆化していく宝暦期の赤水の旅から、天明期の古松軒・真澄らの旅辺りが近代的な関心に基づく考察と実用的な紀行文が数多く登場してきた時期である。歌枕の名所をそのまま信じる旅人が多い一方で、十八世紀後半から、その説に自分なりの歴史観と歴史的・地理的知識と論証手法によって賛否を唱える人物が少なからず表れてきた。

好奇心旺盛な旅　こうした文人活動を行う人びとの行動形態には大きな特徴があった。それは抽象化することが極めて困難なことである。それほど彼ら一人一人の身分、思想、学問的背景などによって自立した行動を見せていた。

文政七年（一八二四）四月の『松島日記』の米沢藩士矢《や》尾《お》板《いた》忠房《ただふさ》は、金華山からの帰りに再び松島を訪れ、松島をただ過ぎるのは惜しい。今宵もそうは見られない月を見ようと決め、予定を変更して宿りを求めた。折良く快晴で、夜の海に浮かぶ月を眺めながら、阿部仲麻呂の三笠山の月の歌を思い浮かべなどして過ごした。彼の旅は二一日間である。また米沢藩九代藩主上杉治憲に招かれていた儒者細井平洲の明和八年（一七七一）八月の松島紀行は、松島までの往復に一四日も掛け、松島に三泊もしている（『遊松島記』）。

ところで先の赤水の『東奥紀行』の序文を添えた水戸藩の菊池南汀《なんてい》は、松島に行った人の話を聞いて憧れはあるが、官に使える身ではつなぎ止められていて、どうして旅などできようか。ほとんど瓢箪のようだ、と述べている。例えば盛岡藩家老の執務日記である『雑書』に数多くの寺社参詣の願が記録されているように、武家の旅には制約が付きものであった。

自律的な庶民の旅　一方庶民の行動選択には身分的制約はあまりない代わりに、道中への不安などから先行する道中日記と同じ経路を辿る傾向が見いだせる。だがそこに全く自立的な参詣行動が見出せないかと言えば、否である。

天保一一年（一八四〇）六月から出羽三山参詣をはじめとした奥羽の霊場ならびに板東札所のいくつかを参詣しようと出発した上総国蔵波村（現千葉県袖ヶ浦市）の七名の「奥州道中記」に、帰路奥州道中の岩沼宿で江戸に向かって左に折れ、亘理、磐城を通り、筑波辺りまで行く「東の浜道」と、ここまま奥州道中に沿って白河、二本松から筑波まで行く道と二つあるが、「其時の心持ニ而参詣すへし」とある。このように局所的に見れば、そのルート選択には各自の興味関心によって多様な形態があったこともまた事実である。その興味関心とは、享保期頃からの村の由緒や村役人層の出自への意識、軍記物や芸能による歴史的知識、語られる名所への憧憬など多様なあり方があっただろう。

（原淳一郎）

【参考文献】板坂耀子『江戸の紀行文　太平の世の旅人たち』中公新書、二〇一一年。原淳一郎『江戸の寺社めぐり　鎌倉・江ノ島・お伊勢さん』吉川弘文館、二〇一一年。

義民顕彰

義民とは　義民とは、百姓一揆等の近世民衆運動を、後世の人々が特定の人物を中心に物語にしたり、その業績を顕彰している人々をさす。私は『近世義民年表』(吉川弘文館　二〇〇四)を刊行したが、そこに収録した事例は五七二件、人物は約二〇〇〇人である。

義民を代表するのは下総国佐倉惣五郎である。彼は承応二年(一六五二)に将軍へ直訴して磔に処されたとされる。惣五郎のように一七世紀中葉から後期にかけて、村民を代表して将軍や老中等に越訴する、いわゆる代表越訴から義民が出現する、というのが従来の見解である。しかし先の五七二件を分類すると、一七世紀後半、一八世紀前半、同後半がそれぞれ総件数の二〇%前後をしめ、一九世紀前半が一五%と続いている。惣百姓が城下等へ強訴する全藩強訴からも、代表越訴以上の義民が排出しているのであり、世直し一揆の義民も少なくない。

地域的に見れば、一揆が存在しないか、極端に少ない北海道・鹿児島・沖縄の一道二県以外は、数の多少はあるが義民が出現している。総括するならば、義民は近世の全時代を通じて生まれ、全国各地に存在する。

仏事の執行　義民顕彰とは死者を弔う行為であるから、仏事の執行が最も基本的な形態である。三三回とか、五〇回のような筋目の回忌では、村をあげ、周辺地域をも含んだ大規模な法要が営まれた。たとえば明和元年(一七六四)武蔵国伝馬騒動で獄門に処された関村兵内の三回忌は、同五年に営まれたが、上野・武蔵一〇郡一一一か村の万人講により三日三晩の大法要が営まれ、宝篋印塔が建てられた。

墓を建てる　百姓一揆の指導者たちは、犯罪者であるから死後墓さえも許されなかった、という俗説的な見解がある。しかし多くの義民たちの墓が建立され、今に残っている。たとえば、正徳元年(一七一一)安房国万石騒動の三義民の墓碑は、一揆に参加した「万石惣中」によって建てられた。寛延三年(一七五〇)上総国深堀村等門訴で死罪となった杢右衛門の墓は、門訴参加五か村によって建てられた。変わった所では、天明三年（一七八三）駿河国御厨一揆で牢死した新橋村常右衛門の墓は、彼が寺子屋で教えた筆子中によって建てられた。

延宝二年（一六七四）武蔵国新井宿義民六人衆の墓は、同七年に間宮藤八郎によって建てられたが、表面には藤八郎父母の法名が、裏面に六人衆の法名が刻され、前面で水を注げば裏にもまわるようになっている。なぜこのような事をしたのであろうか？この程度で義民の墓であることを隠せるとは思えない。とすれば、これは領主を憚ったと解釈できるのではなかろうか？義民の墓を建てるにあたり、この憚りの念はあったと思われる。

墓碑に刻される法名も重要な顕彰行為である。院居士号が使用されることもめずらしくない。文化一一年（一八一四）陸奥国盛岡藩一揆の竹花斎太は「救郷院大安道寿居士」であり、天保五年（一八三四）常陸国土浦藩一揆の貝塚恒助は「宝性院行義説民居士」である。義民であることを法名は雄弁に物語っている。少ないながら、義民の菩提を祀る寺が建立されることもある。

神に祀る　義民を明神や地蔵尊に祀る行為も、義民顕彰の代表的行為である。これらの神々は、山中や路傍あるいは鎮守境内に、木造や石造の小さな祠として祀られていたり、鎮守等に合祀される形で残されている。しかし、天和元年（一六八一）の上野国沼田藩一揆の磔茂左衛門の地蔵尊や、貞享三年（一六八六）信濃国松本藩一揆の加助を祀る貞享義民社、宝暦六年（一七五六）阿波国徳島藩一揆の五社神社のように大きな独立した社殿を持つこともあった。

義民は人々のために犠牲となり処刑された。しかし、人々がその死に対して相応の敬意を払わなかった時、義民の霊は怨霊となって祟りを起こすのである。その怨霊は人々に田畑の害虫・病気・洪水・火災等を引き起こす形で現れる。義民の霊が領主や一揆の敵対者に祟るとされるものもないではないが、多くは民衆に祟りその生活を脅かすのである。祟りに直面した人々は、義民を思い起こし、その祟りから逃れるために、怨霊を鎮魂し、神として祀ったのである。

農業の神　ひとたび神に祀られた義民の霊は、人々に利益をもたらすことになる。それは一般的な家内安全・病気平癒という利益であることも多いが、農業の神として利益を与えることも多い。先に見た阿波国五社神社はそんな神である。この一揆は徳島藩の藍専売制に反対する一揆であったが、処刑された五人の義民は藍種の神として信仰されたのである。百姓一揆は百姓経営を維持するために闘われたのであり、その指導者であった義民たちは、死して後、農業を守る神となったのである。

義民顕彰碑を建てる　仏事の執行、神に祀るとともに多い義民顕彰の第三の形態は、義民顕彰碑を建立することである。一般的に顕彰碑は義民○○之碑などという題字と、義民の業績をまとめた碑文とから成っている。題字部分が義民○○之墓とされる場合もあるが、碑文付きのものは墓とみるより顕彰碑と考えた方がよい。形式的には碑の表面の上部に題字が、下部に碑文が刻される場合と、表面に題字相当の文字が、裏面に碑文が刻される場合があり、時代が下るにつれ後者の比率が高まる。また碑文は漢文が一般的であったが、時代が下るにつれ和文が多くなり、第二次大戦後に建立される碑は、ほとんどが和文となる。

利右衛門の「酬恩碑」　顕彰碑は明治になってから建てられたのが圧倒的に多い。義民の事蹟＝百姓一揆を石に刻することは、幕藩体制下ではできなかったからである。

近世の顕彰碑として注目できるのは、寛文六年（一六六六）に幕府へ信夫目安を提出し、出羽国屋代郷を米沢藩領から幕領にしてくれたと伝える義民高梨利右衛門の「酬《しゅう》恩《おん》碑《ひ》」が、文政一〇年（一八二七）に建立されたことである。その碑は高さ一丈五尺、幅九尺という巨大なものであった。もっとも碑文はない。米沢藩預地であったこの地に、米沢藩領から幕領にしてくれたという話は刻することができなかったのである。

文久三年（一八六三）に屋代郷は米沢藩の私領同様取扱とされると、それに反対する一揆が発生した。利右衛門の義民物語は、この文久一揆に参加する人々の支えとなったのである。そのため、長期間黙認されていたこの碑は、一揆の翌年に幕府役人によって破壊されている。義民物語が現実の一揆に強い影響を与えたのである。維新後の明治三年（一八七〇）に碑は再建されている。

訴状を書写する　この利右衛門が提出したとされる信夫目安という訴状は、山形県を中心に広く流布している。多くの人々が、この訴状を書写しているのである。同様なことは寛永一〇年（一六三三）の出羽国白岩一揆の訴状である白岩目安にもいえる。

兵庫県三木市の本要寺に宝蔵という建物がある。元禄七年（一六九四）に創建されたこの蔵で、豊臣秀吉の制札や文書群が保管されてきた。延宝六年（一六七八）に岡村源兵衛と大西与右衛門という二人の義民が、地子銭免除の特権を守るため江戸へ出訴した。この訴願は認められたが、その重要な証拠となったのが秀吉の制札であり、保存された書類はその証書類である。

訴状の書写や宝蔵の建立はなぜ行われたか。それは義民が獲得した成果を確認し、継承することである。死者を弔うこととならび、義民顕彰を行う目的の一つがここにあった。信夫目安の最古の写本は享保一二年（一七二七）であり、白岩目安は貞享二年（一六八五）である。宝蔵は元禄七年であるから、義民顕彰の最も古い形態であるといえる。

義民物語の形成と展開　一揆を義民を中心に描き出す義民物語も、重要な顕彰活動であると言える。佐倉惣五郎の物語である「地蔵堂通夜物語」や「堀田騒動記」の成立が、宝暦二年（一七五二）の惣五郎一〇〇回忌以後であると考えられるように、義民物語の成立は一八世紀後半である。そして嘉永四年（一八五一）の江戸中村座における「東山桜荘子」の上演は、その後の義民物語に決定的な影響を与えた。

文久三年（一八六三）に中沢喜太夫が作った「関兵内くどき」は、近世の物語が成立年代・作者ともに不明な事が多いなかで、希有な事例である。明和元年（一七六四）の武蔵国伝馬騒動という、七・八万人が参加した大規模な強訴・打ちこわしの一揆を、この物語では兵内が単身で将軍へ直訴するために江戸に出掛けるという話になっている。惣五郎物語の影響を受け、それに同化したといえる。

近代になって、自由民権家に注目された義民は、その後も各地で活発な顕彰活動が展開し、それに伴って物語が整備されていった。それは惣五郎の物語が「佐倉義民伝」として定着し、歌舞伎の代表的演目となった時期と一致する。そして各地の義民物語は、「関兵内くどき」のように、佐倉義民伝に同化する形で展開し、現在にそれが受け継がれているのである。

（保坂智）

【参考文献】保坂智『近世義民年表』吉川弘文館、二〇〇四年、同『百姓一揆と義民の研究』吉川弘文館、二〇〇六年

キリシタン（切支丹）

キリシタンとは　天文一八年（一五四九）フランシスコ・ザビエルによって日本列島に伝えられたキリスト教（カトリック）は、当時ポルトガル語のChristãnを語源としてキリシタンと呼ばれた。創造神デウスのもとでの来世救済を説くキリシタンは、戦乱状況のなかで不安定な現世に対して、せめて来世では救われたいとする人びとに広く受け入れられたが、近世国家の統治方針とは相容れず、やがて禁止された。

その呼称は当初ほかにも存在したが、一七世紀に入って禁教が徹底されていくと、その音を漢字に当てはめて「切支丹」などと表記されることが一般的になった。そして、徹底的な禁教政策は、実際のキリシタンと「切支丹」のイメージをかけ離れたものにしていった。そこでこの稿では、禁教政策により近世国家が徹底的に排除しようとした対象を史料用語を代表させて、「切支丹」というように「　」付の漢字で表記することとし、潜伏キリシタンを含め実際の宗教活動とその信徒を意味するカタカナ表記の〝キリシタン〟とを区別することにする。

キリシタンという属性　キリシタンといえば、一般的には一途に信念を貫く敬虔な信仰者がイメージされるであろう。確かに、一六一〇年代以降の厳しい禁教政策のなかでキリシタンは少なくない殉教者を出した。一方、棄教を選択した者も多かったが、心から棄教しきれない者は潜伏状態に入り、彼らのなかには世代を越えてその信仰活動を一九世紀まで継承した者たちもいた。

禁教を徹底するため、幕藩権力は試行錯誤の末、毎年檀那寺による寺請によってキリシタンでないことを証明させることにした。これが宗門改制度で、その全国的成立は一六六〇年代のことである。キリシタンを完璧に排除する宗門改制度というシステムのもと、キリシタンにとって近世は厳しい時代であったことは間違いないので、殉教や潜伏のイメージでキリシタンが語られるのはその一面を確かに言い当てている。しかし、彼らはキリシタンという属性で完結していたわけではない。日常的には、農業や商工業などに従事する生活者であり、村請制に規定された近世村落の一員でもあった。したがって、キリシタンを信仰した人びとのすべての活動がキリシタンの論理に基づいたものであるとするのは誤りだろう。非キリシタンの近世人と同じように、それぞれの生業や近世村落に帰属する者の立場で、思考したり行動したりする場面もあったと考えるほうが自然である。

天草の場合　たとえば、文化二年（一八〇五）キリシタンの存在が疑われる事件が起こった天草の場合について紹介しよう。のちに天草崩れと呼ばれるこの事件（潜伏キリシタンの組織や秩序が破壊されるという意味で、後世「崩れ」と呼称される）では、下島西目筋（現、熊本県天草市）の大江村・崎津村・今富村・高浜村の四か村から約五〇〇〇人の被疑者が摘発された。ただし、摘発されたといっても最終的に「切支丹」は一人もいないと判断され、疑われた宗教活動は「異宗」または「異法」と呼ばれた。この宗教活動は、吟味で明らかにされたその内容や明治時代における教会への帰属などから判断すれば、宣教師時代以来の系譜を引く潜伏キリシタンであったことは間違いない。天草の場合、同一家族内でさえも被疑者と被疑者でない者が同居している場合があり、両者の混在が実態であった。

村社会の一員　興味深いのは、この事件の吟味の際、キリシタン・非キリシタン混在の村民（庄屋・大庄屋を除く）が一致して抵抗の姿勢を示したことである。この吟味を担当した島原藩（当時幕府領天草郡を預かり地としていた）は、庄屋・大庄屋を通じて、信仰活動の道具である「異仏」を速やかに提出するよう村民に求めたが、村民の抵抗によりスムーズには進まなかった。今富村の村民は庄屋・大庄屋の説諭により「異仏」の提出は拒否しなかったが、誰がどのような物を提出したのかということが明らかになることを回避するよう、年寄の平三郎をリーダーとして結束し願い出た。また、同じく平三郎が中心となって、村民の多くが檀那寺としていた大江村江月院に対しても、「異仏」提出者の名前を明らかにしないよう取りなしてほしい旨要請した。

このような村民の行動は、親族や隣人への情愛の念に基づいたものであったと見るのも一つの解釈であるが、これが非キリシタンを含めた村方一統の歎願であったのは、村社会全体としての論理がこのような行動を支えていたと見るべきではないか。村社会が村請制によって機能している以上、村方から多数の処罰者が出れば村はたちどころに行き詰まってしまう。村民は一致してそれを回避しようとした。この行動はキリシタンの論理というよりも、生活共同体としての村社会の一員としての帰属意識に支えられたものであったということである。

百姓としての属性　これは、天草崩れから六年後の文化八年、同じ今富村で起こった村方騒動の際の村民の論理にも通じる。この際、今富村庄屋上田演五右衛門を糾弾したのは、「合足組」と呼ばれる集団であった。この「合足組」のメンバーには天草崩れで摘発された者が多数含まれていた（形式的に「異宗」を回心したとみなされて罪を問われなかった）が、少数ながらも「素人」と呼ばれた非被疑者もいた。庄屋演五右衛門は天草崩れの際、庄屋の立場で島原藩に全面的に協力していたこともあって、この村方騒動の原因を天草崩れの報復と見た。しかし、それはあくまで庄屋演五右衛門の見方であって、「合足組」が作成した庄屋糾弾の訴状には「異宗」問題はいっさい含まれておらず、もっぱら庄屋の職務に関する非法が指摘された。キリシタンたちが、天草崩れの際の庄屋演五右衛門の行動に不満を持っていたことは否定できないが、庄屋糾弾の中心となった「合足組」が非キリシタンを含めた村民で構成されていたことと、訴状の内容から判断して、「合足組」の論理はやはり生活共同体としての村社会の成り立ちを重視するものであったと考えるべきである。

実際、天草は近世期を通じて民衆運動がさかんな地域として知られている。史料上、これら天草の民衆運動に潜伏キリシタンが参加したかどうかは明確に確認できないが、彼らがいっさい関わっていないとは考えにくい。彼らが関わっていたとすれば、その行動の論理はキリシタンとしての属性からではなく、百姓としての属性に基づいたものであったと考えるのが合理的である。

多様な属性は近世人共通　右のように、潜伏キリシタンはキリシタンという信仰者としての属性とともに、百姓をはじめさまざまな生業や身分など他の属性も同時に持っていた。彼らにとって、キリシタンの信仰活動が毎日の生活のなかで重要な位置を占めていたことは確かだろうが、生業によって日常を生きる生活者でもあったことが、キリシタンとしての属性を世俗秩序に埋没させた。彼らはキリシタンの宗教活動を地下活動として保ちつつ檀那寺を持ち、その信仰活動や民間信仰にも関わりながら踏み絵も踏んだ。

それは、厳しいキリシタン禁制政策によって余儀なくされたという面もあろう。しかし、近世では同一人物が檀那寺の信仰活動のほか、それとは無関係の民間信仰や修験道・陰陽道などに関わったことは珍しくなかったことを念頭に置けば、潜伏キリシタンが複数の信仰活動に関わったり、複数の属性を持つというのは近世人共通のあり方であり、何ら特殊なことではない。潜伏キリシタンが近世人一般と異なっているのは、基軸とした信仰活動が近世国家によって厳しく禁止されていたため、その活動が常に部外者にはわからないよう密かに行われたということである。

「切支丹」イメージの貧困化　そうした秘匿性が、結果として「切支丹」イメージの貧困化をもたらした。一七世紀後期以降、現実のキリシタンが表面的には消滅している状況のなかで、一八世紀を通じて怪しげなものは何でも「切支丹」的なものとして捉えられていくようになった。浄土真宗の〝異端〟とされる隠し念仏が「切支丹」と呼ばれ、糾弾された事例などが知られている。

天草崩れを含め、一八世紀末から一九世紀なかばにかけて潜伏キリシタンの存在が問題とされる事件が断続的に起こった（寛政二年［一七九〇］浦上一番崩れ、文化二年［一八〇五］天草崩れ、天保一三年［一八四二］浦上二番崩れ、安政三年［一八五六］浦上三番崩れ、慶応三年［一八六七］浦上四番崩れ）が、このうち最幕末の浦上四番崩れを除いて、いずれも「切支丹」はいなかったという結論であったのは、現実のキリシタンの姿と、徹底的に排除されるべき「切支丹」のイメージが、かけ離れたものとなっていた状況を背景としている。したがって、浦上四番崩れを除くこれらの事件を、「切支丹」露顕事件とみなすのは正確ではない。これらの事件では、疑われた宗教活動はあくまで「異宗」や「異法」などと呼ばれ、「切支丹」とは違うものとして処理された。（大橋幸泰）

【参考文献】大橋幸泰『キリシタン民衆史の研究』東京堂出版、二〇〇一年。大橋幸泰「近世日本潜伏キリシタンの信仰共同体と生活共同体」（『地中海研究所紀要』四）二〇〇六年。大橋幸泰「「邪」と「正」の間」（大橋幸泰・深谷克己編『〈江戸〉の人と身分６　身分論をひろげる』）吉川弘文館、二〇一一年。

民衆宗教

民衆宗教とは　第二次大戦中までの近代日本では、天皇はしばしば「現人神《あらひとがみ》」として扱われ、その「現人神」天皇の観念を中核とする国家神道が国民の精神を圧迫し続けた。一方、明治中期以降、戦時中までの日本には、諸宗教を超越する国家的祭祀だとされた神道の周辺に、人々の個人的な信仰を組織して公認を得たいくつかの宗教教団があった。一三宗派あったそれらの宗教は「教《きょう》派神道《はしんとう》」と呼ばれたが、その「教派神道」への注目を受け継いで、戦後、広く関心を集めたのがいわゆる民衆宗教である。民衆宗教とは、おおむね一九世紀初頭から明治維新期にかけて、宗派仏教などの既成宗教の枠外に、新たに民衆の救済を掲げて登場した宗教を指し、黒住《くろずみ》教《きょう》（一八一四年開教）、天理教《てんりきょう》（一八三八年開教）、金光《こんこう》教《きょう》（一八五九年開教）に代表される「教派神道」の諸教団のほか、ほぼ同時期に淵源を辿れる法華仏教系の宗教教団などが、その主な宗派として理解されてきた。第二次大戦後、そうした民衆宗教が注目を集めた理由の一つは、近代天皇制の確立に先行して開教した民衆宗教には「現人神」とは異質の神観念が備わっており、その内容を解明・復権させることが戦前的な強権支配の終息と民主主義の浸透につながると見なされたことにあった。そして、特に一九七〇年代頃までは、欧米起源の啓蒙主義に対抗して世界各地に登場した「千年王国主義」の現れを民衆宗教に認めようとする議論が主流を占め、江戸中期以降の日本では、勤勉・倹約・孝行などの通俗道徳の実践が、民衆的諸思想の形成に決定的な役割を果たした、とする安丸良夫説が大きな影響力を持っていた。

民衆宗教理解の変化と新たな研究素材の登場　しかしその後、民衆宗教は近世に流行を遂げた霊場信仰（伊勢信仰や富士信仰、金毘羅信仰など）から多大な影響を受けつつ成立したとする説がかなり広く定着し、また一方では、近世宗教史全体の筋道に民衆宗教の成立を位置づけ直す議論も行われるようになっている。そうしたなか、享和二年（一八〇二）に尾張国愛知郡熱田新旗屋《はたや》町（現、名古屋市熱田区旗屋）で創唱された如来教《にょらいきょう》が、議論の新素材を提供する宗派として注目されるようになった。それは、如来教とその分派の一尊教団《いっそんきょうだん》に、教祖喜之の説教や信者との応答を二五年にもわたって記録した教典『お経様《きょうさま》』をはじめ、膨大な教団史料が伝存しており、最近、それらの大半が翻刻・刊行されたからである。以下、その如来教の事例を中心に民衆宗教の成立・展開の様相を辿ってみよう。

のちの如来教教祖喜之《きの》（姓不詳）は、宝暦六年（一七五六）、熱田在住の民間宗教者（修験者）の娘として生まれ、八歳までに親兄弟とすべて死別して叔父の家で育てられたが、幼時から奉公に出され、いくつもの奉公先で苦労を重ねた。その後、近在の農家に嫁ぐも結婚生活は短期間で破綻し、喜之は前半生の大半を奉公人として生きた。そして、尾張藩士石河主水《いしこもんど》家での下女奉公を最後に、熱田へ戻って一人暮らしをはじめたが、かつての夫や迎えた養子の父親に寄食されて困窮したことを機に、享和二年（一八〇二）、四七歳で神憑りするようになり、約一年後には、病気直しなどを求める人々がその身辺に集まるようになっていった。それが如来教のはじまりであり、その開教は、幕末維新期に相次いで生まれた民衆宗教のなかでも特に早い例だとされている。

「病気直し」の願望と不条理への問い　如来教の教祖伝である『御由緒《ごゆいしょ》』や教典『お経様』諸篇には、当時、教祖喜之に接していた尾張藩士や名古屋の町人、近郊農村の住民などが、さまざまな病気平癒の願いを寄せていた様子が描かれている。そして、その平癒願いの賑わいぶりには、現世利益の追求に熱心な尾張の人々の様子が表れている。しかし、そうした事実から、当時の如来教の信仰を平穏な日常をもっぱら願う信仰だったとのみるのは少し早計である。たしかに、人々は願望が成就しないと重ねては教祖を訪れなくなり、信者として定着しなかった場合が多かったらしいのだが、一方で『お経様』の記事には、願望の不成就にもかかわらずリピーターとなった人も散見されるからである。というよりも、今日とはかなり事情が異なり、当時の病気には平癒の願いが容易には叶わない深刻な事例が少なくなかった。すなわち『お経様』には、嬰児の死、多くの家族を残しての壮年男性の死、産褥熱による若い母の死のような、いわば不条理な死の事例がしばしば記録されている。そして実は、そうした不条理な死への対処という問題こそが、教祖のもとへ集う人々や教祖自身にとっての、最大の関心事だったと考えられるのである。

「飼い馴らされた死」の解体と新たな安心の模索　当時の人々の諸願でもっとも多かったのは「病気直し」だが、それに次ぐのは死者の霊に対する追善願いであり、実はそれら両者は不可分な関係にあった。というのは、当時の社会には、縁者その他の霊が未成仏状態にあると遺族や人間一般に禍が及ぶとする観念が流布していたからである。『お経様』諸篇には、何らかの病気や不幸を抱える人物が縁者の霊の成仏いかんを教祖に問い、熱心に追善を願っている例がしばしば認められるのだが、そこには、檀那寺での法事だけでは死者たちへの供養は不充分だ、とする意識の広まりを認めることができよう。そして、霊をめぐるそのような意識様態は、縁者の霊とこれから死を迎える人々の成仏が檀那寺への帰属によってともに保証されていた関係（P・アリエスの言う「飼い馴らされた死」の例）の解体を意味し、人々が安心のありようを新たに模索しはじめたことを表している。しかも、階層を超えて広く共有されていたらしいそうした意識は、如来教固有の教義を生み出す基盤にもなっていた。すなわち如来教では、文化九年（一八一三）以降、一信者が身内の霊の成仏いかんを教祖に尋ねたことを発端として、未成仏状態にある「三界万霊《さんがいばんれい》」（あらゆる霊）の救済を如来に願うことが、次第に活動の中心に位置づけられていったのである。そして宗教思想がもっとも深化を遂げる文化末年から文政初年にかけて、教祖の説教では「三界万霊」救済成就の時節到来が切迫的に語られると同時に、すでに世を去った数人の篤信者は多くの「三界万霊」を連れて如来のもとへ行った旨が強調され、さらに、不条理な死を遂げた人々はやがて来迎仏となってこの世の人間を済度しに来る、という趣旨も語られてゆくのである。なお、一八世紀後半から翌世紀はじめにかけて、東西本願寺教団では、安心立命のあり方をめぐる深刻な論争が展開されていたのだが、「三界万霊」の救済を掲げた如来教の登場は、そうした真宗信仰史の流れと時期的に重なっており、両者はともに、新たな救済を希求する近世後期民衆の動向を表現していると言えよう。そしてその意味で、民衆宗教の成立は、既成仏教の信徒たちの意識動向と連なってもいるのである。

受肉した如来の出世という教説の伝統と如来教　とこ

ろで、教祖喜之の説教には金毘羅大権現が圧倒的な回数天降っており、その事実は、すでに全国的な流行を遂げていた金毘羅信仰の影響を物語っている。しかし『お経様』諸篇には、多様な神仏や諸菩薩、諸宗祖も登場するほか、法華系や浄土系の教説も広く摂取されており、総じてその教説は民衆的な仏教を集大成する教えだと自己主張されている。しかもその教説には、教祖喜之こそは如来が受肉してこの世に現れた姿だとする、きわめて特徴的な主張も含まれているのである。

従来、日本の近世は、世俗的合理主義が圧倒的に優位に立った時代だと捉えられてきたが、近年、江戸の将軍権力をめぐっては、阿弥陀如来が天下を徳川家康にゆだねたとする観念や、家康は当来の阿弥陀仏だとする観念のような、むしろ宗教性が濃厚な観念に支えられていたとする説が有力になっている。そしてその際、それらの観念が生じた背景には、一向一揆を戦った近世民衆の阿弥陀信仰が想定されている。一方、多くの真宗門徒は本願寺の法主を「如来の御代官」や「生き仏」と仰いでいたことが知られているが、その事実を考慮すれば、阿弥陀如来が受肉して現世に現れるといった観念が、近世の民衆意識の底流に伏在していたことは確実である。したがって、教祖喜之こそは受肉した如来であり、不条理な死を遂げた篤信者は来迎仏となって現世の人間を済度しに来る、という先述の観念は、近世民衆の宗教意識の伝統に間違いなく連なっているとみるべきであろう。

なおこれまで、民衆宗教については、天理教や金光教にその典型を認めるかたちで、「現世中心主義」や「人間本位」が諸宗派に共通する特徴だと見なされてきた。しかし、現世の人間の生き方と死者たちとの関係を一貫して切り離そうとしているのが現代的死生観であるとすると、「現世中心主義」や「人間本位」の過度な強調は、そうした現代的死生観を自明視する立場からの民衆宗教理解を助長してしまう危険性を孕んでいる。右に見てきた如来教の事例は、その意味で、民衆宗教の捉え方に再考を促していると言えよう。

（神田秀雄）

【参考文献】神田秀雄・浅野美和子編『如来教・一尊教団関係史料集成』（全四巻）清文堂出版、二〇〇三〜二〇〇九年。
神田秀雄「化政期の名古屋一帯における社会的交通と民衆宗教の成立」（幡鎌一弘編『近世民衆宗教と旅』）法藏館、二〇一〇年。

異端的宗教活動

「異宗」としてのキリシタン　江戸幕府の厳しいキリシタン禁制政策のもと、心から棄教しきれない者は潜伏キリシタンとなり、その信仰を代々子孫に継承した。幕末までその信仰の火が消えることはなかったが、近世期を通じてその存在がまったく問題にならなかったわけではない。一八世紀末から一九世紀半ばにかけて断続的に、後世に「崩れ」と呼ばれる、露顕事件が起こっている。これら一連の事件において注目されるのは、彼らの信仰活動が「切支丹」とは呼ばれなかったという事実である。それは「異宗」または「異法」などと呼ばれ、慶応三年（一八六七）に起こった浦上四番崩れを除いて「切支丹」はいなかったというかたちで決着した。

ただし、このときに潜伏キリシタンを指し示す呼称として使われた「異宗」「異法」は、これが初めての使用例ではない。一八世紀以降、既存宗派の〝異端〟や民間信仰・流行神など、怪しげだと見なされた宗教活動に対して既にさかんに使われていた。

「異宗」と「切支丹」　一八世紀末以降の、潜伏キリシタンの存在が問題化する事件において、潜伏キリシタンが「異宗」「異法」と呼ばれたのは、このような既存の世俗秩序を維持しようとする側から、その信仰活動が民間信仰などのような怪しげな宗教活動と同種のものと見なされたということを意味する。潜伏キリシタンが権力にとって警戒の対象であったことは間違いないが、そのほかにも類似の宗教活動は多様に存在し、「切支丹」とは違う「異宗」「異法」とされる限りにおいては、潜伏キリシタンが弾圧されることはなかった。そうした点で、潜伏キリシタンを含むそれら「異宗」「異法」は異端的宗教活動という枠組みで理解できる。

つまり、長い間の潜伏状態のなかで、実際のキリシタンが世俗秩序に埋没していった一方で、その現実のキリシタンと、怪しげなイメージが増幅してしまった貧困な「切支丹」像とが、あまりにも乖離してしまったということである。そうした背景のもと、民間信仰や流行神などを含めた民衆の宗教活動と潜伏キリシタンとの区別がつきにくくなり、一八世紀末以降の一連の事件の際にはいずれも「異宗」「異法」として処理されたのである。潜伏キリシタンは百姓としての属性にしたがって、表面的には非キリシタンの百姓一般と何ら変わりがなかったから、既存の世俗秩序を維持するためにはむしろ穿鑿は無用であった。

このように、自ら信仰を告白した浦上四番崩れを除き、宣教師時代以来の系譜を引く潜伏キリシタンが、寛政期以降の一連の「崩れ」において摘発されるということはなかった。その一方で、文政一〇年（一八二七）宣教師時代の系譜とはまったく別の「切支丹」が摘発される事件が畿内で起こった。京坂切支丹一件である。京都の八坂で加持祈祷・吉凶判断を生業としていた陰陽師豊田みつきとその関係者が、「切支丹」として処罰されたのである。その宗教活動のなかで、一部キリシタンを思わせる言葉が使われていたことも事実であるが、その実態は陰陽道のほか修験道・稲荷明神信仰などを融合した民間信仰の一類型というべきものであった。

キリシタン禁制の転回　近世の宗教政策の根幹であるキリシタン禁制は一九世紀前期に、キリシタンという宗教者・宗教活動を規制するものではなく、近世人の多様なそれを規制するものに転換したといえる。キリシタン禁制が現実のキリシタンを取り締まるものでなくなった以上、これを基軸に秩序を維持しようというのは無理が生じる。こうして新たな宗教政策が模索されることになり、それは、近世に生きた人びとが日常生活の一部にしてきた多様な宗教活動と、支配秩序の編成替えとの確執が始まるということを意味した。その延長線上に、一九世紀につぎつぎと登場した民衆宗教をはじめとする民衆の宗教活動の活発化と、明治国家による宗教統制とのせめぎ合いがあった。浦上四番崩れにおけるキリシタンの信仰告白も、この文脈のなかで理解するべきである。そうした確執の結果として、天皇の祖先神を頂点とする神観念を宗教とはみなさないとする国家神道の成立があるが、それがはじめから決まっていたわけではないことに注意が必要である。

（大橋幸泰）

【参考文献】大橋幸泰「近世宗教の「邪正」」（『早稲田大学大学院教育学研究科紀要』二〇）二〇一〇年。大橋幸泰「村社会の宗教情勢と異端的宗教活動」（『歴史評論』七四三）二〇一二年。

第二部　第十六章

琉球・蝦夷地に往来する人びと

「松前檜山図屏風」（江指浜鰊漁之図）（函館市中央図書館所蔵・写真提供）

江差は松前や箱館と並んで三湊と呼ばれ、蝦夷地と本州を結ぶ結節点であった。松前や江差は弁財船や北前船の寄港地であり、近江商人などの交易活動によって大いに繁栄した。また、江差は鰊漁の拠点として多くの和人が往来した。写真は六曲一双「松山檜山屏風」の半双であり、江差前浜の繁栄が描かれている。作者は不明であるが、宝暦期の作品と推定されている。

蝦夷地や琉球には、本州からの和人だけではなく、ヨーロッパを含む多様な人びとが渡来し交流や衝突が生まれた。本章では、探検家や漂流民、ロシア人や薩摩藩士・清朝役人など「琉球・蝦夷地に往来する人びと」を紹介する。

蝦夷地の公儀役人

蝦夷地の公儀役人とは　一九世紀、幕府の二度の蝦夷地直轄を行った。文化四年（一八〇七）の西蝦夷地上知から文政四年（一八二一）までの第一次蝦夷地幕領期は、ラクスマンやレザノフの来航という対外的危機を契機としたため、ロシアを対象とした軍事的警衛という性格の強いものであった。嘉永六年（一八五三）のプチャーチン来航と、帝政ロシアとの国境問題を契機として、安政二年（一八五五）に始まる第二次蝦夷地幕領期には、蝦夷地各地での本格的な開拓政策が実行され、和人の積極的な移植民が奨励された。幕府の蝦夷地支配機構である箱館奉行所が設置され、日米和親条約によって開港地とされた箱館には多くの和人が進出、蝦夷地各地にも多くの幕吏が勤務した。安政五年には、箱館奉行所には四〇〇名以上の官吏が所属、蝦夷地各地に一〇〇名以上が勤務し、これに蝦夷地在住の幕臣を加えると、膨大な数の公儀役人が蝦夷地に赴任した。箱館奉行も、第二次幕領期の前半期（安政三年（一八五五）七月以降）は、三人体制がとられた。初期の箱館奉行は竹内保徳《たけうちやすのり》、堀利《ほりとし》熙《ひろ》、村垣範正《むらがきのりまさ》の三人であり、一人は江戸在勤（在府）、残りの二人は箱館に勤務し、箱館在勤のうち一人が蝦夷地を巡回（廻浦《かいほ》）と役割を分担した。また、堀と村垣は蝦夷地再直轄以前に行なわれた大規模な蝦夷地調査にも参加し、蝦夷地全体を巡回した。

安政元年蝦夷地調査　嘉永六年（一八五三）七月のプチャーチンの長崎来航を契機に、ロシアとの国境問題が再浮上した。幕府は同年八月に発生したクシュンコタン占拠事件への対応と合わせて、翌安政元年（一八五四）に蝦夷地調査隊を派遣した。調査隊の中心は堀利熙（目付）、村垣範正（勘定吟味役）であり、三月に江戸を出発した調査隊は五月に松前に到着、西蝦夷地から巡回を開始し、六月には宗谷に到着した。その後宗谷から北蝦夷地（サハリン島）に渡海し、約一カ月の滞在を経て宗谷に再渡海、さらに東蝦夷地の各場所を経由して、閏七月末には箱館に帰着した。調査隊は蝦夷地の海岸線に沿って巡回を行い、約四か月をかけて蝦夷地のほぼ全体を踏査した。また、調査隊の規模は、堀・村垣とその他の幕吏を合わせて三二名、各々の従者として確認できる人員を合わせると全体で二一九名となる。さらに、記録に残らない中間や小者を合わせると、三〇〇名以上の大規模な調査隊であったことが想定される。このような大規模な、そして武器を携えた幕吏が、四か月にもわたって蝦夷地を巡回したのであり、単なる調査隊というよりは、幕府の蝦夷地統治を可視化するための使節でもあった。

また、実際の巡回は、堀と村垣がそれぞれを中心に、大きく二つの集団に分散して踏査を行った。両者は訪れた「場所」でオムシャの儀式を行い、アイヌに褒賞を与えている。このような行為は、「被下物」と呼ばれる下賜品の授与であり、幕府（公儀）の仁政をアピールするための行為であった。さらに、蝦夷地再直轄以前に、アイヌに対する「被下物」の下賜という行為が行なわれたことは、松前家に代わる新しい支配者としてのアピールや、松前家と公儀との差異化を目指したものであった。

また、堀や村垣、その他の幕吏は、蝦夷地内でアイヌとの積極的に接触を試みている。彼らの報告書には、「松前藩の悪政を片言の和語で幕吏に訴える」というアイヌが登場する。このようなアイヌの存在が事実かどうかは疑わしいが、公儀の仁政を積極的に受け入れるアイヌ像を、調査参加者が求めたことは、蝦夷地再直轄に仁政的支配関係の構築が目指されたことを意味した。

箱館奉行の廻浦　箱館奉行所の設置と蝦夷地の再直轄以後も、箱館奉行や奉行所組頭等の公儀役人が毎年のように蝦夷地を巡回（廻浦）した。安政三年三月から一〇月には松前藩からの蝦夷地請取のための廻浦が行われ、西蝦夷地に組頭向山源太夫とともに松浦武四郎が派遣された。向山と武四郎は西蝦夷地を踏査後、宗谷から北蝦夷地（サハリン島）に渡海、宗谷への再渡海後に向山が病死し、以後武四郎は向山の遺骸とともに箱館までの踏査を実行した。一九世紀半ばにおいて、蝦夷地の巡回はまさに命懸けの任務であり、安政元年の蝦夷地調査でも犠牲者を出した。

（檜皮瑞樹）

【参考文献】菊池勇夫『北方史のなかの近世日本』校倉書房、一九九一年。檜皮瑞樹「幕末維新期のアイヌ観と統治政策」（趙景達他編著『国民国家の比較史』）有志舎、二〇一〇年。

蝦夷地の諸藩士

蝦夷地の諸藩士とは　諸藩士が蝦夷地に駐留するのは、ロシアの接近に対応しての蝦夷地上知を契機とした。寛政一一年（一七九九）には東蝦夷地が、続いて文化四年（一八〇七）には松前地と西蝦夷地がそれぞれ上知され、松前藩は転封、松前蝦夷地一円は幕領となった。

幕府は南部・津軽の両藩に蝦夷地警衛を課し、各々五〇〇ほどの藩士を東蝦夷地各地に駐留させる。文化四年には文化露寇《ぶんかろこう》事件を契機に両藩に加え仙台・秋田・会津の三藩にも警衛が命じられ、東西蝦夷地の要地に勤番所を置き駐屯させる体制が敷かれた。当初は馴れない風土のなか越冬に難儀し、たとえば文化四年に西蝦夷地シャリ（斜里）に駐屯した津軽藩兵一〇〇余のうち七二人が壊血病で命を落とす惨劇がみられた。

蝦夷地在住　駐留したのは東北諸藩士だけではない。幕府は蝦夷地在住の制度を設け、松前奉行支配に組み入れることを条件に旗本・御家人・御三卿家中の部屋住《へやずみ》や浪人に向け、蝦夷地移住を募った。武蔵国八王子《はちおうじ》千人同心や甲斐国武田浪人の中にはこれに応じた者があり、前者の内には許容され松前奉行支配調役に累進したケースも確認される。蝦夷地上知は武家社会の周縁にとり、身分上昇の契機としても機能したのである。

分領支配　文政四年（一八二一）に松前蝦夷地一円はいったん松前藩に還付されるが、箱館開港をうけ安政元年（一八五四）に箱館が、翌年には松前地東在《ひがしざい》を除く東西蝦夷地が再度上知された。この時期は警衛のみならず、安政六年に津軽・南部・仙台・秋田・会津・庄内の六藩に東西蝦夷地を分領する体制がとられた。オホーツク海沿岸のソウヤ（宗谷）場所・シャリ場所・子モロ（根室）場所の一部を分領した会津藩では、子モロ場所シベツ（標津）領ホニコイに陣屋を置き、郡奉行・勘定方・医師・絵図面方・同心など約二〇名の藩士を駐屯させ、場所請負制を介した支配・経営を行ない、維新に及んでいる。

（谷本晃久）

【参考文献】『新北海道史年表』北海道出版企画センター、一九八九年。

蝦夷地の和人商人

和人商人とは　松前藩祖慶広《よしひろ》が徳川家康から発給された黒印状は、対蝦夷地交易独占権益を松前氏に認め、その舞台を松前城下に限定している。本州商船とアイヌ船は松前で松前氏の許しを得た相手とのみ交易が叶う、という体制である。藩は問屋《とんや》・小宿《こやど》と呼ばれる松前・江差・箱館の三湊《さんみなと》の商人を組織し株仲間を組ませ、蝦夷地産品の流通を支配した。問屋・小宿は関税業務を遂行し、また松前蝦夷地入域者は必ずその身元引請を必要とするなど、海峡を挟んだ人・モノの動きに深く関与した。

一七世紀半ば以降、松前での関税・入域規制は継続するが、対アイヌ交易の現場は蝦夷地に移る。当初藩士自らが交易船を派遣し、和製品の販売とアイヌ生産品の集荷を独占的に行ない利益を得ていたが、借財のかたにその権利を債権者（商人）に請け負わせることが一般化する。この制度を場所請負制度といい、請け負った商人を場所請負人という。当初対アイヌ交易が主軸に置かれていたが、一八世紀半ば以降、次第に大網を用いた漁業経営を行ない、鯡《にしん》や鰯《いわし》の〆粕《しめかす》を本州市場に大量に移出する業態が一般化していく。蝦夷地幕領期以降は、松前（箱館）奉行所もしくは松前藩による入札で、場所請負人と運上金が決められた。アイヌは海鼠《なまこ》や昆布など大網を用いない漁業や、毛皮や鷹羽の狩猟など交易品生産者としての姿を持する一方で、次第に大網漁業の単純労働者として編成されるようになった。

場所請負人の実態　場所請負人ははじめ両浜組《りょうはまぐみ》と称される近江商人が重きをなしたが、一八世紀以降、江戸や奥羽などの商人が参入することになる。オホーツク海沿岸一帯と南千島を一括請負した柏屋藤野喜兵衛は近江商人の、各地の檜山《ひのきやま》やアッケシ（厚岸）・キイタップ（霧多布）などを請け負った飛騨屋武川久兵衛は江戸系商人の、それぞれ代表的存在である。場所請負人は松前問屋を身元引請人とし、松前に店《たな》を構える必要があったが（幕領期は箱館でも可能）、大店《おおだな》では代理人名義で出店《でたな》し、当主自らは近江や江戸等の本店《ほんだな》で差配することも少なくなかった。

場所三役　一八世紀半ば以降、場所請負人は請負場所に運上家《うんじょうや》（東蝦夷地では会所《かいしょ》）と呼ばれる拠点を設け、手代《てだい》を派遣し経営にあたるのが一般的であった。支配人・帳役・蝦夷通詞が場所三役と呼ばれた経営の責任者で、それぞれ経営統括・書記・アイヌ差配を分掌した。このほか、漁場の監督にあたる番人と単純労働者である稼方《かせぎかた》が、場所請負人の雇人である。場所三役は場所にあってアイヌ集団や浜中《はまちゅう》と呼ばれた出稼和人集団を、場所請負人に付与された出入荷の独占権を背景に差配した。よって場所請負人は版籍奉還に際し「商人の身」であるにも関わらず蝦夷地諸場所の「土地人民」を「請負支配」していると指弾されている。

場所に派遣される手代は、奥羽地方の百姓の正業として捉えられ、代を重ねて従事する家もあった。たとえば出羽国山本郡八森《はちもり》村百姓加賀屋伝蔵は、四代にわたり場所請負人手代を務めた家に生まれ、クスリ（釧路）場所請負人米屋孫右衛門の稼方から職階を昇り、番人を経て仮帳役となった。さらにアイヌ語・アイヌ文化の素養により隣接する子モロ（根室）場所の蝦夷通詞となった。その後幕末に子モロ場所の一部が会津藩領となるや、蝦夷通詞と兼ねて「御領分雇帳役」として藩に抱えられた。

場所請負人手代のなかには民族的蔑視に基づき、性的収奪を含む横暴をアイヌ社会に振る舞った者もあった。その一方で、アイヌ社会との円滑な関係性の維持は場所経営に不可欠であり、その遂行能力を梃子《てこ》に身分上昇を果たしたケースもあったわけである。

藩との関係　場所請負商人は他地域の豪商と同様、御用金の賦課に応じて松前藩や松前（箱館）奉行所から名字帯刀が許されることも少なくなかった。なかには伊達林右衛門のように幕末期に藩の勘定奉行を任されたものもあった。また、イハナイ（岩内）場所請負人である仙《せん》北屋《ぼくや》佐藤仁左衛門は、出羽の百姓から身を起こし、公家奉公（五条大納言家青侍《あおざむらい》）を経て場所請負人となり、幕末期に老中を務めた松前崇広《たかひろ》への献金に応じて永々名字を許されている。幕藩制的市場構造のなかで領主権力に特権を付与されてこそ成り立つのが場所請負人の経営であり、藩や幕府もそれに依拠した支配を結果的に維新まで継続したのである。

（谷本晃久）

【参考文献】　斎藤善之編『身分的周縁と近世社会2　海と川に生きる』吉川弘文館、二〇〇七年。

蝦夷地への探検

蝦夷地への探検とは　近世の幕藩体制において、蝦夷地は異国であり、アイヌは「異国人」であった。蝦夷地の支配は松前藩が担っていたが、幕府が公式に認めたのはアイヌとの交易関係の独占であった。松前藩も幕府も蝦夷地の地理に関する詳細な情報は持たず、一八世紀にいたっても蝦夷地は細長い島として描かれた。サハリン島は独立した島なのか、沿海州（中国大陸）の一部なのかという最低限の事柄すら定かではなかった。一八世紀半ば以降、ロシアの千島列島南下策もあり、幕府は蝦夷地の詳細な情報を収集するため、多くの幕吏を蝦夷地に派遣した。通常、このような蝦夷地調査に赴いた人々を「探検家」と呼ぶ。しかし、蝦夷地には先住民族のアイヌが遥か以前より生活を営んでいたのであり、蝦夷地の「探検」や「探検家」という言葉を用いることは本来相応しくない。アイヌの生活の場である大地（アイヌモシリ）を未開の地であると一方的に認識し、その未開地を探検・開拓するという価値観が、「探検」や「探検家」という言葉には強く含まれる。本稿では、一八世紀半ば以降に、蝦夷地調査に派遣された人々を扱うが、便宜上「探検」や「探検家」という言葉をそのような歴史性を持つ言葉として限定的に用いることを最初に断っておく。

田沼政治と工藤平助　蝦夷地の開発や直接統治に初めて関心を持った幕府政治家は田沼意次であった。一八世紀後半の相次ぐ飢饉や、浅間山の噴火などの自然災害を間接的要因とした幕府の財政的困窮への対策として、鉱山などの資源を中心にした蝦夷地の積極的開発や、ロシアとの交易による利潤に着目したのが田沼であり、一連の重商主義政策と評価される田沼政治の一つが蝦夷地開発策であった。この田沼の蝦夷地への関心を決定的にしたのが、工藤平助が著した『赤蝦夷風説考』であった。ロシアの脅威に対する緊急の対応や、異国である蝦夷地への幕府の積極的関与を論じた同書は、天明三（一七八三）年に田沼意次に献上された。勘定奉行松本秀持《まつもとひでもち》の積極的関与もあり、幕府による初めての蝦夷地調査が実行に移された。

田沼期の蝦夷地探検　調査隊には御普請役を中心に人選が行われ、天明五年（一七八五）に青島俊蔵・庵原弥六・佐藤玄六郎・皆川沖右衛門・山口鉄五郎等が蝦夷地調査に派遣された。青島俊蔵と山口鉄五郎を中心とした調査隊は天明五年に東蝦夷地からクナシリ島までを踏査、翌天明六年（一八七六）にはエトロフ島とウルップ島の周回と両島の地図作製に成功した。一方、庵原弥六と佐藤玄六郎を中心とした調査隊は、天明五年にソウヤまでの西蝦夷地とサハリン島南部の踏査を、翌天明六年には北緯五十度付近まで調査を行い、「山丹人」とも遭遇した。しかし、天明六年八月に将軍徳川家治の死去により田沼が失脚すると、蝦夷地開発事業は全面的に否定され、蝦夷地調査事業も中止に追い込まれた。

最上徳内と近藤重蔵　しかし、幕府の蝦夷地への関わりそのものが中断することはなかった。田沼失脚後に幕政の中心を担った松平定信も、異国船の蝦夷地渡来や寛政元年（一七八九）のクナシリ・メナシの戦いを契機に蝦夷地調査を再開した。寛政期以降の蝦夷地調査の中心となったのが、最上徳内と近藤重蔵であった。最上徳内は、宝暦五年（一七五五）に出羽国村山郡楯岡村（現在の山形県村山市）の百姓家に生まれた。天明元年（一七八一）には江戸に上り、天明三年（一七八三）に本多利明に入門した。本多利明は蝦夷地の開発を主張した人物であり、最上徳内は天明五年の蝦夷地調査に本多利明の推挙で参加、青島俊蔵隊の竿取という役職で東蝦夷地調査に同行した。田沼失脚後は、青島俊蔵一件に連座し入牢を経験したが、後に無罪放免となり普請役に登用された。蝦夷地調査が再開されると、寛政三年（一七九一）には東蝦夷地からクナシリ島の調査を行い、クナシリ・メナシの戦いやその後の松前藩とアイヌと関係についての調査を行い、同時に「御救交易」を実施した。「御救交易」は幕府とアイヌとの交易であり、幕府が初めてアイヌに対する直接把握を試みたことに意味がある。寛政四年（一七九二）から翌五年（一七九三）にかけては、西蝦夷地とサハリン島の調査を実施し、サハリン島では北緯四八度付近のクシュンナイまでの踏査を行った。さらに、寛政一〇年（一七九八）には翌年の東蝦夷地仮上知を前提とした大規模な蝦夷地調査事業が実施された。勘定奉行石川忠房を責任者とした調査事業であり、最上徳内は近藤重蔵の配下として再び蝦夷地に渡海した。徳内と重蔵はエトロフ島への上陸に成功し、「大日本恵登呂府」の標木を建て、幕府の領有を宣言した。その後も蝦夷地政策に関わり、文化二年（一八〇五）には遠山景普に随行して蝦夷地に渡海、蝦夷地全体の上知が行われた文化四年（一八〇七）四月には箱館奉行支配調役並を命ぜられ、フヴォストフによるエトロフ島シャナ襲撃事件後の現地調査に従事した。

一方、近藤重蔵は明和八年（一七七一）に江戸で与力の家に生まれ、家督相続後は長崎奉行所に勤務した。寛政一〇年の蝦夷地調査に抜擢され、村上島之允や最上徳内などの蝦夷地調査経験者を率いて前述の千島調査を行った。寛政一一年（一七九九）の東蝦夷地仮上知以降はクナシリ島・エトロフ島の経営に従事し、同年七月には高田屋嘉兵衛に命じてエトロフ島への航路開発を成功させた。翌寛政十二年（一八〇〇）には、エトロフ島に漁場十七ヵ所の開設し、会所に通詞二人・番人二〇人・稼ぎ方三〇人を居住させるなどエトロフ島の開発を本格化させた。高田屋嘉兵衛は享和五年（一八〇一）一〇月に蝦夷地御用定雇船頭を命じられ、幕府の東蝦夷地経営に重要な役割を果たした。

間宮林蔵の蝦夷地探検　一九世紀初めの蝦夷地調査で重要な成果を挙げたのが間宮林蔵である。安永九年（一七八〇）に常陸国筑波郡上平柳村（現在のつくばみらい市）の百姓家に生まれた林蔵は、一〇代の頃江戸に出たとされるが詳細は不明である。東蝦夷地の仮上知後の寛政一一年頃には、村上島之允の従者として蝦夷地に渡海、翌寛政一一年には蝦夷地御用掛の雇いとなった。以後、東蝦夷地の地図作成などに従事していたが、エトロフ島に滞在中の文化四年四月には、フヴォストフ襲撃事件に遭遇した。翌文化五年（一八〇八）には、箱館奉行調役下役松田伝十郎とともに、サハリン島調査に派遣された。この背景には、高橋景保の推挙があったといわれている。同年には東西海岸線に分かれてラッカまで調査を進め、最初に伝十郎が数日後には林蔵もサハリン島が「島」であることを確認した。さらに、翌文化六年（一八〇九）には、林蔵単独で大陸との海峡を渡海し、黒竜江の河口にあるデレンまで踏査を行った。この林蔵の調査によって、サハリン島と黒竜江河口との地理的関係が明確となり、後にはこの海峡が間宮海峡として世界的にも知られることとなった。

松浦武四郎　文政四年（一八二一）に松前・蝦夷地が松前藩に復領なったが、一九世紀半ばに再び蝦夷地は上知され、幕府による直接統治が行われた。この時期に蝦夷地を「探検」した代表的な人物が松浦武四郎である。文化一五年（一八一八）に伊勢国（現在の三重県松阪市）の商家に生まれた武四郎は、一〇代後半に東北から九州までの「旅」を行い、長崎において北方の領土的危機についての情報を得たことで、蝦夷地への渡航を企図したとされる。弘化二年（一八四五）に最初の蝦夷地への渡航・踏査を行うと、その後も弘化三年（一八四六）、嘉永二年（一八四九）と続けて蝦夷地を踏査した。三回にわたる踏査で、武四郎は蝦夷地のほぼ全体を調査し、その成果を嘉永三年（一八五〇）に『初航蝦夷日誌』『再航蝦夷日誌』『三航蝦夷日誌』にまとめた。安政二年（一八五五）一二月には、箱館奉行所支配の雇いとなったが、安政六年（一八五九）には辞職した。在職中にも三度の蝦夷地調査を経験し、その成果は『丁巳東西蝦夷山川地理取調日誌』や『戊午東西蝦夷山川地理取調日誌』に編纂された。また、六回にわたる成果のうちアイヌに関する内容を『近世蝦夷人物誌』としてまとめた。『近世蝦夷人物誌』は、箱館奉行に献上されるとともに出版が企画されたが、箱館奉行が許可しなかったため刊行にはいたらなかった。明治維新後は、明治二年（一八六九）に再び開拓使判官に任命されるが、蝦夷地へ渡海することなく僅か一年で辞職した。武四郎の蝦夷地調査は、第三回の調査の際に水戸徳川家からの庇護があったこと、第四回以降は箱館奉行所雇いという身分での調査であり、単なる市井人の「探検」ではなく、相応の政治的意図を持った調査事業であった。

近代以後には、明治二〇年代の岡本監輔《かんすけ》の「千島義会」結成、明治天皇の勅命による片岡利和の千島探検、郡司成忠の報效義会や笹森儀助による千島探検など、「千島探検ブーム」が巻き起こる。蝦夷地への「探検」は、近代以降には植民地主義的な北進論として継続した。

（檜皮瑞樹）

【参考文献】島谷良吉『最上徳内』吉川弘文館、一九七七年。洞富雄『間宮林蔵』吉川弘文館、一九八六年。花崎皋平『静かな大地―松浦武四郎とアイヌ民族』岩波書店、二〇〇八年。

蝦夷地に来たロシア人

蝦夷地に来たロシア人とは　ロシア人がカムチャッカに進出したのは一七世紀末であった。一六九七年頃、コサック隊長ウラジーミル・アトラーソフはカムチャツカを探検しクリール人と接触、さらに漂流日本人「デンベイ」を救出した。「デンベイ」はモスクワに移送され、一七〇一年にピョートル大帝に謁見、彼のもたらした情報によって日本との交易開始への関心が高まった。一七一一年と一七一三年には、イワン・コズレイフスキーがシュムシュ島・パラシムル島に上陸、クリール人からヤサーク徴収を試みている。シュパンベルグは、第二次ベーリング探検隊別動隊としての千島調査・日本航路探索のための探検を、一七三八年・三九年・四二年の三度行ない、一七三九年には牡鹿半島沖での仙台藩士との接触や、安房国天津村への上陸を実行した。さらに、一八世紀半ばには毛皮猟の利益を目的として千島列島を南下、ウルップ島近辺まで到達したことが、松前藩の記録に残されている。一七六六年から六九年にかけて、イワン・チョールヌイが、北千島アイヌからのヤサーク徴収に成功し、さらに逃亡したアイヌを追いかけてエトロフ島まで到達した。一七七〇年にはプロトジャーコノフ商会一行がウルップ島に上陸、ラッコ猟のためエトロフ島からウルップ島に渡来したアイヌにヤサークを要求し、逃げ出したアイヌ数名を射殺する事件が発生した。翌一七七一年にもエトロフ島のアイヌはウルップ島に上陸したが、ロシア人が乱暴を働いたため、報復としてロシア人数十人を殺害した。

シャバーリンの根室来航　ウルップ島におけるアイヌ民族とロシア人との軋轢は、数年後には友好的な関係となった。一七七七年には、シャバーリン一行がウルップ島を経由してエトロフ島に上陸、当地のアイヌと和解し彼らの水先案内によって蝦夷地に渡航した。シャバーリンは一七七八年六月ノカマップ（根室市内）に来航、松前藩士新井田大八と面談し、交易の許可を求めた。新井田は藩主への確認が必要であり、翌年エトロフ島で再交渉を行うことを約束した。翌一七七九年八月、松前藩士浅利幸兵衛等とシャバーリンはアッケシで交渉を行ったが、松前藩からは異国との交易は長崎に限られており、今後蝦夷地に渡航することを禁止する旨が回答された。彼は、イルクーツク総督の命令によって蝦夷地に派遣されたのであり、帝政ロシアの正式な使節ではなかったが、ロシアによる初めての通商交渉として評価される。また、松前藩はシャバーリンの来航に関して幕府に全く報告を行わず、後に幕府が松前藩に疑念を抱くきっかけとなった。

サハリン島とロシア　一七世紀半ばに帝政ロシアの勢力はアムール河流域に進出したが、清国との軍事衝突に敗北した。一六五八年のネルチンスク条約以後は、アムール河以南への進出を断念したばかりか、アムール河口に近づくことさえ禁止したため、ロシア人のサハリン島への進出は、一七世紀半ばを最後に一時断絶した。一九世紀初頭のフヴォストフによるクシュンコタン襲撃前後に、露米会社によるサハリン島植民地化が企図されたが、ゴロヴニーン事件によって中断された。その後、ロシアによるサハリン島への関わりは一九世紀半ばのネヴェリスコイによるクシュンコタン占拠まで中断した。ネヴェリスコイはロシア政府の禁令を無視し、一八四九年以降アムール河口調査を行なった。一八五〇年にはニコラエクスクに哨所を建設、アムール河口の確保を企図した。さらに、一八五三年にはネヴェリスコイと東シベリア総督ムラヴィヨフによってサハリン島の占領が計画され、ロシア政府も正式にサハリン占領を決定した。一八五三年（嘉永六）九月、ネヴェリスコイはクシュンコタンに上陸、ネヴェリスコイ哨所を建設した。当時、クシュンコタン勤番の松前藩士は宗谷に引き揚げており、越年番人三七人とアイヌがネヴェリスコイに対応したが、大きな衝突には発展しなかった。一方、ロシア政府は同年プチャーチン使節を長崎に派遣し、和親条約締結に向けての国境交渉を並行して開始した。この交渉で国境画定を条件にクシュンコタンからの撤退が約束され、一八五四年（安政元）五月、プチャーチンの「勧告」によってネヴェリスコイはクシュンコタンから完全に退去した。

（檜皮瑞樹）

【参考文献】 秋月俊幸『日露関係とサハリン島』筑摩書房、一九九四年。榎森進他編著『北海道の歴史・上』北海道新聞社、二〇一一年。

琉球に関わる薩摩藩士たち

琉球に関わる薩摩藩士とは　軍事侵攻によって琉球王府を支配下においた薩摩藩は、琉球王府を解体せずに存続させ、幕府・薩摩藩の主要政策については琉球王府を通じて実施した。薩摩藩の支配政策は、琉球王府の主体性を維持しつつ、その活動を監視するものであった。そのため琉球に関わる薩摩藩士の職務は、主に琉球王府の活動の監視であった。

薩摩藩の琉球関係役職は、琉球に派遣される役職と、鹿児島城下における琉球王府の活動を監視する役職とに分けられる。一七世紀前半は琉球における監視が重要であったが、一七世紀後半より次第に鹿児島城下での役職が重要となっていく。

琉球に駐在する在番奉行　琉球に派遣される役職は一七世紀中葉までに整備されていった。軍事侵攻直後は、本田親正・蒲池休右衛門が「奉行」として琉球へ駐在し、現地での戦後処理にあたった。寛永九年（一六三二）以降、琉球における最高責任者としての「奉行」職は、在番奉行へと引き継がれ、幕末まで続いた。また薩摩藩は重要な政策について在番奉行以外に個別に役職を設け、琉球へ派遣していた。慶長十五年（一六一〇）には琉球の検地作業のために竿奉行が派遣され、寛永八年（一六三一）には冊封使の渡来と評価貿易へ対処するために冠船奉行が派遣されている。また寛永一八年（一六四一）から慶安元年（一六四八）までは海防体制強化のために八重山へ大和在番を派遣していた。

一六五〇年代、琉球王府と清朝との関係をめぐって緊張が高まると、薩摩藩の琉球支配体制は大きく変化する。在番奉行の職務は、薩摩藩への貢租・薩摩藩領内人への司法・武器の管理・琉球への通交の監視・キリシタン禁制・漂着民への対応などに規定された。さらに明暦三年（一六五七）には、在番奉行に対して国王との日常的交流を禁じ、内政人事への不干渉の徹底を命じた。在番奉行は、権限を琉球王府の監視に限定されると共に、馴れ合いを避け監視を徹底するために琉球王府との接触も制限されたのである。

鹿児島の琉球関係役職の整備　承応三年（一六五四）、琉球方家老（天明三年に琉球掛へ改称）が置かれる。これに合わせて琉球王府でも鹿児島城下での体制を整備していった。鹿児島城下には、琉球王府からの人質や上国使者の滞在施設として鹿児島琉球館（天明三年まで琉球仮屋）が設置されていたが、ここに年頭使（薩摩に派遣された上国使者）が在番親方として詰め、薩摩藩からの指示を琉球王府の摂政・三司官へ伝えると共に琉球王府からの報告や要望を薩摩藩へ伝えた。さらに琉球王府は、鹿児島琉球館を琉球産物や唐物を売却する貿易拠点として整備していった。

鹿児島琉球館が琉球王府の外交・貿易拠点となると、薩摩藩では薩摩藩士を鹿児島琉球館に詰めさせ、琉球王府の活動の管理統制にあたらせた。なかでも聞役（天明三年まで琉球仮屋守）は、在番親方と共に薩摩藩と琉球王府との伝達・交渉にあたるともに、唐物販売を監視し、また鹿児島琉球館への日本人《ヤマト》の出入りも規制した。

日琉関係を調整・仲介する薩摩藩士　薩摩藩と琉球王府との交渉は「琉球方家老―聞役・在番親方―摂政・三司官」という経路でおこなわれたが、交渉の実務を担う薩摩藩士・琉球王府役人の活動は、幕末期の唐物貿易の交渉から知ることができる。一八五〇年頃より琉球王府は、薩摩藩が独占的に扱っていた唐物商品の紅花を鹿児島琉球館で自由に売却できるように働きかけていた。しかし王府役人の鹿児島城下での活動は制限されていたうえ、在番親方は毎年交替となるため継続的な交渉は困難であった。在番親方に代わり琉球王府の交渉代理人となったのは薩摩藩士である聞役であった。聞役は藩主側近に働きかけ、藩内の反対を押し切り、琉球王府の唐物交渉を成功させた。このように鹿児島琉球館の聞役は、薩摩藩士として琉球王府を監視する側面と、琉球王府の交渉代理人としての側面を持っていた。近世期の日琉関係では、「支配・規制する」人びとと「支配・規制される」人びとだけではなく、両者を「調整・仲介する」人びとが重要な役割を担っていた。

（深瀬公一郎）

【参考文献】紙屋敦之『琉球と日本・中国』山川出版社、二〇〇三年。徳永和喜『薩摩藩対外交渉史の研究』九州大学出版会、二〇〇六年。深瀬公一郎「近世日琉関係における外交・貿易システム」（『南島史学』六四）二〇〇四年。

清朝役人

清朝役人とは　近世における清朝役人の役目の一つとして、琉球国王の冊封使を務めることがあげられる。中国は周辺諸国に対して朝貢を求め、冊封体制を構築した。琉球は中国に朝貢を行っており、清国成立（一六四四年）後は、冊封使として清朝役人が渡来した。清代における冊封使の派遣回数は八回であった。冊封正使は、ほとんどが科挙の最高位で合格し、翰林院出身や、内閣中書舎人に地位があった者だった。冊封使に任命されると、皇帝から一品官としての待遇を許されたため、清朝役人として最高の名誉であった。

冊封使の主な任務は、先王の諭祭と新王の冊封であった。琉球では、迎詔勅の礼（那覇港）・諭祭の礼（尚氏代々の王を祀っている崇元寺）・冊封の礼（首里城）などの儀礼と、中秋宴・重陽宴・望舟宴などの宴会が執り行われた。冊封使節滞在中の諸費用は、琉球側によってまかなわれた。また、冊封使節が持参した貨物を琉球側に買い取らせる評価貿易も行われ、琉球側に大きな負担を強いた。冊封使は琉球滞在期間中、琉球国の官吏や文人と交際し、多くの詩や書・扁額・掛け軸などを琉球に残し、両国の文化交流に大きな役割を果たした。

冊封使と那覇　冊封使が渡来する那覇には、士族と町百姓が居住していた。五〇〇人にも及ぶ使節一行が滞在する間の食料の調達には、地方の間切や島までもがかり出された。那覇の町の裏通りには、各間切や島の役人たちが出張所を設け、各地で準備した物品を大量に保管していた。冊封使の滞在時期には、那覇や久米・泊・首里の人々に様々な規制が課された。礼儀作法の徹底はもちろん、下々の者たちが肌を露わにして通行することや、酒宴・旅祈願の踊り・騒々しい琉歌などが禁止され、風俗の引き締めが図られた。冊封を無事に終えたいと願う王府の意思の表れであろう。

（矢野美沙子）

【参考文献】 曾煥棋『清代使琉球冊封使の研究』（榕樹書林、二〇〇五年）。小野まさ子「冊封使をむかえた那覇」（史料編集室編『沖縄県史　各論編第四巻　近世』）沖縄県教育委員会、二〇〇五年。

抜荷記録のなかの琉球貿易

琉球貿易とは　琉球王府は中国の福州へ渡唐船（進貢船・接貢船）を派遣し、貿易活動をおこなっていた。そして中国から輸入された品物は、唐物として琉球を経由して日本《ヤマト》市場へ流通していた。琉球の渡唐船貿易については、薩摩藩の貿易活動に関心が集まる場合が多い。しかし琉球経由の唐物は、薩摩藩以外の多様な経路で日本《ヤマト》市場へ流通していたのである。ここでは一八世紀末における鹿児島城下の唐物流通の実態を、抜荷（密貿易）記録からみていきたい。

長崎奉行による抜荷調査　天明五年（一七八五）、長崎奉行戸田氏孟は長崎の地役人を薩摩へ派遣し抜荷の実態を調査させた。その報告内容は、①鹿児島城下では琉球から持ち渡った唐物が大量に出回っていること、②薬種・鼈甲・蘇木は長崎に流通する唐物より品質が上質であること、③琉球経由の唐物流通は薩摩藩領内のみに制限されているにも関わらず、上方商人によって大部分が領外へ流出していることなどであった。この報告は、鹿児島城下の唐物流通を的確に捉えており、一八世紀後半の琉球貿易を知ることができる。

琉球から唐物を大量に持ち込んだのは、琉球王府および鹿児島琉球館に滞在していた王府役人たちであった。琉球王府は、鹿児島城下に設置された鹿児島琉球館を日本《ヤマト》市場への貿易拠点とし、日本《ヤマト》商人を通じて唐物を売却していた。また売却される唐物は、王府資本だけでなく、上国使者や鹿児島琉球館の王府役人たちの個人資本も少なくなかった。次に、地役人が報告している唐物の品目は、一八世紀後半における渡唐船貿易の変化を反映している。一七世紀に主要な輸入品であった中国産生糸は、日本《ヤマト》での国産化などの影響により大きく減少し、一八世紀中葉には薬種類や鼈甲などの輸入が増加していた。また報告では唐物が鹿児島城下から上方市場へ流通する経路も的確に指摘されている。この時期、幕府や薩摩藩の唐物流通統制は生糸類の輸入を前提としていたため、薬種類や鼈甲などの輸入拡大という実態と乖離《かいり》したものであった。一方で王府役人と上方商人たちは、東アジアの貿易構造の変化に対応し、「抜荷」という唐物の流通経路を独自に形成していたのである。

琉球国王の冊封と抜荷事件　寛政一二年（一八〇〇）、鹿児島城下での大規模な抜荷事件が摘発された。事件の概要は、鹿児島城下の商人・茶碗屋彦兵衛が上方商人と申し合わせて鼈甲・龍脳・沈香などの唐物を複数の経路に分けて京都・江戸へ送り売却を図ったが、運搬の途中で摘発され、茶碗屋彦兵衛ら主謀者は出奔したというものである。この抜荷事件は、唐物の品目や上方商人による領外への流通経路など、一八世紀後半に形成された抜荷による唐物流通と同じ構造であった。

この抜荷事件が大規模となった背景には、同年の琉球国王尚温の冊封が関係していた。冊封儀礼は重要な国家事業であり、準備資金を調達するために、数年前から琉球王府は鹿児島琉球館で唐物を大量に売却していた。また同年に冊封使が来琉すると、那覇では冊封使節団との間で評価《はんがー》物貿易がおこなわれ、琉球王府はこの貿易品も鹿児島に持ち上っていた。冊封使来琉にともなう大量の唐物の流入が、抜荷の規模を拡大させたのである。

薩摩藩の貿易政策の転換　茶碗屋彦兵衛の抜荷事件と同じ頃、薩摩藩は渡唐船貿易への積極的参入を図っていた。享和元年（一八〇一）に琉球王府が唐物薬種の大坂売却を願い出ると、薩摩藩でも評価貿易の薬種類を大坂・江戸で売却できるように幕府へ願い出た。しかし、頻発する抜荷事件によって不信感を強めていた幕府からの回答は、渡唐船貿易における唐物薬種の輸入を禁止するものであった。薩摩藩による渡唐船貿易への積極的な参入は、抜荷事件によって一時的に挫折することになる。

茶碗屋彦兵衛の抜荷事件は、琉球を経由した東アジアの貿易構造の変化に加え、琉球国王から王府役人への個人貿易権の付与、琉球国王の冊封儀礼といった琉球王府の内部構造に起因するものであった。このような抜荷事件の影響により、薩摩藩の貿易政策は、抜荷対策と琉球王府・王府役人の貿易活動への対応が課題となっていく。

（深瀬公一郎）

【参考文献】　真栄平房昭「東アジアにおける琉球の生糸貿易」（九州大学国史学研究室編『近世近代史論集』吉川弘文館、一九九〇年。同「幕藩制下における唐物抜荷と琉球」（藤野保先生還暦記念会編『近世日本の社会と流通』）雄山閣、一九九三年。深瀬公一郎「長崎奉行所関係資料の抜荷記録にみる琉球貿易」（『研究紀要（長崎歴史文化博物館）』二）二〇〇七年。

蝦夷地交易

松前・蝦夷地の産物　近世社会では、松前地方（和人地）や蝦夷地からの産物が、本州地方の経済や人々の生活と深く関わっていた。松前・蝦夷地からもたらされた産物の中心は鰊《にしん》であり、身欠き鰊など食用にも用いられたが、多くは絞り粕など農業用肥料として新田開発や菜種栽培などに活用された。また、長崎貿易（特に清国との貿易）の主要商品であった俵物（煎海鼠《いりこ》・干鮑《ほしあわび》・鱶《ふか》鰭《ひれ》）も、その多くは松前・蝦夷地での生産物であった。

近江商人の活動　蝦夷地交易において中心的な役割を担ったのが近江商人であった。松前慶広が松前に本拠を移転し福山館を築城した慶長期（一六一〇年頃）より、近江商人は松前城下での活発な活動を開始した。近江商人は、現在の彦根市周辺（柳川・薩摩）の出身者による「大中組」と、現在の近江八幡市周辺（八幡）の出身者による「小中組」の大きく二つに分かれ、二つの組が「両浜組」という同業組織を形成した。両浜組は松前藩と密接に結びつき、さまざまな特権を付与された。松前藩との交易を中心に、近江商人は蝦夷地交易を独占するようになった。彼らは、鰊や昆布、寒天や干鮭などの海産物を上方市場で売り捌き、上方からは米や酒などの生活必需品を松前地に運んだ。その特徴は、松前城下には居住せず、出店を通じた交易活動を行ったこと、商業活動にとどまらない本州への運輸業務も担ったことにある。そのため、交易の独占化を達成するとともに、蝦夷地交易の安定化をもたらした。

場所請負制と江戸系商人　一八世紀後半には近江商人の活動が衰退した。その原因は、江戸の大商人である栖《す》原《はら》屋など、江戸系商人の蝦夷地交易への進出にあった。彼らは場所請負制と呼ばれる蝦夷地での直接の漁業活動に積極的に進出した。宝暦期には松前城下で最大で三〇軒以上も活動した近江商人が大幅に減少するとともに、アイヌとの交易体制という蝦夷地支配の理念も崩れた。

（檜皮瑞樹）

【参考文献】『函館市史』通説編第一巻、函館市、一九八〇年。

漂流民

漂流（漂着）民とは　予期せぬ海難によって本来の目的地ではない場所に流された人々のこと。特に外国への漂流は、海外渡航が禁止されていた江戸時代の日本人にとって人・時・場所を限らないほぼ唯一の外国体験であった。日本へは、中国人・朝鮮人・琉球人などが漂着した。

東アジアの内への漂流　一八世紀に入ると、東アジア諸国（日本・中国・朝鮮・琉球）はそれぞれ「外国人漂流民を保護・送還する制度」を整備し、互いの漂流民を相互に送還し合うようになった。従って日本人がこれらの国に漂着した場合には、各国が定めた保護措置（食糧支給など）を受けた後、中国からは長崎行きの商船に同乗して、朝鮮からは対馬藩経由で、琉球からは薩摩藩経由で送還された。東アジアから日本への漂流民も同様に保護・送還された。こうした制度が成立したのは、一八世紀に東アジア各国が領域内の対外関係を独占的に掌握・統制し、かつ各国間に相互送還を可能にするような何らかの国際関係が形成されたためである。

東アジアの外への漂流　しかし東南アジアなど東アジアの外では、このような政治・制度的条件が存在しない、もしくは不十分であったため、漂流民は保護・送還されるとは限らず、しばしば奴隷にされたり殺害されたりした。また幕末になると、欧米諸国による太平洋航路の開拓や、漂流民送還を利用した外交戦略の展開などを背景に、ロシアやアメリカ方面への漂流民が送還されたり、自力で帰還したりするケースが見られるようになった。

海外情報としての漂流記録　「鎖国」政策下の日本では、漂流民のもたらす海外情報が重視された。このため訊問記録や漂流記が豊富に残され、同時代・後世を通じて様々な形で流布した。これらは当時の対外関係や異文化認識などを知る上で貴重な素材である。

（渡辺美季）

【参考文献】小林茂文「漂流と日本人」（谷川健一ほか『海と列島文化』別巻、小学館）一九九三年。春名徹「漂流民の世界」（尾本惠一ほか編『海のアジア五　越境するネットワーク、岩波書店）二〇〇一年。劉序楓「漂流、漂流記、海難」（桃木至朗編『海域アジア史研究入門』、岩波書店）二〇〇八年。

山丹交易

ナヨロ文書　サハリン中部、間宮《まみや》海峡に臨むナヨロのアイヌ首長の家に伝わった近世文書群がある。第二次世界大戦後北海道大学の所蔵となったこのイエ文書には、ひとつの特色がある。満文《まんぶん》・漢文・和文といった三つの文字言語でそれぞれ記載された公文書により構成されているのだ。この近世サハリンのアイヌ首長は、満文・漢文を公用文とした清朝《しんちょう》と和文を公用文とした徳川幕府のそれぞれと公的な関係を取り結んでいた、ということになる。それを象徴するのが、山丹交易と呼ばれるサハリンを舞台とした日清間の交易ルートであった。

清代の山丹交易　アイヌを含むサハリンやアムールランド方面の諸民族は、アムール川下流デレンに置かれた清朝満洲《まんしゅう》仮府《かふ》に入貢し、官人として編成され、下賜品を頒賞された。彼らの中には、蝦夷島北端のソウヤやサハリン島南端のシラヌシに来航し、頒賞品を松前藩の齎《もたら》す和製品と交易する者が存在した。松前ではアムールランドを「山丹地」と呼び、その地に住まうウリチやニヴフといった諸民族を「山丹人」などといった。この交易ルートが山丹交易と称される所以である。交易品の清朝官服は蝦夷錦と呼ばれ、日本市場で珍重された。

幕府の管理体制　一八世紀後半以降、松前藩がサハリン南端のシラヌシに会所を常置すると、山丹交易の舞台は同地となる。アイヌのなかには、松前の欲する山丹交易品を入手するため山丹人に債務を負う者が増えた。一九世紀に入り幕府がサハリンを含む蝦夷地を上知するや、その債務を整理し直接幕府と山丹人とがシラヌシで取引する制度を構築した。これは松前藩復領期・幕末の再上知期にも引き継がれ、維新に及ぶ。交易の実務には山丹通詞があたったが、清水平三郎のように幕末期に幕臣に抱えられる者も現れた。このように近世シラヌシは、武家を含む和人、清朝受職人を含むアイヌ、ニヴフ、ウリチといった諸民族が山丹交易を通して交渉する独特の場として機能したのである。

（谷本晃久）

【参考文献】佐々木史郎『北方から来た交易民』ＮＨＫブックス、一九九六年。

琉球使節

琉球使節の江戸立ち　慶長一四年（一六〇九）の島津氏の琉球侵入以降、寛永一一年（一六三四）から嘉永三年（一八五〇）までに合計一八回、琉球使節の江戸立ちが行われた。琉球使節には、将軍の即位を祝う慶賀使と、中山王の即位を感謝する謝恩使があり、いずれも薩摩藩の参勤交代に伴われて参府した。江戸立ちに際して、清の朝貢国としての異国性を強調するため、琉球使節は日本風を避け、清国風の装いをすることを薩摩藩から指示された。薩摩藩は、異国を従えているという自らの政治的優位を確保・誇示するほか、藩主の官位昇進のための材料として、琉球使節を利用した。幕府は、異国からの使者である琉球使節を迎えることが、東アジアにおける日本の御威光を高めると位置づけていた。しかし、琉球は必ずしも受動的な立場にあった訳ではなく、異国風の装いを命じられたことを逆手に取り、自らの異国としての主体性をアピールするための機会とした。

琉球使節と江戸の琉球ブーム　琉球使節の異国性を強く際立たせたものの一つとして、琉球楽器を用いて奏楽を行いながら行列をする路次楽が挙げられる。琉球使節一行は大坂・伏見・江戸において、能楽や人形芝居をしばしば鑑賞した。日本の文人たちの求めに応じて席書をしたり、和歌を詠んだりするなど、琉日間の文化交流も行われた。琉球使節の江戸立ちは、近世の日本人にとって数少ない異国との接触の機会であり、琉球に様々な関心が寄せられた。新井白石は『南島志』（一七一九年）を、荻生徂徠は『琉球聘使記』（一七一〇年）を著している。滝沢馬琴の『椿説弓張月』（一八〇七～一一年）は、庶民の琉球認識の形成に寄与し、源為朝琉球渡来伝説を定着させた。中でも、天保三年（一八三二）の謝恩使の渡来は、一種の琉球ブームを引き起こし、琉球関係の刊本が多く発行された。

（矢野美沙子）

【参考文献】横山學『琉球国使節渡来の研究』吉川弘文館、一九八七年。横山學「琉球国使節」（『国文学　解釈と鑑賞』第六八巻一二号）二〇〇三年。

◆編者

須田　努　（別掲）
深谷克己　（別掲）

◆編集委員

井上智勝　埼玉大学教養学部教授
大橋幸泰　早稲田大学教育・総合科学学術院教授
谷口眞子　早稲田大学文学学術院教授
西木浩一　東京都公文書観
早田旅人　平塚市博物館学芸員
檜皮瑞樹　早稲田大学大学史資料センター助教

◆執筆者一覧

青木美智男　専修大学元教授
青柳周一　滋賀大学経済学部教授
青山忠正　佛教大学歴史学部教授
荒垣恒明　国立東京工業高等専門学校講師
荒木仁朗　明治大学大学院博士後期課程
市川寛明　江戸東京博物館学芸員
伊藤真昭　華頂短期大学教授
上田長生　日本学術振興会特別研究員

執筆者一覧

梅田千尋　東京大学史料編纂所社会連携研究部門特任准教授
大石三紗子　大磯町郷土資料館学芸員
加藤　貴　早稲田大学教育・総合科学学術院非常勤講師
兼平賢治　東北大学大学院文学研究科研究助手
亀岡哲也　近江八幡市役所
川田純之　栃木県立宇都宮東高等学校教諭
神田秀雄　天理大学教授
菅野洋介　駒澤大学非常勤講師
木下はるか　早稲田大学大学院
木下光生　奈良大学文学部准教授
工藤航平　国文学研究資料館機関研究員
九重明大　明治大学大学院情報コミュニケーション研究科修了
久保貴子　早稲田大学講師
小池淳一　国立歴史民俗博物館教授
小池　進　東洋大学非常勤講師・聖徳大学兼任講師
小酒井大悟　小平市史編さん調査専門委員
坂田美奈子　東京大学大学院総合文化研究科学術研究員
佐藤　顕　和歌山市立博物館学芸員
佐藤雄介　東京大学史料編纂所助教
下重　清　東海大学文学部非常勤講師
高尾善希　立正大学非常勤講師
高野信治　九州大学教授
高橋　博　元宮内庁書陵部研究員
髙山慶子　宇都宮大学准教授
滝口正哉　立正大学非常勤講師
田中暁龍　桜美林大学准教授
田中　潤　学習院大学文学部史学科助教
谷本晃久　北海道大学大学院文学研究科准教授
土屋喜敬　相撲博物館学芸員
戸森麻衣子
中西　崇　聖光学院中学高等学校
中村只吾　東北芸術工科大学講師
西田かほる　静岡文化芸術大学文化政策学部教授
西村慎太郎　国文学研究資料館准教授
西脇　康　日野市立新選組のふるさと歴史館調査展示担当
畑　尚子　東京都江戸東京博物館学芸員
原淳一郎　山形県立米沢女子短期大学日本史学科准教授
原　史彦　徳川美術館学芸部課長

執筆者一覧

引野亨輔　千葉大学准教授
平野哲也　栃木県立文書館指導主事
深井雅海　聖心女子大学教授
深瀬公一郎　長崎歴史文化博物館主任研究員
保坂　智　国士舘大学文学部教授
松澤克行　東京大学史料編纂所准教授
松田敬之　花園大学講師
水野悠子　女流義太夫研究家
宮坂　新　館山市立博物館学芸員
望月一樹　川崎市市民ミュージアム学芸員
柳谷慶子　東北学院大学教授
矢野美沙子　早稲田大学非常勤講師
山本智代　錦城学園高等学校教諭
湯浅淑子　たばこと塩の博物館主任学芸員
横山百合子　帝京大学教授
吉岡　拓　日本学術振興会特別研究員（ＰＤ）
渡辺美季　神奈川大学外国語学部准教授

《編者略歴》

深谷　克己

一九三九年生まれ。早稲田大学名誉教授。早稲田大学文学研究科史学専攻博士課程修了。主な著書『『近世人の研究』―江戸時代の日記に見る人間像』『江戸時代の身分願望』『深谷克己近世史論集（全六巻）』ほか多数。

須田　努

一九五九年生まれ。明治大学情報コミュニケーション学部教授。早稲田大学大学院博士後期課程修了。主な著書『「悪党」の一九世紀―民衆運動の変質と〝近代移行期〟』『幕末の世直し―万人の戦争状態』ほか。

近世人の事典

2013年4月20日　初版印刷
2013年4月30日　初版発行

編　　者　深谷　克己・須田　努
発 行 者　小林　悠一
Ｄ Ｔ Ｐ　株式会社　明昌堂
印刷製本　図書印刷株式会社

発行所　株式会社　東京堂出版　http://www.tokyodoshuppan.com
〒101-0051　東京都千代田区神田神保町1－17
電話　03-3233-3741　振替　00130-7-270

ISBN978-4-490-10833-0　C0521